Wolfgang Paul · ENTSCHEIDUNG IM SEPTEMBER

Wolfgang Paul

Entscheidung im September

Das Wunder an der Marne 1914

Bechtle

2. Auflage
© 1974 by Bechtle Verlag, Esslingen
Alle Rechte vorbehalten
Umschlaggestaltung: Christel Aumann, München
Gesamtherstellung: Jos. C. Huber KG, Diessen vor München
Printed in Germany 1976
ISBN 3-7628-0356-0

INHALT

Aufbruch im August 9
Die Jungfrau von Orleans und Schlieffen 16
Zu den Katalaunischen Feldern 23
Eine Stadt wird zum Schlachtfeld 30
Ein anderer Krieg 35
Joffre und die Marne 42
Husarenabschied bei Rethel 47
Tannenberg und Paris 53
Kein moderner Alexander 60
Der französische Botschafter in St. Petersburg . . . 67
Der 31. Mobilmachungstag des Husarenwachtmeisters . . 73
Morgenröte des Luftkrieges 77
Die Engländer wollen zu den Kanalhäfen zurück . . . 83
Die Feldpost improvisiert die Heeresmotorisierung . . 89
Die Rothosen von 1870 95
Der feldgraue Mythos 101
Nach den Grenzschlachten 107
Rückzug hinter die Seine 114
Festung Paris des General Gallieni 120
Irrungen und Wirrungen um Reims 126
Erstes Unwohlsein im Stab der Sachsenarmee 135
Das überlegene französische Feldgeschütz 141
30 Grad im Schatten – La Marne 146
»Große Siegesfeier« – in Berlin 158
Die offene Flanke der Deutschen 164
Gegen Rußland defensiv 179
Joffres Gegenschlag 189
Das Gespenst von Paris 203

Melun — Marschall French und die Ehre Englands	212
Generaloberst von Hausen im Lager Attilas	222
Ein Schlachtenbild entsteht	232
Die letzte Husarenattacke	241
Die Lücke wird aufgerissen	252
Die ersten motorisierten Regimenter	262
Der deutsche Vormarsch kommt zum Stehen	272
Jede deutsche Armee kämpft allein	281
Befehl aus Verzweiflung	291
Bajonettangriff der Sachsen und der Garde	299
Moltke schickt Hentsch	310
Kluck will die Schlacht gewinnen	322
Im Stabe Bülows fällt die Vorentscheidung für den Rückzug	332
Der sterbensmüden Heere letzter Schlachttag	344
Verharren auf den Katalaunischen Feldern	365
Schloß Mondement und der Wald von Compiègne	373
Das Wunder bekommt einen Namen	381
An der Napoleonspyramide	396
Nachwort	407
Literaturverzeichnis	413
Die militärischen Hierarchien	415

KARTENVERZEICHNIS

Übersichtskarte des Geländes der Marneschlacht	Vorsatzpapier
Moltkes Änderung des Schlieffen-Planes	61
Die Vormarschlinien der Armeen des rechten deutschen Flügels, August bis September 1914	71
Joffres Plan für die Schlacht an der Marne	193
Klucks Marsch zum Fluß Ourcq	237
Die Schlacht an der Marne	282

Karten im Text aus: Correlli Barnett, ANATOMIE EINES KRIEGES. Eine Studie über Hintergründe und entscheidende Phasen des Ersten Weltkrieges, Bechtle Verlag 1963

DEM GEDÄCHTNIS MEINES VATERS,
damals Wachtmeister im 1. Königlich Sächsischen
Husaren-Regiment »König Albert« Nr. 18,

FRANZ WILLIAM PAUL

HENRY KISSINGER:

Europa hat sich nie vom Ersten Weltkrieg erholt. Das nicht wegen der physischen Verwüstungen, die schlimm genug waren, sondern weil die europäischen Regierungen nach einem Jahrhundert des Glaubens an ungehinderten Fortschritt eine Katastrophe mit zehn Millionen Toten auslösten und danach niemals wieder ganz das Vertrauen ihrer Bürger zurückgewonnen haben. Was so sehr verblüfft, ist die Tatsache, daß keiner der europäischen Führer am 1. Juli 1914 auch nur eine verschwommene Vorstellung davon hatte, daß sie dreißig Tage später in einem Krieg sein werden, der ihre Zivilisation — so wie sie sie kannten — beenden würde. Tatsächlich waren sie zu der Zeit alle in den Ferien, weil sie glaubten, es sei keine ernste Krise. Vier Wochen später hatten sie einen umfassenden Krieg.

(Aus einer Rede des amerikanischen Außenministers vom 4. März 1974)

1. KAPITEL

Aufbruch im August

An diesem Sonnabend, dem 1. August 1914, sieht Dresden von den Loschwitzer Höhen, die in die Dresdner Heide übergehen, unbeschreiblich schön und naiv aus. Die Sonne steht hoch über dem Erzgebirge. Vom Elbsandsteingebirge sind, wie Schatten, einige Kegelberge zu sehen, Formationen der Bergsteigerei, Ausflugsziele für die an Dampfschiffe gewöhnten Dresdner. Die Elbe ist noch unschuldig. Man badet in hölzernen Anstalten, die in den Strom hineingeschoben sind. Dort, hinter Pirna und Bad Schandau, liegt Österreich-Ungarn mit Böhmen, seiner fruchtbaren Erntekammer, und dieses Land ist schon im Krieg. Es hat Serbien angegriffen.

Die Wunderlichstraße in Loschwitz mündet an der Mordgrundbrücke in die Schillerstraße. An ihr liegt das Gartenhaus, in dem Schiller an seinem »Don Carlos« schrieb. Hier erhält Baron von Hausen nachmittags einen Anruf aus dem Kriegsministerium in Berlin: »*Mobilmachungsbefehl. 2. August ist 1. Mobilmachungstag.*«

Hausen hat den Befehl erwartet. Er kennt auch seine Verwendung. Sie wurde ihm 1910 zugesagt. Als ehemaliger sächsischer Kriegsminister steht ihm das Kommando über die sächsische Armee zu, die bestimmt ist, auf Paris zu marschieren. Er marschierte schon einmal dorthin, 1870, und er wird nun Gelegenheit haben, einige Plätze der Erinnerung wiederzusehen.

Am Sonntag, dem 2. August, an dem das achte Armeekorps Luxemburg besetzte, trifft bei Hausen in der Wunderlichstraße 2 (sie heißt noch heute so, und das bedeutet etwas in dieser Stadt) die »allerhöchste Kabinettsorder Sr. Majestät des Kaisers« ein,

sie lautet: »Ich ernenne Sie für die Dauer des mobilen Verhältnisses zum Oberbefehlshaber der 3. Armee. (Mobilmachungsort des Armee-Ober-Kommandos: Dresden.) Berlin, den 1. August 1914 gez. Wilhelm R.«
Loschwitz gehört damals noch nicht zu Dresden. Deshalb begab sich Freiherr von Hausen an diesem Sonntag im Wagen hinunter nach Dresden-Neustadt und bezog das »Hotel zum Kronprinzen«.
Die Hitze dieses Sommersonntages sollte ihn nun bis an die Marne begleiten, und die Geschichte, in die er nun eintrat, um sie nach sechs Wochen wieder zu verlassen, wäre undenkbar ohne die Glut des Himmels, die sich auf die Heere legte, sie zermalmen wollte, um sie abzuhalten von dem, was sie vorhatten.
Aber die Natur ist machtlos gegen die Menschen; sie kann sie durch ihre Schönheit erschüttern, durch ihre brutalen Einfälle verwirren, ändern kann sie nicht die Vorhaben, die sie sich in den Kopf gesetzt haben.
Niemals hätte Freiherr von Hausen seine Villa in der Wunderlichstraße 2 verlassen sollen, könnte man denken. Er hatte das Paradies vor sich, die Türme Dresdens und eine für sein Alter gesicherte Pension.
Er würde bald beides wiederhaben, aber nun verschattet, zermürbt, als dunkles Schicksal, das er auf sich nehmen mußte.
»Prüfung des Himmels« würde Hausen, dieser gottergebene Mann, dann sagen, und er würde auch daran glauben. Denn dem Himmel waren die Sachsen damals noch nahe, und Gott war, wie sie glaubten, mit ihnen, wenn sie in den Krieg zogen.
Würde aber dieser Gott ihnen treu bleiben, auch wenn sie die Treue zu ihm nicht in Frage stellten? Und wie stand es mit Gott, wenn die anderen, die Russen und die Franzosen und die Engländer, gegen die Hausen nun in den Krieg zog, auch auf ihn setzten, wie er es nicht anders gelernt hatte? Sollte Gott seine Treue aufteilen, einmal diesem, einmal jenem seine Gnade zuwenden, und würde daraus der Kriegsgott entstehen, der launische, mit dem sie sich abzufinden hatten?
Der Wachtmeister der Großenhainer Husaren, der an diesem

Sonntag in Loschwitz Abschied von seiner Mutter nahm, würde
»Mit Gott« auf jeden seiner Feldpostbriefe und jede Feldpostkarte schreiben, die er »aus dem Felde« schickte, und er würde
es auch im anderen Weltkriege, der dem ersten folgte, so halten.
Der Wachtmeister, der an diesem Sonntag in Dresden-Neustadt
den Zug nach Großenhain, einer Kleinstadt nach Preußen zu,
nahm, als der Generaloberst von Hausen im »Kronprinzen«
abstieg, hatte soeben die Telegraphen-Schule in Berlin-Lichterfelde besucht. Seine Rückkehr war mit einem Urlaub verbunden,
aus dem er jetzt in den Krieg fuhr. Er trug noch die Friedensuniform, die für das Königl. Sächsische Husarenregiment Nr. 18
(die Nummer sollte 1941 die 18. Panzerdivision übernehmen,
die in Sachsen aufgestellt wurde, um die Brücke über die Beresina, Karatschew und andere Orte in Rußland zu nehmen) aus
der sattblauen Attila bestand, die golden verschnürt war, mit
silberner Feldbinde und weißem Schulterband und der Meldetasche mit den Insignien des Königs von Sachsen, Augustus Rex.
Es war dies die Paradeuniform, in der früher die Husaren in
die Kriege geritten waren, und sie wurde von ihm zum letzten
Mal an diesem Sonntag in Loschwitz getragen.
Der Vorgänger König Friedrich Augusts, König Albert, hatte
einst dem Regiment seinen Namen verliehen, und die sächsische
Monarchie, die an der Paradeuniform des Wachtmeisters aus
Loschwitz bei Dresden an diesem Sonntag ebenso teilhatte wie
an dem Schicksal, das der Krieg für sie bedeutete, war noch fest
und sicher begründet. Für König und Vaterland zogen die Husaren nach Frankreich. Beides war noch eins, und doch war die
Zeitwende nahe, die sich schon angedeutet hatte, als der Husarenwachtmeister in die Geheimnisse der Telegraphie eingeweiht
wurde, einer Sache, die mit einem Husaren bisher nichts zu tun
gehabt hatte. Denn er war bestimmt, vor der Infanterie in seiner Eskadron, im Regiment, in den Reitergeschwadern den
Feind aufzuklären und dann, mit verhängtem Zügel, zurückzugaloppieren, um die Meldung zu erstatten. Diese Zeitwende würde
nun alle begleiten, den Generaloberst und den Wachtmeister, und
sie würde nur diejenigen verschonen, die ihr zum Opfer fielen.

Denn sie würden zurückbleiben aus dieser Vergangenheit, die sich jetzt von der Zukunft zu scheiden begann. Nicht rasch, kaum sichtbar, noch verdeckt von dem Glanz, der die Augen der Menschen blendete, als sie den Wachtmeister den Bahnsteig in Dresden-Neustadt betreten sahen. Es war ein Glanz, der sich festsetzte, und der Generaloberst, den der Wachtmeister noch gegrüßt hatte auf dem Wege zum Bahnhof, würde ihn nie aus dem Gedächtnis verlieren, obwohl er anderes in seine Erinnerung aufzunehmen hatte, das tiefer saß.
Er hatte nach seinem Eintreffen im »Kronprinzen« seinem König noch schriftlich Meldung erstattet, das Kriegsministerium benachrichtigt und sich dann zum Studium der Abendausgaben der Zeitungen zurückgezogen, die am 1. August in Deutschland erschienen und am Sonntag, dem 2. August, mit der Bahn nach Dresden gekommen waren. Die »Königsberger Hartungsche Zeitung« (Hausen las sie zuerst, denn sie kam aus dem bedrohten Ostpreußen, um das er sich wie die meisten Menschen im Lande mehr sorgte als um das Elsaß oder gar das durch die Festung Metz geschützte Lothringen) hatte als oberste Schlagzeile schon das Wort geprägt, das zum ersten Male einen Krieg bezeichnete: »Der Weltkrieg«.
Und Hausen empfand es als befreiend, unter der Schlagzeile diesen redaktionellen Text zu finden: »Den fast unerträglichen Druck der Ungewißheit hätten wir eigentlich schon abgeschüttelt. Der Gegner will es nicht anders. Der Krieg sieht einer Tatsache schon verzweifelt ähnlich. ›Man drückt uns das Schwert in die Hand‹, hat der Kaiser gesagt, und unser sonst so vorsichtiger und kühler Kanzler zitiert den Prinzen Friedrich Karl, den ›roten Prinzen‹ glorreichen Angedenkens, den Reiterführer der Preußen und Deutschen in unseren letzten großen Kriegen: ›Die Herzen schlagen empor zu Gott, die Fäuste auf den Feind.‹ Wo schon so die Flammen lodern, kann die beste Diplomatie dem Brande kaum noch wehren.«
Unsere letzten großen Kriege. Freiherr von Hausen war ein ruhiger, gelassen reagierender Mann. Die Preußen waren Sieger gewesen, 1814, 1815, 1864, 1866, 1870/71. Ihr Gottvertrauen

richtete sich nach den Erfolgen, die sie im 19. Jahrhundert erzielt hatten. Aber die Sachsen konnten nur 1870/71 vorweisen, mit ihrem Kronprinzen als Generalfeldmarschall, der beim Einzug nach dem Siege in Dresden einem Kriegsinvaliden den Lorbeer gereicht hatte, mit dem man seinen Marschallstab umwunden hatte. Die anderen Kriege sahen sie auf der Verliererseite. War es deshalb in der Residenzstadt Dresden zu weniger auffallenden Kundgebungen an diesen beiden Tagen des Wochenendes gekommen? In Berlin hatte es Begeisterungsstürme gegeben, und in München auch. Dort war ein unbekannter Mann namens Adolf Hitler dabei gewesen, und die Einblicke in die merkwürdigen Winkelzüge der Geschichte, die diesen Mann fanatisierte, hätten dem Generalobersten jetzt auch nichts genützt. Er dachte an Ostpreußen, an die russischen Reitergeschwader, die sich der Grenze näherten, und nur wenig amüsierte ihn ein Lokalbericht in der Rubrik »Königsberger Nachrichten — Unter dem Kriegszustand«, der lautete: »Noch nie hat ein Monstrekonzert in unserem Tiergarten unter so bedeutungsvollen Auspizien stattgefunden wie am Freitag abend, noch nie wurde aber auch der Schlachtenmusik von Saro derart andachtsvoll gelauscht. Trotz der wahrlich nicht zu lauter Fröhlichkeit geeigneten Zeit hatte sich eine sehr große Menschenmenge in den festlich beleuchteten Wegen des Parkes ein Stelldichein gegeben. Fast wie sonst spazierte man einher, nur der Ernst der meisten Mienen verriet die Schwere der Stunde. Nach jedem Konzertstück wurden patriotische Weisen verlangt, und gern kam die Musikkapelle diesem Wunsche nach. Den Höhepunkt erreichte die Begeisterung während der Schlachtenmusik. Wurden schon eingangs manche Lieder wie ›Muß i denn, muß i denn, zum Städtele hinaus‹, ›Prinz Eugen‹ usw. mitgesungen, so durchbrauste ein mächtiger Jubel den ganzen Garten, als die Musik das ›Heil Dir im Siegerkranz‹ intonierte, als dann ›Deutschland, Deutschland über alles‹ —, die österreichische Volkshymne, der anfeuernde Radetzkymarsch gespielt wurden. Weihevoll schallten die Klänge empor, während vor dem Wasserturm ein selten schönes Feuerwerk abgebrannt wurde.«

Hausen beschämte dieser Bericht; er wußte mehr als die Königsberger. Der deutsche Aufmarschplan war ihm seit Jahren bekannt. Er würde seine Sachsen-Armee nicht gegen die Russen führen, um den Königsbergern die Schlachtenmusik noch einigermaßen melodisch zu erhalten; was Prittwitz-Gaffron mit seiner Armee, der einzigen, die Ostpreußen sichern durfte, anstellen würde, war ihm weitgehend klar. Er würde, wenn die russischen Armeen kämen, eine Grenzschlacht liefern und dann über die Weichsel zurückgehen, wenn er das noch vermochte, und die Königsberger den russischen Generalen anempfehlen, die er kannte — Rennenkampff und Samsonow und ihrem Oberbefehlshaber, dem Großfürsten Nikolaj Nikolajewitsch, dem Deutschenfresser. Er aber, Hausen, hatte sich mit seiner Sachsen-Armee zu beeilen, die Eifel zu erreichen, Belgien zu passieren, die Franzosen (und vielleicht auch schon die gelandeten Engländer, wenn sie kämen) gegen die Schweizer Grenze zu drücken, sie dort in einem gigantischen Sedan, den Feind mit dem Rücken zur Schweiz wie einst Napoleon III. mit dem Rücken gegen Belgien bei Sedan, zu vernichten, zur Übergabe aufzufordern, den Krieg im Westen zu beenden noch im Sommer, noch vor dem Herbst, noch vor dem Eintreffen der ersten Kosakenregimenter vor Dresden und Berlin. Da konnte Hausen nur zu seinem Herrgott beten, daß ihm dies gelänge. Am Tage vor Schluß der Mobilmachung kam Hofprediger Konsistorialrat Dr. Friedrich in Hausens Wohnung in der Wunderlichstraße 2 in Loschwitz und reichte ihm und seiner Frau das heilige Abendmahl. Am allgemeinen Buß- und Bettag, am 7. August vormittags, saß Generaloberst von Hausen mit seiner Frau und seiner Begleitung, schon in Feldgrau, in der Hofkirche, in der Oberhofprediger D. Dr. Dibelius den Gottesdienst leitete.

»Ein jegliches hat seine Zeit, und alles Vornehmen unter dem Himmel hat seine Stunde«, der Prediger Salomo war es, der den Generalobersten anhielt, in den nächsten Wochen mit seiner Sachsen-Armee vorwärts zu marschieren, zu kämpfen und zu siegen.

Abends 9 Uhr 40 fuhr das Armee-Oberkommando von Dresden-Neustadt Güterbahnhof mit seiner ersten Staffel nach Prüm in der Eifel. Zur Verladung erschien der König mit sämtlichen Mitgliedern des Königshauses auf dem Bahnhof. Hausen stellte ihm die Herren des Armee-Oberkommandos vor, dem auch der sächsische Kronprinz zugeteilt war, und die Hurras erschollen, die dem König zu gelten hatten, und der König, gerührt, sagte nur, sie sollten doch bald und ruhmreich zurückkehren. Er war ein einfacher Mann, dieser Sachsen-König, und er hatte auch nichts Besseres zu sagen an diesem Abend im August.

2. KAPITEL

Die Jungfrau von Orléans und Schlieffen

Noch war Zeit, das Haus zu bestellen, das Verlöbnis mit dem Kriege, das man einging, abzusichern durch Regelung der persönlichen Verhältnisse. Prinz Oskar heiratete im Hohenzollernhause die Gräfin Ina Marie Ruppin-Bassewitz, und Prinz Adalbert verlobte sich mit der Prinzessin Adelheid von Sachsen-Meiningen.

Die Aufführung des »Siegfried« bei den Bayreuther Festspielen forderte einen Beifall heraus, den man bis dahin noch nie verzeichnet hatte, auch zu Richard Wagners Zeiten nicht. Siegfrieds Schwertlieder lösten eine Erregung von unmittelbarster, unbeschreiblichster Art aus, meldete ein Zeitungsfeuilleton. Das Publikum identifizierte sich mit Siegfried, der nun als deutsches Sinnbild, der Germania gleich, deren Denkmäler im Lande von Fackeln umlodert waren, den Weg der Nation durch den Krieg begleiten sollte. Eine Siegfriedlinie würde am Ende noch errichtet werden, man wußte es noch nicht. Die Unwissenheit, die es den Menschen erleichterte, ihr Haus zu bestellen, bei der Wiener Gesellschaft für Lebens- und Renten-Versicherungen den Antrag auf Kriegs-, Lebens- oder auch nur Invaliditäts-Versicherung zu stellen — die General-Agentur für Ost- und Westpreußen befand sich in Königsberg, dem späteren Kaliningrad — erhielt in St. Petersburg sakrale Züge.

Die französische Kolonie in der Hauptstadt Rußlands ließ in »Nôtre-Dame-de-France« ein Hochamt abhalten, das dem Zwecke diente, den »allerhöchsten Segen auf unsere Armeen herabzuflehen«, wie Maurice Paléologue in seinem Tagebuch notierte. Den Hauptalter schmückten die französischen, russi-

schen und englischen Banner, und der Chor sang zum Schluß nacheinander:
Domine, salvam fac Rempublicam
Domine, salvum fac Imperatorem Nicolaum
Domine, salvum fac Regem Britannicum.
Danach wird Paléologue, wie wir weiter hören, in Peterhof vom Zaren Nikolaus empfangen, im ersten Stockwerk des kleinen Landhauses, dessen breite Fenster die Ostsee, den Finnischen Meerbusen dem Botschafter zeigen. Der Zar steht, in Felduniform, vor diesem Sommerlicht, das von See her reflektiert wird. Eine zerbrechliche Figur im Gegenlicht, deren einzige Bestimmung zu sein scheint, etwas Endgültigem gehorchen zu müssen.
Die Stimme des Zaren bebt leicht, als der Botschafter vernimmt, »ich werde meinen letzten Rubel und meinen letzten Soldaten opfern«, und dem Franzosen wird es nicht leicht, sofort dem Zaren seine Forderung zu stellen: »Die französische Armee wird dem ungeheuren Ansturm von 25 deutschen Armeekorps standhalten müssen. Ich flehe Eure Majestät an, Ihren Truppen eine augenblickliche Offensive vorzuschreiben. Sonst läuft die französische Armee Gefahr, zermalmt zu werden. Und die ganze deutsche Masse würde sich dann gegen Rußland kehren.«
Der Zar: »Sowie die Mobilmachung vollendet ist, werde ich den Vormarsch befehlen. Meine Truppen sind von größtem Eifer beseelt. Der Angriff wird mit größtmöglicher Kraft eingeleitet werden. Im übrigen wissen Sie ja, daß der Großfürst Nikolaus einen ganz besonderen Schneid hat.«
»Gott und die Jungfrau von Orléans sind mit uns«, ruft wenige Stunden später der Generalissimus im prunkvollen Palast von Znamenka aus, als der Botschafter ihm seine Aufwartung macht.
Paléologue, dessen Zynismus bekannt ist, muß sich fassen. Die Jungfrau von Orléans kommt ihm ungelegen. Denn es handelt sich darum, die Engländer, das englische Expeditionskorps unter Marschall French so schnell wie möglich nach Frankreich hineinzuziehen statt sie aus dem Land hinauszuwerfen. Ohne

die Jungfrau von Orléans zu erwähnen, fragt der Botschafter den Großfürsten sofort ganz direkt:
»In wieviel Tagen werden Kaiserliche Hoheit die Offensive veranlassen?«
Mit großen Schritten umkreist Nikolaus die Tische mit den aufgeschlagenen Landkarten.
»Ich werde die Offensive anordnen, sowie die Operation ausführbar sein wird, und ich werde ungestüm angreifen. Vielleicht werde ich die Zusammenziehung meiner gesamten Korps gar nicht abwarten. Sowie ich mich stark genug fühle, greife ich an. Wahrscheinlich am 14. August. Ich bitte Sie, dem General Joffre meine allerwärmsten Grüße und meinen unbedingten Glauben an den Sieg zu übermitteln. Sagen Sie ihm auch, daß ich außer meiner Standarte als Generalissimus auch die Standarte vorantragen lassen werde, die er mir vor zwei Jahren überreicht hat, als ich den französischen Manövern beiwohnte. Und nun«, schon an der Tür, »Gott mit uns.«

Weiß-grün ist der Wimpel an der Lanze des Husaren-Wachtmeisters Franz William Koch, der, nun in Feldgrau, aus der Großenhainer Kaserne in seiner 5. Eskadron, oder auch Schwadron genannt, ausreitet, um den Verladebahnhof zu erreichen. Ein brauner Riemen, der sie hält, läßt sie auch eingerollt mitnehmen auf die Reise. Jetzt flattern die Wimpel im Morgenwind, und das Trompetenkorps schmettert den Großenhainer Husarenmarsch, dessen auf Attacke angelegte Melodie das feurige sächsische Blut, wie man es einmal nannte, nicht besänftigt, sondern reizt.
Der Wachtmeister hat sein Haus bestellt. Er verlobte sich mit der Kaufmannstochter aus Großenhain, dem schönen Gretchen. Jetzt ist die 5. Eskadron mit ihren 5 Offizieren und 150 Säbeln für den Mann aus Loschwitz das Vaterland, und der Oberbefehlshaber, Generaloberst von Hausen, der an diesem Morgen schon über den Rhein gefahren wird, vertritt das sächsische Vaterland gegenüber dem größeren Vaterlande, dem Deutschen Reich und dessen Kaiser. Alle eint der Wille zum Sieg. Am

Rathaus, vor der Marienkirche nimmt Regimentskommandeur Oberst Platzmann die Parade ab. Ein Fotograf nimmt das Bild auf: die winkenden Frauen und Mädchen, die Zivilisten, die ihre Hüte vor den ausrückenden Husaren ziehen; den Sommerwind erkennt man an den flatternden weißgrünen Wimpeln.
Zu dieser Stunde begegnet Botschafter Paléologue in der Nähe von Pulkowo, bei Zarskoje-Selo, einem Gardeschützen-Regiment, das an die Grenze vorrückt. Der kommandierende General erkennt an der Livree des Leibjägers den Wagen des Botschafters und entsendet einen Offizier, um den Botschafter zu bitten, auszusteigen, damit das Regiment vor ihm defilieren könne.
Paléologue steigt aus. Der General umarmt ihn vom Pferde, das Regiment macht halt, die Mannschaft tritt in Reih und Glied, die Regimentsmusik an der Spitze.
Der General ruft, während dies arrangiert wird, dem Botschafter zu: »Wir werden diese schmutzigen Preußen vernichten. Wir brauchen kein Preußen, kein Deutschland mehr. Nach St. Helena mit Wilhelm.«
Bei jeder vorbeiziehenden Kompanie erhebt sich der General in den Steigbügeln und kommandiert: »Franzuski Pasol! der französische Botschafter! Hurra!« Und die Soldaten wiederholen das Stichwort. Es klingt wie »Urräh«, und es macht mutig. Aber auch hier begleiten die Frauen ihre Männer auf dem Wege in den Krieg, und die Unwiderruflichkeit des Abschieds überkommt Europa. Denn die Szenen bleiben sich gleich. Sie sind von einer Ähnlichkeit, daß man meinen könnte, jemand habe sie erfunden für die Nachwelt. Gestellte Bilder, verblichene Fotografien, das Schicksal noch im Wartesaal. Aber die Züge fahren schon ab, unaufhörlich, das Eisenbahnwesen — eine Erfindung des neunzehnten Jahrhunderts — ist in seiner höchsten Bewährungsprobe.
Die mit Birkenreisern in Dresden-Neustadt geschmückten Güterwagen für die Mannschaften und die Wagen Dritter Klasse für die Offiziere des Husarenregiemnts Nr. 18, die Kreideinschriften auf den Wagenwänden, die im Osten »Nach Berlin!«

heißen, in der Mitte »Nach Paris!« und in Paris »Nach Berlin!« und in denen Landserhumor sich sofort herausgebildet hat, wie in dieser Inschrift: »Ungewöhnlich günstiges Angebot! Freie Fahrt! Einziges Risiko ein paar Schüsse! Dafür direkt nach Paris!« — all das zeigt eine verwegene, fast traumtänzerische Hoffnung, daß alles gar nicht so schlimm würde.
Nach Paris oder nach Berlin, die Hauptstädte als Beute, man würde dabei sein.
Nelkensträuße werden geworfen, die Husaren stecken sie sich an die neue feldgraue Attila, sie riechen nach Begräbnissen, feucht und dumpf.
Später, der Zug nähert sich Meißen, ruft ein Husar an der Schiebetür, über die Köpfe der Pferde hinweg: »Es geht nach dem Westen, wir sind eben abgebogen«.
Leipzig zu, Naumburg, Frankfurt am Main.
»Lüttich genommen«, ruft ein weißhaariger Oberst, der bei der Verpflegungsrast auf dem Frankfurter Hauptbahnhof — die Lokomotive muß ausgewechselt werden — sich beim Generaloberst von Hausen gemeldet hat.
Der Generaloberst legt dem Oberst die Hand auf die Epauletten, sagt: »Wie geplant, mein lieber Oberst, wie geplant, aber das ist noch nicht alles.«
Man vertritt sich die Beine.

Später der Rhein. Das Hurra donnert, während der Zug über die Brücke rumpelt mit seiner kostbaren Fracht aus Armee-Oberkommando und Generalstabskarten, in die alle Versammlungsräume der 3. Armee eingezeichnet sind.
Die Elbe überquerte man noch in jenem Abschiedsrausch, der einem Schock gleicht: die Bilder werden nicht mehr scharf genug. Den Rhein sah man mit klaren Augen. Gewißheit war mit diesem Strom, den sie nicht haben sollten, den heil'gen deutschen Rhein.
Hausen bat seinen Chef des Generalstabes, den General von Hoeppner, ins Abteil.
»Wenn ich die Route durchziehe bis an die Peripherie unserer

Möglichkeiten«, sagt von Hausen leise, fast gemütlich — und seine blauen Augen denken dabei nach, sie haben etwas Verträumtes, man kann sich auf sie in diesem Augenblick nicht mehr verlassen —, »dann landen wir an der Marne.«

Hoeppner nickt: »Die Marne wäre das Äußerste, aber Herr Generaloberst wissen, daß uns noch mehr zugemutet wird.«

»Drei Korps, ein Reserve-Korps, Hoeppner. Die Sachsen-Armee kann sich sehen lassen. Die stärkste Militärmacht der Welt, wenn das nichts ist.«

Hoeppner: »Ich rechne mit Mitte September, Herr Generaloberst — dann fahren wir wieder über den Rhein, nach Rußland.«

»Mit Gott, mein Lieber«, erwidert Hausen.

»Übrigens, die Herzöge von Sachsen-Meiningen und Sachsen-Koburg-Gotha, Herr Generaloberst, haben abtelegrafiert. Sie sind erkrankt.«

»Das Oberkommando kann auf die Herren verzichten.«

Entrückt ist dem Generalobersten Dresden, auch Loschwitz. Er sieht in die Karten.

»Trier«, sagt er dann, »Trier. Die Übungsreise des großen Generalstabes, unter dem Grafen Schlieffen. Ich war damals, 1896, der Führer des roten Feldheeres, Hoeppner.«

Das Wort war endlich gefallen. Schlieffen. Der Name, das Programm, das Vermächtnis: »Macht mir den rechten Flügel stark«, auf dem Sterbebett noch geflüstert von Schlieffen. Nun würde sich alles um diesen rechten Flügel bewegen müssen, zu dem auch die Sachsen-Armee gehörte, neben den Preußen unter Generaloberst von Kluck (1. Armee) und unter Generaloberst von Bülow (2. Armee), er mit der preußischen Garde, und dann die Sachsen.

Bewegen würde sich nicht nur der Heerwurm, der nach Frankreich einzufallen hatte, um diesen Flügel. Auch die Berechnungen des großen Generalstabes kamen in Gang, des kränklichen Generalobersten von Moltke zerbrechliche Apparatur, die aus Berlin ins Feld aufgebrochen war, vorerst nach Koblenz, dann nach Luxemburg, das die deutschen Truppen schon frühzeitig besetzt hatten.

Die Entscheidung war mit dem rechten Flügel zu suchen, und sie war dort gut aufgehoben, sie war sicher. Man mußte nur Schlieffen gehorchen.
Und wenn er nicht gelänge, der Schlieffen-Plan, dann würde anderes zu unternehmen sein, aber man wollte daran noch nicht denken.
Der Krieg ist ein Glücksspiel, und die Armeen sind die Kugeln, die nacheinander ins Roulette geworfen werden. Traf die Kugel nicht die einzige Nummer, die Glück verhieß, dann war alles wieder offen.
Die Deutschen zogen mit einem Plan ins Feld, auf das Schlachtfeld, das sich bei Lüttich schon etabliert hatte und das sich nun ausdehnen würde nach dem Eintreffen der Armeen an der Grenze — mit einem Plan, der alles versprach, er mußte auch alles halten.
In der Petersburger französischen Botschaft schlug Monsieur Paléologue die Bibel auf, das einzige Buch, das jetzt noch sibyllische Auskunft geben konnte, und es war die Apokalypse, die ihn fesselte.
Würde es gelingen, dachte er beim Lesen, und er ärgerte sich, daß ihm das widerfuhr, beim Lesen an etwas anderes zu denken als an das Lesbare, die Russen so rasch nach Ostpreußen, gegen Berlin vorzutreiben, daß die französischen Armeekorps Zeit fänden, diese Deutschen zu schlagen — dann nämlich, wenn die Deutschen gezwungen wären, für den Westen bestimmte Armeekorps nach dem Osten zu schicken, würden sie nicht mit voller Kraft vor Paris ankommen, sondern mit einem Bruchteil ihrer ursprünglichen Stärke?
Die Apokalypse gab keine Antwort.
Sie hielt nur fest, was geschehen würde, sie zeigte das rote Pferd und den, der auf ihm saß, dem es gegeben war, den Frieden zu nehmen von der Erde. »Und daß sie sich untereinander erwürgeten.«
Der Tod, nicht mehr, auch nicht weniger.

3. KAPITEL

Zu den Katalaunischen Feldern

Die starke Zunahme der Bevölkerung Europas im 19. Jahrhundert hatte der allgemeinen Wehrpflicht, die es nur in England noch nicht gab, jene Millionen Männer aufgenötigt, die im Kriegsfalle zur Verfügung zu stehen hatten. Begrenzt wurde der Umfang der Heere nur durch Ausrüstung und Stand der Ausbildung; man war aber überzeugt, daß der Krieg selbst, der äußerste Anstrengungen verlangte, dafür sorgen werde, daß die Zahl der Divisionen, Armeekorps und Armeen, der Brigaden, Regimenter, Bataillone und Kompanien sich noch erhöhen werde.

Aber nur einmal ging der Soldat in seine erste Schlacht, und nur einmal würde er der Ungewißheit über den morgigen Tag die Gewißheit vorziehen, kämpfen zu müssen. Später blieb ihm nichts anderes übrig, wenn er nicht desertieren wollte, als das zu tun, wozu er angehalten wurde.

Deshalb mußte jeder Feldherr versuchen, die Entscheidung in die frühe Zeit eines entstehenden Krieges zu legen, sie gewissenhaft vorzubereiten, ihr die Macht des Schicksals noch vorzuenthalten, die auf ihn und seine Soldaten zukommen würde, wenn der erste große Einsatz verloren war.

Bei Kriegsausbruch 1914 betrug die gesamte Stärke der Wehrmacht in Rußland 4 bis 5 Millionen, in Frankreich 3 800 000, in England 1 Million, in Serbien und Belgien je 300 000. Etwa zehn Millionen eingezogene Soldaten in West und Ost standen 6 100 000 Soldaten in Deutschland und in Österreich-Ungarn gegenüber.

Sofort einsatzbereit, fähig, von den jeweiligen Feldherrn auf

die Schlachtfelder geführt zu werden, waren bei den Gegnern der Deutschen und Österreich-Ungarns annähernd 6 Millionen Mann, die Mittelmächte hatten 6,1 Millionen in Bereitschaft, davon 3 800 000 aus Deutschland und 2 300 000 aus Österreich-Ungarn.
Obwohl Graf Schlieffen, der den Feldzugsplan des deutschen Generalstabes entworfen und ihn im Dezember 1905 hinterlassen hatte, als er sein Amt aufgab, mit einem künftigen Zweifrontenkrieg gerechnet hatte, sah er keinen Grund, Rücksichten auf Rußland zu nehmen.
Im Jahre 1905 war die russische Armee von den Japanern besiegt worden. In St. Petersburg gab es den Versuch einer Revolution gegen das Regime des Zaren — Schlieffen hielt Rußland für »ohnmächtig«.
1914 fehlte die Voraussetzung. Rußland war wieder erstarkt.
1913 war Graf Schlieffen verstorben. Kurz vor seinem Tode hatte er gemahnt: »Ganz Deutschland muß sich auf einen Gegner werfen, auf denjenigen, der der stärkste, mächtigste und gefährlichste ist, und das kann nur Frankreich-England sein. Österreich mag ohne Sorge sein: die russische, gegen Deutschland bestimmte Armee wird nicht nach Galizien marschieren, bevor nicht die Würfel im Westen gefallen sind, und das Schicksal Österreichs wird nicht am Bug, sondern an der Seine entschieden.«

Schlieffen sprach nicht von der Entscheidung über Sieg oder Niederlage in einem bevorstehenden Kriege, er sprach vom Schicksal Deutschlands, das im Westen entschieden würde.
Die Macht des Schicksals sollte also frühzeitig beschworen werden; wer das Schicksal herausforderte, der mußte sich ihm beugen.
»Es muß durchaus versucht werden, die Franzosen durch Angriff auf ihre linke Flanke in östlicher Richtung gegen die Moselfestungen, gegen den Jura und gegen die Schweiz zu drängen. Das französische Heer muß vernichtet werden. Das Wesentliche für den Verlauf der gesamten Operationen ist, einen starken rech-

ten Flügel zu bilden, mit dessen Hilfe die Schlachten zu gewinnen und mit unausgesetzter Verfolgung den Feind mit eben diesem starken Flügel immer wieder zum Weichen zu bringen«, hatte Graf Schlieffen 1905 geschrieben.
Paris sollte durch Ersatztruppen eingeschlossen werden. Dieser Schlieffen-Plan war die Hoffnung der deutschen Kriegführung; er blieb ein Geheimnis, das sich erst im Felde lüften lassen würde.
Für die Entscheidung im Westen und den hinhaltenden Widerstand im Osten wurden von den Deutschen in der Zeit vom 6. bis 17. August 1914 in rund 11 000 Transporten über 3 Millionen Mann und 860 000 Pferde an die Grenzen gefahren.
Die östliche Armee war am 12. August in ihren Aufmarschräumen eingetroffen, das Westheer am 17. August.
Es war 1 600 000 Mann stark und bestand aus 25 Armeekorps, 11 Reservekorps, 10 Kavalleriedivisionen und 17 einhalb Landwehrbrigaden.
In der Rheinprovinz von Krefeld bis Saarbrücken hatte sich die Hauptmasse versammelt, die 1. bis 5. Armee, deren Bestimmung es war, die französischen Armeen gegen die Schweizer Grenze zu treiben.
Die 1. Armee stand, unter Generaloberst von Kluck, im Raum Krefeld-Jülich, die 2. Armee des Generalobersten von Bülow zwischen Düren und Malmedy. Generaloberst Freiherr von Hausens 3. Armee lag zwischen Prüm und Bitburg in der Eifel; in der Gegend von Trier und Luxemburg war die 4. Armee des Generalobersten Herzog Albrecht von Württemberg bereitgestellt worden, und im Raume Saarlouis-Diedenhofen-Metz die 5. Armee unter dem Generalleutnant Wilhelm Kronprinz des Deutschen Reiches und von Preußen.
Den linken deutschen Flügel im Westen bildeten die 6. Armee in Lothringen unter Kronprinz Ruprecht von Bayern und die 7. Armee bei Straßburg und am Oberrhein unter Generaloberst von Heeringen.
In Ost- und Westpreußen hatte die 8. Armee unter Generaloberst von Prittwitz die Aufgabe, sich gegen die übermächtigen

russischen Armeen zu halten.« Im äußersten Notfalle muß Preußen östlich der Weichsel aufgegeben werden, bis die 8. Armee durch Heranführen weiterer Kräfte verstärkt werden kann.« Diese Aufmarschanweisung ließ zu, daß Ostpreußen geopfert würde.
Man setzte hier einige Hoffnungen auf Österreich, das aus Galizien angreifen sollte, um die 8. Armee zu entlasten.

Die Verletzung der belgischen Neutralität war notwendig, um die fünf nördlichen Armeen zu ihrer vollen Entfaltung gegen Frankreich zu bringen. Damit zog das Deutsche Reich nicht nur zusätzlich ein Heer gegen sich in den Krieg; es setzte sich auch ins Unrecht.
Generaloberst von Moltke, der Chef des deutschen Generalstabes, hatte in der Aufmarschanweisung für 1914 festgelegt: »Die Hauptkräfte des deutschen Heeres sollen durch Belgien und Luxemburg nach Frankreich vorgehen. Ihr Vormarsch ist — sofern die über den französischen Aufmarsch vorliegenden Nachrichten zutreffen — als Schwenkung unter Festhalten des Drehpunktes Diedenhofen-Metz gedacht. Maßgebend für das Fortschreiten der Schwenkung ist der rechte Heeresflügel. Die Bewegungen der inneren Armeen werden so geregelt werden, daß der Zusammenhang des Heeres und der Anschluß an Diedenhofen-Metz nicht verloren geht. Den Schutz der linken Flanke der Hauptkräfte des Heeres sollen neben den Festungen Diedenhofen und Metz die südöstlich Metz aufmarschierenden Heeresteile übernehmen.«
Moltke hoffte sehr, daß man, wie er im Mai 1914 bei einer Besprechung in Karlsbad dem österreichischen Generalstabschef Conrad von Hötzendorf sagte, in sechs Wochen nach Beginn der Mobilmachung mit Frankreich fertig sei, oder wenigstens soweit, daß »unsere Hauptkräfte nach dem Osten verschoben werden« könnten.
Sechs Wochen Krieg in Frankreich: Mitte September 1914 würde man, wie Moltke im Mai prophezeit hatte, demnach fertig sein.

Da der 2. August der erste Mobilmachungstag war, mußte der Sieg in Frankreich am 13. September feststehen.
Die Marneschlacht endete am 10. September 1914 mit dem Abmarsch der deutschen Armeen vom Schlachtfeld nach Norden und Osten.
Moltke hatte sich nicht im Datum geirrt; doch die Entscheidung fiel anders aus.

Das französische Heer marschierte nach dem »Plan 17« im August 1914 zwischen Belfort und Mézières auf, zwischen der Schweizer Grenze und der Maas. Es sollte beiderseits Metz zum Rhein vordringen und ihn rasch überschreiten. Mit dem rechten Flügel, bestehend aus der 1. Armee unter General Dubail bei Épinal, und der 2. Armee unter General de Castelnau bei Toul und Nancy sollte zwischen Metz und Straßburg der deutsche Widerstand gebrochen werden. Bei Verdun hatte die 3. Armee unter General Ruffey das Scharnier zu bilden, das dem linken Heeresflügel gestattete, sich gegen die vordringenden Deutschen zu verteidigen. Bei Kriegsausbruch wurde auch Belgien für Operationen vorgesehen; dorthin mußten die Franzosen gehen, um die Deutschen von ihrer Grenze abzuhalten. Hier kommandierte General Lanrezac die 5. Armee, die hinter der Maas nördlich von Verdun aufmarschiert war. Das Kavalleriekorps Sordet sammelte sich bei Mézières an der belgischen Grenze. Die strategische Reserve der Franzosen, die 4. Armee, stand bei St.ᵉ Menehould.
General Joffre, der französische Oberbefehlshaber, glaubte nicht an einen Vormarsch des deutschen nördlichen Heeresflügels bis zur Maas.
Den linken französischen Flügel bei Mézières sollte das britische Expeditionskorps verlängern, das Mitte August unter Marschall French mit 130 000 Mann und 30 000 Mann rückwärtiger Dienste sich südwestlich Maubeuge versammelte.
Die belgische Armee, 170 000 Mann stark, stellte sich nördlich der Maas in der Gegend von Löwen bereit. Je eine Division wurde in die Festungen Lüttich und Namur geworfen.

Schlieffen hatte das Verhältnis der Truppenstärke zwischen dem linken Verteidigungsflügel in Elsaß-Lothringen und dem Nordflügel auf 1:7 festgesetzt. Moltke reduzierte das Verhältnis in der Sorge, in Lothringen geschlagen zu werden, auf 1:3. Da aber General Joffre nicht mit einem Vorgehen starker deutscher Kräfte im Norden rechnete, und er auch dann noch, als diese Kräfte auf Brüssel marschierten, die Gefahr einer Umfassung seines Heeres von Norden unterschätzte, wurde diese Schwächung des rechten deutschen Heeresflügels einigermaßen aufgewogen. Denn Joffres Aufstellung seiner Armeen konnte nicht kurzfristig ohne Verlust von Gelände geändert werden.

In seinem Buch: »Der Weltkrieg 1914/18« meint General Hermann von Kuhl, der während der Marneschlacht Chef des Generalstabes der 1. Armee war: »Der deutsche Plan mußte nach menschlichem Ermessen gelingen. Die französische Armee schien dem drohenden Verderben nicht mehr entrinnen zu können, ihr linker Flügel konnte umfaßt, das ganze Heer von Paris abgedrängt werden, so wie es Graf Schlieffen gewollt hatte. Der Gedanke einer schnellen Entscheidung im Westen war der Verwirklichung nahe.«

Der Angriff, die Offensive konnte beginnen. Für sie galt, was im französischen »Reglement zur Führung großer Einheiten« vom 28. Oktober 1913 festgelegt war, und diese Prinzipien waren verbindlich nicht nur für die französischen Heerführer, sondern auch für die deutschen —: »Die Offensive allein führt zu positiven Ergebnissen. Ein energischer Oberbefehlshaber, der zu sich selbst, seinen Untergebenen und der Truppe Vertrauen hat, wird niemals seinem Gegner den Vorzug der Aktion überlassen, nur weil er genaue Kenntnis der Feindlage abwarten müsse. Er wird sofort, von Kriegsbeginn an, den Operationen einen derartigen Charakter von Ungestüm und Verbissenheit geben, daß der Feind, in seiner Gesinnung getroffen und in seiner Aktion gelähmt, sich vielleicht gezwungen sieht, in der Defensive zu bleiben.«

So mußten Franzosen und Deutsche im August aneinanderge-

raten, hitzig aufeinanderprallen, und Tapferkeit würde nicht genügen, um den Feind, der stärker wäre, aufzuhalten.
Der Zusammenprall der feindlichen Armeen würde in seiner Furchtbarkeit ungekannte Ausmaße annehmen, aber der Sieg war doch den Deutschen zuzurechnen, die auf ihrem rechten Flügel die Stärkeren waren.

Generaloberst von Hausen, der am 18. August 1914 mit seiner Sachsen-Armee aus der Eifel hervorbrach, an dem Tag, den der deutsche Kaiser für den Angriff bestimmt hatte, konnte sich auf der Generalstabskarte ungefähr ausrechnen, wohin der Vormarsch führen mußte, wenn der von Moltke leicht abgewandelte Schlieffenplan funktionierte. Er bezog an diesem Abend Quartier im Schlosse eines belgischen Industriellen in Vielsalm. Es standen 40 Fremdenzimmer zur Verfügung. 50 Pferde konnten in den Stallungen untergebracht werden.

Auf dem Weg zum Schloß sah er, wie der Kommandierende General des XI. Armeekorps in Gegenwart des Großherzogs von Sachsen-Weimar sowie des Fürsten und Erbprinzen von Waldeck den Vorbeimarsch eines Teiles seiner Truppe abnahm.

Er gewann den Eindruck, daß Mann und Pferd in vorzüglicher Verfassung seien, und so war er sicher, seine Armee dorthin in kurzer Zeit zu bringen, wohin sie der Schlieffenplan bestellte:

Auf die katalaunischen Felder nördlich der Marne bei Châlons-sur-Marne, dorthin, wo vor fast sechzehnhundert Jahren Attilas Heer geschlagen worden war.

4. KAPITEL

Eine Stadt wird zum Schlachtfeld

Die Heereskavallerie legte den Schleier vor die deutschen Armeen, die nach Westen marschierten. Sie klärte auf, besetzte im Handstreich Brücken und Ortschaften, geordnet in Kavalleriekorps, die von den Generalen von Richthofen und von der Marwitz kommandiert wurden. Ihre Geschwindigkeit betrug beim Reiten im Schritt 100 Meter in der Minute, im Trab 220 Meter, im Galopp 400 Meter und im gestreckten Galopp mehr als einen halben Kilometer, 560 Meter, aber nur in beschränkter Dauer.

Die Reiter trugen die feldgraue Feldbluse, nur die sächsischen Husaren behielten, aber auch in Feldgrau, ihre Attilas bei, und die Ulanen ihre eleganten Ulankas. Während des Marsches trug der Reiter seinen Karabiner 98 k über den Oberschenkeln, aber sie hatten zur Rechten die lange Lanze im Schaft, die oft gegen den Säbel stieß, der ebenfalls rechts am Sattel angebracht war. Die Husaren des Wachtmeisters Franz William Koch aus dem sächsischen Großenhain trugen in ihren braunen Patronentaschen 40 Schuß, und der Wachtmeister, der eine Selbstlade-Pistole 08 statt des Karabiners mitführte wie die anderen Unteroffiziere und die Offiziere der Kavallerie, hatte 12 Schuß für diese Waffe dabei.

Auf dem Kopf saß die Pelzmütze, der Kolpack, der noch aus der Zeit der napoleonischen Kriege stammte. Jetzt war er durch eine hellgraue Umhüllung getarnt. Die Kommandos wurden mit der Stimme, mit Handzeichen, durch den Trompeter oder mit der Trillerpfeife gegeben. Zur Heereskavallerie gehörten noch Jäger, die auf Fahrrädern sich bewegten, leichte Feldartillerie, die besonders beweglich sein mußte, denn die Reiterei hatte jene Schnelligkeit noch einmal, aber nur für wenige Wochen, im Westen aufzubieten, die sie berühmt gemacht hatte. Die Attacke, der Ritt einer Eskadron, eines Regiments gegen feindliche Infanterie oder Kavallerie, war ihr letztes Mittel, aber in ihm war oft, außer Leichtsinn, Verzweiflung.

Für die Attacke war die Lanze bereit. Sie war ein Stahlrohr, nur bei den sächsischen Reitern eine braune Stange aus Holz mit Stahlspitze, die kräftiger aussah als die schmale Spitze bei den nichtsächsischen Reitern.

Die Erkundung der gegnerischen Aufstellung war Sache der Kavallerie. Aber es gab schon bei den Deutschen die ersten Flugzeuge, die, zusammen mit Fesselballonen, die Luftaufklärung betrieben.

Die ersten Kriegsflieger, zumeist Kavalleristen, hatten ihre eigenen, primitiven Feldflugplätze, ihr Bodenpersonal, und Schwierigkeiten mit der feindlichen Infanterie, die auf sie schoß.

Am 22. August 1914 meldete sich bei Generaloberst von Hausen der Husarenoberleutnant von Stietenkron mit Quetschungen an der Stirn und stark in Mitleidenschaft gezogenen Nerven. Während eines Aufklärungsfluges war die Maschine, die der Flugzeugführer Leutnant Jansen steuerte, in einer Höhe von 500 Metern in französisches Infanteriefeuer geraten. Jansen erhielt einen Kopfschuß, die Maschine stürzte ab, der Husarenoberleutnant, der als Begleiter und Aufklärer mitflog, fand sich, nachdem er die Besinnung wiedererlangt hatte, inmitten rastender französischer Infanterie, die ihn unwürdig und gröblich behandelte, bis ein Hornsignal die Truppe unter Gewehr rief. Die Infanterie sei abmarschiert, sie habe ihn, weil sie annahm, er sei ungefährlich, liegengelassen. Als es dunkel wurde, sei ihm, so berichtete der Husarenoberleutnant, die Kraft wiedergekommen, er habe sich in einem Waldstück versteckt. Später sei er auf deutsche Sicherungen gestoßen.

Doch jetzt noch war seine Benommenheit nach dem Sturz aus 500 Meter Höhe so groß, daß bei seiner Vernehmung nichts aus ihm herauszuholen war. Die beim Fluge gemachten Beobachtun-

gen hatte er vergessen. Das Flugzeug war liegengeblieben, in den Trümmern der tote Leutnant Jansen.
Luftkämpfe zwischen feindlichen Flugzeugen wurden noch nicht beobachtet. Die ersten Schlachten kannten nur Aufklärungsflugzeuge, die gelegentlich kleine Bomben abwarfen. An Bord hatte der Beobachter nur seine Pistole, später einen Karabiner. Man grüßte sich noch, wenn man sich zufällig begegnete, oder wich einander aus.

In Belgien traf die deutsche Heereskavallerie auf die ersten Partisanen. Diese Freischärler, Franktireurs, die es auch schon 1871 in Frankreich gegeben hatte, sollten im August 1914 den deutschen Vormarsch empfindlich stören.

Der Maasübergang der 3. Armee bei Dinant am 23. August war hierfür eines der ersten Beispiele. Es war schon schwierig genug, in das Maastal hinabzusteigen, das auf dem Ostufer durch 100 Meter hohe, fast senkrechte Felswände gebildet wurde und nur winzige Täler oder Einschnitte offen ließ, durch die man zum Fluß gelangen konnte. Als die Sachsen endlich bis in den auf dem Ostufer gelegenen Stadtteil vorgedrungen waren, der sich eng an die Felsen schmiegte, gerieten sie in Straßenkämpfe, die von Zivilisten gegen sie begonnen wurden. Frauen und Mädchen beteiligten sich am Kampf. Die Pioniere der Dresdner 23. Infanterie-Division verloren dabei die Hälfte ihrer Pontons, die zu Wasser gebracht werden sollten, am Ufer der Maas durch Einschläge von Infanteriegeschossen.

In den zweitägigen Kämpfen um Dinant ging die Stadt in Trümmer.

Artillerie schoß nach Dinant hinein. Häuser, die von Zivilisten verteidigt wurden, steckte man in Brand. Einwohner, die mit der Waffe in der Hand angetroffen wurden, erschoß man. Es kam auch zu Geiselerschießungen. Der Brückenschlag von Les Rivages bei Dinant und die Zerstörung der alten belgischen Stadt beeindruckten Generaloberst von Hausen tief. Als er mit seinem Stabe beim Leibgrenadierregiment 100 am 24. August mittags über die Maas setzte, sah er die Gefangenen, mehrere hundert Einwohner von Dinant und Les Rivages, auf der Flußbettböschung eng aneinander gepreßt, von Leibgrenadieren bewacht. Alte Männer und Frauen, Mädchen jeden Alters, halbwüchsige Knaben, große und kleine Kinder waren hier versammelt worden, viele weinten, andere schrien und tobten. Der Generaloberst sah, wie ein Verletzter vor seinen Augen starb. Er sah einen Soldaten des französischen 208. Reserveregiments, verwundet durch Kopfschuß, blutüberströmt, der allen ärztlichen Beistand ablehnte.

Da gab es noch einen anderen Krieg, an den der Generaloberst nicht gedacht hatte, und nun, da er mit seiner Armee in die ersten Partisanenkämpfe verstrickt worden war — die Stadt Dinant in Trümmern und beim Vormarsch gegenüber den Nachbararmeen durch diesen behinderten Übergang über die Maas im Verzug —, war er tief ergriffen, und er begab sich auf das nahegelegene Gefechtsfeld außerhalb der Ortschaften, wo er den Sanitätsdienst noch in reger Tätigkeit fand.

Auf das Schlachtfeld hatte er seine Armee geführt, dort war sein Krieg, der Krieg der Soldaten, aber nun hatte er die Hölle an der Maas gesehen, er war, für eine Viertelstunde, in einen anderen Krieg geraten, der sich hier erst noch in seinen Anfängen zeigte. Ein Krieg, nicht minder grausam und gefährlich wie später, als der Partisanenkrieg von Dinant zum Modell der Verzweiflung genommen wurde.

Der Wachtmeister Koch hatte mit den Großenhainer Husaren Dinant nur gestreift, die Reiter waren zurückgenommen worden, als es für sie unmöglich wurde, durch die Maas zu schwimmen und die weißgrünen Wimpel westwärts zu tragen.

Die Ereignisse von Dinant deprimierten die Sachsen; es war außerhalb des Reglements, was hier geschah, und Graf Schlieffen hatte in seinem Aufmarschplan auch nicht daran gedacht, daß Frauen und alte Männer sich gegen die deutschen Armeen wenden würden.

Die Beschießung und Zerstörung einer Stadt war 1914 noch etwas Seltenes. Der Krieg hatte auf dem Schlachtfeld stattzufin-

den, dort gab es nur Dörfer, die in Flammen aufgehen konnten. Dinant, Löwen und Reims wurden in diesen Wochen des heißen Spätsommers die Menetekel an der grauen Kriegswand; dort wurden Zivilisten getötet, und es waren nicht Bauern, die es auf dem Schlachtfeld traf, das sie nicht rechtzeitig verlassen konnten, wenn sich die Gegner zum Kampfe stellten.
Die blutige Spur, die hier gelegt wurde, sollte zu einer breiten Fährte werden, die von nun an die Geschichte der Kriege durchzog, und enden sollte sie lange noch nicht dort, wo mehr Zivilisten ihnen zum Opfer fielen als Soldaten.
Für die Franzosen waren die Deutschen von jetzt an die »boches« und für die Engländer die »Hunnen«. Und die Deutschen hatten etwas zu tun, woran sie überhaupt nicht gedacht hatten, als der Vormarsch begann. Sie mußten ihre rückwärtigen Verbindungen sichern, Truppen zurücklassen, die Straßenkreuzungen bewachten, ebenso wie Bahnanlagen und Brücken.
So sonderten die Armeen Einheiten mehr und mehr hinter sich ab, je weiter sie vordrangen. Die Grenzschlachten begannen, obwohl sie alle siegreich für die Deutschen ausgingen, an ihren Kräften zu zehren.
Und nun war es auch nicht mehr der frischfröhliche Krieg, an den fast alle geglaubt hatten, das Manöver mit scharfer Munition, das vielleicht für sechs Wochen angesetzt worden war.
Als Dinant brannte, standen in Ostpreußen die Dörfer in Flammen.
Großfürst Nikolaj Nikolajewitsch hatte sein Wort gegenüber dem französischen Botschafter gehalten.
Zur Entlastung der Franzosen, Belgier und Engländer im Westen schickte er die Armeen Samsonow und Rennenkampff über die Grenze.
Und im deutschen Hauptquartier in Koblenz überlegte der Generalstab, welche Armeekorps man aus dem Westen abziehen könne, um die Russen an der Weichsel aufzuhalten.

5. KAPITEL

Ein anderer Krieg

Die Engländer, diese unglückliche Liebe der Deutschen, waren zum letzten Male mit einer Armee bei Waterloo vor 99 Jahren auf dem nördlichen Teil des Kontinents erschienen, damals verbündet mit Preußen und Österreich, gegen die sie nun in den Weltkrieg eingetreten waren. Auf sie wollten sich die Deutschen stürzen, die in Klucks 1. Armee durch Belgien nach Frankreich marschierten, die belgische Armee gegen Antwerpen abdrängend, ohne sie gründlich geschlagen zu haben.

Mit den Franzosen hatten die Deutschen zweimal im vergangenen Jahrhundert »abgerechnet«, wie die Generalstabsoffiziere in ihrem trockenen, unterkühlten und leidenschaftslosen Sprachstil es bezeichneten. Die Franzosen kannte man, sie hatte man besiegt. Aber die Deutschen hatten nur wenige Offiziere, die im Burenkriege in Südafrika auf der Seite der Gegner und später Opfer der Engländer und Inder gekämpft hatten, und keiner wußte, was er vom Feind zu halten hatte, der mit zwei Armeekorps über den Kanal gebracht worden war; ein drittes Korps lag noch in England.

Die britischen Expeditionsstreitkräfte unter Sir John French, der sich als Kavallerist im Burenkrieg auszeichnete, hatten sich südwestlich der französischen Grenzfestung Maubeuge versammelt. Die Festung war nicht so bedeutend wie Verdun oder Toul, aber in ihrem Schutz konnte man sich einrichten, vorsichtig Fühlung mit dem Feind aufnehmen, der 5. französischen Armee unter Lanrezac Flankenschutz geben, die von der über die Sambre nach Süden vorgestoßenen 2. Armee Bülow bedrängt wurde.

Sie hatten versprochen, den Belgiern zu Hilfe zu kommen, die von den Deutschen überfallen wurden. Aber dem britischen Kriegsminister Lord Kitchener blieb nur übrig, Frenchs Streitkräfte auf Zusammenarbeit mit dem Oberkommandierenden Joffre zu verweisen, dem French sich nicht unterordnen wollte.

Als am Sonntag, dem 23. August 1914, in dem flachen Tal von Mons die Glocken läuteten, die Menschen zur Kirche gingen — es regnete zaghaft, die Hitze wurde für einen Moment erträglicher —, trafen die Engländer und Deutschen aufeinander.

Deutsche Kavalleristen fanden englische Reiter, und sofort erkannten sie, daß dies nicht die erwarteten Rotröcke waren mit den Bärenmützen, wie noch bei Waterloo. Die Dragoner, Husaren und Lanzenreiter trugen eine graugrüne Khaki-Uniform, die bequem saß, Gamaschen statt der Stiefel, leinene Feldbeutel statt lederner Meldetaschen, und selbst die Lanzen waren leichter als die der Deutschen, sie kamen aus Indien und waren aus Bambus.

Eine flache Tuchmütze bedeckte die Köpfe, und es kam den Deutschen vor, als wolle hier eine Armee im Sportanzug antreten (wie leicht war sie wohl dann zu schlagen). Aber die Hauptkräfte des 1. britischen Korps, die nun in die Kämpfe verwickelt wurden, hatten sich verschanzt zwischen den Häusern jenseits eines Kanals, und das Feuer ihrer unregelmäßig knatternden Salven war wirkungsvoll. Nur die deutsche Artillerie schoß genauer, ihre leichten und schweren Haubitzen pflügten den Boden um, denn sie wurden von Beobachtungsfliegern geleitet, die den Engländern noch fremd waren.

Sechs deutsche Divisionen wurden hier von zwei englischen Divisionen für 24 Stunden aufgehalten.

Die Verluste waren auf deutscher Seite schwer.

Aber auch die Engländer mußten Lehren einstecken.

Am 23. August attackierten die 2. britische Kavallerie-Brigade, die 9. Lanciers, die 4. Garde-Dragoner und die 18. Husaren deutsche Artillerie und Infanterie, die ihre neue Waffe, die wassergekühlten schweren Maschinengewehre, so lange verborgen hielt, bis die Engländer auf 150 Meter herangekommen waren.

Ein Teil der Reiter schwenkte sofort seitwärts, der andere fiel 30 Meter vor den Maschinengewehren, ohne die Lanzen und Säbel eingesetzt zu haben, so daß die 9. Lanciers am Abend beim Appell nur noch aus 40 Mann bestanden.
Doch die Abende dieser dreitägigen Schlacht, die mit dem Siege der 1. Armee über die Engländer endete — denn diese mußten sich zurückziehen —, wurden noch immer wie bei Waterloo mit dem Signal »Feuer einstellen« der deutschen Hörner in der Frontlinie begonnen, und die Nacht gehörte den Sanitätern, die das Schlachtfeld absuchten.
Es war das letzte Mal im Westen, daß dieses Signal erklang. So anachronistisch es auch war — es vermittelte den Engländern und Deutschen noch einmal die Illusion eines Krieges, der nur am Tage ausgefochten werden mußte.

Kluck wollte den Engländern durch Umfassung ihres linken Flügels den Rückzug abschneiden, aber French war zum Rückzug gezwungen, weil die neben ihm stehende Armee Lanrezac sich zurückziehen mußte, von Bülow geschlagen.
Es hätte in diesen Tagen eine Kesselschlacht auf dem deutschen Nordflügel geben können, durch die den Briten und Lanrezacs 5. Armee ein Sedan zugefallen wäre, das große Folgen für den weiteren deutschen Vormarsch gehabt hätte.
Aber die 3. deutsche Armee, die Lanrezac den Rückzug nach Westen hätte abschneiden können, wurde nicht in eine Lücke angesetzt, sie blieb bei Dinant stehen, und der deutsche Nachrichtendienst war schlecht informiert. Kluck kam von Norden zu spät, die Engländer zogen sich zurück, ein geschlagenes Heer, wie man sehen konnte, das sich durch die französischen Dörfer in desolatem Zustand nach Westen quälte.
Auf beiden Seiten hatte es keinen Oberkommandierenden für die nördlichen Armeen gegeben. Kluck war zwar Bülow unterstellt, doch beide blieben Rivalen, die sich nicht umeinander kümmerten.
Nach Koblenz ins Hauptquartier kam die Meldung vom Sieg bei Mons und Maubeuge gerade zurecht. Aber es war kein gro-

ßer Sieg. Die Engländer entzogen sich der Umfassung, sie blieben intakt, auch wenn sie einige Zeit brauchten, um wieder auf dem Schlachtfeld zu erscheinen, das dann an der Marne liegen sollte.
Aber jetzt haben sie sich zum ersten Male gesehen, und die Maschinengewehre haben die Reiter niedergemäht. Das gezielte Feuer der englischen Infanteristen aus den Verstecken am Ufer des Kanals Mons-Concé hat die deutschen Regimenter niedergestreckt, zum Halten gezwungen, das die Hörner abends nochmals verkündeten.
Die Sonne brannte nach dem Nieselregen wieder auf das Land, sie versengte das Gras, sie ließ die Kämpfer in Schweiß ausbrechen, wie Todesangst ausbricht.

Aber alles hatte sich doch gelohnt, der Feind wich, die Grenzschlachten waren geschlagen worden, und waren es nicht Siege für die Deutschen?
Die Vernichtung des Gegners war ihnen nicht gelungen, doch Franzosen und Engländer zogen sich zurück, sie rissen aus, nun mußte der deutsche Landser ihnen folgen. Wen sollte da nicht Übermut ankommen?
Die Deutschen standen in Frankreich, und sie mußten jetzt dem Feind hier im Norden nur nachsetzen, um ihn endgültig zu besiegen.
Im Koblenzer Hauptquartier konnte man aufatmen. Jetzt durften endlich die Armeekorps aus dem Westen nach dem Osten befohlen werden, die für die Schlacht an der Weichsel vorgesehen waren, um die Russen aufzuhalten, vor denen die deutsche Ostpreußenarmee zurückwich.
Die Engländer geschlagen, die Franzosen auf dem Rückzug hinter der Maas, Namur gefallen: »Die ausnahmslos günstigen Nachrichten, die jeden Tag und auch am 25. vom rechten Flügel in der Obersten Heeresleitung eintrafen, schufen den Glauben, daß, einschließlich des großen Sieges in Lothringen am 20. bis 23. August, die große Entscheidungsschlacht an der Westfront stattgefunden hatte und für uns günstig verlaufen war.« Das

schrieb der deutsche Operationschef Tappen im Großen Hauptquartier.
Bald sollten es zwei Armeekorps sein, die auf die lange Reise durch Europa geschickt wurden, von West nach Ost, vorüber an den Bahnsteigen in der Heimat, deren Girlandenschmuck vom Anfang des Monats verwelkt war, ausgetrocknet von der glühenden Sonne.
Hausen mußte sein XI. Korps abgeben, es stand bei Namur, und die Folgen würden seine Armee bald treffen. Das Gardereservekorps wurde ebenfalls abgedreht, es fuhr an den preußischen Garnisonen vorbei, in denen es eben erst aufgestellt worden war. Dort exerzierten die Kriegsfreiwilligen dieses August, die Studenten und Professoren, die Dichter und Denker, die hochgestimmte Elite der Nation.
Wähnten sie sich in den langen Transportzügen als Sieger? Sie hatten den Feind kaum gesehen, diese oder jene hatten die Feuertaufe hinter sich, das Hineingehen in einen Zustand äußerster Selbstvergessenheit und zugleich tiefster Betroffenheit, Wachheit, Konzentration.
Aber im Westen stand ihre Sache doch gut, nun kam der Osten an die Reihe. Dort würde man die russische Dampfwalze schon aufhalten.
Die Bayern hatten die Franzosen aus Mülhausen im Elsaß geworfen, nun galt es, Ostpreußen zu befreien.
Mit ihnen reisten die Dioskuren der kommenden Kriegsjahre, Hindenburg, den man aus der Pensionierung in Hannover geholt hatte, Ludendorff, der Lüttich eroberte und den Pour le mérite trug.
Noch wußten sie von diesen beiden Männern nichts, sie ahnten nicht einmal, daß Hindenburg und Ludendorff an der Spitze dieser Reserven nach Osten fuhren, um dort anzukommen und ohne diese Reserven die Schlacht von Tannenberg zu schlagen, die Vernichtungsschlacht der Armee Samsonows, der sich in Ostpreußen erschießen würde.
Von dieser Schlacht würde der Untergang des alten Rußland ausgehen, aber die Reserven sollten fehlen. Sie fuhren mit der

Bahn durch Deutschland, und nocheinmal genossen sie den sommerlichen Frieden ihres Landes.

Am 25. August befehlen Kluck und Bülow die Verfolgung des geschlagenen Gegners mit größter Energie (Bülow läßt »größtmöglichster Energie« in den Befehl schreiben, er ist vorsichtiger als Kluck), und Hausen ist schon wieder auf dem Vormarsch, jetzt aber nach Süden.

Und endlich meldet sich auch das Große Hauptquartier in Koblenz. Moltkes Befehl vom 27. August nennt zum ersten Male den Fluß, an dem es zur Entscheidung kommen sollte: »Alle aktiven französischen Armeekorps haben bereits gefochten und ansehnliche Verluste erlitten. Auch der größte Teil der Reserve-Divisionen ist schwer erschüttert, die belgische Armee ist in der Auflösung begriffen.

Es kommt darauf an, durch baldigen Vormarsch des deutschen Heeres auf Paris die französische Armee nicht zur Ruhe kommen zu lassen. Seine Majestät befehlen den Vormarsch des deutschen Heeres (zunächst 1. bis 5. Armee) in Richtung auf Paris.«

Und nachdem die übrigen Armeen ihre Aufträge bekommen haben, heißt es: die 6. und 7. Armee hatten das Reichsland, Lothringen und das Oberelsaß zu verteidigen, falls die Franzosen dort anzugreifen wagten, und die 6. Armee sollte, wenn dies nicht der Fall wäre, die Mosel zwischen Toul und Epinal überschreiten und die allgemeine Richtung auf Neufchâteau nehmen.

»Alle Armeen haben im gegenseitigen Einvernehmen zu handeln und sich im Kampf an den einzelnen Abschnitten zu unterstützen.

Starker Widerstand an der Aisne und später Marne kann ein Eindrehen der Armeen aus südwestlicher in südliche Richtung erfordern.«

Das Oberkommando der Sachsen-Armee erreichte dieser Befehl in Rocroi. Generaloberst von Hausen hatte diese Stadt von 1871 in »bester Erinnerung«, er war damals Offizier im 12.

Jägerbataillon. Die Stadt war kampflos in die Hände der Sachsen gefallen, aber die Straßen sahen schlimm aus. Sie starrten vor Schmutz. Zerschlagene Fenster, erbrochene Haustüren, weggeworfene Kleidungsstücke, zertrümmertes Hausgerät, geleerte Wein- und Sektflaschen füllten den Markt und die Gassen. Die Einwohner waren geflohen, nur alte Frauen schienen zurückgeblieben zu sein. Einige sprach der Generaloberst an, fragte sie, ob sie sich erinnerten, wie ordentlich es 1871 bei der Okkupation durch das 12. Jägerbataillon zugegangen sei, aber die Frauen hielten diesen deutschen General für ein Ungeheuer, sie schüttelten nur ängstlich die Köpfe.

Es war ein anderer Krieg, der hier stattfand, unvergleichbar mit 1870/71, und nur der Wein, den der Verpflegungsoffizier des Armeestabes auftrieb, war noch derselbe, wie es Hausen dünkte.

6. KAPITEL

Joffre und die Marne

Vitry-le-François, später Bar-sur-Aube, zwischen beiden Städten die Marne, ein schmaler Fluß, dessen Name dunkel klingt, noch nicht blutig aussieht, mit versumpften Ufern, Weiden, die in das langsam fließende Wasser hängen. Brücken aus alten Zeiten, viel schweres Gestein, und darüber die Hitze des Hochsommers.

Der General in den langen Röhrenhosen, mit dem Käppi, das er immer tief ins Gesicht gezogen trägt, wenn er sein Büro verläßt, heißt Joffre, und man wird seine Vornamen sich nicht merken, der Name Joffre wird genügen, wie der Name des Flusses, Marne, genügt.

Joffre und Marne, beide kommen nun zusammen.

Der Sohn eines Faßbinders und ein Fluß aus Lothringen. Joseph Jaques Césaire Joffre, ein Faßbinderkind mit zehn Geschwistern, wortkarg, die Stimme ausdruckslos, massive Figur, zweiundsechzig Jahre alt, außergewöhnlich helle Augen.

Das Grand Quartier Général im Gymnasium von Vitry-le-François gegenüber der Kirche, die nur Nôtre-Dame heißen konnte, im ersten Stock Joffres Arbeitszimmer, kahl, keine Karten an den Wänden, bilderlos, auf dem Arbeitstisch kein Papier. Keine Generalstabskarte, die herumliegt. Joffre hat sein Land im Kopf.

Er trägt die Verantwortung, sie läßt ihn schweigen. Er ist so schweigsam, daß man in seiner Umgebung fürchtet, er litte unter der Hitze, aber er hatte gegen sich die riesigen Armeen der Deutschen, die in sein Land vordrangen, und hinter sich die Regierung in Paris, die bald nach Bordeaux gehen sollte.

Kriege bringen sehr schweigsame Generale hervor, dieser war schon schweigsam, als der Krieg begann.

Winston Churchill schrieb später: »General Joffre und seine Offiziere sind schuld an dem schrecklichen, unermeßlichen Irrtum, der in der Bewertung fast aller Faktoren begangen wurde, die am Anfang des Krieges eine Rolle spielten.«

Nicht Joffre wird später sein hochragendes Denkmal im Wald von Compiègne erhalten, von Buchsbaumhecken gesäumt, sondern Foch.

Dieser Foch ist jetzt noch ein kleiner General unter dem General Joffre, und Kriege, die Jahre dauern, haben ihr eigenes Konzept. Wer mitmischen muß, erhält seine Lektion.

Die Überheblichkeit der Briten ist an diesen Sommertagen längst bekannt. Man kämpfte zum ersten Male gemeinsam. Lange, zu oft hatte man gegeneinander gekämpft.

Joffre hatte zu Beginn des Krieges die Deutschen unterschätzt. Er konnte sich nicht vorstellen, daß die Reservedivisionen und Reservekorps in vorderster Linie kämpfen würden. Er hatte geglaubt, er habe es nur mit den aktiven Divisionen und Korps zu tun. Propaganda spielte da eine Rolle: Die Deutschen werden autokratisch regiert, die Deutschen können kein Volksheer zustande bringen. Demokraten waren die Franzosen, nicht die Deutschen. Die levée en masse stammte aus Frankreich, die deutschen Heere wurden von Kronprinzen und Fürsten geführt; man wußte in Paris und Vitry-le-François auch nichts von dem Volkszorn, der über die Deutschen gekommen war, von den Gedichten, die sonst so sanfte Leute drüben, im Reich, schrieben, die sofort gedruckt wurden. Man rechnete mit der deutschen Militärmaschine, wie die Deutschen mit der russischen Dampfwalze rechneten, aber die deutsche Militärmaschine würde sich aufgliedern lassen, sie war übersehbar, man hatte sie nicht zu fürchten, doch furchtbar würde das Aufeinanderprallen der Armeen doch werden. Aber man hatte das Elsaß vor sich, in das man in den ersten Tagen eingedrungen war, man konnte die Deutschen in ihrem Reich, das sie sich in Versailles einst zusammengebaut hatten, treffen.

Aber im Elsaß war es nicht gut gegangen, und nun kamen die Deutschen aus dem Norden.
In der Nacht vom 24. zum 25. August erfährt Joffre, daß bei der deutschen 2. Armee Reservekorps in vorderster Linie mit der gleichen Nummer gekämpft haben, wie die aktiven Korps sie tragen. Bisher hatte es so etwas noch nicht gegeben. Waren die Deutschen verzweifelt, weil die Russen in Ostpreußen einrückten? Hatten sie sich mit ihrem Richard Wagnerschen »Siegfried«-Pathos in ein Abenteuer gestürzt, das sie nicht übersehen konnten? Wo war die Artillerie bei diesen Reservekorps? Gab es dort überhaupt Artillerie?
Reservisten, eben erst eingezogen, nun schon, ohne je dies geübt zu haben, in neuen Verbänden in der Schlacht? Joffre war ein Organisator, noch kein Feldherr. Er hatte die Eisenbahnen in Westafrika aufgebaut, nun hatte er die Bahnlinien Frankreichs hinter sich. Auf ihnen würde er den Deutschen antworten. Sollten sie sich die Füße wund marschieren, er würde ihnen mit der Eisenbahn dorthin entgegenfahren, wo er die Entscheidungsschlacht haben wollte.

Ein General zu Kriegsbeginn steckt voller Ideen, die nun endlich verwirklicht werden können. Ihm strömt der Reichtum des eigenen Landes zu, er hat seine Erfahrungen mit ihm. Frankreich war damals ein reiches Land, und zu diesem Reichtum gehörte ein Überlegenheitsgefühl, das längst aus der Niederlage von 1870/71 wiederentstanden war.
Damals war man allein, jetzt hatte man die Engländer in Frankreich.
Und man hatte die Bahnlinien und die Küsten, die Meere und die überseeischen Gebiete (in Togo waren Franzosen eingerückt), und man war mit den Russen verbündet, die in kurzer Zeit in Berlin sein konnten.
Was hatte Joffre zu fürchten?
»Die Straßen sind besät mit weggeworfenen oder in den Gräben zurückgelassenen Tornistern«, wurde ihm gemeldet.
Zwei deutsche Armeen näherten sich Vitry-le-François, die

sächsische und die württembergische, und der schweigsame General Joffre in seinen Röhrenhosen, mit den hellen Augen unter dem Käppi, das er tief in die Stirn gezogen hatte, ein guter Republikaner, mußte bald Farbe bekennen, aus seiner Schweigsamkeit heraustreten, Befehle geben, um die Unruhe in seinem Stabe zu beseitigen.

Aber Joffre hat nur am 24. August eine Weisung des Großen Hauptquartiers Nr. 2083 unterzeichnet, die lautet:

»Jedesmal, wenn man einen Stützpunkt erobern will, muß man den Angriff mit Artillerie vorbereiten, die Infanterie zurückhalten und sie nur über eine Entfernung vorgehen lassen, bei der man sicher ist, das Operationsobjekt zu erreichen.

Jedesmal, wenn man die Infanterie von zu großer Entfernung antreten lassen wollte, bevor die Artillerie ihre Tätigkeit entwickelt hatte, wurde die Infanterie unter Maschinengewehrfeuer genommen und erlitt Verluste, die sie hätte vermeiden können.

Die Infanterie scheint die Notwendigkeit, sich zum Kampf auf Dauer einzurichten, nicht zu kennen.«

Wo war hier die große Strategie angesichts der weggeworfenen Tornister? Joffre hatte die Verlustmeldungen gelesen, er beantwortete sie mit einer Weisung, die nur in den taktischen Bereich zielte.

Denn bisher hatte man die französische Armee offensiv gedrillt. »Auf die Dauer« galt nur der Sieg, nicht das zähe Ringen.

Joffre stand an der Spitze einer Armee, die den Rückzug nicht geübt hatte. Nun näherte sich die Armee seinem Hauptquartier, was er nicht fürchtete. Aber damit gab sie zu, geschlagen zu sein.

Er mußte umgruppieren, die Eisenbahnen warteten, sie standen ihm zur Verfügung.

Einen Tag später, am 25. August 1914, erließ Joffre die Generalinstruktion Nummer 2: »Da die vorgesehene Offensivbewegung nicht durchgeführt wurde, werden die nachfolgenden Operationen so geregelt, daß an unserem linken Flügel eine Heeresmasse gebildet wird, die imstande ist, die Offensive wieder aufzunehmen, während die anderen Armeen so lange wie nötig den Kräfteeinsatz des Feindes aufhalten werden.«

Nichts Geniales ist an dieser Umgruppierung, es ist nur eine Notwendigkeit. Der Organisator Joffre verschiebt seine Truppen.
Es ist das Einfachste, im Augenblick auch das Beste. Und es wird seine Zeit dauern. Joffre plante, im Raum Amiens—Reims diese Heeresmasse zu versammeln. Aber bald mußte er einsehen, daß dies unmöglich war.
Doch in seinem Kopfe, unter dem Käppi, das er in die Stirn gezogen trug, war eine Voraussetzung für die Abwicklung der Marneschlacht getroffen worden, auch wenn sie unter ganz anderen, noch recht optimistischen Aussichten entstanden war. Von nun an sollten die Transportzüge rollen, pausenlos, Tag und Nacht, während die Armeen an der Front im Nordosten sich zurückzogen, als seien sie schon geschlagen, wie es die Deutschen glaubten.
Kein Fangnetz hatte Joffre in Vitry-le-François ausgelegt, er verzichtete nur auf seine mittägliche Siesta, die er erst Mitte September wieder aufnehmen sollte.

7. KAPITEL

Husarenabschied bei Rethel

Zwischen den Kampfgruppen der deutschen Divisionen, die in der Sachsenarmee nach Südwesten marschierten, bewegten sich die Husarenpatrouillen im Meldedienst, der ihre Unerschrockenheit, aber auch Zuverlässigkeit verlangte. Sie wurden dabei nicht nur von der sengenden Hitze bedrängt, sondern ebensosehr von einem Gefühl der Unsicherheit über die Verkleidung des Feindes. Am 28. August stieß die Patrouille des Leutnants von Hartsen, Husarenregiment 18 aus Großenhain, auf eine in Zivilkleidern steckende französische Alpenjäger-Radfahrerpatrouille vom Regiment 23, was sie aber erst feststellen konnte, als einer dieser Radfahrer abgeschossen und liegengeblieben war. Dann wieder — die Nacht war gefallen, alles schien ruhig zu sein — zog quer vor Hartsens Husaren eine Reiterpatrouille, Spahis mit leuchtenden weißen Mänteln, vorüber, auftauchend und wieder verschwindend wie Statisten in einer Operette. Da sich die Pferde der Sachsen ruhig verhielten, als die Spahis vorüberwehten, kam es zu keiner Auseinandersetzung, die Nacht wurde noch stiller, der Gegner blieb verschwunden.
So sehr auch dieser Wechsel der Uniformen und der zivilen Kleidungsstücke die Husaren irritierte — ihre Selbständigkeit, die ihnen erlaubte, dort ihre Pferde zu tränken, wo sie es wollten, hier anzuhalten, weil sie sich verschnaufen mußten, Kämpfen auszuweichen oder forsch zu attackieren, gefiel ihnen.
Leutnant von Hartsen stieß am 29. August auf eine zurückgehende feindliche Infanteriekolonne, der er sich mit seinen Husaren anhängte, wobei er stets wartete, bis die feindliche Kolonne hinter einem Höhenrücken verschwunden war, ehe er ihr

nachsetzte. Dabei entdeckte er, daß ein auf zwei Maultiere verpacktes Maschinengewehr von der Kolonne abgekommen war, die eben wieder von einem Höhenrücken verdeckt wurde. Hartsen galoppierte mit seiner Patrouille auf die Bedienungsmannschaft des Maschinengewehrs zu, die zu Fuß unterwegs war, entriß ihr die beiden Maultiere, die Fransosen, etwa zwölf Mann, rissen aus. Der Infanterie hinter dem Höhenrücken war jetzt aufgefallen, daß eine MG-Bedienung fehlte. Sie nahm die Husaren unter Feuer, die um keinen Preis das erbeutete Maschinengewehr auf den beiden Maultieren wieder verlieren wollten.

Dabei fiel ein Husar, Leutnant von Hartsen wurde wie auch ein anderer Husar, verwundet, die Patrouille holte Verstärkung und konnte Hartsen mit seinem Husar nach vier Stunden bergen. Da dieses MG das erste war, das von den Großenhainer Husaren in diesem Kriege erbeutet wurde, stand hierauf eine Geldprämie von 1000 Mark, die der Vater eines Leutnants von Heldreich vor dem Ausmarsch gestiftet hatte.

Das Geld wurde unter den elf Teilnehmern an der Patrouille geteilt. Leutnant von Hartsen erhielt nichts. Offiziere waren von solchen Glücksfällen mit Prämie ausgenommen, es wäre gegen ihre Offiziersehre gewesen, prämiert zu werden.

Das Husarenregiment 18 erreichte die Stadt Rethel am 31. August gegen Mittag. Es hatte seine Patrouillen wieder an sich gezogen, und Oberst Platzmann, der Kommandeur, betrachtete gelangweilt den Ort, neben sich den Wachtmeister Koch, der die Telegraphenpatrouille führte. Nur ganz wenige der einfachen zweistöckigen Häuser an der Straße, durch die das Regiment ritt, wiesen Spuren einer Beschießung auf. Draußen, vor der Stadt, am Ardennenkanal, fanden sie eine große Wiese, auf der das Regiment absitzen durfte.

Die Husaren verfügten nicht, wie die Infanteristen, über Feldküchen, sie mußten noch abkochen.

Im Regimentsstab und in den Eskadrons wurden Zigarren und Wein verteilt, es gab auch das erste Bier seit Beginn des Feldzuges, und für die Offiziere wurden Gläser gebracht, die aus den Häusern Rethels geholt worden waren. Oberst Platzmann ließ sich auch nicht aus der Ruhe bringen, die er endlich für sein Regiment gewonnen hatte — wenigstens für die Zeit einer Mittagsrast, bei der abgekocht wurde, aber das Ochsenfleisch wurde nicht so schnell gar, Kartoffeln mußten von den Husaren geschält werden, als plötzlich Trompeten das Alarmsignal durch die Stadt schmetterten.

Der Vormarsch sollte weitergehen, die Division verlangte es von den Husaren, aber der Oberst bestand auf der Mittagsrast, auf dem Abkochen, auf dem Zuprosten mit Wein und dem ersten Bier an diesem heißen Tage, und das Fleisch des beigetriebenen Ochsens war noch in ungenießbarem Zustand.

So war Aufklärung vorzutreiben. Die 5. Eskadron mußte aufsitzen, und Wachtmeister Koch sah zu, wie seine Eskadronskameraden unwirsch die Lanzen freimachten und abritten.

Eine Stunde später folgte das Regiment, die 4. Eskadron übernahm die Spitze, die vortrabte, um bald auf Husaren zu stoßen, die mit dem Karabiner im Arm hinter Getreidepuppen lagen und in ein Tal hinunterspähten.

Die Husaren meldeten, daß dort, in Perthes-le-Chatelet, die Spitze ihrer Eskadron angeschossen worden sei, ihr Zugführer, der Leutnant von Boxberg, und der Unteroffizier Eberlein verwundet, wahrscheinlich von einer starken französischen Dragonerpatrouille, nicht von stärkeren feindlichen Kräften. In diesem Augenblick kam der Eskadronschef, Rittmeister von Haebler, aus dem Dorfe zurück, der berichtete, Boxberg und Eberlein seien gefallen, er habe das Dorf attackiert, um die Spitze seiner Eskadron zu erreichen, wobei es zu einem kurzen Kampf mit bewaffneten Einwohnern in Zivil gekommen wäre, mehrere von ihnen seien von seinen Husaren niedergemacht worden.

Mit Freiwilligen ritt daraufhin der Bruder des Gefallenen, Oberleutnant von Boxberg, nach Perthes, ferner Oberst Platzmanns Regimentsadjutant, dazu der Stabsarzt, und brachten die gänzlich ausgeraubten Leichen ins Biwak, das inzwischen vom Regiment bezogen worden war, da die Division doch nicht wei-

termarschierte, sondern für die Nacht Ruhe befohlen worden war.
Leutnant von Boxberg war der erste Offizier des Regiments, der fiel, und deshalb war das ganze Regiment um Mitternacht zur Stelle, als er mit dem Unteroffizier bestattet wurde.
Im Garten eines Gutes, unter zwei großen Bäumen, waren von Husaren die Gräber geschaufelt worden, und die Gefallenen wurden in weiße Tücher aus dem Gut gehüllt, ehe der Regimentskommandeur ein paar kurze Worte sagte, den Husarenabschied im Felde und ein Vaterunser dazu.
Die Körper wurden dann behutsam in die Gruben gesenkt, und das ganze Regiment trat, Mann für Mann, still an die Gräber, die Pelzmütze in der Hand, und Mann für Mann warf Erde und Blätter hinein.
Der Wachtmeister Koch, der zur Umgebung des Regimentskommandeurs gehörte, empfand diesen Husarenabschied, wie er in sein Tagebuch schrieb, als eine Gnade, die sich ihm mitteilte, während er sich auf eine Bank setzte, um zu schreiben.
»Eine Gnade«, notierte er, »die einem kleinen Menschen, der zur Tapferkeit angehalten und zum Sterben vorbereitet wird, zeigt, wie dieses Leben ausgehen kann. Denn ist es nicht eine Gnade, so zu enden? An der Spitze des Regiments gefallen, vom eigenen Bruder geborgen, von den abgesessenen Husaren bestattet?
Und dies auf dem siegreichen Vormarsch, im Feindesland, um Mitternacht, während Rethel brennt, die Feuersglut der in Brand geschossenen Stadt fahl die Szenerie beleuchtet, als befände man sich auf einer Bühne, auf der die Weltgeschichte handelt.«
Und während er, im Feuerschein Rethels, mit dem Kopierstift bemerkt, »daß es einem ans Herz rührt, auch weil die Gefallenen der eigenen Eskadron angehören, der Fünften, in der ich doch beinahe aufgewachsen bin, um hier mit ihr anzukommen, nach diesem und jenem — es ist eine große Zeit, und keiner weiß, wie groß sie noch werden kann«, — während Koch dies schrieb, das Tagebuch auf die Pelzmütze gelegt, nicht alt genug, um ahnen zu können, was ihm (oder auch nur seiner 5. Eska-

dron) noch bevorstünde, aber doch schon so alt, um das Bild in Worte fassen zu können (für wen eigentlich?), entleerte der Leutnant von Herder nicht weit von diesem Platz einen von feindlichen Fliegern in Brand geschossenen Munitionswagen und rettete dadurch vielen Menschen das Leben.
Davon erfuhr Koch jedoch erst, als er abritt. Sein Kommandeur schickte ihn nach der Feier zum Divisionsstab, um die Befehle für den kommenden Tag abzuholen.
»Reite zur Division«, schrieb er ins Tagebuch, »die Stadt Rethel steht in Flammen. Zwei Mann reiten mit mir, und überall brennen auch schon die Gehöfte. Ein Riesenbrand ringsum, die Nacht ist ganz hell, keiner sagt etwas.«

Weshalb in dieser Nacht Rethel brannte, das erfuhr der Wachtmeister beim Divisionsstab.
In Rethel war gegen Abend die Große Bagage der Division eingerückt und hielt mit dem Anfang auf dem Marktplatz. Ihr Führer, Rittmeister Jäger, bot vorbeireitenden Husaren einen kühlen Trunk an, plötzlich fiel aus einem Hause ein Schuß, und darauf wurde aus zahlreichen Fenstern ein heftiges Feuer bemerkt, das die Husaren von den Pferden zwang, um das Feuer mit den Karabinern zu erwidern. Bald kamen Truppen der Division und der Großen Bagage den Husaren, die das heftige Feuer in der Stadt gehört hatten, zu Hilfe.
Ein großer Teil der Stadt wurde in Brand geschossen. Für kurze Augenblicke wollte man Männer in Zivilkleidung gesehen haben, und da das Feuer salvenartig abgegeben wurde, nahm man an, daß es sich um Soldaten handelte, die Zivilkleidung angelegt hatten.
Ob Soldaten oder Einwohner, die mit dem Schießen angefangen hatten — Rethel war verloren, und in den folgenden Kriegsjahren, die Rethel als Trümmerhaufen in deutschen Händen sahen, war die Stadt nichts mehr als eine von vielen verbrannten Städten, deren Brandursache niemand mehr so recht kannte und auch nicht genau wissen wollte.
Krieg ist ein Brand, der um sich greift. Der Husarenwachtmei-

ster Koch (er sollte dreißig Jahre später auch während eines anderen Brandes, der wiederum eine Stadt verzehrte, umkommen) konnte keine Betroffenheit zeigen; er gehörte ja selbst in das Feuer, dem er in dieser Nacht noch entgehen konnte.

8. KAPITEL

Tannenberg und Paris

Kriegstage werfen lange Schatten, sie haben keine Eile, sie sind nie kurz. Die Sonne bleibt zu lange am Himmel, der Mond will die Wolken nicht verschieben, um die Nacht hereinzulassen in die Landschaft, die vom Krieg befallen ist wie von einer raschen Krankheit, die schnell zum Tode führen kann.
In Ostpreußen, bei Tannenberg, war die Armee des Generals Samsonow eingekesselt. Der General saß zu Tisch in seinem Hotel in Neidenburg, er kannte seine Lage, sie war hoffnungslos. Und er hatte doch das Gefühl, so kurz vor seinem Selbstmord, daß ihm etwas Unwiederholbares gelungen war: Er saß in Preußen zu Tische, und nichts würde ihn aus diesem Land wieder herausbringen, hier mußte er bleiben.
Aber ihm hatte geträumt, er werde am Tage Mariä Himmelfahrt sterben, nach dem Julianischen Kalender war das der 15. August, und der war es heute für ihn, während für Hindenburg und Ludendorff, die nach dem gregorianischen Kalender rechneten, der 28. August heraufgezogen war.
Für das alte Rußland schlug die Schicksalsuhr, der August vierzehn brachte, durch die Deutschen, das Zarenregime an den Abgrund, es fehlte nur noch die Zeit, und es mangelte nicht an Gewalt und Ideen, um es zu stürzen.
General Samsonows Zukunft wurde in diesen Tagen entschieden, die Zukunft seines Zaren auch, und doch würde es ihm einen Trost bedeutet haben in seiner ruppigen Verzweiflung, mit der er sich an die Spitze seiner Truppen stellen wollte, um zu fallen, jetzt, nach dem Frühstück im Neidenburger Hotel, wenn er einen Zipfel der weiteren Zukunft hätte erhaschen können:

eine Vision, die ihm helfen würde, die Verzweiflung durch Mut auszulöschen, um das Beispiel zu geben, auf das man hier wartete: daß der General an der Spitze seiner Truppen, zu Pferde mit den Kosaken vielleicht, gegen den unerbittlichen Feind anritte, um auf dem Felde der Ehre zu fallen, wie man damals sagte. Denn dreißig Jahre später würden russische Armeen wiederum nach Ostpreußen geraten, wie Samsonows Armee von Süden, und das Denkmal, das den Sieg anzeigte bei Tannenberg, wäre dann weggesprengt, zunichte gemacht von den Deutschen, die ihr Reich zunichte gemacht hatten durch Angriff und Niederlage. Aber Kriegstage, so schrecklich lang, heiß im Sommer — auch im Herbst, wenn das Hemd auf der Haut des Infanteristen klebt, und er nicht weiß, wann er sich einmal wieder wird waschen können —, kennen keine Visionen, es sei denn, es gäbe eine Göttin der Geschichte, die sich diesem oder jenem offenbare, wenn er im Blute liegt, den Tod erwartet. Niemanden gab es damals, der alles vorausgesehen hätte, und das ist gut.
Nur für General Samsonow wäre es eine letzte Genugtuung gewesen, aber hätte sie ihm geholfen?
An diesem 28. August, nun wieder, da der Schauplatz Rocroi in Nordfrankreich ist, im Hauptquartier der Sachsenarmee, ärgerte sich Generaloberst von Hausen zum letzten Male über seine Wohnung, die er, zusammen mit dem sächsischen Kronprinzen, im Hause des Unterpräfekten bezogen hatte. Alle Räume waren verunreinigt, nur sein Zimmer flüchtig hergerichtet, Gestank für seine empfindliche Nase über dem Schnurrbart — Zustände!
Einzig erträglich war es im Rathaus. Dort hatte das AOK 3 die Geschäftsstelle, und während er sein Frühstück am Schreibtisch einnahm, erreichte ihn der am Abend vorher telefonisch angekündigte grundlegende Befehl der Obersten Heeresleitung für die Fortführung der Operationen.
Wie hätte man seine Lage mit der des unglücklichen Samsonow in Neidenburg an diesem Tage vergleichen können. Hausen war auf dem Vormarsch, aber Samsonow war es doch auch, Hausen stand in Feindesland, Samsonow in Preußen, seine Armee hatte

Feindberührung, Samsonows Armee war eingekesselt, also auch Feindberührung, aber was für eine!
Und beide unterstanden direkt ihrer Obersten Heeresleitung, sie kommandierten Armeen wie einst, als es noch keine Telefone gab und keine Funksprüche, so lange sie auch in jenem August 1914 brauchten.
Samsonow würde am Ende dieses 28. August seine Funkstelle im Oberkommando zerstören lassen, denn er brauchte sie nicht mehr beim Ritt zu den eingekesselten Truppen oder für eine Meldung über seinen Tod, den er suchte.
Hausens Funkstelle blieb in Ordnung, aber ein Funkspruch von der Obersten Heeresleitung bis zu ihm dauerte zwölf Stunden, und als er diese neue Weisung, vom Kaiser genehmigt, las, hatte sie für ihn, den ehemaligen sächsischen Kriegsminister, den Hauch der Historie schon, und darin winkte der Sieg.
Daß dann doch der Sieg ausbleiben sollte, ahnte er ebensowenig wie Samsonow den Sieg von 1945 in Ostpreußen ahnen konnte, und es war doch für den deutschen Kaiser und sein Deutsches Reich ein ähnlicher Abschied, der bevorstand, wie der Abschied, den der Zar und das alte Rußland nehmen sollten, in diese Tage und Wochen hineingelegt — für die Deutschen freilich mit einiger zeitlicher Verschiebung.
Aber jetzt, und die Weisung aus dem Hauptquartier an die Armeeführer in Frankreich zeigte es unmißverständlich, waren die Deutschen noch auf der Siegesstraße, in Ostpreußen ebenso wie in Frankreich und Belgien, und Moltke, der sie abgefaßt hatte, brauchte nur seinen eigenen Genius zu bemühen, und er tat es, um aus dem Schlieffen-Plan, dem er doch folgen wollte, einen Moltke-Plan zu machen, der mitten in der Verwirklichung stand. Die zweite Phase der Offensive im Westen war zu befehlen, für die Schlieffen das Einfachste und zugleich Schwierigste vorgesehen hatte: Die inneren Flügelarmeen, die 5. und 6. Armee, sollten nur kurz vorrücken, die 3., 2. und 1. Armee aber, die Nordgruppe, hatte zuerst nach Süden aus der Linie Laon bis zum Kanal zu schwenken, dann nach Südosten, später nach Osten, dem Feind in den Rücken, um das Cannae zwischen der

Schweizer Grenze und den französischen Festungen zu vollenden. Dies alles an Paris vorbei, um Paris herum, ohne Paris zu beachten, unerbittlich auf das Ziel zu, die weichenden Armeen der Franzosen einzukesseln. Generaloberst von Hausen hatte erwartet, nun nach Süden einzuschwenken, aber er las in der Weisung, daß er nach Südwesten zu marschieren habe. Er rief seinen Chef des Generalstabes, General von Hoeppner, um diese Weisung richtig zu verstehen. Hoeppner war sein Gehilfe, ein ruhiger Mann, der sein Handwerk beherrschte. Er hätte es vorgezogen, unter Kluck oder Bülow zu arbeiten, nicht unter Hausen, dessen 3. Armee bisher darauf angewiesen war, nach rechts und links Hilfestellung zu leisten, einmal der Vierten Armee zu dienen, dann wieder der Zweiten Armee, manchmal beiden zugleich. Viel eigener Ruhm konnte da für die Sachsenarmee nicht herausspringen, man verzettelte sich. Aber mit Hausen war er nun verbunden, und er schätzte den Generalobersten, außerdem war er Generalstäbler, und das Vordrängen gab es für ihn nicht, er war der Schatten seines Oberbefehlshabers, sein ebenbürtiger Gehilfe, aber im Schatten. Hoeppner nahm die Weisung, Hausen lehnte sich im Stuhl ein wenig zurück, er überlegte, während Hoeppner las. Die Wunderlichstraße in Loschwitz bei Dresden war sonderbar entrückt, Feldpost hatte seine Armee noch nicht erreicht, er konnte sich im Augenblick, da er zusah, wie Hoeppner las, nur vorstellen, daß dieser Wunderlichstraße nichts geschehen würde, deshalb war er in Frankreich.

»Die Franzosen befinden sich — wenigstens mit der nördlichen und mittleren Gruppe — im vollen Rückzug in südwestlicher und westlicher Richtung, also auf Paris«, las General von Hoeppner, »sie werden auf dem Wege dahin voraussichtlich erneuten und hartnäckigen Widerstand leisten. Alle aus Frankreich eingehenden Nachrichten bestätigen, daß man um Zeitge-

winn kämpft, daß es sich darum handelt, den größten Teil der deutschen Kräfte vor der französischen Front zu fesseln, um eine Offensive der Russen zu erleichtern.«
Hoeppner wußte nicht, daß an diesem Tage General Samsonow in Insterburg an seinen Tod dachte, eingekesselt mit seiner Armee bei Tannenberg, aber er hatte doch jeden Augusttag im Felde damit beschlossen, den Herrgott zu bitten, daß die Russengefahr für Ostpreußen abgewandt werde.
Er fühlte sich mit der Sachsenarmee, nicht von den Franzosen »gefesselt«, sie war im Vormarsch, und die Kämpfe, die sie zu führen hatte, waren nicht schwer.
»Es kommt also darauf an«, sagte er, zu Hausen gewandt, der ihn aufmerksam ansah, »durch Vormarsch auf Paris die französische Armee nicht zur Ruhe kommen zu lassen, Neuaufstellungen zu verhindern, dem Lande möglichst viele Kampfmittel zu entziehen.«
Er sah vom Papier auf, ihre Augen trafen sich: »Das ist nicht mehr der Schlieffenplan«, sagte Hoeppner.
»Er ist es noch«, erwiderte Hausen, »aber abgeändert. Moltke weiß es besser.«
»Er sitzt sehr weit weg«, sagte Hoeppner.
»Das vielleicht auch. Aber es ist etwas Schlimmeres. Moltke fällt ab von der großen Strategie, er führt taktisch. Und das sollte man uns wohl überlassen.«
Hausen legte die Hand auf die Stirn, ihn fror plötzlich, er wußte nicht, weshalb. Die Sonne brannte durch das Fenster. Hoeppner las weiter.
»Die 1. Armee mit unterstelltem Heereskavalleriekorps 2 marschiert westlich der Oise gegen die untere Seine. Sie muß bereit sein, in den Kampf der 2. Armee einzugreifen. Ihr fällt außerdem der Flankenschutz des Heeres zu.«
Hausen sagte: »Kluck ist der Stärkste, schaffen könnte er es.«
»Die 2. Armee mit unterstelltem Heereskavalleriekorps 1 geht über die Linie La Fére — Laon auf Paris vor. Das Heereskavalleriekorps 1 klärt vor der Front der 2. und 3. Armee auf.«
Hoeppner sagte: »Die preußische Garde nimmt Paris.«

Hausen: »Sicher will das der Kaiser. Und Bülow wird ihm Paris schenken.«
»Die 3. Armee setzt den Vormarsch fort über die Linie Laon—Guignicourt auf Château-Thierry.«
»Um der Garde nach Paris hineinzuhelfen«, sagte Hausen.
Hoeppner: »Es wird nichts mit Reims, in die Champagne marschiert die 4. Armee.«
Hausen brauste auf: »Das ist doch Unfug, Reims und Epernay, das ist unser Streifen.«
Hoeppner: »Nicht mehr, Herr Generaloberst.«
Der Chef des Generalstabes der 3. Armee las weiter:
»Die 5. Armee geht über die Linie Châlons—Vitry-le-François vor. Verdun ist einzuschließen.
Die 6. mit 7. Armee und Heereskavalleriekorps 3 hat zunächst im Anschluß an Metz ein Vordringen des Gegners in Lothringen und in das Oberelsaß abzuwehren. Geht der Gegner zurück, so überschreitet die 6. Armee mit unterstelltem Heereskavalleriekorps 3 die Mosel zwischen Toul und Epinal und nimmt die allgemeine Richtung auf Neuf—Château. Der Armee fällt dann der Schutz der linken Flanke des Heeres zu. Starker Widerstand, der an der Aisne und später an der Marne geleistet wird, kann ein Einbiegen der Armee aus südwestlicher in südlicher Richtung erforderlich machen.
Baldiges Vorgehen ist dringend erwünscht, um den Franzosen keine Zeit zu lassen, sich neu zu gliedern und ernsten Widerstand zu leisten.
Ein Volksaufstand ist im Keime zu ersticken.«

Hoeppner sah von diesem Papier auf, wischte sich den Schweiß von der Stirn.
»Moltke denkt, wir hätten den Feldzug schon in der Tasche. Das ist Zermürbung und Verfolgung, mit dem Preis Paris.«
Hausen erhob sich. Er hatte die Wunderlichstraße in Loschwitz vergessen, sein Haus und die kühle Dresdner Heide. Hausen sagte: »Wenn Sie es genau von mir wissen wollen — das ist nicht der Sieg, das sind höchstens Siege.«

Hoeppner hatte sich ebenfalls erhoben. Er fragte, fast scheu: »Soll ich den Kronprinzen...?«
»Nein«, entschied Hausen, »wir wollen uns jetzt daran machen, die neuen Befehle auszugeben. Die Sachsenarmee kommandiere ich.«
Als beide Männer ein wenig später über den Befehlen saßen, die sie nun zu erteilen hatten, kam eine Forderung der benachbarten 4. Armee, ihr mit starken Kräften zu Hilfe zu eilen, um zu verhindern, daß ihr rechter Flügel von den Franzosen eingedrückt würde.
Das Oberkommando der 3. Armee entschloß sich, von der Weisung der Obersten Heeresleitung abzuweichen und der 4. Armee zu helfen.
»Die bisherigen Richtlinien bleiben bestehen«, hatte Generaloberst von Hausen entschieden, »nach denen alle Armeen im gegenseitigen Einvernehmen handeln müssen, im Kampfe an den einzelnen Abschnitten sich unterstützen sollen.«
Starke Kräfte wurden nach Südosten, hin zur 4. Armee, befohlen, die von der Obersten Heeresleitung angewiesene Richtung hieß aber Südwesten.

In der Weisung, die am 28. August bei Hausen eingetroffen war, stand auch das Wort Marne. Auf diesen Fluß waren nun angesetzt die 3., 4. und 5. Armee, während die 2. Armee Paris nehmen und die 1. Armee Paris umgehen sollte.
Es war die Weisung für die Marneschlacht, die Schlieffen nicht vorgesehen hatte. In seinem Plan spielte die Marne keine Rolle. Nach ihm hätte man dort weiter Fische fangen können.

9. KAPITEL

Kein moderner Alexander

Die Grenzschlachten waren gewonnen, die Armeen schwenkten im Westen nach der neuen Weisung vom 27. 8., die am 28. 8. in den Stäben eingetroffen war, ein — oder es war anzunehmen, daß sie es taten. Doch alle taten es nicht, die Sachsenarmee kam der Armee des Großherzogs von Württemberg zur Hilfe, und die 1. Armee zog es schon ein wenig weg von der 2. Armee, in Richtung Compiègne, — im Osten war Samsonows Armee in Ostpreußen eingeschlossen. Es war der 29. August, über den Alexander Solschenizyn später schrieb: »Es schien, als hätten Christus und die Mutter Gottes sich von Rußland abgewandt.«
Abgewandt hatten sich auch, endlich von einer schweren Sorge für die nächste Zeit über den Osten befreit, der Kaiser, Moltke und sein Stab von dem russischen Kriegsschauplatz, den sie Hindenburg und Ludendorff überließen. Christus und die Mutter Gottes anzurufen, wäre nun bei Frankreich gewesen, damit beide sich auch nicht noch von diesem Lande abwandten, das die Schrecken des Krieges trug. Doch das laizistische Frankreich, dieses republikanische Land, hatte schon während der Revolution 1789 die christliche Religion aus seinen Staatsaktionen verbannt; in Rußland stand das noch bevor.
Schlieffen hatte 1909 vom kommenden Feldherrn als dem »modernen Alexander« geschrieben, dem alle technischen Möglichkeiten des 20. Jahrhunderts zur Verfügung stehen würden, wenn er plante, führte und siegte.
Ob Moltke sich als Alexander fühlte — sein Selbstbewußtsein war gering, der Feldherr gelangte auf den Kriegsschauplatz nach einer Kur in Karlsbad, die ihn geschwächt hatte —, darüber

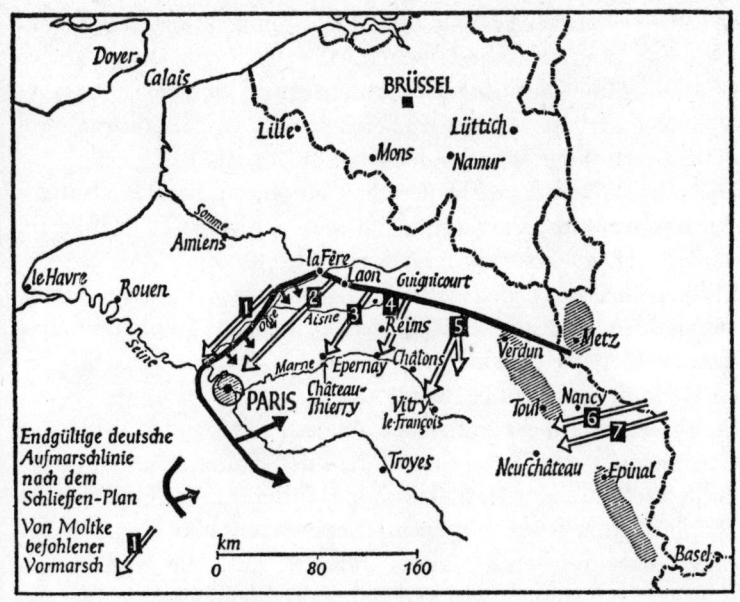

Moltkes Änderung des Schlieffen-Planes

wäre kein Wort zu verlieren, wenn er nur modern im Sinne Schlieffens gehandelt hätte, aber er hatte vergessen, was ihm einst Schlieffen riet.

War das modern: Petroleumlampen für die Stabsarbeit nachts in der Luxemburger Mädchenschule; ohne ständige Verbindungsoffiziere zu den Armeen, die selbständig operierten; ohne Flieger, die der Obersten Heeresleitung die Übersicht vermitteln konnten über die Bewegung der Armeen und des Feindes; mit nur einer schweren Funkstation als einziger Vermittlungsstelle zur 1. und 2. Armee, die vollkommen überlastet war, die hin und wieder zusammenbrach, aber mit einer Entfernung von 200 Kilometern zu Kluck; mit einigen Kraftwagen, die im Notfalle, wenn die Straße gut und leer war — aber wann waren die Straßen zwischen den Etappenstandorten der vorrückenden Armeen weit hinter der Front und den ersten hörbaren Kanonaden einmal leer? —, hundert Stundenkilometer fahren konnten; »unter skandalösen Arbeitsbedingungen«, schrieb Moltke später; auf einem »Isolierschemel« hockte er, aber er wohnte doch mit seinen Offizieren im Hotel de Cologne, und der Kaiser residierte in der deutschen Botschaft.

Die stärkste Militärmacht der Welt zu jener Zeit, das Deutsche Reich, hatte nicht vorgesorgt, um sein Gehirn so zu etablieren, daß es funktionierte, wie man es erwarten konnte.

Millionenheere wurden geführt, als säße man noch im Sattel, nähme den nächsten Hügel, den man zum Feldherrenhügel machte. Und die Befehle gab man so lapidar wie Friedrich der Große in der Schlacht bei Kunersdorf.

Moltke konnte nicht mit seinen Armeen telefonieren, nicht das Gespräch mit den Generalen führen, der Kaiser konnte es auch nicht, aber Wilhelm II. hielt sich im Hintergrund, überliefert ist von ihm kaum etwas aus jenen Kriegswochen. Nur einmal blitzt eine Charakterisierung dieses Mannes auf, die von einem Augenzeugen stammt, der die Bahnfahrt der Obersten Heeresleitung von Koblenz nach Luxemburg an jenem 29. August mitmachte. »Während der Bahnfahrt watete der Kaiser — wie schon öfters in der letzten Zeit — geradezu in Blut. ›Zwei Meter hohe Leichenhaufen — ein Unteroffizier hat mit 45 Patronen 27 Franzosen umgelegt.‹ — Moltke, der neben mir saß, litt Qualen.« Admiral Müller notierte es. Abends schrieb Moltke an seine Frau: »Ich bin froh, für mich zu sein und nicht am Hofe. Ich werde ganz krank, wenn ich dort das Gerede höre, es ist herzzerreißend, wie ahnungslos der hohe Herr über den Ernst der Lage ist.«

Mit dem Kaiser mußte er in Luxemburg nun nicht mehr in einem Hause wohnen, aber die Telefone schrillten auch nicht, die Moltke die Stimme Klucks ins Schulzimmer brachten, oder die Stimme von Bülows, oder das leichte Sächsisch von Hausens. Ihm blieb nur übrig, jene Sattelbefehle zu geben, karg, empfindungslos, die dann in die Militärgeschichte eingingen: »Die von der 1. Armee eingeleiteten Bewegungen entsprechen den Absichten der OHL.«

Sie entsprachen den Absichten keineswegs, wie es sich später herausstellte. Zwölf Stunden waren zwischen der Absendung und dem Empfang des Funkspruchs von der 1. Armee an die OHL verstrichen, auf den die OHL mit diesem Funkspruch reagierte, und in zwölf Stunden änderte sich manches, der Krieg ließ sich nicht aufhalten, der Feind zog sich nicht in der gewünschten Richtung zurück, man mußte ihm folgen.
Oder das Telegramm an Hausen: »Vormarsch in allgemein südwestlicher Richtung fortsetzen. Befehl folgt.« Eine ganze Nacht lag zwischen diesem knappen Spruch und dem Befehl, der dann folgte.
Kein telefonisches Gespräch konnte in der Zwischenzeit klären, an was die OHL dachte; die Himmelsrichtungen, in die man marschieren sollte, entnahm man der Windrose, das war alles.
Im Augenblick lauerte hinter dieser Unfähigkeit, sich mitteilen zu können, noch kein Verhängnis.
Sieg in Ostpreußen, Vormarsch im Westen, nur noch tote und gefangene Russen auf deutschem Boden, und das Hauptquartier in Luxemburg, nicht mehr im Reich.
»Wir haben die Franzosen zurückgedrängt«, sagte Moltke zu Admiral Müller, ehe seine Petroleumlampe an diesem ersten Abend in der Luxemburger Mädchenschule gelöscht wurde, »geschlagen sind sie aber noch nicht. Das muß noch geschehen.« Aber das Wort vom Schlagen schien ihm weh zu tun. Eigentlich, so mochte er denken, müßte sie Gott schlagen, wie Gott jetzt die Russen in Ostpreußen schlägt. Dann wäre er es nicht, der dies zu verantworten hätte.
Es war, besonders im Kriege, stets ein höheres Wesen im Spiel, dem man die letzte Verantwortung zuschieben durfte, die man selbst trug. Moltkes Frau, eine Schwedin, war dem Mystischen zugewandt, und seine eigene Skepsis, die er allem Überirdischen gegenüber empfand, war doch nicht so stark, daß er nicht schwankend wurde, wenn er sein Leben als Generalstäbler, das gewiß ohne Mystik zu sein hatte, mit dem Unverhofften, das von oben gesandt würde, verglich.

Wäre nicht Friedrich Nietzsches: »Gelobt sei, was hart macht« gewesen — Nietzsche zog ihn an, wie viele aus seiner Generation damals —, er hätte sich der Anthroposophie genähert, wie man ihm nachsagte, obwohl seine Frau das abstritt. Er spürte auch jetzt nicht den Drang, Luxemburg zu verlassen, in einen Kraftwagen zu steigen und nach Frankreich hinein zu fahren, um die Soldaten zu sehen, die ihm unterstanden, den Krieg zu kosten, in dem er sich befand. Es behagte ihm nicht, den schweren Leib in der Uniform mit den Orden in das rückwärtige Polster zu zwängen, durch die Glasscheiben, die ihn vom Kraftfahrer trennten, ein Zeichen zu geben, hier anzuhalten, dorthin weiterzufahren — eine ganze Nacht den Truppen nach, die auch in dieser Nacht zu marschieren hatten, ruhelos, von einem Willen beherrscht, dem er doch nur mäßig Ausdruck geben konnte. Selbst unter ihnen zu sein, und die Generale zu hören, sie zu beeinflussen in Rede und Antwort — es ging nicht. Der Kaiser hätte darauf gepocht, mitzufahren. Wilhelm II. war der Oberste Kriegsherr. Ihm stand es zu, wie es einst seinem Großvater König Wilhelm I. zustand, auch in Frankreich, vor Sedan 1870, sich vom Generalstabschef begleiten zu lassen, auch einem Moltke, einem anderen Moltke, dem Onkel dieses Moltke, der in Luxemburg aufgestanden war von seinem Schemel, um ins Hotel de Cologne zu gehen, zur Nachtruhe endlich an diesem 29. August. Aber mit dem Kaiser wollte Moltke sich jetzt noch nicht zeigen. Er war zufrieden, daß der Hof in der deutschen Botschaft zu Abend aß. Von ihm mochte er nichts sehen.
Die Schlacht, die bevorstand, war einzuleiten, und er konnte sich auf nichts als auf die Vorsehung verlassen, daß alle Vorbereitungen richtig waren, obwohl er doch den besten Generalstab der Welt um sich hatte, und Soldaten außerdem, die dem Feind auf den Fersen blieben.
Ermutigungen kamen nicht von Moltke, auch der Kaiser schwieg. Kein kurzer Dank, nichts Klassisches — nicht die eherne Sprache eines Gallieni, der zum Kommandanten von Paris eben ernannt worden war, nicht einmal schäbiges Pathos. Nur der König von Sachsen schickte aus Dresden an diesem

Tage dem Generalobersten von Hausen ein Telegramm als Kontingentsherr der die 3. Armee bildenden sächsischen Armeekorps: »Zu dem siegreichen Vordringen Ihrer Armee spreche ich Ihnen meinen herzlichsten Glückwunsch aus. Möge Gottes Gnade den Sieg weiter an unsere glorreichen Fahnen heften. Ich bitte Sie, meinen braven Truppen meinen Dank und meine Anerkennung zu übermitteln.«
Der König des kleinen Sachsenlandes hatte sich geäußert, und seine Worte waren, gemessen an dem Pomp mancher Glückwünsche, die zwischen der Heimat und der Front die Telegraphenlinien belasteten, einfach. Vielen Dank allen, auch dem Generalobersten, und deshalb Glückwunsch für das Vordringen, Anerkennung, die man »vorn« doch brauchte. Generaloberst von Hausen gab das Telegramm am nächsten Tag, dem 30. August, durch Tagesbefehl bekannt. Das Armeeoberkommando hatte in Signy—l'Abbaye das Herrenhaus eines abgereisten Industriellen, des Herrn Bessous-Bértelémy, bezogen.
Da dieser 30. August der letzte glückliche Tag in der militärischen Karriere des Generalobersten war, soll Hausen ihn in seiner eigenen Sprache festhalten: »Der anstoßende Park und vorzüglich gepflegte Obstgarten befand sich in bewunderungswertem Zustande; besonders interessierte uns eine hohe und lange Spalierwand, die mit Vereins-Dechantbirnen bepflanzt, unzählige, mächtig große, aber noch nicht voll reife Früchte trug.
Graf Münster hatte wieder in vortrefflicher Weise für unsere Verpflegung gesorgt, wozu er uns aber nicht gemeinsam, sondern wegen Mangel an Raum in zwei Serien zu kommen aufforderte.
Im Orte selbst herrschte reges Leben und Treiben. Leichtverwundete waren aus den Kämpfen der Vortage dort zusammengekommen. So traf ich: Oberst Gustav v. d. Decken, Major Graf Kielmannsegg des Leibgrenadierregiments und andere Kameraden, die alle in sehr gehobener Stimmung sich über die Kampfeslust ihrer Truppe aussprachen. Hier besuchte mich auch der General der Artillerie v. Kirchbach, Kommandierender Ge-

neral des XII. Reservekorps, der, leicht am Oberschenkel verwundet, nur langsam sich fortbewegen konnte.
Meine Aufforderung, an dem Essen meiner Serie teilzunehmen, schlug er wegen vorgerückter Tagesstunde aus, dagegen schloß sich Fürst Schönburg-Waldenburg, Leibgardehusar, mir an. Wer von uns hätte geahnt, daß der junge Fürst wenige Tage später, auf einem Patrouillenritte und auf der Rückkehr zum Gardekorps begriffen, auf dem Felde der Ehre fallen sollte. Auch einer Begegnung mit dem Prinzen Max, Herzog von Sachsen, möchte ich gedenken, der als katholischer Feldgeistlicher dem Stabe der 32. I. D. dienstlich angehörte. Ich traf ihn in Verstimmung darüber, daß er den Anschluß an seinen Stab verfehlt hatte, vermochte aber, ihm erwünschte Auskunft zu geben und zu berichten, daß ich vor wenig Stunden einen auf die Erfolge der 3. Armee bezugnehmenden Fernspruchglückwunsch seiner Schwester, der Prinzeß Mathilde, erhalten habe.«
Für den Husarenwachtmeister Franz William Koch und seine Telegraphenpatrouille im Regimentsstab ergaben sich an diesem Tage nur wenige Eintragungen ins Tagebuch; Koch wurde wortkarg.
»Erhalten plötzlich heftiges Artilleriefeuer. Einschlagen der Granaten im Ortsbiwak. Hauptmann der Artillerie durch Brustschuß verwundet.«

10. KAPITEL

Der französische Botschafter in St. Petersburg

Seit Beginn des deutschen Vordringens nach Belgien und Frankreich hatte der französische Botschafter in St. Petersburg, Maurice Paléologue, den Kunstgriff angewendet, den Tolstoi in »Krieg und Frieden« dem Fürsten Bagration zuschreibt. Auf dem Schlachtfeld von Austerlitz erhielt der Fürst unaufhörlich besorgniserregende Nachrichten, die er mit vollkommener Ruhe, ja sogar mit zustimmendem Ausdruck entgegennahm, als wäre das, was man ihm meldete, gerade das, was er zu hören erwartete.
Der Botschafter konnte damit seine russischen Gesprächspartner beruhigen, den Rückzug der französischen und englischen Truppen als methodisches Zurückgehen unter dem Grundsatz des Schlagens aus der Verteidigung, der »Nachhand«, wie es im Skatspiel heißt, bezeichnen, so daß selbst der Großfürst Nikolaj ihm sagen ließ, die von General Joffre angeordneten Rückzugsbewegungen entsprächen allen Regeln der Strategie. Als am 27. August die Regierung in Paris umgebildet, ein Ministerium für nationale Verteidigung ernannt wurde, in dem Viviani den Vorsitz behielt, Briand für Justiz, Delcassé für äußere Angelegenheiten, Ribot für Finanzen und Millerand für Krieg zuständig sein sollten, außerdem zwei Sozialisten, Jules Guesde und Marcel Sembat, ins Kabinett aufgenommen wurden -- da gelang es ihm, den Russen einzureden, diese Zusammensetzung würde die günstigste Wirkung hervorrufen. Frankreich würde sein Wort halten, den Krieg fortsetzen, auch wenn es im Augenblick nicht günstig für das Land aussähe.
Der Krieg weitete sich aus. Japan erklärte ihn an Deutschland,

ein japanisches Geschwader beschoß im Fernen Osten das deutsche Schutzgebiet Kiautschau.

Paléologue jonglierte mit einer langen Dauer des Krieges, was jedoch den Russen mißfiel. Rußland war auf keinen langen Krieg vorbereitet. Der Zar rechnete mit einem Friedensschluß vor Weihnachten.

Als sich die Schlacht in Ostpreußen, bei Neidenburg und Soldau, in die Samsonows Armee verwickelt war, hinzog, begann Paléologue daran zu denken, daß es nicht schlecht für Frankreich sei, wenn sich die Schlacht ausdehne, um den britischen und französischen Armeen Zeit gewinnen zu helfen, sich hinter der Frontlinie aufs neue zu sammeln, um dann wieder vorzudringen.

Der Botschafter brauchte diese Vorstellung, um die trüben Gedanken zu verscheuchen, die ihn befielen, wenn er auf der Landkarte die Entfernungen nachmaß, die zwischen Paris und den Deutschen schmolzen.

Was würde eintreten, wenn die Deutschen eher in Paris einträfen als die Russen in Königsberg oder gar Berlin? Rasputins Anhänger kündigten in St. Petersburg an, Frankreich werde bald gezwungen sein, Frieden zu schließen, und dann wäre der Frieden für Rußland nahe.

War das Spiel schon verloren, das man begonnen hatte?

Frankreich von den deutschen Armeen besetzt, die russischen Armeen zwar mit Faustpfändern, aber doch allein nie in der Lage, diese Deutschen zu besiegen?

In seinem Botschaftspalast in der Stadt an der Newa hatte er Bagrations Rolle zu spielen, und er dachte auch daran, daß die Schlacht von Austerlitz, die Napoleon gewann, von Bagration verloren wurde, der so stoisch den elenden Nachrichten entgegensah.

Ihn befiel auch die Krankheit, sich zu genieren, sich zu schämen, aber noch nicht das Gefühl der Schande. Diese würde trostlosere Nachrichten erfordern, um sein Herz langsamer schlagen zu lassen, seinen Elan abzutun wie eine Arroganz, die ihm nie zugestanden hätte.

Nach außen zeigte er nichts davon; er blieb der Zyniker. Am Morgen des 30. August betrat er das Arbeitszimmer Sasonows, des Außenministers, an dem ihm sofort ein finsteres Aussehen auffiel. Das Gesicht faltig, kummervoll; nichts mehr von dem blumigen Optimismus in den Augenwinkeln, der Paléologue oft nur gespielt vorgekommen war.
Was es Neues gäbe, fragte er ihn; die Antwort: »Nichts Gutes.«
Ob es in Frankreich schief ginge, fragte er ihn weiter. Sasonow: »Die Deutschen nähern sich Paris.«
Paléologue antwortete, wie Bagration geantwortet hätte: »Ja, aber unsere Armeen sind unversehrt, ihre moralische Verfassung ist vortrefflich. Ich warte vertrauensvoll auf den Umschwung.«
Der Russe lächelt nicht zurück, verständnisvoll, wie er es bisher tat. Heute kneift er die Lippen zusammen, als der Botschafter fragt: »Und die Schlacht in Ostpreußen?«
Sasonow schweigt.
»Eine Schlappe?« fragt Paléologue.
»Ein großes Unglück.« Sasonow ist gefaßt, auch der Botschafter ist ruhig, er hat nur das Gefühl, daß ihm jetzt etwas besser würde. Mit dem Genieren wäre es nun vorbei. Auch die Russen hätten ihre Schlappe. Aber Unglück?
Sasonow: »Ich habe kein Recht, mit Ihnen darüber zu sprechen. Großfürst Nikolaj will nicht, daß die Nachricht vor einigen Tagen bekannt wird. Sie wird sich nur allzufrüh und allzu rasch verbreiten, denn unsere Verluste sind entsetzlich.« Ob er dennoch Einzelheiten hören könne, fragt der Botschafter, und es ist ihm, als habe das Unglück den Russen tatsächlich getroffen, nicht nur gestreift wie eine Kugel, sondern niedergeschmettert, vernichtet.
»Samsonows Armee ist vernichtet. Das ist alles, was ich weiß.«
Rußland, denkt der Botschafter, sollte keinen Krieg mit einer verlorenen Schlacht beginnen, Frankreich könnte es, und es zeigt jetzt wieder, daß es daran nicht zugrunde geht. Aber dieses labile Rußland durfte nicht so anfangen.
Triumph der Deutschen, Siege im Osten, im Westen. Das war schlecht für Rußland, und er überlegte noch, wie er Trost spen-

den konnte, nicht mehr als ein Bagration, sondern im Hinblick auf die Japaner, auf Kiautschau, auf die Briten, die neue Truppen aufstellten, im Hinblick auch auf ihre unermeßlichen Kolonialreiche, aus denen die Truppen nach Frankreich verschifft wurden, als Sasonow ganz einfach sagte:
»Dieses Opfer waren wir Frankreich schuldig, das sich als so vortrefflicher Bundesgenosse erwies.«
Paléologue dankt ihm förmlich, schweigend gehen sie auseinander. Der Franzose erfuhr am nächsten Tag, dem 31. August, das Ausmaß der russischen Niederlage.
Sie war groß und nicht mit den Niederlagen zu messen, die in Belgien und Frankreich erlitten wurden. Die Russen verloren 110 000 Mann, davon 20 000 Tote oder Verwundete und 90 000 Gefangene. Das ganze Artilleriematerial der 2. russischen Armee wurde vernichtet. Der General Samsonow hatte sich erschossen.
Nach dem Dorfe Tannenberg, 35 Kilometer nördlich von Soldau, hatte der deutsche Kaiser diese Schlacht benannt. Dort bezwang Wladislaus V., König von Polen, im Jahre 1410 die deutschen Ritter.
»Erster Sieg des Slawismus über den Germanismus«, sagte der Botschafter zu seinem Sekretär. »Dafür, daß die Rache der Deutschen 504 Jahre auf sich warten ließ, ist sie um so furchtbarer.« Der Sekretär ließ sich nicht beeindrucken. »Ein neuer Ukas der Regierung, Herr Botschafter«, fährt er geschäftsmäßig fort. »Von nun an heißt St. Petersburg Petrograd.«
Paléologue sieht seinen Sekretär entrüstet an: »Petrograd? Das ist vielleicht im Augenblick richtig, aber die politische Perspektive stimmt nicht. St. Petersburg ist keine slawische Stadt, sie liegt auf finnischem Boden, vor den Toren Finnlands, in dem so lange Zeit die schwedische Kultur vorherrschte, an der Grenze der baltischen Provinzen, in denen auch heute noch deutscher Einfluß vorherrscht. St. Petersburg ist westlich gebaut, seine Physiognomie ist ganz modern. Der Name Petrograd ist nicht nur ein Fehlgriff, er ist ein historischer Wahnsinn.«

Für einen Augenblick hat der Botschafter die Ereignisse in Frankreich vergessen. Er ist Europäer, auch die Deutschen, die auf Paris marschieren, sind ihm nicht suspekt. Er sträubt sich gegen die Barbarei, den großen Namen einer Stadt zu verändern. Er ahnt nicht, daß Europa, auch mit St. Petersburg, das nicht lange Petrograd heißen wird, soeben in eine andere Zeitrechnung eintritt, in eine ganze neue, gefährliche Lage, die das Jahrhundert hindurch anhält.
Nur seine heftige Reaktion verrät, daß ihn der Blitz gestreift hat, der Erkenntnisse noch verheimlicht und anzeigt, was soeben geschehen ist, ohne den Sinn des Ereignisses zu enthüllen.
Der Sekretär legt ihm eine Abschrift vor, die soeben aus dem Außenamt in St. Petersburg, nein, Petrograd, in der Botschaft eingetroffen ist. Es handelt sich um eine Zusammenfassung

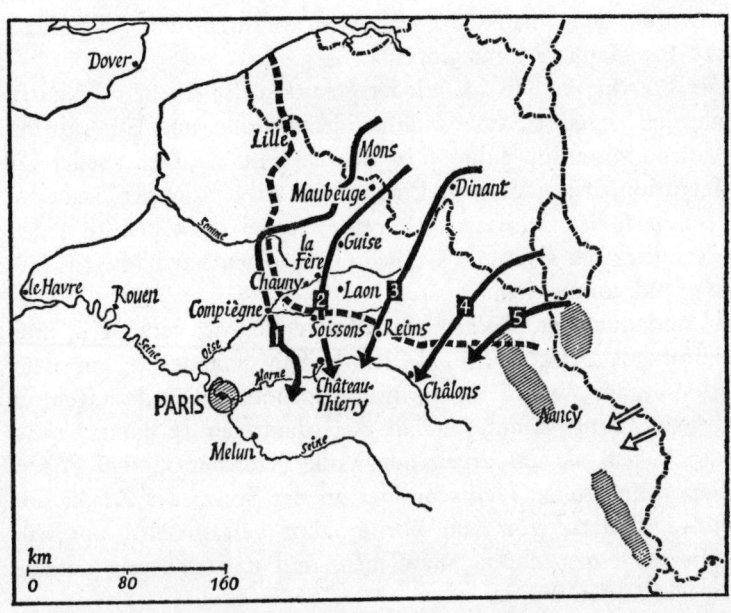

Die Vormarschlinien der Armeen des rechten deutschen Flügels, August bis September 1914

zweier Telegramme, die Oberst Ignatiew, der dem französischen Hauptquartier als Verbindungsoffizier des Zaren zugeteilt ist, an den Außenminister Sasonow absandte.
Paléologue liest: »Die deutsche Armee, die den linken Flügel der französischen umging, schreitet unaufhaltsam auf Paris los, in Märschen von 30 km im Durchschnitt. Meiner Ansicht nach ist der Einzug der Deutschen in Paris nur noch eine Frage von Tagen, da die Franzosen nicht über genügende Kräfte verfügen, um einen Gegenangriff auf die Umgehungsgruppe auszuführen, ohne sich der Gefahr auszusetzen, von den anderen Armeen abgeschnitten zu werden.«

Der Sekretär sieht, daß der Botschafter erschrocken ist. Er sagt kühl: »Sasonow möchte von uns wissen, ob es denn kein Mittel gäbe, Paris zu verteidigen. Die Einnahme von Paris, so ließ uns Sasonow wissen, würde einen vernichtenden Eindruck hier hervorrufen, denn man wird schließlich erfahren, daß bei Soldau 110 000 Mann verloren gingen.«
Der Botschafter hat sich wieder gefangen. Er erhebt sich, wirft ein, daß er selbst Sasonow informieren wolle, und läßt sich ins Außenministerium fahren. In der Kutsche wird er wieder zu Bagration, der nach dem Eintritt ins Arbeitszimmer Sasonow versichert, das verschanzte Lager Paris sei stark befestigt, der Charakter des Generals Gallieni lasse einen hartnäckigen Widerstand voraussehen.
Es sind nun vier Wochen, der Monat August, vergangen, und Paléologue denkt nicht an den heißen Sommertag, an dem alles begann, was jetzt zu grundlegenden Veränderungen in Europa führen könnte; er hat den schaurigen 22. Januar 1905 vor Augen, als das arbeitende Volk Petersburgs, vom Popen Gapon angeführt, Heiligenbilder an der Spitze des Zuges, sich auf dem Platz vor dem Winterpalais versammelte, um sein Väterchen, den Zaren, anzuflehen, und unbarmherzig zusammengeschossen wurde.

11. KAPITEL

Der 31. Mobilmachungstag des Husarenwachtmeisters

1. September 1914, Zeit für die Verlesung von Siegesmeldungen, für das Läuten der Glocken in Deutschland, für ein Aufatmen; eine kurze Weile nichts anderes als das Gefühl, daß es sich gelohnt habe.
Es ist der 31. Mobilmachungstag. Das Tagebuch des Wachtmeisters Koch verzeichnet erst den Mobilmachungstag, dann den Kalendertag, es ist militärische Sitte. Man ist nicht im Krieg, sondern man steht im Felde. Man wird nicht erschlagen, erschossen, erstochen; man fällt auf dem Felde der Ehre.
Niemand wird getötet, man fällt. Niemand sagt, das ist heute der 31. Kriegstag. Das Wort Krieg kommt hier an der Front, die sich stampfend, feuernd und marschierend tiefer nach Frankreich hinein bewegt, nicht vor, das Wort fehlt noch, es wird später umso deutlicher ausgesprochen werden.

Der einfache Soldat, auch ein Husarenwachtmeister, muß sich schützen gegen Worte, die unbezweifelbar erst sind, wenn man sie ausspricht. Der 31. Mobilmachungstag besteht aus einem Gefecht für die Großenhainer Husaren. Vom Schlachtfeld ist keine Rede. Geschützt gegen alles, was von außen zu ihm vordringen könnte, wird der einfache Husar auch durch das Fehlen der Feldpost, der Zeitungen. Er erfährt nur das, was er selbst sieht, nicht mehr. Dadurch wird er auf seine Aufgabe konzentriert, daß er seine Korporalschaft, seinen Zug, seine Eskadron, sein Regiment für das Einzige hält, das Bestand hat. Alles andere wird ihm ferngehalten. Er weiß vielleicht mehr als andere, aber dieses Wissen ist auf den Vormarsch beschränkt, auf das Tägliche, das er überstehen muß, auf das Sichere, das in der Truppe liegt, der er angehört. Jenseits der Truppe gibt es eine andere Welt, aus der er verabschiedet wurde, als sie die Züge bestiegen, die über den Rhein fuhren.

Was er dennoch für Nachrichten hielte, können nur Gerüchte sein, doch der Soldat ist gehalten, nur die Wahrheit zu melden, nichts hinzuzufügen, nichts auszulassen; er muß die Wirklichkeit für die einzige Wahrheit halten. Ihm wäre auch nicht geholfen, wenn er erführe, daß die Japaner dem Reich den Krieg erklärt hätten, ihm sagte das mehr als denen zu Hause, denn wer in den Krieg eintrat, der wurde ihm gleich.

Der einfache Husar hat Hoffnungen. Die haben zwei Richtungen. Die eine Richtung ist vorn, denn der Feind muß verfolgt und besiegt werden. Die andere Richtung geht rückwärts. Dort wird er hingehen, wenn alles vorüber ist. Und getan werden mußte alles schnell. Die Sonne stand noch hoch über der Champagne, der Herbst ließ sich mit seinen Nebeln noch nicht nieder, es waren klare Nächte und heiße, helle Tage, auch im September, jetzt, in den ersten Tagen, in die sie nun hineinritten.

Gerüchte entstehen erst dann, wenn etwas nicht mehr gelingen will, wenn man zurückgeht, ohne vorher gesiegt zu haben. Die französischen Soldaten, aber auch die Briten im Expeditionskorps des Marschall French, wurden davon schon geplagt. Sie waren auf dem Rückzug, und sie wußten nicht, was aus diesem Rückzug noch würde.

Eine Flucht war es nicht.

Aber die Gerüchte lauerten schon auf sie, die sagen wollten, die Deutschen seien vor ihnen, sie würden sie auch nicht mehr einholen, wenn sie ankämen an der Seine oder Marne, da hätten die Deutschen die Brücken genommen, die westlichen Uferböschungen besetzt, mit Maschinengewehren bestrichen sie die Furten, die Durchwatestellen, die ihnen zur Rettung dienen sollten.

Gefallene ließ man zurück, Verwundete und Gefangene. Diese hatten ausgesorgt, aber wer wollte zu ihnen gehören? Schreibt

einer Tagebuch, wie der Husarenwachtmeister Koch, dann ist für ihn abzusehen, daß die Mobilmachungstage nicht ewig dauern können. Man kann nicht viel über die Zahl 100 hinausrechnen. Am 121. Mobilmachungstag wird er einsehen, daß dies keine Mobilmachung mehr ist, sondern ein langer Krieg, und er läßt die Eintragung fallen. Entschieden ist dann schon alles, obwohl er es noch nicht weiß.
Im nächsten Weltkrieg wird der Chef des Generalstabes, Generaloberst Halder, Kriegstagebuch führen. Es sieht etwas anders aus als das Kriegstagebuch des Husarenwachtmeisters Franz William Koch, doch es weist auch stets als erste Eintragung die Zahl der Mobilmachungstage auf, und es endet mit dem 460. Mobilmachungstag, das ist dann der 24. September 1942: »Im Stadtgebiet von Stalingrad örtliche Häuserkämpfe.« Aus dem Wachtmeister ist dann ein Rittmeister geworden, so einfach läßt sich für einen einfachen Deutschen die Linie ziehen vom 1. September 1914 zum 24. September 1942. Aber welche Anstrengungen führten zu nichts anderem als diesem.
1. September 1914. Der Regimentskommandeur der Großenhainer Husaren, Oberst Platzmann, läßt seinen Stab abends, nach dem Gefecht bei Perthes, antreten. Koch ist dabei, ihn hat es in diesen Stab verschlagen mit seiner Telegrafenpatrouille, und jetzt verliest sein Oberst die ersten Siegesmeldungen.
»85 000 Engländer gefangen«, ruft er. Es ist nicht richtig, es sind höchstens 850, aber was macht das, das britische Expeditionskorps ist geschlagen, auf dem Rückzug, was können Zahlen alles machen in einem Kriege!
»2 russische Armeekorps geschlagen«, ruft er. Das ist richtig, es ist Tannenberg.
Ein dreifaches Hurra.
»Gleich knallt eine Pulle Champagner«, schreibt Koch in sein Tagebuch. Man war in der Champagne, man hatte gesiegt. Noch nicht hier; in Ostpreußen, auch in Nordfrankreich vielleicht, wo die Engländer auf dem Rückzug waren.
Der Soldat braucht Siegesmeldungen; ihm steht die Pulle Champagner zu, und der Korken kann in den Himmel knallen.

»Darauf zurück ins Dorf Perthes, hier werden die Pferde getränkt. Biwak.«

Dem Generalobersten von Hausen ist später vorgeworfen worden, die Sachsenarmee sei zu langsam vorgerückt, ein Ruhetag sei sogar vor der Marneschlacht eingelegt worden, und abends hätte es noch das Abrücken ins Quartier gegeben oder ins Biwak. Hausen hat sich gegen diese Vorwürfe gewehrt. Er hat deutlich gemacht, daß ein Soldat auch der Rast bedarf, wenn er kämpfen soll. Er muß essen, wie es Napoleon schon eisern durchsetzte, wenn er siegen soll.

Er muß auch trinken, um zu leben.

Vielleicht marschierte die 3. Armee etwas schwerfälliger in Richtung auf die katalaunischen Felder und darüber hinaus noch.

Am weitesten in Frankreich stand sie doch, als die Rechnung beglichen wurde.

Kriege brauchen Zeit. Blitzkriege sind Selbsttäuschungen. Pausen muß jeder Feldzug haben. Der Soldat braucht Schlaf. Am Abend des 31. Mobilmachungstages wurde er dem Husarenwachtmeister gewährt.

Auch die Pferde schliefen. Unter ihnen hatte es Verluste gegeben. Nach zwei Wochen Kampf und Vormarsch und wieder Kampf und immer noch Vormarsch waren Pferde und Soldaten müde geworden.

Die Husaren frischte der Champagner auf, den sie vorfanden. Den Pferden blieb die dörfliche Tränke.

Über ihnen der Orion, die Venus, strahlend, etwas links davon Jupiter.

Aber die Franzosen vor ihnen marschierten die ganze Nacht durch — zurück.

12. KAPITEL

Morgenröte des Luftkrieges

Den Husaren und Grenadieren fielen die Flugzeuge gar nicht mehr auf, die über ihnen seit dem Einmarsch in Belgien und Frankreich erschienen. Sie griffen instinktiv zum Gewehr oder Karabiner, um auf sie anzulegen, nachdem sie das Kennzeichen ausgemacht hatten, die französische Kokarde oder das Eiserne Kreuz. Die Husaren waren nicht mehr so stolz auf ihre Aufklärungsritte. Denn die Flugzeuge nahmen ihnen vieles davon ab, sie sahen mehr, und sie konnten oft auch schneller melden.

Der Krieg von 1914 wurde der erste Luftkrieg in der Geschichte, und solange der Bewegungskrieg andauerte, blieben die Flugzeuge die schnellsten und zuverlässigsten Augen der Generalstäbe. Es waren sechs Jahre vergangen, seit der amerikanische Pilot Wilbur Wright den Motorflug in Paris demonstriert hatte, und vor fünf Jahren erst, 1909, hatte der Franzose Blériot in 32 Minuten den englischen Kanal überquert.
Doch schon im Jahre 1911 benutzten die Italiener in Tripolitanien während ihres Krieges das Flugzeug für kriegerische Zwecke, die Bulgaren folgten ihnen mit den ersten Luftbombardements auf dem Balkan 1912—1913 gegen die türkischen Stellungen von Adrianopel.
Bis zum Jahre 1913 hatte Frankreich die Vormachtstellung auf der Welt mit einer Flugzeugindustrie, die über unversiegbare Mittel verfügte. In Deutschland mühten sich die Flugpioniere mit unzulänglicher Unterstützung um die Motorfliegerei ab, bis zu einer National-Flugspende am 24. April 1912 aufgerufen wurde, die siebeneinhalb Millionen Mark einbrachte.

Dieses Geld floß vor allem in die Fabriken, die nun Flugzeuge entwickeln konnten, mit denen man Frankreich ebenbürtig wurde. Der hundertpferdige Sechszylinder von Daimler-Mercedes konkurrierte nun mit dem hundertsechzigpferdigen Gnôme, der wassergekühlte Standmotor mit dem Umlaufmotor, und die Zahl der Wettbewerbe und Rekordversuche wuchs. In Deutschland wurde der Dreieckflug des Jahres 1914 zur Feuerprobe der Maschinen; zwischen den Flugplätzen Johannisthal bei Berlin, Leipzig und Dresden fanden Luftrennen statt. Als im Juni 1914 die Schüsse von Sarajewo fielen, eroberte Deutschland drei Weltrekorde, den Dauerweltrekord mit einundzwanzig Stunden neunundvierzig Minuten, den Höhenweltrekord mit zwei Passagieren, den Höhenweltrekord mit drei Begleitern.

Jetzt ist es für Militärmaschinen möglich, einundzwanzig Stunden in der Luft zu bleiben; jedes Ziel in Europa ist erreichbar. Der Pilot kann in viertausend Meter Höhe den Feind überfliegen; er ist unangreifbar.

Unter ihm liegen die Festungen und Anmarschwege, Truppenkonzentrationen und Kavallerievorposten, und erlaubt ist ihm, käme ein Krieg, in die Planungen der Stäbe einzugreifen, den Marsch der Heere zu bestimmen, die Kriegführung, die jahrtausendelang an die Erde gefesselt war, in den Himmel zu verlegen, von der Erde nicht zu lösen, aber doch in die neue Dimension zu überführen.

Fünf Tage vor Kriegsausbruch landete der Leutnant Trygve Gran auf einem Felde bei Stavanger in Norwegen. Er war 530 Kilometer in einer weißen Blériot, dem Eindecker, über die See geflogen. Aber dieser Weltrekord im Übermeerflug wurde kaum bekannt, die Nachrichten der Zeitungen handelten vom Krieg.

Die alten Flugpioniere bilden die jungen Kriegsflieger aus, ihre Schüler sind die Ordensträger der nächsten Zeit, die Pour le Mérite-Flieger und die anderen, deren Namen vergessen werden.

Der menschliche Flug, wie man ihn nannte, brachte die Menschen nicht mehr zusammen; er trennte sie, fügte ihnen Schaden zu, zerstörte Wohnungen und Städte.

Mit 168 Flugzeugen trat Frankreich in den Krieg ein, mit 264 das Deutsche Reich. Im August 1914 stellte Frankreich noch vier zusätzliche Escadrilles auf, die 32 Flugzeuge enthielten. Die meisten Escadrilles unterstanden der Armee, drei der Kavallerie. Jede Maschine trug die Initialen ihres Konstrukteurs und eine Nummer, dazu die französische Kokarde.
Man nannte die Maschinen nach ihren Konstrukteuren Blériot, Henri und Maurice Farman, Deperdussin, Caudron, Nieuport, Voisin, Bréguet, Robert-Emmanuel Peletrie, nach Dorand-Anzani, Morane-Saulnier. Die ersten Militärpiloten rekrutierte man aus einer Elite von Offizieren und Unteroffizieren, die sich freiwillig meldeten und die Fliegerei schätzten.
Bei Kriegsanfang gab es keine Fliegeruniform, man trug eine Mischung aus ziviler Kleidung und Uniform.
Zur französischen Luftmacht vom August 1914 gehörte eine Flotte von 7 lenkbaren Ballons und eine Abteilung von Fesselballons bei jedem Armeekorps.
Das Britische Königliche Fliegerkorps war 1912 entstanden; es verfügte über 179 Maschinen, von denen die Hälfte nicht in der Lage war, den Kanal zu überqueren. Daneben gab es die Marineflieger mit 93 Apparaten. Hier sah man De Havillands, die Avro, die Bristol und Apparate der Königlichen Flugzeug-Fabrik, die B.E., R.E. und S.E.
Die Russen besaßen damals die ersten viermotorigen Flugzeuge der Welt, konstruiert von Professor Igor Sikorski; sie trugen den Namen eines legendären russischen Helden: Ilja Mouromets. Außerdem besaß die russische Armee zweihundert Flugzeuge, die sie aus Frankreich geliefert bekam.
Die belgische Luftwaffe war minimal. Sie bestand aus 16 Zweideckern und 5 (französischen) Eindeckern.
Im August und September 1914 wurden die französischen und britischen Flugzeuge zwischen Paris und der deutschen Grenze eingesetzt; sie leisteten wertvolle Dienste für den französischen

Generalissimus Joffre, der nach ihren Aufklärungsergebnissen zuerst die eigenen Rückzüge plante und überwachte, dann vor Paris die Verletzbarkeit der 1. Armee des Generaloberstens von Kluck ausmachen konnte.

Mit 264 Militärflugzeugen begann Deutschland den Krieg. Es hatte 32 Feldfliegerabteilungen zu je 6 Maschinen und 18 Festungsfliegerabteilungen zu je 4 Maschinen, die befestigte Plätze zu sichern hatten.

Der deutsche Eindecker war die Rumpler-Taube; außerdem gab es mehrere Zweideckertypen, Albatros, Aviatik, L.V.G (Luftverkehrsgesellschaft) und D.F.W. (Deutsche Flugzeugwerke).

Es standen 15 lenkbare Luftschiffe zur Verfügung, die Graf Zeppelin entwickelt hatte. Die Engländer nannten sie nach dem Grafen, als sie über London erschienen, in Scheinwerfer getaucht, und Bomben abwarfen. Der Kaiser soll geweint haben, als die Engländer seinen ersten Zeppelin abschossen. Sie waren eben leicht verwundbar. Zu jeder deutschen Armee gehörte eine Feldluftschiffer-Abteilung, die Fesselballons, auch Drachen genannt, mitführte und über dem Gefechtsfeld in die Höhe trieb.

Vor Kriegsausbruch trat ein junger holländischer Flugzeug-Ingenieur in deutsche Dienste, Anthony Fokker, der bald für eine unbestreitbare deutsche Luftüberlegenheit sorgte. Er entwickelte aus den Eindeckern von Morane, Hanuschke und Boutard den Fokker-Eindecker, die beste Kunstflugmaschine, die beim Kriegseinsatz die ersten großen Luftsiege der Immelmann und Boelcke möglich machte. Der Fokker-Eindecker wurde gefährlich für gegnerische Maschinen durch eine Erfindung des Ingenieurs Schneider, dem synchronisierten Maschinengewehr, das mit dem Motor gekoppelt war und durch den Propellerkreis schoß. Der Pilot konnte die Nase seiner Maschine auf den Feind richten und durch den Propeller auf ihn schießen.

Die österreichisch-ungarischen Luftfahrttruppen bestanden aus 9 Geschwadern, zu denen 70 Maschinen gerechnet wurden, die in Wien von Jakob Lohner hergestellt worden waren.

Die ersten Piloten, die sich in ihren Maschinen über den kämpfenden Heeren trafen, mieden einander. Ihre Aufgabe war die Aufklärung oder die Unterstützung der Artillerie durch Beobachtung und Feuerleitung. Ihre Waffen waren Revolver, manchmal auch Karabiner, die sie zur Selbstverteidigung mitführten, wenn sie abgeschossen wurden. Gegen Piloten der anderen Seite benutzten sie diese Handwaffen noch nicht. Wenn sie dennoch in die Luft zielten und abdrückten, dann waren ihre Ziele die Fesselballons des Gegners.
Zum ersten Luftkampf der Kriegsgeschichte kam es am 5. Oktober 1914 über Frankreich. Zwei Franzosen, der Sergeant Frantz und der Korporal Quenault, schossen mit einem Maschinengewehr aus ihrer Voisin auf eine deutsche Aviatik.
Dem Korporal Quenault wurden damals schon 47 Ballonabschüsse zugeschrieben.
Aber das erste Flugzeug, das von einem gegnerischen Flugzeug zum Absturz gebracht wurde, war ein österreichisches, das der russische Pilot Nesterow über Galizien rammte.
Vielleicht war es ein Unglück, das beide Piloten in die Tiefe riß, vielleicht war Nesterow der erste Kamikazeflieger der Geschichte.

Viele der Piloten, die im Hochsommer 1914 über den Flüssen Frankreichs, der Maas, der Vesle, der Aisne, der Oise und der Marne sich orientierten, flogen nicht höher als zweihundert oder dreihundert Meter, einige erreichten fünfhundert. Ihre Maschinen waren leicht verwundbar; man konnte sie mit Gewehrschüssen herunterholen.
Hinter dem Piloten saß der Beobachter, der durch Zuruf den Kurs bestimmte, Skizzen zeichnete und sie über den eigenen Truppen abwarf.
Sie kamen von schlecht bewachten, improvisierten Feldflugplätzen; jede deutsche Armee, jedes aktive Armeekorps hatte eine Feldflieger-Abteilung, die des Gardekorps trug die Nummer eins.
Manche Piloten, die sich über den Heeren begegneten, kannten

sich. Sie waren wenige Wochen zuvor noch Flugkameraden gewesen, die gemeinsam Wettbewerbe bestritten. Die Fliegerei hatte noch etwas Spielerisches. Auch der Fliegertod schien eher dem zivilen Bereich als der Kriegführung anzugehören, denn den Fliegertod hatte man vor dem Kriege oft mit angesehen.
Die Piloten und Beobachter, einsame Soldaten über dem Schlachtfeld seit Kriegsbeginn, ahnten nicht, daß sie die Vorläufer vieler Generationen von Kriegsfliegern waren, deren Leistungen in die Anonymität gedrängt wurden, als die Bombenflugzeuge über den Ländern erschienen, nicht mehr nur über den kämpfenden Heeren.
Nicht nur Luftkämpfe, Mann gegen Mann, würde es geben, sondern Luftschlachten. Wenige Jahrzehnte genügten, um diese waghalsige, noch ritterliche Kriegsfliegerei zu einer schrecklichen Waffe weiterzuentwickeln.
Die Menschen würden vom Schrecken erfüllt sein, der sie nicht wieder verließ, als die Bombenflugzeuge mit mehreren Motoren erschienen, dann mit Düsenantrieb flogen und den ersten Raketen, die ihre Ziele suchten.
Ein halbes Jahrhundert genügte, die Blériots und Rumpler-Tauben über dem Frankreich des Sommers 1914 in den blassen Schimmer der untergehenden Erinnerung zu verweisen.
Das erste Wort, das von den Kriegführenden auf diese neue Weise, in der Luft, über den Heeren, gesprochen wurde, hinterließ bald die dunkle Trauer über ein verlorenes Paradies, in dem sich der Mensch aufhalten konnte, ohne daß ihm ein anderer es streitig machte.
Jede kleine, klapprige Maschine, die jetzt beiderseits der Marne aufstieg, zog hinter sich viele Geschwader nach, die ihr einst folgen mußten, und die blutige Spur, die an den Himmel und von dort wieder auf die alte Erde gelegt wurde, sollte unendliche Male die Erde umkreisen, ehe sie sich in einem anderen, fernen Jahrhundert vielleicht einmal abbrechen ließe.

13. KAPITEL

Die Engländer wollen zu den Kanalhäfen zurück

Beim Rückzug zeigten die Engländer, daß sie einer Berufsarmee angehörten. Sie waren überraschend schnell über den Kanal nach Nordfrankreich verschifft worden. Sie traten früher auf dem Kontinent auf, als es die deutsche Heeresleitung angenommen hatte. Sie trafen auf Klucks starke 1. Armee, hielten sie bei Mons kurz auf und wurden geschlagen.

Sie zogen sich rasch zurück, halfen einer französischen Armee, sich einigermaßen glimpflich von der belgischen Grenze nach Frankreich hinein abzusetzen, dann marschierten sie nach Paris zurück. Hinter ihnen folgte Klucks 1. Armee auf Paris, und beide Armeen, die englische und die deutsche, hatten ihr Glück auf hohe Marschleistungen zu setzen; wer würde schneller in Paris ankommen, die Engländer oder die Deutschen?

Die Leute in den Dörfern hatten die Engländer kommen sehen; nun sahen sie, wie sie verschwanden. Sie sehen zu, daß sie verschwinden, sagten sie, und dennoch fehlte es ihnen nicht an Respekt.

Eine Berufsarmee ist auf körperliche Leiden trainiert, sie hat auch Rückzüge zu erlernen. Sie konnte nicht davonlaufen, ungeordnet, sie hatte den Rückmarsch planmäßig zu vollziehen, mit Nachtruhe in den Scheunen, kurz, traumlos, in der Hitze, die sich in den Gebäuden festgesetzt hatte, fast erstickend. Dennoch würden sie nicht vergessen, sich morgens die Zähne am Brunnen zu putzen, auch sich zu rasieren, und dann, vor allem die irische Garde, die schottische Infanterie, sich zusammenzuschließen, den Gleichschritt aufzunehmen und nach Westen zu marschieren.

Die britische Kavallerie marschierte fast nur zu Fuß zurück, am Zügel die Pferde; sie sollten geschont werden. Man würde sie noch brauchen.
Die Engländer ließen ihre Waffen nicht im Stich, sie schleppten sie bei sich, auch wenn dies noch so unerträglich war. Sie hatten keine Hoffnung auf Ersatz, auf neue englische Brigaden und Divisionen, die ihre Reihen auffüllen könnten. Die Engländer waren sehr einsam in diesem Land, das sie als Soldaten noch nie vorher betreten hatten. Sie kannten andere Gegenden der Erde, den Kontinent kannten sie nicht. Viele rechneten nicht nur mit Paris, mit der Aufnahme in einer Stadt, die als befestigtes Lager bezeichnet wurde, mit Quartier und Schlaf, mit Erholung und Amüsement.
Sie stellten sich vor, daß hinter Paris die Häfen an der Küste auf sie warteten, damit sie nach England zurückgebracht würden. Die Nachschubwege schienen an die Küste zu weisen, dorther waren sie gekommen, dahin mußten sie wieder gelangen. Was ging sie Frankreich an? Ihre Offiziere waren in einem Geheimbefehl des Kriegsministers Kitchener bei der Einschiffung in England gewarnt worden. Die französischen Damen könnten ihnen gefährlich werden; das viktorianische England sprach aus Kitchener.
Die Soldaten hatten keine Zeit gefunden, sich mit den Frauen in Frankreich zu beschäftigen. Sie zogen in die Schlacht, verloren sie, und gingen nun zurück. Quartiere hatte es kaum gegeben, in denen man flirten konnte. Sie litten, starben, sie sahen sich einer riesigen deutschen Wand gegenüber, die unaufhörlich auf sie zurollte, und in die sie doch nur kleine Löcher schießen konnten.
Der Ehre war bald Genüge getan. Jetzt war man auf dem Rückzug, den Marschall French angeordnet hatte.

Gab es nicht Beweise für das Gerücht, die Engländer zögen sich auf die Häfen zurück, sie würden Paris nur für einige Tage aufsuchen, um dann weiter zu den Loirehäfen zu marschieren? Dorthin hatte die Expeditionsarmee in diesen Tagen ihre Basis

gelegt, zurückverlegt, denn bisher war sie in Calais, Le Havre und Boulogne gewesen.
Die Loiremündung als Zuflucht für die Briten auf dem Kontinent?
Während die Engländer sich zurückziehen, fährt Joffre zu French. Der Marschall hat in Compiègne sein Hauptquartier, er empfängt Joffre frostig, umgeben von seinen Offizieren. Erregt versucht Joffre den Briten zu überreden, den Rückzug sofort einzustellen, doch French bleibt hart. Er wiederholt immer wieder: »Ich brauche zwei Tage, um meine Truppen zu reorganisieren. Sie bedürfen der Ruhe. Nach zwei Tagen werden sie wieder gefechtsbereit sein.«
Joffre weist auf die Russen hin, malt aus, welche Erleichterung eintreten würde, wenn die Deutschen Truppen im Westen abziehen, die sie nach dem Osten werfen müssen.
Er spricht von der 6. Armee, die er bei Paris versammeln will. French gibt nicht nach. Der Generalstabschef des Marschalls, Generalleutnant Sir A. J. Murray, zupft French einige Male an den Rockschößen. Joffre sieht es. Er steht vor einer Mauer, die er nicht aufbrechen kann.
»Meine Truppen brauchen 48 Stunden absolute Ruhe«, wiederholt French. Und setzt, eisig, hinzu: »Haben sie die gehabt, dann will ich alles mitmachen, was Sie wollen, vorher aber nicht.« Joffre fährt zurück nach Vitry-le-François.
Die Briten setzen sich zu einer Lagebeurteilung zusammen. »Hier ist nichts mehr zu machen«, meint der Kommandierende General des II. Korps, Smith-Dorrien. »Es bleibt uns nichts anderes übrig, als auf die Häfen zurückzugehen, unsere Truppen wieder einzuschiffen und nach Hause zu fahren.«
Sollen die Engländer wirklich, wie Marschall French eben noch Joffre, eiskalt, aber doch bestimmt, gesagt hat, alles mitmachen, was Joffre will?
Sie sind pessimistisch. Nur French, der die Verantwortung trägt, weist den Gedanken an einen Rückzug zur Loire zurück.
Aber am nächsten Tag schreibt er an den Kriegsminister Lord Kitchener nach London: »Mein Zutrauen zu der Fähigkeit der

französischen Führer, den Krieg zu einem glücklichen Ende zu führen, schwindet schnell dahin. Ich muß in der Lage sein, auf meine Basis zurückzugehen, wenn die Umstände es notwendig machen. Es wurde mir sehr hart zugesetzt, trotz meiner zerrütteten Lage in der Kampflinie zu bleiben, aber ich habe es unbedingt abgelehnt und hoffe, daß Sie mein Verhalten billigen werden.«

Kitchener erwirkt einen Kabinettsbeschluß, der für French bindend ist:
»Die Regierung erwartet, daß Sie, soweit möglich, den Absichten des Generals Joffre in Bezug auf die Führung des Feldzuges entsprechen.«

French bleibt hartnäckig. Kitchener reist am 1. September nach Paris. Jetzt sieht es aus, als ob Kluck von den Engländern nichts mehr wissen will. Sie haben keine Feindberührung; sie marschieren zurück, Paris entgegen.

Joffre gelingt es, French zu bewegen, den Rückmarsch des englischen Expeditionskorps nicht über Paris, sondern östlich von Paris zu lenken. French verläßt Compiègne, das die Deutschen bald erreichen werden. Er sucht sich ein Schloß im Süden von Paris, an der Seine, für sein neues Hauptquartier. Auch optisch ist nun dem Gerücht begegnet, die Engländer zögen in die Häfen an der Küste. Mit Marschrichtung über die Marne nach Süden müssen sie verstrickt bleiben in den gemeinsamen Krieg der Alliierten.

Kitchener ist schnell wieder in London. Dort stellt er eine Millionenarmee auf. Sie wird nötig sein, um die Deutschen aus Frankreich, das sie von Tag zu Tag zu gewinnen scheinen, wieder zu vertreiben.

Ihm ist aufgegangen, daß dies ein langer Krieg werden wird. Während Deutsche und Franzosen noch mit einem kurzen Feldzug rechnen, der bis Weihnachten auf diese oder andere Weise erledigt sein wird, sieht Lord Kitchener die ungeheure Mühsal kommender Monate und Jahre.

Unter den Kriegsministern von 1914 ist er derjenige, dem der moderne Krieg, ein Weltkrieg, am lebhaftesten vor Augen

stand. Er besaß die Phantasie, sich ihn vorzustellen, und er setzte alles daran, die Briten darauf vorzubereiten. Ohne starke Reserven war der Krieg nicht zu gewinnen. Diese Reserven wollte er jetzt für England schaffen. Auch Hellmuth von Moltke im Luxemburger Hauptquartier hatte früher einmal die Vision von diesem langen, schweren Krieg gehabt. Doch er sah seine Aufgabe jetzt, diesen langen, schweren Krieg nicht dauern zu lassen, ihn zu verhindern.
Deshalb trieb er seine Armeen immer tiefer nach Frankreich hinein. Er wollte die Entscheidung morgen, nicht erst in Jahren. Das Deutsche Reich wäre dann hoffnungslos unterlegen.
Es war im Januar des Jahres 1905; der Reichskanzler hatte Moltke angedeutet, daß der Kaiser ihn zum Chef des Generalstabes, in der Nachfolge Schlieffens, machen wolle. Bei der Unterredung, die Moltke mit Wilhelm II. im Berliner Schloß etwas später hatte, sagte er dem Kaiser:
»Ob es überhaupt möglich sein wird, die Massenheere, die wir aufstellen werden, einheitlich zu lenken, kann, glaube ich, kein Mensch vorher wissen. Auch unser Gegner ist ein anderer geworden, wir werden es nicht mehr wie früher mit einem feindlichen Heer zu tun haben, dem wir mit Überlegenheit entgegentreten können, sondern mit einer Nation in Waffen. Es wird ein Volkskrieg werden, der nicht mit einer entscheidenden Schlacht abzumachen sein wird, sondern der ein langes, mühevolles Ringen mit einem Lande sein wird, das sich nicht eher überwunden geben wird, bis seine ganze Volkskraft gebrochen ist, und der auch unser Volk, selbst wenn wir Sieger sein sollten, bis aufs äußerste erschöpfen wird.«
Moltke, der manches ahnte, dessen Phantasie Zukünftiges erfaßte, hatte sich sechs Wochen für den Sieg über Frankreich vorgenommen, eine Frist, die jetzt, Anfang September, abzulaufen begann.

Von Compiègne begab sich Marschall French nach Melun an der Seine im Süden von Paris. Er richtete sich dort für einen längeren Aufenthalt ein. Er besaß keine Vorstellung von dem, was

General Joffre machen wollte, um die Deutschen endlich aufzuhalten.

Für ihn konnte Joffre nur Truppen verschieben. Der Rückzug hatte alle Armeen erfaßt, die sich gegen den zermürbenden Angriff des rechten deutschen Heeresflügels nicht behaupteten. Das britische Expeditionskorps, das diszipliniert inmitten der französischen Armeen vom Schlachtfeld abmarschierte, erschien dem Marschall French wie ein Rocher de bronce, wie ein einsamer Felsen an der Küste von Cornwall.

14. KAPITEL

Die Feldpost improvisiert die Heeresmotorisierung

Jeder Krieg beginnt wie eine Improvisation; später muß er zu einer Organisation werden. Der Aufmarsch und Vormarsch der deutschen Armeen zu der großen Umfassung des linken feindlichen Flügels, mit dem Drehpunkt Metz, von dem aus die beiden restlichen Armeen verhalten kämpfend den ersten Ansturm der Franzosen aushalten mußten, stellte auch die Feldpost vor Aufgaben, die nur schwer bewältigt werden konnten.

Bis zu Beginn der Marneschlacht blieb auf dem Nordflügel die Feldpost aus. Je weiter die Truppen nördlich des Drehpunktes Metz eingesetzt waren, desto schwieriger wurde es für die zumeist bespannten Feldposteinheiten, ihr zu folgen. Die Eisenbahnen waren vom Feinde zerstört worden, die großen Weichenanlagen unbrauchbar gemacht. Dennoch gelang es in überraschend kurzer Zeit, die Bahnlinien wiederherzustellen. Der Zugverkehr blieb unregelmäßig; für Feldpost war kein Raum. Truppen, Munition, Verpflegung mußten nachgeschoben werden. Verwundete waren zurückzubringen. Die Feldpost war auf die Beförderung durch Kraftwagen und Pferdefuhrwerke angewiesen, die aber anfangs nur in geringer Zahl zur Verfügung standen.

Die Reichspost hatte bei der Mobilmachung die Wagen und das Personal zu stellen. Den Armeepostdirektoren unterstanden Postpferde- und Postwagendepots, die aber aus dem Reich erst nach dem 18. August 1914 abgesandt wurden. Sie trafen zwischen dem 20. und 30. August bei den Armeepostdirektoren im jeweiligen Armee-Etappenort ein. Aber zu dieser Zeit war die Postbeförderung schon sehr lebhaft.

Wie sollte die Post an die Front kommen, und zwar so schnell, daß sie wirklich eine Erleichterung für die Truppe bringen würde? Es gab nur ein Beförderungsmittel, das bei großem Fassungsraum weite Strecken schnell und unabhängig von der Zugkraft der Pferde zurücklegen konnte. Das war der Kraftwagen.
Aber der Postverwaltung war es, noch im Frieden, nicht gelungen, bei der Heeresverwaltung zu erreichen, daß die Kraftwagen, die der Postverwaltung gehörten, bei der Mobilmachung nicht ans Militär zu gehen hätten. Die Heeresverwaltung hatte verfügt, daß die Feldpost nur mit Pferdewagen ins Feld ziehen sollte. Sie nahm an, daß die Post damit ihren Verkehr bewältigen könnte.
Nur für den Postbetrieb des Großen Hauptquartiers waren Kraftwagen vorgesehen.

Höhere Stäbe, vor allem das preußische Gardekorps, verfügten über Autos, aber sie dienten nur dem Transport von höheren Offizieren. Lastkraftwagen sollten den Nachschub schneller machen, der noch wie 1870/71 mit bespannten Fahrzeugen durchgeführt wurde.
Erst die Marneschlacht brachte die Erfahrung, daß man mit diesem Kriege in das Zeitalter der Motorisierung eingetreten war. Das Auto wurde ein Truppentransportmittel; bis Anfang September 1914 war es ein Fahrzeug für die höheren Stäbe.
Es gab auch erste Versuche, Kraftwagen für die Erkundung einzusetzen, aber sie blieben Husarenstücken vorbehalten. Ein preußischer Ulanenoffizier fuhr Anfang September in die Stadt La Fére ein, ließ den Wagen vor dem Hauptpostamt halten, sprang heraus, und steckte fünf Postkarten in den Briefkasten, während er von französischer Infanterie umringt und gefangengenommen wurde.
Vielleicht war dieser Ulanenoffizier, der da aus dem Wagen sprang, des Glaubens, daß die Stadt von den Franzosen längst geräumt sei. Auf jeden Fall aber hatte er das getan, was später, in anderen Kriegen, Vorausabteilungen machten. Sie fuhren mo-

torisiert ihren Divisionen voraus, und sie suchten im Handstreich, durch den Effekt der Überraschung, zu dem ihnen die Motorisierung verhalf, Städte, Brücken und wichtige Plätze einzunehmen.
Der Ulanenoffizier, der auf den Kraftwagen umgestiegen war, setzte ein erstes Zeichen, das hier nur anekdotisch wiedergegeben werden kann.
Die 2. Armee, die hinter diesem Ulanenoffizier auf die Stadt La Fére marschierte, wurde durch dessen Gefangennahme — er kehrte nicht zur Spitze zurück — zu einem umständlichen Aufmarsch veranlaßt, der dieser Stadt La Fére galt. Sie verlor dadurch viel Zeit, die sie später Blut kosten sollte.
Daß man auf Kraftwagen Maschinengewehre postieren könnte, war noch niemandem eingefallen. Nur im Osten, während der Schlacht von Tannenberg, versuchte man es auf deutscher Seite. Aber es waren nur Stabsautos, die sich durch das Mitnehmen von Maschinengewehren vor Überraschungen schützen wollten.
Zur Feldpostexpedition einer Infanteriedivision gehörten 1 zweispänniger Beamten- und Gerätewagen in Omnibusform und 2 zweispännige Briefpostwagen. Um diese Feldpostexpedition mit Feldpost zu versorgen, hatte jede Armeepostdirektion ein Postpferde- und -wagendepot, später Postfuhrpark genannt, zugewiesen bekommen, zu dem bei der Mobilmachung 1 Feldoberpostsekretär als Vorsteher, 1 Oberveterinär, 10 Feldpostschaffner, 30 Feldpostillione, 30 zweispännige Fahrzeuge und 91 Pferde gehörten.
Diese Feldpostleute trugen ihre Postuniform; sie unternahmen alles, um an die Truppe heranzukommen. Doch meistens irrten sie den Divisionen nach, deren Standorte wechselten.
Der Unmut in der Truppe wuchs bald so stark über die ausbleibende Feldpost, daß die ersten Motorisierungsversuche unternommen wurden. Die Reichspostverwaltung entsandte im September 43 Kraftwagen aus ihrem Bestand, die bayerische Postverwaltung 107 und die württembergische Postverwaltung 36 Kraftwagen »auf den Kriegsschauplatz im Westen«.

Diese Motorisierung blieb ungenügend. Die Kraftwagen wurden übermäßig belastet und in schärfster Weise ausgenutzt. Sie waren in größter Eile ins Feld geschickt worden. Instandsetzungswerkstätten gab es für sie nicht. Als Fahrer waren neben Angehörigen der Kraftfahrtruppen auch Privatkraftfahrer eingesetzt, die den Feldpostbehörden unterstanden. Die Entlohnung war sehr unterschiedlich, die Militärkraftfahrer erhielten ihren Sold, die Privatkraftfahrer wurden entlohnt. Es kam zwischen beiden Gruppen zu Ärgernissen.

Im August und September 1914 entdeckte man, daß der Motor dem Pferde auch im Kriege, und besonders im Bewegungskriege, überlegen war. Die Heeresmotorisierung wurde improvisiert, die Feldpost begann damit.

Technische Neuerungen, die man bisher hochmütig übersehen hatte, konnten nicht mehr wenigen Spezialisten überlassen bleiben. Verwundete waren schneller zu versorgen, wenn sie in Sanitätskraftwagen transportiert wurden. Mit Zugmaschinen, die es schon gab, konnte man schwere Artillerie beweglicher machen. Die Kraftwagen, die mit dem Reichsadler als Abzeichen an den Seitentüren nach Frankreich fuhren, waren Serienmodelle, die kaum für das Gelände brauchbar waren, das sie antrafen. Sie hatten einen feldgrauen Anstrich erhalten, ferner Gewehr- und Spatenhalterungen, zusätzliche Benzinkanister. Unterwegs brachen diese Autos zusammen, sie wurden überbelastet und mußten oft repariert werden. Militärtechnisch hatte der Erste Weltkrieg fast ebenso angefangen wie der deutschfranzösische Krieg von 1870.

Der deutsche Generalstabschef Moltke war ein Eisenbahnspezialist. Das hatte er von seinem Onkel, dem Feldmarschall Moltke, gelernt. Auf der Bahn wurde der schnelle, in den Details und im Ganzen geglückte Aufmarsch im Westen durchgeführt.

Die Befriedigung über diesen Eisenbahnaufmarsch gehörte zu einem bahnstrategischen Denken, das übersah, welche Bedeutung Vormarschstraßen haben konnten, auf denen sich auch motorisierte Kolonnen bewegten. Bald sollten die ersten »Rollbahnen«

für den Nachschub entstehen, eine führte bis Sedan. Der Name »Rollbahn« wurde erst im nächsten Weltkrieg erfunden, doch in den ersten Kriegswochen, auf den französischen Landstraßen, die Napoleon aus militärischen Gründen bis tief nach Deutschland hinein hatte einst errichten lassen, näherte man sich dieser »Rollbahn«, der Heerstraße des 20. Jahrhunderts, dem Nadelöhr, durch das unaufhörlich zwischen Etappe und Front Material und Schicksale transportiert wurden. Man holte nach, was man über dem Aufkommen der Eisenbahn vergessen hatte.
Die Feldpost, diese merkwürdige, aber lebenswichtige Einrichtung, deren Funktion nichts anderes bedeutet, als daß der Soldat, der hinter sich alle Verbindungen kappen mußte, um seine Pflichten zu erfüllen, wiederum doch mit der Heimat verbunden blieb — diese Feldpost vom August und September 1914 erschien den deutschen, französischen und britischen Soldaten wie eine Legende, von der sie einmal gehört hatten, sie träfe doch hin und wieder die Wirklichkeit.

Sie war so unnütz bis nach der Marneschlacht. Ganz selten trafen Telegramme bei der Truppe ein, die mit Pathos und Eitelkeit den Leuten, die kämpfen und sterben sollten, sagten, man sei in der Heimat stolz auf sie. So bei den Deutschen. Oder man teilte aus Nizza oder Bordeaux den auf dem Rückzug befindlichen Männern irgendeine Besorgnis mit. Überflüssig war beides.
Denn losgelöst hatten sich die Heeresmassen, die nun die Entscheidung herbeizuführen hatten, längst von den Erwartungen, die in der Heimat auf sie gesetzt wurden. Sie bewegten sich, von Befehlen vor- und zurückgeschickt, wie Brennmaterial, in die Glut des Sommers geworfen, nach Gesetzen, die dem einzelnen verborgen blieben. Die Kriegsartikel kannte er, und er war auch willig, sie zu befolgen, wenn es sein mußte. Aber über den Kriegsartikeln, den Kriegsplänen, den Entschlüssen der Generale und des Generalstabes auf beiden Seiten mußte es noch eine andere Gesetzmäßigkeit geben, die den Zusammenstoß herbeiführte und die Lose warf. Es konnte nicht nur Zufall sein, der

diese ungeheueren Energien antrieb, millionenfaches Leben sich unterwarf.

»Einen Sinn muß doch alles haben«, schrieb Wachtmeister Koch in sein Tagebuch, »aber welchen? Nein, es hat einen Sinn, nur vermag ich ihn nicht zu sehen. Wir sind alle hellwach, trotzdem taub und stumm.«

15. KAPITEL

Die Rothosen von 1870

Für die Heerführer waren die Menschenmassen, die ihnen jetzt unterstanden, Armeen und Korps; kaum Divisionen und Brigaden, hier und da vielleicht Regimenter. Diese Einheiten, mit denen sie sich zu beschäftigen hatten, um Pläne zu machen, Entschlüsse zu fassen und Befehle ausführen zu lassen, hießen nach den Namen der Befehlshaber und Kommandeure; die Zahlen, die sie trugen, wurden hinzugesetzt. Aber Joffre sprach nur von der Armee Lanrezac, Moltke, von Kluck, Bülow, Hausen.
Es war die Infanterie, die ein letztes Mal den Krieg durchzuführen und zu erleiden hatte.
In späteren Kriegen würde die Infanterie auch zu leiden und zu sterben haben, doch dann hatte sie sich auf Fahrzeuge gesetzt; aus Infanteriedivisionen waren motorisierte Infanteriedivisionen, leichte Divisionen, endlich Panzerdivisionen geworden, und noch später, nachdem auch diese Kriegszeiten in der Geschichte verschwanden, gab es nur noch Männer, die in gepanzerten Fahrzeugen schnelle Kriege zu führen hatten.
Jetzt, Anfang September 1914, marschierte der Krieg durch Frankreich mit müden Männerbeinen, die begleitet wurden von matten Pferdebeinen.
Und die Kavallerie saß zum Gefecht ab, wenn sie nicht attackierte, aber das geschah nur selten.
Wie aber sahen sie aus, die französische Infanterie, die deutsche Infanterie? Wie hatte man sie eingekleidet, damit sie sich voneinander unterschieden, und welches Gepäck hatten die Männer durch die Gluthitze zu schleppen, das die Franzosen auf ihrem

Rückzug oft wegwarfen, die Deutschen zurückließen, wenn sie verwundet aus dem Gefecht geholt wurden?

Wäre General von Moltke einmal an die Front gefahren, nach vorn, dorthin, wo sich die Gegner begegneten, dann hätte er sich selbst bestätigen können, was nur als flüchtige Meldung zu Beginn des Krieges ihm auf den Tisch gelegt worden war.

Die Franzosen waren auch 1914 die Rothosen von 1870, und allein dieser Anblick gab den Deutschen ein Gefühl der Überlegenheit. Sie hatten diese Rothosen schon einmal geschlagen, niedergerungen und besiegt.

Das waren die Franzmänner von Sedan und Paris, und sie mußten ebenso zu schlagen sein wie vor Jahrzehnten. Die französische Infanterie war genauso gekleidet wie vor 44 Jahren, nur der Tornister war etwas kleiner und das Gewehr hatte ein Magazin. Ein stahlgrauer Soldatenmantel war unter der Hüfte so gekreuzt, daß die roten Hosen weithin leuchteten und der Infanterist beim Marschieren nicht behindert wurde. Aber die Rothosen markierten ihn, machten ihn zum leichten Ziel für Schützen, die zu zielen verstanden, und doch gaben sie den Infanteristen, wenn sie in geschlossenen Formationen angriffen oder sich zurückzogen, ein fast feierliches Gefühl. Die traditionellen Rothosen hatten etwas Kühnes, in der Uniformgeschichte Herausforderndes — sie waren eine Provokation für den Gegner. Sie zeigten keine Schwäche. Man wollte sich nicht tarnen, verstecken, möglichst unsichtbar machen.

Man war in diesen roten Hosen ganz einfach da und bedauerte nichts.

Diese Psychologie der Uniform auch in einer Zeit, da Gewehre schneller und besser schossen als je zuvor, da es Maschinengewehre gab, die niedermähten, was sie aufgriffen, mußte dann in die Brüche gehen, wenn man sich in den roten Hosen nicht mehr dem Feinde zuwandte, sondern vor ihm ausriß.

Es genügte jedoch, das Gefechtsfeld besiegt zu verlassen, den Rückmarsch anzutreten, um die Provokation der roten Hosen zu bedauern, sich ein Uniformstück zu wünschen, das nicht dieses Aufsehen erregen mußte.

Der Linieninfanterist trug dazu noch das Käppi, das auch 1870 getragen wurde und dessen Aufschlag ebenso rot leuchtete wie seine Hose. Auf dem Käppi zeigte eine Nummer an, zu welchem Regiment er gehörte. Auf dem Rücken schleppte der Infanterist einen Tornister, der das schlechteste Modell jener Zeit war. Er war offenbar erfunden worden, um den französischen Infanteristen davon abzuhalten, rasch zu marschieren, schnell im Feuer zu laufen. Junge Rekruten waren nicht in der Lage, ihn ohne Hilfe von Kameraden überzuwerfen. Der Regen setzte sich zwischen Tornister und Hals im Mantel fest und machte ihn schwer. Das Gewicht, das der Soldat herumzuschleppen hatte, vergrößerte sich.
Denn 30 Kilogramm Gepäck hatte er zu tragen, wozu ein Sack mit Kaffee, einer mit Salz, einer mit Zucker und für jede Gruppe eine Kaffeemühle gehörte, ferner ein großes Stück Seife und ein winziges Handtuch, als ob sich der Soldat zwar waschen, aber nie abtrocknen würde.
Gehörte der Infanterist zu einem Regiment, das mit Käppis ausgerüstet war, die auch die Offiziere trugen, so meldete kein verräterisches Rot im Aufschlag der Kopfbedeckung, sie war mit einem grauen Überzug versehen, der bei den Offizieren noch die goldenen Streifen, die Rangabzeichen, aufwies. Lebendige Zielscheiben waren also im August 1914 ins Feld gezogen, die Offiziere noch herausgehoben durch die Rangabzeichen auf dem Käppi, die man sogar bei einem Liegenden noch ausmachen konnte. Der französische Offizier war freilich nicht dazu ausersehen, zu liegen, wenn geschossen wurde. Er nahm noch immer, für eine kleine Weile, das für sich in Anspruch, was auch der deutsche Infanterieoffizier nicht anders kannte: Aufrecht stehend neben den liegenden Soldaten seiner Einheit jenen Mut zu demonstrieren, der zu seinem Beruf gehörte.
Nur die Chasseurs, die Jäger zu Fuß, waren nicht mehr mit den roten Hosen ausgestattet. Ihre Hosen waren stahlgrau wie der Mantel, und die Aufklärer zu Rade, die beweglich sein mußten, trugen keinen Mantel, sondern eine Tunika und Gamaschen statt der Schnürstiefel.

Bewaffnet waren sie mit dem Gewehr »Lebel«, das 1886 eingeführt und 1893 modifiziert worden war. Es wog 4,414 Kilogramm. Das Geschoß hatte ein Kaliber von 8 Millimetern. Jedes Magazin enthielt zehn Schuß.

Im Jahre 1893 war das »Lebel« etwas leichter und kürzer gemacht worden, so daß es nun nur noch 4,240 Kilogramm wog, ohne Bajonett, das 460 Gramm schwer war.

Viel hatten sich die Verwalter der französischen Armee vor Kriegsbeginn nicht einfallen lassen, um die Infanterie nach den Erfahrungen des russisch-japanischen Krieges oder der Balkankriege auszurüsten. So mußte der französische Soldat in die schreckliche Hitze des August 1914 im Mantel gehen, dazu noch reichlich beladen und gekennzeichnet für den Gegner, als wäre ein Krieg eine Parade, auf der man diese Männer vorzeigen wollte.

Die Linieninfanterie bestand aus 173 Regimentern. Jedes Regiment hatte bei der Mobilisierung 73 Offiziere und 3200 Mann.

Die dreijährige Dienstzeit hatte den Soldaten eine gründliche Ausbildung gegeben. Die Reservisten, die für elf Jahre nach ihrer Verabschiedung aus der Armee in Reserve gestanden hatten, füllten die Linienregimenter auf.

Die Ausrüstung der Territorialtruppen war die gleiche wie bei der Linieninfanterie. Nach der elfjährigen Reservistenzeit hatte jeder waffenfähige Franzose sieben Jahre zur Territorialarmee zu gehören.

Außerdem gab es 31 Jägerbataillone zu Fuß; in ihnen dienten ausgewählte junge Leute.

Die Alpenjäger traten in ihren Gebirgs-Regionen auf; dort erwarteten sie einen Angriff der Italiener, die bis Kriegsausbruch mit den Deutschen und Österreichern verbündet, aber nicht in den Krieg eingetreten waren, obwohl ihr Generalstabschef Zuccari am 11. Marz 1914 Moltke bei einem Besuch in Berlin noch sein Vertrauen auf das gemeinsame Bündnis geäußert hatte.

Die Infanterie der afrikanischen Armee und der Kolonialtruppen nahm an allen großen Schlachten des Ersten Weltkrieges teil. Die Deutschen trafen zuerst auf die Zuaven, die in Algerien rekrutiert worden waren. Sie stellten 4 Regimenter, deren Uniform für die Deutschen sehr exotisch aussah. Die Zuaven verbreiteten allein durch ihr Aussehen Furcht. Sie waren hervorragende Kämpfer in den Waldstücken, die zwischen Paris und der Marne die einförmige Landschaft unterbrachen. Die Tirailleurs, auch Turkos genannt, standen mit 9 Regimentern in Frankreich zur Verfügung Joffres, und sie hatten in den ersten Kriegswochen starke Verluste. Sie rekrutierten sich aus Arabern, Tunesiern, Berbern und Kabylen.

Die Senegalesen und Marokkaner traten ebenfalls früh auf dem Kriegsschauplatz auf. Die Fremdenlegion, mobilisiert in Sidi-bel-Abbès und Saida, betrat Frankreich erst im Oktober 1914. Ihre Uniform war mit derjenigen der Linieninfanterie identisch.

Für die afrikanischen Soldaten war zu Beginn des Krieges der Angriff mit dem Bajonett selbstverständlich. Die Verluste waren entsprechend. Das 1. Regiment der Algerischen Tirailleurs verlor am 22. August 1914 vor Châtelet in Belgien in wenigen Minuten 1034 Mann vor einem Feind, der für sie unsichtbar blieb. Die Deutschen mähten die angreifenden Algerier mit ihren Maschinengewehren nieder.

Die hohen Verluste der Franzosen während der Grenzschlachten waren auf eine erstaunliche Gefühllosigkeit und Einfallsarmut der Offiziere zurückzuführen. Die Generale manövrierten mit den Menschenmassen, die ihnen anvertraut waren, wie Schachspieler, denen es nichts auszumachen schien, wenn sie ihre Bauern opferten. Und sie erwarteten von ihren Soldaten nichts anderes, als daß sie sich ohne zu murren in diese menschenverzehrende Taktik fügten. Daß sie dann in einigermaßen guter Ordnung bis zur Marne zurückmarschierten, läßt darauf schließen, wie sehr die Generale ihre Soldaten in der Hand hatten.

Nie wieder, so schrieben später französische und deutsche Militärs und Kriegshistoriker, sei der Linieninfanterist so gut und opferwillig gewesen, wie in den Tagen des August und September 1914, auf beiden Seiten.

Die Franzosen waren überzeugt, die beste Armee der Welt zu besitzen, die tapferste Linieninfanterie, todesbereit und gehorsam wie die deutsche Infanterie. Die Deutschen hielten ihre Armee für die stärkste, und sie waren ergriffen von den blutigen Verlusten ihres Gegners.

Die Meldungen der deutschen Kommandeure über diese Leichenfelder, über den Feind, der sich nicht gefangen geben wollte, sondern starb, beeindruckten Moltke im Großen Hauptquartier. Aber zu diesen Meldungen gehörten auch die Berichte über deutsche Siege, aus denen hervorgehen mußte, daß die französische Armee schon kurz vor ihrer Auflösung stand. Daran war überhaupt nicht zu denken, aber das erfuhren die Deutschen erst später.

Als der Krieg nach der Marneschlacht in eine andere Dimension überging, bedeckten auf französischer Seite die Gräber der Gefallenen nicht mehr Blumen und kleine Trikoloren.

Der Tod im Felde verlor die feierlichen Farben, den vaterländischen Pomp; die Trauer wurde monoton.

Auch die Uniform änderte sich.

Vielleicht waren es auch andere Menschen, die 1915 horizontblau eingekleidet wurden.

1914 gehörten zu einer Kompanie 250 Gewehrträger; 1917 waren es nur noch 194, wenn die Kompanie an die Front geschickt wurde. Doch die Feuerkraft war erhöht worden; es gab viel mehr Maschinengewehre.

Aber auch jetzt, Anfang September, war das feindliche Feuer machtvoll genug, um den Linieninfanteristen zu Boden zu zwingen. Die Offiziere legten sich nicht zu ihren Soldaten, sie blieben aufrecht stehen, da sie ihren Leuten die Illusion geben wollten, es sei unverwundbar, wer mutig sei, im Kugelhagel aufrecht stehe. Einer dieser Offiziere, der Oberleutnant und Kompaniechef im französischen 276. Reserve-Infanterieregiment Charles Péguy, Sozialist, Christ und Dichter, fiel in der Marneschlacht im Nordosten von Paris, als er versuchte, seinen Soldaten die Furcht vor dem deutschen Gewehrfeuer zu nehmen, in die Stirn getroffen, gefällt wie ein Baum.

16. KAPITEL

Der feldgraue Mythos

Die feldgraue Uniform, in der die Deutschen 1914 auf den Kriegsschauplätzen erschienen und alle gegnerischen Uniformen an Zweckmäßigkeit bei der Angleichung an das Gelände übertrafen, war zuerst bei den Kaisermanövern 1910 getragen worden. Jetzt gab sie dem Heer, das tief nach Frankreich hinein marschierte, eine Gemeinsamkeit, die bald als feldgraue Kameradschaft bezeichnet werden sollte. Das drückte einen fast mystischen Willen aus, der zum Mythos werden sollte.
Bisher war der Rock des Soldaten bunt gewesen. Die Waffengattungen unterschieden sich in Friedenszeiten durch Uniformen. Hinzu kamen die Eigenheiten der Bundesländer und Bundesstaaten. Davon war nun kaum etwas übriggeblieben. Zum ersten Male trug ein deutsches Feldheer eine einheitliche Uniform. Feldgrau zog der Soldat in den »Frisch-fröhlichen Krieg«, oder ins »Stahlbad«, von dem manche mit dem aufrichtig gemeinten pathetischen Ernst sprachen, der damals allgemein war.
Auch der deutsche Kaiser trug feldgrau; er hatte sich stets als Militär-Kaiser gefühlt. Er liebte die Uniform. Er besaß viele Uniformen, die er anlegte, wenn er seine Truppen im Frieden aufsuchte oder ins Ausland reiste. Die Uniform wurde verliehen, sie war das Ehrenkleid. Den Kaiser schmückten viele Ehrenkleider, ausländische Uniformen, die man ihm verliehen hatte.
Achtzig Prozent der Infanterie waren in Divisionen aufgeteilt, von denen jede eine Sollstärke von 17 000 Mann hatte. Die Infanteriedivision gliederte sich in zwei Brigaden zu je zwei Regimentern, die meistens berühmte Namen trugen. In den Krieg

zogen 81 Infanteriedivisionen, aktive und Reservedivisionen zusammengerechnet. Im Gegensatz zur französischen Armee waren die deutschen Reservedivisionen und Reservekorps sofort nach der Mobilmachung für den Kampf in der vorderen Linie verwendbar.
Eine beachtliche Heeresvermehrung hatte der deutsche Reichstag 1912 beschlossen. Zum Herbst 1913 waren zusätzlich 120 000 Mann bewilligt worden. Damit blieb man aber unter den Forderungen vorausblickender Militärs und Politiker.
Die Dienstzeit betrug zwei Jahre. Danach war jeder Soldat fünfeinhalb Jahre lang Reservist. Landwehr und Landsturm, bis zu einem Alter zwischen 39 und 45 Jahren, nahmen ihn dann auf.
Der Soldat trug die Pickelhaube wie einst die dänischen Offiziere 1848/49. Auf ihr befanden sich heraldische Zeichen, der Reichsadler, Symbole der Bundesstaaten. Bei der Parade in Friedenszeiten wurde der Pickelhaube bei einer Reihe altbewährter Regimenter ein weißer oder schwarzer Helmbusch aufgesteckt. Auf den Offiziershelmen waren die heraldischen Zeichen aus Messing wie auch für die Unteroffiziere und Mannschaften. Diese Pickelhauben hatten die Preußen schon in früheren Kriegen getragen. Jetzt waren sie in feldgraues Tuch gehüllt, das auch die Pickel, die Spitzen verbarg. Rote Nummern auf der Stirnseite nannten das Regiment, zu dem der Helmträger gehörte. Ein richtiger Helm, ein Kopfschutz, war diese Pickelhaube nicht mehr. Früher sollte sie dem Träger gegen die Schläge attackierender Reiter schützen. Sie war ein Hoheitszeichen, das ihrem Träger Würde zu verleihen hatte. Nur zum Gebet wurde der Helm abgenommen, wenn man ihn nicht durch die Mütze ersetzte. Die Jägerbataillone trugen den alten Tschako, der ebenfalls eine feldgraue Hülle hatte.
Auch auf dem Koppelschloß war der Reichsadler zu sehen, mit der Umschrift »Gott mit uns«. Es hatte dies eine sakrale Bedeutung, die auf das Opfer des Soldaten, den Heldentod hinwies, aber auch auf die Zugehörigkeit zu einem christlichen Heere. In ihm dienten auch Männer mosaischen Glaubens, die ebenso wie

die Christen ihre Pflicht im Ersten Weltkrieg taten. Der Waffenrock, der 1915 von der Feldbluse ersetzt werden sollte, hatte, wie die feldgraue Hose, rote Biesen beim Infanteristen. Seine Stiefel, die Knobelbecher, waren braun oder schwarz. Braun überwog zu Anfang des Krieges. Am braunen Koppel steckten die Patronentaschen, die neunzig Patronen enthielten, wovon fünf jeweils ins Gewehr eingeführt werden konnten. Das Gewehr 98, ein Mausergewehr aus dem Jahre 1898, war eine Repetierwaffe, deren Kaliber 7,92 Millimeter betrug. Die Reichweite des Geschosses war größer als beim französischen »Lebel«-Gewehr. Sie ließ eine Kampfentfernung bis zu 800 Metern zu. Ohne Bajonett maß das Gewehr 1,307 Meter. Es war ein wenig schwerer als das französische Gewehr, 4,420 Kilogramm. Im Tornister, den der Infanterist auf dem Rücken trug, befanden sich noch mehr Patronen. Er nannte ihn den »Affen«, auf dessen Fell er sich zur Ruhe niederlegen konnte. Aufgeschnallt waren Zeltbahn und Decke, ferner das Kochgeschirr aus Aluminium, das zweiteilig war. Aus dem Kochgeschirrdeckel konnte man trinken, aus dem Behälter essen. Im Brotbeutel hatte der Soldat die eiserne Ration für drei Tage bei sich, die aus Fleisch und Gemüse in der Konserven-Dose, Zwieback oder Keks, Kaffee und Salz bestand. Am Brotbeutel hing die Feldflasche, die einen Liter faßte. Meistens enthielt sie Malzkaffee, aber sie war auch mit Wasser, Schnaps und Wein gefüllt, mit Champagner, als man in die Champagne kam. Der Infanterist trug am Koppel den kurzen Spaten, mit dem er sich eingraben sollte, wenn es zur Verteidigung käme – aber daran dachte man zuerst kaum.

Als wirkungsvollste Waffe der Infanterie galt das Maschinengewehr, das MG 08. Es war aus dem Maxim-Maschinengewehr von 1899 entwickelt worden. Die Erfahrungen aus dem Krieg 1905, den die Russen in der Mandschurei gegen Japan führten, hatte man ausgewertet. Es stammte aus dem Jahre 1908. Daher die Bezeichnung MG 08. Es war wassergekühlt, verschoß Infanteriemunition, die gegurtet war: 450 Schuß in jeder Minute bis zu einer Entfernung von 1500 Metern.

Eine MG-Gruppe bestand aus fünf Mann. Der MG-Führer, meistens ein Unteroffizier, leitete das Feuer. Der Schütze 1 bediente das MG, der Schütze 2 führte die Munition zu, die beiden anderen Schützen sicherten mit Gewehren das MG und schleppten die Munition. Das luftgekühlte MG erhielten sie erst 1917.
Gefürchtet waren die deutschen Maschinengewehre schon vor dem Kriege. Die Engländer glaubten, die Deutschen hätten sich auf den Krieg mit 50 000 MGs vorbereitet; es war dies ein Gerücht. Sie hatten nicht mehr als 5000, nur wenig mehr als die Franzosen.
Zusammengefaßt gab es die MG-Kompanien.
Zu jeder Infanteriekompanie gehörte eine Feldküche, die der berittenen Truppe fehlte. Die Gulaschkanone war die größte Errungenschaft der deutschen Fußtruppe. Sie nahm ihr das Abkochen ab. Oft war es schwierig, die Feldküche zur Truppe heranzubringen. Dann mußten Essenholer nach rückwärts. Die Feldküche war der einzige Luxus der Infanterie, um den sie beneidet wurde.
Mit der Feldküche fuhr der Kompaniefeldwebel nach vorn, der Spieß, die Mutter der Kompanie, auch um Feldpost auszuteilen und einzusammeln, Erkennungsmarken, die den gefallenen Soldaten abgenommen worden waren, zu übernehmen, um die Verlustlisten zu vervollständigen. Er war der Buchhalter des Krieges, die Mitte der Kompanie, von der sie zusammengehalten wurde. Denn Offiziere, Unteroffiziere und Mannschaften wechselten, sie fielen, wurden verwundet, erkrankten, blieben vermißt, wurden versetzt — der Kompaniefeldwebel überdauerte sie alle. Denn er war nicht vorn dabei, wenn gekämpft wurde.
Während des Marsches zur Marne mangelte es an Brot bei vielen Truppenteilen. Die Feldbäckereien blieben zurück. Zu schnell wurde vormarschiert. Viele Feldbäckereikolonnen trafen erst ein, als die Truppe die Entscheidungsschlacht längst begonnen hatte.
Mit entrollten Regimentsfahnen griff die Infanterie an. Sie wur-

den 1915 in die Heimat zurückgebracht. Der Tambour schlug die Trommel, Hörner schmetterten Signale, die Offiziere zogen ihre Säbel, sie schritten oder liefen vor ihren Einheiten, die Pistole schußbereit. Auf den Gewehren waren die Bajonette zu sehen, die Nahkampfwaffe, deren Anblick schon Furcht einflößte. Die Soldaten riefen »Hurra«. Man griff noch an, wie man es auch 1870/71 tat, aber es war ein anderer Krieg. Ein Maschinengewehr ersetzte das Gewehrfeuer einer ganzen Kompanie.

Vor dem Angriff mußte der Infanterist marschieren, und dieser Marsch nach Frankreich wurde zu einer Hitzeschlacht, zu einem Kampf mit der Staubwand, die sich über die Kolonnen legte und nicht mehr auflösen wollte. Zu einem Kampf auch mit den Darmstörungen, die auftraten nach dem Genuß von frischem Obst, das man am Straßenrand auflas, von zu jungem Sekt und kühlem Wein aus den Kellereien, der Feldflasche.

Als die Verpflegung während der Marneschlacht ausblieb, ließ der Durchfall nach. Die Ärzte sagten, Hunger sei die beste Diät. Die Leiden des Infanteristen sind während des Marsches zahllos. Das schwere Gepäck lastet auf ihm. Die Uniform ist schweißdurchtränkt. Wunde Stellen schmerzen, die Füße schwellen an, man bekommt sie nicht mehr aus den Stiefeln, die man fast nie ausziehen kann auf einem Vormarsch, der jeden Augenblick zu einem Gefecht führen kann. Die sengende Hitze des August und nun auch des September, die nicht weichen will, fordert Kraft und Energien. Für dieses Wetter ist die Uniform tagsüber zu warm, nachts friert man.

Die Infanteristen marschieren einem Gefecht, einer Niederlage, einem Sieg unter Schmerzen entgegen. Sie werden fallen oder überleben, von Geschossen zerfetzt liegenbleiben, verwundet weggeschafft, auf Pferdewagen abtransportiert, in Feldlazarette gebracht werden, um dort dennoch zu sterben oder endlich in die Heimat gefahren zu werden.

Der Marsch ist nur ein Teil des Krieges. Besser ein langer Marsch als eine Kugel, sagen die Soldaten, aber sie verfluchen diese endlosen Märsche. Die Kugel können sie nicht verfluchen, die sie trifft, zu spät ist es für die meisten.

Sie waren die besten Infanteriedivisionen, auch in der Ausrüstung, die von den Deutschen jemals aufgestellt worden waren. Ihre Offiziere schienen unersetzlich zu sein, die nun fallen sollten. Aber sie hatten doch ein Ziel vor sich, die angeschlagenen, zum Rückzug gezwungenen Engländer und Franzosen endgültig zu schlagen, in Paris einzumarschieren, den Krieg in sechs Wochen zu beenden.

Keiner konnte sich vorstellen, daß er zu denen gehörte, die hier in Frankreich zum letzten Male für längere Zeit den Gegner vor sich hertrieben, vormarschierten und vorstürmten, den raschen Sieg vor Augen, auch wenn sie fielen. Nichts würde mehr so sein wie jetzt, alles sollte noch schwerer werden in den nächsten Jahren.

Ihre Toten, die sie verwundert und erstaunt betrachteten, hilflos und mit Trauer, auch Bestürzung, einer Fassungslosigkeit, die später der Gewöhnung weichen würde, waren die ersten von 1 773 700 deutschen Gefallenen des Ersten Weltkrieges.

Wie gut, daß diese Soldaten auf dem Weg zur Marne davon nichts, noch gar nichts ahnten.

17. KAPITEL

Nach den Grenzschlachten

Generaloberst von Hausens Oberkommando der dritten Armee nahm am 1. September Quartier auf dem Gut eines Bauern, der Chopin hieß, in dem kleinen Ort Novy. Der Ort zeigte schon Spuren des Kampfes, den die sächsische 32. Infanteriedivision dort geführt hatte. Die meisten Höfe waren beschädigt. Schützengräben der Verteidiger durchzogen die Wiesen. Die Kirche war unter Artilleriebeschuß erheblich beschädigt, der Hochaltar getroffen worden.
Noch waren Ortseinwohner zu sehen, die während der Kämpfe in den Kellern gehockt hatten.
Die Verpflegung des Oberkommandos war knapp; es verfügte nicht, wie jede Kompanie, über eine Feldküche.
Im Pfarrhaus wurde die Geschäftsstelle des Oberkommandos eingerichtet. Der Pfarrer war eingezogen worden. Seine Mutter verwünschte den Generalobersten und seinen Stab ans Ende der Welt. Ordonnanzen setzten sich endlich gegenüber der zeternden Pfarrersmutter durch; sie schwieg und befolgte die Anordnungen des Stabes.
Trat der Generaloberst vor die Tür des Pfarrhauses, sah er den geröteten Nachthimmel. Rethel stand noch in Flammen.
Ein Monat war seit dem sonnigen Augustsonntag vergangen, an dem Hausen in der Wunderlichstraße von Loschwitz bei Dresden die Mobilmachungsorder aus Berlin erhalten hatte. Jetzt befand er sich am Flusse Aisne. Die Elbe lag hinter ihm so weit zurück, daß er sich kaum mehr vorstellen konnte, der Frieden sei damals gefährdet gewesen durch die Einkreisung Deutschlands in Ost und West, durch diese mächtigen Staaten Rußland,

Frankreich und England, gegen die er mit seiner Sachsenarmee mobilisiert wurde.

6 Uhr abends war das Oberkommando in Novy eingetroffen, es wurde 11 Uhr 20 abends, bis der Armeebefehl für den nächsten Tag abgezeichnet und an die Meldereiter verteilt war.

Der Armeebefehl verlangte die Weiterverfolgung des Feindes. Das XII. Armeekorps wurde gegen Mourmelon-le-Grand—Jonchery angesetzt, das XIX. Armeekorps auf Suippes. Das XII. Reservekorps hatte gegen Reims zu sichern.

Man näherte sich der Marne.

Die Oberste Heeresleitung in Luxemburg hatte auch an die 3. Armee gedacht; von ihr wurde am 1. September 10 Uhr 10 abends ein Funkspruch abgesetzt, der erst 4 Uhr 40 früh am 2. September bei der 3. Armee in Novy eintraf.

Glücklicherweise deckte er sich mit Hausens Befehl.

»Abmarschversuche des Feindes nach Südwesten wahrscheinlich. Frühzeitiges, tatkräftiges Vorgehen der vierten und vor allem der dritten Armee in allgemein südlicher Richtung kann großen Erfolg bringen. Westlich und östlich des Argonnerwaldes in sehr großer Ausdehnung französische Biwaks. Fahrzeugkolonnen in Abfahrt nach Südwest.«

Jetzt, in der Stunde vor Mitternacht des 1. September, war für den Stab des Generalobersten die Zeit gekommen, zurückzublicken.

Der Ia, Oberstleutnant i. G. Hasse, hatte eine Lagebeurteilung für die Heeresbewegungen des deutschen Stoßflügels, vor allem aber der dritten Armee, für die Zeit vom 25. bis 31. August vorbereitet.

Bei einem Glase Wein hörten ihm die Offiziere zu, etwas schläfrig schon. Zwei heiße Tage lagen hinter ihnen, und die Quartiere im Dorf Novy lockten nicht, sie waren schlecht.

»Die von der Maas bis zur Aisne durchgeführten Heeresbewegungen, ebenso wie die vorangegangenen«, so begann der Oberstleutnant, »versagten unserer dritten Armee, selbständig einen großen taktischen Schlag zu führen. Wieder hatten wir

nur die Aufgabe, den Widerstand feindlicher Nachhuten und Sicherungen zu brechen, aber vor allem, unseren beiden Nachbarn, der zweiten und vierten Armee, zu operativ bedeutsamen Erfolgen zu verhelfen.
Am 25. August begann die Verfolgung, sie war rein frontal.
Am 27. August führte sie zur Besetzung des Sormonneabschnitts. Die hierbei errungenen taktischen Erfolge waren von nicht zu unterschätzendem Wert. Operativ waren sie wichtiger. Die Auseinandersetzung mit dem Gegner brachte der bedrängten vierten Armee eine wesentliche Entlastung.
Was jedoch schon früher fühlbar war, wurde nun, seit dem 27. August, zu einer wachsenden Sorge. Von beiden Nachbarn mit Ansprüchen bedrängt, sah sich unser Oberkommando vor Entschlüsse gestellt, die der Natur der Sache nach — und diese Natur ist immer kritisch, solange der Krieg nicht entschieden ist — nur von einer Stelle gefaßt werden sollten, die einen Überblick über die Gesamtlage besitzt. Unser Oberkommando ist darauf angewiesen, den Wünschen unserer beiden Nachbararmeen zu entsprechen, ja, sie fast schon zu erraten, damit wir rechtzeitig eingreifen können.« Der Oberstleutnant machte eine Pause; es blieb still in der Offiziersrunde, der Generaloberst nickte ihm zu.
»Um nicht fehlzugehen, rief das Oberkommando der dritten Armee, das ganz gewiß der vierten Armee südostwärts weiterhelfen wollte, die Oberste Heeresleitung an. Das heißt, Herr Generaloberst, wir riefen nicht an, es gibt ja noch immer keine Fernsprechverbindung zwischen uns und Luxemburg, — wir riefen die OHL zum Richter an.
Sie befahl über den Telegraphen, den Vormarsch in südwestlicher Richtung fortzusetzen. Daraus mußte sich ergeben, daß unsere dritte Armee der vierten Armee die bereits erklärte Hilfsbereitschaft aufkündigte, um die von der Obersten Heeresleitung befohlene Marschrichtung einzunehmen.
Am 28. August forderte uns das Oberkommando der vierten Armee zweimal dringend binnen weniger Stunden auf, ihr zu helfen, und das dritte Mal war dann ein Hilferuf, sie habe ihren

linken Flügel zurücknehmen müssen. Um zu verhüten, daß auch der rechte Flügel der vierten Armee hinter die Maas zurückgedrängt würde, wichen wir von der Anweisung der Obersten Heeresleitung ab. Hätten wir eine einheitliche Führung des Stoßflügels, so wäre das nicht geschehen.
Die Ausführung dieser Absicht wurde durch den mehrstündigen Aufenthalt unserer Armee angesichts der am 29. August aus Montcornet und Rethel drohenden Gefahr um einige Stunden aufgeschoben, aber sie entlastete endlich doch die vierte Armee allein durch die von der dritten Armee auf eigenen Entschluß gewählte Vormarschrichtung.
Zu einem entscheidungssuchenden Waffenkampf mit dem Feind kam es jedoch nicht. Wir hatten dem Nachbar in der Gegend östlich Signy-l'Abbaye kräftig geholfen, für uns fiel dabei nichts ab.«
Der Oberstleutnant sah sich in der Runde um, aber keiner wollte etwas sagen. So fuhr er mißmutig fort:
»Es blieb daher unserem Oberkommando nur übrig, den Weitermarsch in der nun wirkungslos gewordenen Richtung einzustellen und südwärts auf Rethel—Attigny vorzugehen, wobei versucht werden sollte, dem vor der vierten Armee zurückweichenden Feind den Weg nach Westen zu verlegen oder ihn wenigstens nach Süden zu drängen. Aus dieser Lage entwickelten sich ernste Kämpfe nördlich des Aisneabschnittes Rethel—Attigny, die mit der Besitzergreifung der Höhen südlich Château-Porcien und Rethel durch unsere 23. Reservedivision und das XII. Armeekorps ihren Abschluß fanden, aber dem XIX. Armeekorps versagten, nordöstlich Attigny—Semuy Boden zu gewinnen. Hier kam das XIX. Armeekorps nicht voran; es hatte Mühe, gegnerische Vorstöße abzuwehren. Dabei mußten wir feststellen, daß am 30. August das unmittelbar benachbarte VIII. A. K. unserem XIX. Korps nicht half, was zweifellos möglich gewesen wäre. Immer haben nur wir anderen zu helfen, uns hilft keiner.«
Generaloberst von Hausen sah, wie der Oberstleutnant zögerte, fortzufahren, und so ermutigte er ihn. Er sagte:

»Uns fehlt die Kavalleriedivision.«
»Jawohl, Herr Generaloberst«, fuhr der Oberstleutnant fort, »als Sachse muß ich es bedauern, daß die sächsische 8. Kavalleriedivision nicht der dritten Armee bei Kriegsbeginn zugewiesen wurde. Man verwendet sie im Heereskavalleriekorps 3, das in Lothringen steht und dort an den französischen Grenzbefestigungen festgefahren ist. Wir kennen alle unsere Kameraden, die leitenden Persönlichkeiten dieser glänzend ausgebildeten Division und deren Anschauungen aus langer Friedensarbeit, wir waren aufeinander eingespielt, und ich meine, unsere sächsische Kavalleriedivision hätte Hervorragendes für die dritte Armee von der Maas bis hierher geleistet. Sollte es jetzt tatsächlich zur Verfolgung des abrückenden Feindes kommen, so braucht die Armee eine Kavalleriedivision, die weit voraus nicht nur aufklären, sondern dem fliehenden Feind kräftig zusetzen könnte. Unser Oberkommando sollte nochmals bei der Obersten Heeresleitung vorstellig werden, um uns diese Kavallerie zu unterstellen.«
Jetzt mischte sich der Chef des Generalstabes, Generalmajor von Hoeppner ein: »Aber Hasse, das verlange ich ja täglich von dort.«
Darauf der Oberstleutnant: »Wir werden uns selbst helfen, Herr General. Stellen wir doch morgen eine Vorausabteilung auf, in der alles, was schneller als die Infanterie vorankommt, vertreten ist.«
Generaloberst von Hausen nickte. »Machen wir das«, sagte er.
Er erhob sich. Die Offiziere sprangen auf, wie immer, und er sagte noch: »Meine Herren, die Crux bleibt, daß unser Stoßflügel keinen Oberbefehlshaber hat. Moltke kann das alles in Luxemburg nicht mehr übersehen. Bülow hätte die Autorität, auf ihn ist ja Kluck schon angewiesen, aber mir gefällt Bülow nicht, er sieht auf uns herab, er ist Preuße. Die Sachsenarmee muß es eben alleine schaffen. Man wirft uns oben schon vor, wir seien zu langsam, die Armee gehe zu schwerfällig vor. Kunststück, wenn man uns dauernd auseinanderreißt, beide Nachbarn ziehen uns zu sich heran, und vor uns weicht der

Feind. Morgen lassen wir uns nicht mehr davon beeindrukken. Wir marschieren stur nach Süden. Gute Nacht, meine Herren.«
Langsam verließ der Generaloberst das Zimmer. Der Himmel über Rethel war noch immer gerötet.
Ihn quälten die ausgesprochenen oder unausgesprochenen, so heftig spürbaren Vorwürfe, er sei zu langsam, seine Armee gehe nicht in dem unglaublichen Tempo vor, das bei der ersten und zweiten Armee selbstverständlich war. Er dachte an den Kronprinzen von Preußen, der mit seiner 5. Armee an der Maas schwere Arbeit geleistet hatte und nun im Argonnerwald mühsam sich vorwärts kämpfte, die Festung Verdun in der Flanke. Von dort warf der Feind immer stärkere Kräfte gegen die Flanke der Kronprinzenarmee. Am 31. August hatte die 5. Armee Varennes gestürmt. Langsam wich der Feind durch den Bergwald der Argonnen südwärts. Der Kaiser wurde beim Kronprinzen erwartet. Das hatte man dem Generalobersten von Hausen am Abend gemeldet.
Wenn der Kaiser zu mir käme, dachte Hausen jetzt, dann würde ich ihm sagen, was endlich einmal gesagt werden muß. Aber er hielt nicht viel vom Kaiser.
Im Gutshaus des Bauern Chopin schlief er schnell ein, aber er schlief schlecht.

Generalmajor Hoeppner hatte den Oberstleutnant Hasse im Zimmer des Pfarrhauses zurückbehalten. Ihm gefiel die offene Sprache Hasses, und jetzt wollte er noch einmal mit ihm durchgehen, wie die Gesamtlage von hier aus, dem Pfarrhaus bei Rethel, zu beurteilen sei.
»Was hat die Oberste Heeresleitung eigentlich in Reserve, wenn es vor Paris hart auf hart kommt?« fragte er Hasse.
»Herr General«, erwiderte der Oberstleutnant, »dann sieht es mulmig aus. Die Festung Maubeuge wird noch vom VII. Reservekorps belagert. Vor den Befestigungen von Antwerpen liegen zwei weitere deutsche Reservekorps fest. Und nach Ostpreußen sind zwei deutsche Armeekorps, vorerst im Fußmarsch,

zu den Bahnstationen in Belgien unterwegs, die wir brauchen könnten. Das ist eine ganze Armee, die uns dann fehlt.«
»Schlieffen«, meinte Hoeppner, »wenn das noch unser Schlieffen ist.«
»Er ist es längst nicht mehr«, sagte der Oberstleutnant.
»Aber gut geht es trotzdem«, erwiderte der Generalmajor.
»Zweifellos, Herr General, und morgen früh bekommt der Stab zum ersten Mal in diesem Feldzug Feldküchenverpflegung. Die Gulaschkanone der zum Hauptquartier befohlenen Kompanie Zeschwitz des Schützenregiments 108 sorgt für uns.«
Hoeppner lachte: »Wir sind doch gar nicht so langsam, wie man uns vorwirft. So schnell gingen wir nach Novy vor, daß unserem Stabsintendanten nicht einmal mehr der Einfall zu einem ordentlichen Abendessen kam.«

Der Oberstleutnant grüßte und ging. Draußen auf der Dorfstraße war nichts von Abkühlung zu bemerken. Der Oberstleutnant wischte sich den Schweiß vom Mützenrand. Es war noch hell von Rethel her.

18. KAPITEL

Rückzug hinter die Seine

Der Rückzug, auf dem sich die Armeen des linken französischen Flügels seit Tagen befanden, dauerte fast zwei Wochen, ehe er zum Stillstand kam. Mißtrauen breitete sich aus, die Verpflegung fehlte. Der Hunger quält die Soldaten, ihre Gehirne werden gelähmt von einer ungeheueren Müdigkeit, die der heiße Spätsommer vergrößert. Das Kavalleriekorps Conneau, das, wie das Kavalleriekorps Sordet, im August 1000 Kilometer reitet, hat ein solches Schlafbedürfnis, daß der Seh- und Gehörsinn abhanden gekommen ist. Man nimmt nichts mehr wahr. Es ist wie ein Traum, der Schreckliches zeigt, das man nicht erkennen will...
Die Kavallerie, deren Stolz stets die korrekte Kleidung war, sieht zerlumpt aus, verschmutzt. Ohne Kragen, ohne Krawatten, den Hals nackt, die Brust offen, die Hemden schwarz von Staub und Schweiß, die Taschentücher zu zerrissenen Lumpen geworden — ein Bild des Jammers.
Die Kavalleriedivision war mit 4000 Pferden ausgeritten, von denen viele hundert auf der Strecke blieben. Die Pferdekadaver bedeckten die Rückzugsstraßen, sie waren nicht zu zählen. Es heißt, viele tausend Pferde seien auf dem Rückzug verloren gegangen. Die Dorfbewohner, die den Schrecken des Durchmarsches ihrer Truppen überstanden hatten — es war ein Schrecken, der zweierlei Verzweiflung in sich barg, die über die Niederlage und jene über die drohende Besetzung durch den Feind —, gingen zuerst daran, die Pferdekadaver zu begraben. So wollte man die Pestilenz abwehren, die sich mit dem süßlichen Geruch der toten Tiere über die Straßen legte.

Das Kavalleriekorps Conneau hatte nur wenige Leute durch Feuer verloren, aber viele durch den Tod der Pferde. Wenn ein Pferd, das ein größeres, besseres Ziel für den Gegner bot als der Reiter, abgeschossen war, verwundet oder tot, dann ließ es der Reiter, wenn er davongekommen war, liegen. Er ging allein, zu Fuß, abgetrieben, herrenlos nach Süden. Die Kanonen des Kavalleriekorps wurden nicht mehr von sechs, sondern nur noch von vier Pferden gezogen, die zu müde zum Trab im Gelände waren. Getrabt wurde nur noch auf Straßen.
Tag und Nacht hält nun schon der Rückzug an. Die Soldaten haben gelbliche Gesichter bekommen, getrübt vom Elend, gefurcht von großen Runzeln, wie der Kanonier Linthier aus dem 4. Armeekorps berichtet, der 200 km in 10 Tagen zu marschieren hatte: »Eines nach dem anderen kommen die Regimenter aus dem Hohlweg und gehen an uns vorbei. Alle hundert Meter halten sie, um ihre Last einen Ruck weiter zu befördern. Manche unter ihnen halten ihr Gewehr in den Ellenbogen, wie einen Balancierstock, damit sie besser marschieren. Die Augen offen zu halten ist eine Qual. Die Glieder sind steif, die Köpfe schwer. Man hat Schmerzen auf den Nieren. Die Köpfe fallen von einer Schulter auf die andere. Die Offiziere schlafen zu Pferd und neigen sich zur Seite, bis sie der Instinkt wieder aufrichtet, um sofort wieder einzuschlafen, sich zur Seite zu neigen. Ach, das ist die Niederlage. Jetzt verfolgt uns der Feind. Niemand hält ihn auf. Für uns ist kein Ersatz eingetroffen. Frankreich steht weit offen. Die Bevölkerung flieht, alte Frauen, junge Mädchen, Mütter mit Säuglingen, mit Haufen von Kindern. Diese Unglücklichen retten, was sie Kostbares besitzen, die Frauen, die Kinder, die Ehre, ein wenig Geld, oft ein Haustier, den Hund, eine Katze, einen Vogel in einem Käfig.«

Viele bleiben im Graben liegen. Die Straßengräben sind gefüllt von Schlafenden, die von Offizieren hochgeschreckt werden und wieder dorthin zurückkehren, wenn der Offizier nicht mehr zu sehen ist.
Dann wieder muß kehrt gemacht werden, um den Feind aufzu-

halten. Man legt sich auf einen Hügel, sieht die feldgrauen Deutschen am Horizont erscheinen, sich entwickeln, auch sie müde, abgerissen, hungrig, wie im Schlaf. Aber sie drängt ein Wille vorwärts, der den Sieg erwartet, der nur noch Stunden oder Tage braucht, um eingebracht zu werden.
Dieser Feind ist nicht aufzuhalten.
Die Schießerei war kurz. Die Unteroffiziere rufen erregt: »Zum Rückzug«, und die Stellung wird geräumt, der Hügel verlassen, ehe die Deutschen heran sind. Doch es ist schwer, so schnell vom Hügel herunterzukommen. Die Infanteristen sind zu müde, um aufzustehen. Sie möchten bleiben, liegenbleiben, einmal nicht mehr marschieren, rückwärts, irgendwohin.
Die Gefangenen, die jetzt von den Deutschen gemacht werden, werden schlafend angetroffen. Gekrümmt liegen sie im Straßengraben, nicht verwundet, nicht gefallen; eingeschlafen auf dem Felde der Ehre, können sie nur noch das.
Die Natur des Menschen läßt sich verleugnen, aber sie setzt sich durch. Mitleid und Siegesgewißheit steigen in den Grenadieren aus Preußen hoch, als sie so ihre Gegner vorfinden.
Auf dem Rückzug, wie auf dem Vormarsch, marschieren die beiden großen Heere in Zweierkolonnen, eine am linken Straßenrand, eine am rechten. In der Mitte ziehen mit den Franzosen die Flüchtlinge auf ihren Karren und Fahrrädern, auf Ochsen und Pferden und zu Fuß. Nicht immer gibt es schattige Chausseebäume. Es ist eine offene Landschaft, durch die sie sich bewegen. Die kühlenden großen Wälder finden sie erst bei Paris wieder. Zwischen den beiden Kolonnen ziehen auch die Wagen mit den Verwundeten und Kranken dahin, und sie sehen, obwohl sie doch einige Bequemlichkeit verschaffen, düster, unheildrohend und entmutigend aus.
Auf dem Rückzug schlägt der Soldat auch einmal die Tür eines Hauses ein, er bricht bei den eigenen Leuten ein, um nach etwas Eßbarem zu suchen, das er nicht immer findet. Die nachfolgenden Deutschen sind überrascht, daß die Franzosen im eigenen Land plündern. Aber was konnte sie davor bewahren, sich nicht immer zum Besten zu benehmen?

Sie hatten es nicht verdient, geschlagen zu werden, in den Rückzug befohlen zu sein. Sie hatten nie geglaubt, daß sich 1870/71 wiederholen würde.
Die Franzosen trafen auch nicht auf große Depots bei ihrem Rückzug, aus denen sie sich verpflegen konnten. Der Krieg schien improvisiert. Denn Rückzüge haben doch den einen Vorteil, daß man sich auf seine Reserven zurückbegibt, hier ein Proviantamt geöffnet findet, dort ein Getränkelager.
Das reiche Frankreich östlich von Paris war leer, und keiner wußte darauf eine Antwort, die überzeugen konnte. Es war leer für seine Soldaten, nicht leer für die Einwohner und die nachrückenden Deutschen. Aber die Kühe, die gerade geschlachtet worden waren, konnte man nicht zu Nahrung machen. Denn es mußte einmal wieder aufgebrochen und zurückgegangen werden. Also war Frankreich doch nicht leer für die Soldaten. Sie waren nur nicht in der Lage, die Ochsen und Schweine, die sie schlachteten, zu verzehren.
Sie hatten keine Zeit.
Joffre erwartete sie irgendwo bei Paris, hinter der Seine, tief schon in Frankreich.
Wußte er, was er mit diesen zurückmarschierenden Soldaten anfangen wollte? Konnte er mit ihnen überhaupt noch etwas unternehmen?
Gerüchte verbreiteten sich. Verraten sollte man sein, alle Kriegspläne dem Feind bekannt, Joffre davongejagt, die Armee-Oberbefehlshaber abgesetzt, Kommissare zur Truppe aus Paris unterwegs, wie einst bei den Revolutionsheeren Ende des 18. Jahrhunderts, um die Stimmung der Truppe zu heben.
Stimmung der Truppe: mit solchen Terminologien gab man sich nicht mehr ab. Die Truppe hatte keine Stimmung mehr. Aber sie war noch da, sie ging zurück, sie blieb in der Hand der Offiziere, auch wenn die Truppe abbröckelte, die Chausseegräben und Waldstücke die Versprengten aufnahmen. Daß es über diesem zurückweichenden Heer noch Frankreich gab, als Idee, für die man seine Ehre einzusetzen hatte, das war nicht mehr auszumachen. Joffre und sein Generalstab konnten darauf hoffen. Er

mußte darauf bauen. Denn zu seinem Plan gehörte dieser Rückzug, der die Deutschen zwang, noch höhere Marschleistungen zu vollbringen, und dabei in eine Wand hineinzulaufen, von der sie abprallen sollten.
Diese Wand mußte aufgebaut werden. Zu ihr sollten die Kompanien gehören, die nur noch 30 oder 40 Mann zählten, nicht mehr zweihundert. Die Wand sollte aus dem tiefen Schlaf bestehen, den die Soldaten suchten, als sie sich zurückzogen, aus dem Hunger, aus dem Schweiß, aus dem Blut, das sie an ihren roten Hosen trugen.
Der Architekt dieser Wand mußte die geschlagenen Divisionen ebenso einbeziehen wie die frischen Korps, die er vom Südflügel heranholte, aus Lothringen, von Verdun und aus dem Hinterland.

Jetzt stand die Wand noch nicht; die Deutschen waren die Wand, die unaufhörlich vorrückte, die zermalmte, was sich hinhaltend kämpfend entgegenstellte, eine feuerspeiende Wand. Der Respekt der Franzosen vor der deutschen Artillerie war groß, vor den Ulanen, die Paris schon zu sehen glaubten, obwohl dies gar nicht möglich war, vor den Husaren, deren Regimenter auftauchten und wieder verschwanden. Vor ihnen war man nicht sicher, wenn man zurückblieb als Versprengter.
Ungewiß war für Joffre, der dies alles mehr ahnte als sah — er sah nur seine zurückkommenden Truppen, wenn er im Kraftwagen zu den Armeen und Armeekorps fuhr —, wohin diese Wand sich bewegte, welche Richtung Kluck, Bülow und Hausen einnehmen würden. Das Straßennetz war gut, es gab viele Möglichkeiten.
Der Stratege mußte sich auf Überraschungen einrichten. Und er sorgte auch vor.
Dabei war er nicht der einzige, der vorsorgte und vorausdachte.
Er hatte einen Konkurrenten, den General Gallieni, der zum Kommandeur des befestigten Platzes, des Lagers von Paris, ernannt worden war.

Keiner wollte dem anderen nachstehen, nur die Temperamente unterschieden sich.

Das Gewitter der Marneschlacht, das sich bald entladen sollte, hatte mit General Gallieni für Frankreich den Blitz, mit General Joffre aber den Donner bereit.

19. KAPITEL

Festung Paris des General Gallieni

Nach Berlin waren vier Wochen zuvor die französischen Soldaten ausgezogen. Dort suchten sie den Krieg. Nun kehrten sie mit ihm in ihre Hauptstadt zurück.
Sie kamen mit wunden Füßen, in abgerissenen Uniformen, aber ihre Waffen trugen sie bei sich. In den Parks schliefen sie wie Tote, und sie wurden begleitet von den Flüchtlingen. Zuerst waren 5000 belgische Flüchtlinge in Paris eingetroffen, die bei den Bahnhöfen lagerten. Dann kamen die Menschen von der Grenze. Sie hatten die Maasufer verlassen, die Ufer der Aisne, zuletzt der Oise und der Somme.
Die Polizei schickte sie weiter, sie strömten über die Boulevards oder sickerten durch die Gassen, sie waren überall, und mit ihnen machten sich nun die Pariser auf. Weltstädte, die von Flüchtlingen überwältigt zu werden drohen, haben immer noch Peripherien, an denen sie die Armseligen abweisen und umleiten können.
Und sie sind groß genug, um in dem einen Stadtviertel dem Frieden noch seine scheinbare Unverletzlichkeit zu lassen, in anderen den Krieg schon als grimmigen Nachbarn oder Hausgast zu beobachten, dem man ausgeliefert ist.
Die ersten deutschen Flugzeuge waren, paarweise, über Paris erschienen, die »Tauben«, wie sie nach ihrer taubenähnlichen Flügelform schnell genannt wurden, und sie hatten Bomben auf die Bahnhöfe geworfen, winzige Sprengkörper, die nur andeuteten, welche Zerstörungen Bombardements aus der Luft einmal anrichten sollten.
Die Pariser Presse hatte sie nicht gemeldet, aber die Pariser hat-

ten sie gesehen und gehört. Um den Eiffelturm hatten sie ihre Kreise gezogen, stetig, als wollten sie diesem Wahrzeichen der Stadt etwas antun. Denn dieser Eiffelturm störte mit seiner starken Anlage für die Verbreitung gefunkter Nachrichten und Telegramme — dem militärischen Sender, der die Verbindungen zwischen den zurückflutenden und, auf dem rechten Flügel, noch widerstehenden Armeen aufrechterhielt — den Funkverkehr der Deutschen. Der Eiffelturm brachte die Funker der Obersten Heeresleitung in Luxemburg zur Verzweiflung, da ihr Sendebetrieb unter den Ausstrahlungen aus Paris schwer litt, und die Funker der anrückenden deutschen Armeen, bei denen der Sender Eiffelturm so oft durchschlug, fanden kein Rezept, um diesen Sender selbst zu stören, der Anordnungen, Befehle und Gedanken der französischen Seite ausstrahlte.
Ins Gehirn des Gegners gewannen die Deutschen keinen Einblick. Die Paiser Funkanlage griff jedoch störend bei ihnen ein, verstümmelte Meldungen nach Luxemburg, die dann wiederholt werden mußten, wodurch Zeit verging, und Zeit wurde jetzt, da die Entscheidungen heranreiften, kostbar.
Für Paris arbeiteten die Funkanlagen in London und Amsterdam, die Agentenmeldungen erhielten, zusammenfaßten, zum Eiffelturm nach Paris weiterreichten. Je schlechter die Nachrichten von den Fronten wurden, desto intensiver kamen die Meldungen der Agenten. Aber die Agenten waren weit im deutschen Hinterland oder in den benachbarten Ländern. Die auf Paris vorrückenden Armeen mußten von den Flugzeugen aufgesucht und aufgeklärt werden, und dies war die Aufgabe der frühen Morgenstunden des ersten Morgenlichtes. In den Hauptquartieren wurden die Meldungen der kleinen, so gebrechlichen Flugzeuge morgens fieberhaft erwartet. Und wenn sie sich verzögerten, geriet die Denkmaschine der Überlegungen ins Stokken. Man hatte sich an diese Nachrichten aus der Luft gewöhnt.
Nachts wurde Paris verdunkelt, da man die Zeppeline fürchtete, die über London erschienen waren. Die Stadt versank an den warmen Sommerabenden in eine trübe Schläfrigkeit, in der noch kein Radio oder Fernsehen aufmunterten, in der sich die Ge-

rüchte nur weitererzählen ließen, die guten und die bösen, und in der die Kinder nach den Vätern fragten, die nach Berlin ausmarschiert waren, die Mütter nach den Kindern, die ihnen näher waren.

Die Presse berichtete fast feuilletonistisch über die Kriegsereignisse im eigenen Land. »Der Feind hat keine Geschütze genommen als solche, deren Pferde getötet oder die demoliert waren.« Weshalb waren die Geschütze demoliert, wer tötete die Pferde? Die Pariser konnten sich ihre Köpfe zerbrechen, wenn sie noch Zeitungen lasen. In Kriegszeiten wird der Journalismus zum Kreuzworträtsel.

Greuelmeldungen über abgehackte Kinderhände kamen über London aus Belgien, und sie sollten sich festsetzen in den Köpfen der Menschen. Niemand hatte Kinderhände abgehackt, aber diese Erfindung einer Greuelnachricht wurde geglaubt, weil sie das Ungeheuer Krieg, das sie doch alle miteinander aufgebaut hatten, begreifbar machten.

Kinderhände konnte man anfassen, abgehackte Kinderhände waren Kinderhände im Krieg, und diese scheußliche Erfindung entsprach dem Krieg genau; ein anderer Krieg war es, der gegen Paris vorstieß.

André Malraux erinnerte sich in seinem Roman »Der Königsweg« Jahrzehnte später so: »Claude mußte an seinen Vater denken, der, wenige Stunden, bevor er sich als Freiwilliger mit großem Mut an der Marne töten ließ, geschrieben hatte: ›Jetzt, lieber Freund, mobilisiert man die Menschenrechte, die Zivilisation und die abgeschnittenen Hände der Kinder. Ich habe im Laufe meiner Jahre zwei oder drei Orgien des Schwachsinns miterlebt: die Dreyfus-Affäre war schon nicht übel, aber was sich jetzt begibt, geht über frühere Experimente hinaus.‹ Solche Auffassung ... erhitzt den Mut, der zur Rolle gehört ...«

Der theatralische Effekt, den Kriege hervorbringen, mußte erst noch eingeübt werden. Es waren die Bedingungen gegeben, aber die Glanzlichter, die aus ihnen entsprangen, bedurften der Erfinder und Erläuterer.

Die Bahnlinien nach Calais und Bordeaux waren unterbrochen; Züge konnten nur noch gegen Dieppe ausfahren. In Mietwagen, für die phantastische Preise gezahlt wurden, konnte man schnell Paris verlassen. Man ging auch zu Fuß auf der Straße Richtung Tours.
Die Vorstellung, daß Paris zuerst beschossen, dann erstürmt und erobert werden könnte, verletzte den Stolz der Pariser. Viele wollten das nicht sehen, sie fuhren oder liefen davon. Auch die Regierung fuhr davon, nach Bordeaux. Am 2. September war General Gallieni, der Kommandant des befestigten Platzes, des verschanzten Lagers von Paris, Alleinherrscher in der Stadt. Daß er gleichzeitig General Joffre unterstellt wurde, während man ihm die Armee Maunoury unterstellte, gefiel ihm nicht. Diese sammelte sich in und bei Paris, bestehend aus den Resten von Korps und Brigaden, die den Rückzug hinter sich hatten, und neuen Divisionen und Korps, die mit der Eisenbahn vom rechten Flügel antransportiert wurden — Hoffnungen, auf die sich Maunoury und Gallieni stützen konnten. Joffre war auf Madagaskar sein Untergebener gewesen, nun mußte er sich, der Dienstältere, Joffre beugen. Daraus sollten Konflikte entstehen, die bis in die fünfziger Jahre sich ausdehnten, als beide längst tot waren.
Was war Paris in jenen Tagen? Über 800 000 Menschen hatte es verloren. Die Fremden hatten die Stadt zuerst verlassen, »als in Europa die Lichter ausgingen«, das große Wort, das ein Ende des alten Zeitalters von nun an beschreiben sollte, und es auch unersetzbar beschrieb. Paris war eine Fremdenstadt gewesen, das gehörte nun in die Vergangenheit. Dann hatten sich die eingezogenen Soldaten davongemacht, später die Flüchtlinge, zuletzt die Regierung.
Die Diplomaten begleiteten sie. Das befestigte Lager blieb in den Händen des Generals zurück. Aber dieses war eine Fiktion. Nur im Osten befanden sich einige alte Festungsanlagen, die Gallieni schleunigst wiederherstellen ließ. Er mußte sie entrümpeln, von den Segnungen der Zivilisation befreien, die über sie in den langen Friedensjahren gekommen waren. Er mußte den

Luxus wegsprengen, der sich zwischen ihnen angesiedelt hatte. Pioniere wurden gebraucht, um Häuser und Brücken niederzulegen, und aus den Häusern kamen neue Flüchtlinge, die nach Paris hineindrängten. Am 2. September gab es keine Verteidigungsanlagen im Westen, Norden oder gar Süden von Paris, nur im Osten deuteten sie sich an. Käme Klucks 1. Armee vom Westen nach Paris, wie es geplant zu sein schien, dann fände nur ein Einmarsch statt.

Die Evakuierung der Stadt war keine Privatsache. Gallieni hatte sie angeordnet. Er war entschlossen, Paris zu verteidigen. Er wußte noch nicht, mit welchen Truppen dies geschehen würde. Aber für den alten General mit dem weißen Schnurrbart, der unaufhörlich im Kraftwagen von Stab zu Stab fuhr, um seinen Willen durchzusetzen, gab es nur diese Aufgabe. Er war für sie bestimmt, obwohl er lieber Generalissimus geworden wäre.

Doch Generale haben ihr Fatum. Das Schicksal Gallienis hieß Paris. »Ce mandat, je remplirai au bout«, hatte er sich selbst befohlen, als er seinen berühmten Befehl über die Verteidigung von Paris anschlagen ließ.

Die Magazine wurden geschlossen, die Straßen leerten sich. Regimenter marschierten durch die Stadt an die Front, die es noch nicht wieder gab.

Als 1941 die Deutschen vor Moskau standen, marschierten die Soldaten der Roten Armee vom Roten Platz an die Front. Als 1945 Berlin umzingelt war, gab es keine letzte Parade der großdeutschen Armee. Die Bitterkeit der Niederlage erlaubte sie nicht.

Anfang September 1914 war von einer Bitterkeit der Niederlage in Paris nichts zu spüren. Es herrschte Erbitterung über verlorene Schlachten, in Feindeshand gefallene Landstriche. Erbitterung ist etwas anderes als Bitterkeit. Sie läßt an eine Zukunft denken, die es für die Berliner 1945 nicht mehr zu geben schien.

Die Pariser hatten noch eine Zukunft, obwohl ihnen die Einkreisung drohte.

Der Krieg hatte für sie noch eine Seele. Für die Berliner war der Krieg, den sie 1945 in ihrer Stadt hatten, ohne Seele.
Der Absturz war voraussehbar gewesen. Die Pariser konnten gar nicht voraussehen, was ihnen wenige Wochen nach Kriegsbeginn drohen würde.
Dennoch hatte für die wenigen ausländischen Kriegsberichterstatter, die von den Schlachtfeldern in die Hauptstadt vertrieben wurden, der Anblick dieses Paris-Bildes etwas Erschütterndes.
Barrikaden aus Sandsäcken und Steinen, dahinter vor Müdigkeit halbtote oder betrunkene Soldaten, hinter ihnen ein Häusermeer, das auf die Zermürbung durch die Krupp-Kanonen und die schwere österreichische Artillerie zu warten schien, die sich ihm näherte.
Paris war nicht zur freien Stadt ausgerufen worden, wie es im folgenden Weltkriege geschah.
Paris war das verschanzte Lager, Fiktion und Realität zugleich.
Gallieni war überzeugt, daß er dieses Lager halten und mit ihm dem Krieg eine Wendung geben könnte.

20. KAPITEL

Irrungen und Wirrungen um Reims

Während am Morgen des 3. September die drei deutschen Zangenarmeen ihren Vormarsch beschleunigten, den weichenden Franzosen und Engländern auf der Spur, stellten die beiden sächsischen Leutnants von Dallwig und von Beaulieu in ihrem Eindecker über Reims fest, daß die französische Königsstadt von Truppen geräumt sei. Doch sie hatten kleine Bomben an Bord, im Gewicht von zehn Kilo das Stück, die sie abwarfen. Dadurch erhielt das Haus in der Rue Hingemar Nr. 6, das durch eine Bombe beschädigt wurde, die Ehre der Feuertaufe für die ganze Stadt Reims, wie die Stadtgeschichte von Reims später bemerken sollte.

Befreit von den Bomben, setzte der deutsche Eindecker seinen Aufklärungsflug fort, jedoch nicht mehr lange. Denn in der Gegend von Romigny schoß ihn französische Infanterie ab, wobei von Beaulieu sofort getötet wurde, von Dallwig seinen Verletzungen gegen Abend erlag. Beide wurden, ohne Formalitäten, auf dem Friedhof von Romigny beerdigt. Der Bürgermeister von Reims, Langlet, der im Stadthaus zurückgeblieben war, erwartete nun die Deutschen, und das Haus Pommery, dessen Champagnervorräte nicht evakuiert werden konnten, ließ 15 000 Franc in Gold am Fuße der Mühle von Housse vergraben, damit die Angehörigen des Hauses, die unter deutsche Okkupation fallen würden, versorgt werden könnten. Andere Reimser Bürger vergruben ihre Preziosen in den unterirdischen Champagnergängen, von denen die Stadt durchzogen war, und einige stellten Wasser in Fässern bereit, falls sie noch einmal bombardiert würden.

Städte, die in die Hand des Feindes fallen müssen, werden für die Einwohner, die in ihnen zurückbleiben, zu etwas erschreckend Fremdem. Die Unruhe verleiht den Menschen etwas Ätherisches, sie scheinen zwischen Himmel und Erde zu schweben, und das Leben drängt nicht mehr voran, es erstarrt; es kommt dann zu merkwürdigen Begebenheiten, die später in die Legende eingehen.
Die Krönungskathedrale schwieg voller verletzten Stolzes an diesem 3. September in der Mittagsglut. Das Standbild der Jeanne d'Arc schien in ihr zu schmelzen. Wer würde sie als erster in die Hand bekommen, ihr die Weihe nehmen, sie einordnen in das militärische Erfordernis des Tages, den trappelnden Hufen der Husaren aussetzen, den rollenden Karren der Bagage, den zusammengesetzten Gewehrpyramiden der Infanteristen aus dem Deutschen Reich?
Niemand hatte sich im Großen Hauptquartier Gedanken über die Eroberung von Reims gemacht. Zwischen der 2. und 3. Armee war keine Absprache vorhanden, die Stadt zu nehmen, und Moltke hatte in keinem seiner merkwürdig kargen Befehle Reims erwähnt, niemandem zugeteilt.
Bülows Preußenarmee und Hausens Sachsenarmee hatten die Stadt zwischen sich, sie konnten sie streifen, sie durften sie auslassen, ihr Ziel lag im Südwesten und Süden. Es war keine Zeit für eine Stadt vorgesehen, die vom Feinde frei schien.
Aber Kriegsruhm war dennoch zu ernten. Die Meldung von der Aufforderung zur Übergabe von Reims wurde benötigt, und beide Armeeführer, Bülow und Hausen hatten den Ehrgeiz, dem Kaiser die Einnahme der Stadt melden zu können.
Die Rivalität zwischen Bülow und Hausen ließ keine Benachrichtigung untereinander zu. Jeder wollte auf eigene Faust, im Handstreich oder durch Parlamentäre, zum Ziel kommen, und Bülow, der bis Kriegsausbruch Armee-Inspekteur gewesen war, sah mit Geringschätzung herab auf seinen sächsischen Partner, mit dem er doch die Franzosen schlagen sollte. Bülow beauftragte am 2. September den General von Plettenberg, der das Gardekorps kommandierte und Feldadjutant des Kaisers war,

Reims einzunehmen. Dieser wählte für die Mission den Rittmeister von Arnim aus, Freund des Kaisers und des Kronprinzen. Denn die Ehre, Reims zur Übergabe aufzufordern, sollte einem Gardeoffizier des Kaisers zukommen. Dieser wählte für die Fahrt nach Reims einen Mercedes-Benz aus, den Leutnant Scholvinck steuerte, dazu den Rittmeister von Kummer und einen Trompeterunteroffizier Clewing, der in Friedenszeiten am Potsdamer Hof aufzuspielen hatte.
Am späten Nachmittag des 2. September geriet dieser Parlamentärswagen der Preußischen Garde auf der Straße Berry-au-Bac nach La Neuvillette in die Hände einer Patrouille des 13. Französischen Husarenregiments, die ihn nach Neuvillette brachte, wo die Insassen zu Gefangenen erklärt wurden.
Entwaffnet, mit verbundenen Augen mußten sie sich einige Mißhandlungen gefallen lassen, die von Arnim mit dem Hinweis quittierte, das mache nichts, schließlich sei ja Krieg. Aber diese feudale Fahrt gegen Reims im Parlamentär-Mercedes des preußischen Gardekorps war überhastet angetreten worden — den Preußen fehlte die Legitimation.
Nur ein sehr bescheidenes Stück Papier führte von Arnim mit sich, in dem der Gouverneur von Reims aufgefordert wurde, Stadt, Garnison und Befestigung bis zum 3. September morgens sechs Uhr zu übergeben, um Reims vor einem Bombardement zu schützen, das bei Nichtbefolgung der Aufforderung eintreten müßte.
Die französischen Offiziere, die dieses Blatt Papier lasen, waren verwundert. Reims hatten sie gerade aufgegeben. Wie konnten sie Reims dem Gardekorps übergeben?
Man kann, besonders im Kriege, nichts herausrücken, was man nicht besitzt, und es wäre töricht gewesen, den Preußen zu verraten, daß man Reims gar nicht mehr halte, daß die Stadt zur offenen Stadt erklärt wurde, wovon die Preußen schon erfahren würden, wenn sie in die Stadt kämen. Aber beschleunigen wollte man die Übergabe auch nicht. Die Preußen sollten selbst sehen.
Hinzu kam noch, daß General Foch das Armeekorps kommandierte, das sich gegen die Marne zurückzog, und Foch entschied

eiskalt, die Herren vom Gardekorps hätten erst einmal von der Bildfläche zu verschwinden.
So geschah es. Der Rittmeister mit seiner Begleitung wurde ins Hinterland gebracht, entwaffnet, mit verbundenen Augen über Nacht in einem Hause verwahrt und dabei auch rasch vergessen. Denn der französische Rückzug ging vor. Was sollte man mit den Herren aus Preußen; gerufen hatte man sie nicht.
Dennoch erhielt Reims am Abend des 3. September deutschen Besuch. Er kam aus Sachsen, nicht aus Preußen. Aber Generaloberst von Hausen war von Generaloberst von Bülow nicht über die Parlamentäre vor Reims unterrichtet worden — er wußte nur durch seinen Stab, daß ein Funkspruch der 2. Armee an die Oberste Heeresleitung vom 3. September frühmorgens abgegangen sei, dessen Schlußsatz lautete: »Fortnahme von Reims eingeleitet.« Man hörte solche Funksprüche gegenseitig ab, um zu erfahren, was der Nachbar der Obersten Heeresleitung zu sagen habe oder verschwiege. Hausen beschloß am Nachmittag des 3. September einen Handstreich gegen die Befestigung von Reims, wofür er dreihundert Husaren der Dresdner 23. Reservedivision einteilte, die leere Forts antrafen und ihm durch Meldereiter mitteilten, daß die Forts gefallen seien.
Die Meldung enthielt jedoch keinen Hinweis auf den Leutnant von Humbracht, dem die Wegnahme oder Übernahme der Forts nicht genügte. Humbracht ritt, begleitet von drei Offizieren und neun Husaren seines Regiments nach Reims hinein und erreichte das Stadthaus gegen halb neun Uhr abends. Einige Bewohner der Stadt, darunter zwei Polizeiagenten, denen sie unterwegs begegneten, hatten sie für Franzosen gehalten. Die Nacht fiel herein, glutrote Sonne war hinter der Aisne versunken.
Mit gezogener Pistole betrat Leutnant von Humbracht das Stadthaus, wo ihn Monsieur Bataille, Mitglied des Stadtrats, mit den Worten empfing: »Treten Sie ein, aber bitte ohne dieses Dings da in der Hand«, womit er die Pistole meinte, die Humbracht wegsteckte, während er antwortete: »Ich hoffe sehr, daß man mich hier herein läßt.«
Im Stadthaus teilte der sächsische Husarenleutnant mit, daß eine

Stunde nach Mitternacht zwanzigtausend Infanteristen und dreitausend Reiter der sächsischen Armee eintreffen würden, verlangte im gleichen Atemzug ein Diner, natürlich mit Champagner, aber auch Mineralwasser, was er mit seinen Herren auch sofort erhielt. Dann, nach dem Champagner-Diner, das Humbracht zweifellos verdient hatte, wurden Wachen eingeteilt und die Offiziere fielen in einen tiefen Schlaf.
Generaloberst von Hausen, der von diesem Handstreich seiner Husaren noch nichts wissen konnte, ließ nach Mitternacht an die Oberste Heeresleitung funken, die Forts von Reims seien in seinem Besitz.
Er unterließ es, seinen Nachbarn von Bülow zu unterrichten, und legte sich schlafen.
Der Schlaf ist im Kriege wie der Tod, der große Gleichmacher, er befällt Freund und Feind, gegen ihn kann man sich nur schlecht wehren, und der Champagnerschlaf im Stadthaus von Reims war den vielen Champagnerschläfen gleich, die in dieser warmen Septembernacht die Menschen miteinander teilten.
Von den Träumen, die zum Schlaf gehören, erfährt man aus den Kriegen nichts, nur später, wenn die Kriege vorüber sind, wird darüber erzählt ...

Nicht kurz nach Mitternacht, sondern erst in der Morgendämmerung, vier Uhr, traf eine kleine Abteilung der Sachsen-Armee in Reims ein und meldete sich im Stadthaus bei den schlafenden Husarenoffizieren. Es folgten Bagagewagen, Rotkreuzfahrzeuge. Quartiermeister begannen, sich in der Stadt umzusehen. Die Etappe zog ein.
Die Einwohner von Reims blieben friedlich, sie waren nicht erobert, nur besetzt mit ihrer Stadt. Kein Schuß war gefallen. Die Fliegerbomben des Eindeckers vom Vortag hatten niemanden verletzt. Man war in der Hand des Feindes, aber dieser Feind war verträglich, für ihn war die Stadt nun Hinterland.
Der Himmel war bisher gnädig gewesen. Doch aus diesem Himmel fielen an diesem Vormittag des 4. September 1914 Geschosse. Sie trafen die Innenstadt, Menschen und Hunde, sie

rissen im Theater den Lüster von der Decke und gruben sich in das Parkett ein, sie trafen Zeitungsredaktionen, die verwaist waren, sie explodierten neben Jeanne d'Arcs Standbild und beschädigten die Fassade der Kathedrale. Ein Mann stand auf der Treppe zur großen Orgel, der Einschlag dröhnte in seinen Ohren. Die Kathedrale schien zu wanken, die Orgel aufzuschreien, wie der Mann später erzählte. Am romanischen Turm der Kirche Saint-Rémi blieben die Uhrzeiger 10 Uhr 05 stehen, und die Beschießung dauerte 45 Minuten, von der die Franzosen annahmen, es sei ihre Artillerie, die nun spreche, gegen den Feind, der in die Stadt gekommen war. Und auch die Sachsen, die unter Beschuß gerieten, duckten sich. Sie hatten erwartet, daß der Feind Reims nicht ungeschoren lasse, man war im Krieg. In der Rue Saint-Sixte starb eine Mutter mit ihren beiden Kindern. Der Priester an der Kathedrale, Landrieux, sprach die Sterbegebete.

Bis es endlich einem Mann in der Gegend des Stadthauses einfiel, die heißen Granatsplitter zu betrachten, sie mit Wasser zu löschen, um festzustellen, daß sie von der deutschen Seite kamen, aus dem Himmel einer anderen Armee als derjenigen, von der Reims besetzt worden war, und er lief mit dem abgekühlten Granatsplitter zum Stadthaus, um diesen Beweis dem Bürgermeister, Herrn Langlet, vorzulegen. »Vous-êtes fou«, »Sie sind toll!«, rief er den sächsischen Offizieren zu, die mit dem Bürgermeister die Lage besprachen, und ein sächsischer Offizier antwortete: »Dieses schreckliche Mißverständnis.«

Und sie ordneten an, drei weiße Fahnen sofort zu hissen, auf der Kathedrale und auf dem Stadthaus. Aber weiße Fahnen besaß die Stadt seit 1830 nicht mehr, man mußte improvisieren. So nahmen der Bürgermeister und ein sächsischer Offizier die weißen Leinentücher, auf denen die Husarenoffiziere im Stadthaus genächtigt hatten, und einige mutige Männer hißten sie auf der Kathedrale und auf dem Stadthaus.

Dort erkannte sie ein Aufklärungsflugzeug der Sachsen-Armee, das während der Beschießung über der Stadt gekreist war, und es flog sofort davon, um dem Generalobersten von Hausen die

Beschießung und die Hissung von weißen Fahnen in der von den Sachsen längst eingenommenen Stadt zu melden. Hausen hielt den Bericht der Fliegeroffiziere für ebenso toll, wie der Bürgermeister in Reims, der die Aufschriften auf dem Granatsplitter entdeckt hatte, die Deutschen »toll« genannt hatte. Aber Tollheiten gehören zu Kriegen, und General von Suckow, der sich in der beschossenen Stadt befand, mußte in kurzer Zeit die Lage klären.
Er erfuhr, daß Generaloberst von Bülow Parlamentäre am Vortage nach Reims entsandt hatte, die nicht zurückgekehrt waren. So hatte Bülow als Repressalie am Morgen des 4. September die Beschießung von Reims angeordnet, ohne seinen Nachbarn von Hausen zu verständigen, und die Geschosse waren aus einem kleinen Wald zwischen Ormes und Les Mesneux, an der Straße nach Dormans, gekommen, von vier Artilleriebatterien des Gardekorps, die dort mit einer Pionierkompanie und zwei Bataillonen des 2. Gardegrenadier-Regiments »Kaiser Franz Joseph« stationiert waren.

»Welcher Lärm wäre wohl entstanden«, schrieb von Hausen 1918, »wenn die Rollen vertauscht, sächsische Artillerie auf das von Gardetruppen besetzte Reims gefeuert hätte«, und im Augenblick blieb ihm doch nichts anderes übrig, als auf eine Erklärung der preußischen Garde, seines Nachbarn von Bülow zu warten, auf eine Entschuldigung.

Aber diese Entschuldigung kam nie. Die neue Schlacht, in die sie zogen, würde sie auch nicht zulassen. Man war mit sich selbst, mit seiner eigenen Armee zu sehr beschäftigt, um Entschuldigungen abzugeben und anzunehmen. Die Rivalität zwischen den Preußen und Sachsen, die persönlichen Differenzen zwischen den deutschen Armeeführern im Norden Frankreichs, verhärteten sich, sie wurden mitentscheidend für den Ausgang der Schlacht, die noch gar nicht begonnen hatte.
Am 5. September erschien der vierte Sohn des Kaisers, Prinz August-Wilhelm, begleitet von Herzog Friedrich von Mecklen-

burg, im Hotel zum Goldenen Löwen zu Reims, belegte die erste Etage, verbot den Fußgängerverkehr vor dem Hotel und verlangte Rechenschaft vom Bürgermeister über das Verschwinden der Parlamentäre des Gardekorps.
Da dieser aber nicht wissen konnte, daß General Foch die preußischen Parlamentäre schon nach Orléans als Gefangene weiterbefördert hatte, und den Bürgern von Reims alles rätselhaft bleiben mußte, da sie doch nur die sächsischen Husaren empfangen, aber nicht die preußischen Parlamentäre gesehen hatten, mußten sie es hinnehmen, daß der Stadt eine Kontribution auferlegt wurde vom Stabschef der Armee Bülow über 50 Millionen Francs, und eine Erhöhung auf 100 Millionen Francs, falls die Parlamentäre nicht innerhalb von 48 Stunden zurückkehrten.
Hierbei, so erfuhr der sächsische General von Suckow, der in der Stadt kommandierte, setze die zweite Armee das Einverständnis Generaloberst von Hausens voraus, daß die Kontribution zwischen 2. und 3. Armee geteilt würde. Hausen lehnte es ab, etwas damit zu tun zu haben, solange die 2. Armee nicht geklärt habe, ob ein Verschulden der Stadt für das Verschwinden der Parlamentäre vorliege.
Um dies aufzuklären, entsandte der Bürgermeister eine Delegation von Bürgern, die mit einem Kraftwagen die feindlichen Linien passieren sollten, um den Parlamentären nachzureisen und sie nach Reims zurückzubringen. So wollte Prinz August-Wilhelm von Preußen Reims erst verlassen, wenn er seine Freunde wiedersähe.
Doch das Fahrzeug wurde von anderen deutschen Truppen beschlagnahmt. Die Bürger von Reims gerieten in deutsche Gefangenschaft, aus der sie erst im November 1914 über die Schweiz nach Frankreich zurückkehrten, in die Stadt Reims, die dann nicht mehr in deutscher Hand war.
Das Auto blieb bei den Deutschen. Die Stadt Reims zahlte an den Besitzer, einen Herrn Blondeau, 9000 Francs, die 1923 als Reparationszahlung des Deutschen Reiches wieder zurückflossen.

Bis dahin würde der Krieg noch Reims verwüsten, auch die Kathedrale und die anderen Kirchen der Stadt, und sie würde von den Franzosen den Namen »Ville des Sacres«, »Stadt der Opfer« erhalten.

Aber dies zu wissen, war denen noch nicht bestimmt, die Reims zur Übergabe aufforderten, den Preußen und den Sachsen, die dabei die glücklichere Hand hatten.

Zu knien in der Kathedrale von Reims war anderen bestimmt, einem französischen General und einem deutschen Kanzler. Aber welche Mißverständnisse würden dann hinter allen zurückbleiben, von denen der Generaloberst von Hausen nichts ahnen konnte, als er die Episode von Reims über der Schlacht an der Marne vergaß. Ihr näherte er sich am 5. September über die Katalaunischen Felder.

21. KAPITEL

Erstes Unwohlsein im Stab der Sachsenarmee

Das Oberkommando der dritten Armee, der Sachsenarmee, hatte die Nacht zum 3. September im Schloß des Grafen Chabrillan am mehrfach überbrückten Aisne-Kanal in Thugny verbracht, einem alten Bauwerk mit Türmen, Zinnen, vorspringenden Ekern, von einem gefüllten Wallgraben umgeben. Dichtes Buchengehölz berührte auf drei Seiten das Schloß, die vierte Stelle wurde vom Kanal eingenommen. Nach der erbärmlichen Unterkunft in Novy bot dieses jahrhundertealte Schloß endlich wieder einen komfortablen Platz für die Geschäfte des Oberkommandos, aber es mußten erst Räumungsarbeiten vorgenommen werden; das Schloß hatte bisher als französisches Lazarett gedient.

Generaloberst von Hausen wunderte sich, daß die Räume vor Schmutz starrten. Er meinte zu seiner Begleitung, die französische Lazarettverwaltung sei wohl kaum in Ordnung gewesen, sächsische Lazarette sähen sauberer aus.

Der Verpflegungsoffizier des AOK 3 hatte sich nicht um das Essen zu sorgen, es war in reichem Maße vorhanden. Die von den Franzosen hinterlassenen Magazine waren gut sortiert. Frischfleisch ließ er aus dem Dorf holen. Das Schloß verfügte über einen Sektkeller.

Immer gibt es in Stäben junge Offiziere, die jede Gelegenheit auch in Kriegszeiten nutzen, um auf die Jagd zu gehen. Im Park von Thugny brachten sie einige Fasanen zur Strecke. Die französische Küche war also reichlich und gut bestellt.

Der Feind wich nach Süden zurück. Der Krieg zeigte sich, trotz dieses immerblauen Himmels mit seiner sengenden Sonne, von

seiner besten Seite, und wäre nicht der schlimme Geruch nach Lazarett gewesen, dann hätte der Übermut, der den Stab befallen wollte — mit Jagdszenen im Park, breiten Betten, in denen man endlich wieder schlafen konnte, den Sektvorräten im Keller und der sächsischen Gemütlichkeit abends schon die Vorfreude auf den endlichen Sieg bedeuten können.
Der Generaloberst hatte eine gute Nacht verbracht. Das Wohnzimmer der Gräfin Chabrillan, das ihm zugewiesen war, besaß eine komfortable Couch. Zahlreiche Amateurphotographien, die an den Wänden hingen, machten ihn beim Aufwachen bekannt mit den gesellschaftlichen Ereignissen, die auf dem Schlosse stattgefunden hatten. Er bemerkte Bilder von Theateraufführungen, die von Dilettanten aufgeführt, öfter hier zu sehen waren. Die Gräfin, eine geborene Gräfin Lévis-Mirepoix, hatte die erste Rolle gespielt. Sie mußte auf ihr zweites Schloß in den Côtes d'or abgereist sein; ihre Visitenkarte, die sie hinterlassen hatte, ließ das vermuten.
Im Speisesaal frühstückte von Hausen von Silbergerät, als ihm die ersten Fliegermeldungen vorgelegt wurden. Sie waren erfreulich. Vor der Front seiner beiden Armeekorps, dem XII. und XIX., ging der Feind zurück. Er hielt Châlons zwar noch besetzt, aber erhebliche Kräfte wurden auf dem südlichen Marneufer von Châlons nach Westen verschoben. Es herrschte reger Eisenbahnverkehr nach Süden und Westen.
Hausen befahl, daß »Fliegende Abteilungen« gebildet werden sollten, die den Feind zu verfolgen hätten, während er beabsichtigte, seine Divisionen gegen die Marne zu schicken, um dort Brückenköpfe zu bilden. Die Vormarschrichtung hieß Süden, und das Ziel, das in der Ferne lockte, war die Stadt Troyes im tiefen Süden von Paris.
Die Gemütlichkeit des Sommermorgens wurde jäh unterbrochen, als der preußische Kriegsminister, General von Falkenhayn, im Schloßhof vorfuhr.
Es war der erste Besuch aus dem Hauptquartier der Obersten Heeresleitung, den Hausen empfing, und er fühlte sich gestört in seiner optimistischen Morgenstimmung. Falkenhayn war sein

Kollege aus der Zeit, da er noch sächsischer Kriegsminister war. Beide unterhielten ein etwas gespanntes, aber dennoch kollegiales Verhältnis. Jetzt kam Falkenhayn, um bei ihm nach dem Rechten zu sehen, und das mißfiel Hausen.

Seine Frage nach dem Befinden des Kaisers, die er höflich zu Beginn der Unterredung stellte, wurde positiv von Falkenhayn beantwortet, wobei dieser hinzufügte, daß Seine Majestät zuversichtlich in die Zukunft blicke, aber doch die Lage insgesamt sehr ernst auffasse und der Schwere seiner Verantwortung sich bewußt sei.

Auf die Bitte, dies näher zu erläutern, meinte Falkenhayn, der Sieg über die Engländer, den Kluck und Bülow erfochten hätten, sei wohl unbestritten richtig, also ein wirklicher Sieg, fraglich sei hingegen, ob er wirklich die Tragweite besitze, die er auf die Nachricht aus dem großen Hauptquartier hin allgemein genieße.

Hier erschrak Hausen nicht, er nickte nur zustimmend und sagte, es sei nicht gut bestellt mit manchen Siegesmeldungen, die er durch das Abhören der deutschen Armeefunkstationen so nebenbei erhalte. Man orientiere sich nicht gegenseitig, der Ehrgeiz der lieben Kameraden, die er alle sehr schätze, sei doch wohl etwas egozentrisch, und dadurch würde viel unnützes Zeug getan, das die Truppe mit Hin- und Hermärschen zu bezahlen habe, und das in dieser Sommerglut.

Vor allem sein rechter Nachbar Bülow mache ihm Kummer. Die beiden Herren verstanden sich nun schneller, als es eigentlich voraussehbar gewesen wäre bei einer derartigen Visite, und vielleicht war es auch die Anwesenheit Falkenhayns in der Champagne, die dazu beitrug, dem Gespräch jede Schärfe zu nehmen. Falkenhayn verhehlte nicht, daß in der Nordsee drei Kreuzer verloren gegangen seien, was Seine Majestät bestürzt habe. Seine Majestät liebe doch die Flotte, die sein Werk sei, ganz besonders. Drei Zeppeline seien zudem über London abgeschossen worden.

»Der Krieg«, sagte Falkenhayn, »hat uns hier im Westen noch keine Einkesselung eingebracht. Der Krieg läuft uns zur Zeit davon, wir tappen im Dunkeln, wer weiß, was Joffre tun wird.«

Er verwies auf die geringen Gefangenenzahlen im Westen, auf die hohen Ausfälle an Marschkranken, auf die immer länger sich ausdehnenden Nachschubwege. Er wisse das einzuordnen in das Feindbild. Manche Herren könnten das immer noch nicht. Eingenommene Städte seien keine Beweise für einen Sieg über die feindlichen Armeen. Besonderen Kummer mache Seiner Majestät die Armee des deutschen Kronprinzen, die nur schwer in den Argonnen vorankomme, wodurch auch das Vordringen der württembergischen 4. Armee behindert werde, die Rücksicht auf ihren linken Flügel zu nehmen habe.
Über Moltke sagte er kein Wort. Hausen kannte die starke Rivalität zwischen beiden Offizieren, die in Friedenszeiten durch den Kaiser für erwünscht gehalten wurde, um zwei sehr unterschiedliche Temperamente in seiner nächsten Umgebung zu haben. Jetzt mußte Falkenhayn schweigen, Moltke hatte das Wort. Sollte aber Moltke versagen, dann hatte Falkenhayn das Chefamt zu übernehmen; er wußte schon jetzt, was zu tun sei.
Er war der Mann des Kalküls, ein Mathematiker, während Moltke ein empfindsamer General war, der nie richtig eine Truppe längere Zeit geführt hatte. Ein Adjutanten-General, wie er oft dachte, es aber nicht laut sagte. Lange genug war Moltke Adjutant des Kaisers gewesen. Dem Gast und dem großen Hauptquartier hatte Hausen zu berichten, wie der Zustand seiner Armee war, und dies geschah, nun in Anwesenheit der Generale von Hoeppner und Leuthold, sehr eindringlich. Den Chef des Generalstabs der 3. Armee und seinen Oberquartiermeister hatte Unwohlsein befallen, das sie dem Generalobersten noch verbargen, aber es rumorte in ihren Därmen, sie mußten öfter das Zimmer verlassen.
Beide schoben, unabhängig voneinander, dieses Unwohlsein auf den Genuß zu kühlen Champagners am Abend vorher, und sie genierten sich, dem Oberbefehlshaber und dem preußischen Kriegsminister darüber Meldung zu erstatten.
Dem General von Falkenhayn wurden so, mit einigen Unterbrechungen, die er zu übersehen suchte, die Tatsachen über Führer und Truppen der Sachsenarmee bekanntgemacht. Dabei fiel

auf, daß es doch nicht ganz geheuer im Stabe zugehen müsse, wenn derartig oft hohe Offiziere die Besprechung verließen. Falkenhayn erfuhr:
Offiziere, Unteroffiziere und Mannschaften waren an der Grenze ihrer geistigen Spannkraft und ihrer körperlichen Leistungsfähigkeit angekommen. Die Kräfte von Mann und Pferd hatten seit dem Aufbruch aus dem Aufmarschgebiet in der Eifel ganz außerordentlich in Anspruch genommen werden müssen. Trotz der Zusammendrängung großer Massen auf engstem Raum, trotz der Schwierigkeit und Armut des bergigen, waldbedeckten Durchzugsgeländes, vor allem der Ardennen, trotz der feindseligen Haltung der Bevölkerung, trotz meist sehr heißer, kräfteraubender Märsche auf teilweise sehr schlechten Nebenstraßen, trotz fehlender Nachtruhe und der seit dem 23. August Tag für Tag sich wiederholenden Kämpfe hatten die Sachsen etwa 330 Kilometer in 14 Tagen zurückgelegt. Das ergäbe für den Tag im Durchschnitt 23 Kilometer. Durch Abmärsche, Anmärsche, Seitenbewegungen und Gefechtsentwicklungen sei die tatsächliche Leistung noch größer.
Jetzt übernahm Generalmajor Leuthold die Berichterstattung. Er hatte gerade das Zimmer wegen eines Unwohlseins verlassen und war wieder eingetroffen:
»Dazu sind Schwierigkeiten des Nachschubs bei Munition und Verpflegung zu melden. Wegen des beschleunigten Vormarsches nach Einnahme der Maas bei Dinant konnte die Ankunft aller Verpflegungskolonnen nicht abgewartet werden. Es mangelte bald an Hafer für die Pferde. Denn die Heereskavallerie hatte das Maas- und Ardennengebiet schon voll ausgenutzt, als die Infanteriedivisionen ihnen folgten. Das rasche Vorrücken auf den mit Truppenmassen belegten Straßen ließ Brot- und Fleischnachfuhr nicht im vollsten Maße zu. Die Truppe hielt sich an die geringen Lebensmittel, die sie vorfand, auch an das zahlreich vorhandene Weidevieh, aber die Pferde litten bereits Ende August an beängstigendem Kräfteverfall. Der besonders heiße Sommer, ohne erfrischenden Regen, macht Mann und Pferd zu schaffen.«

Falkenhayn konnte darauf nur sagen: »Die brave Truppe, die braven Pferde — hier an der Aisne, dann an der Marne wird es besser für sie werden.«

Die Fürsorge für die Truppen gehörte im deutschen Generalstab zu den selbstverständlichen Dingen, über die man nicht redete. Sie mußte allerdings jetzt in Gegensatz zu den Erfordernissen geraten. Denn es müßte vorwärtsgehen, um die Schlacht in Frankreich endlich zu schlagen.

Falkenhayn versprach Hausen, in Luxemburg auf diese Nöte der Truppe hinzuweisen, aber er konnte ihm nichts versprechen, auch nicht so etwas wie einen Ruhetag oder eine kurze Rast nur. Hausen ging auf dieses Problem nicht weiter ein, er hatte seine eigenen Vorstellungen.

»Dem Franzosen geht es noch schlechter«, sagte Falkenhayn beim Abschied. »Kluck ist in Compiègne, das sind nur noch achtzig Kilometer bis Paris.«

»Die 3. Armee geht morgen über die Marne«, entgegnete von Hausen.

»Dann lassen Sie sich nicht aufhalten«, sagte General von Falkenhayn.

Sein Daimler wirbelte Staub im Schloßhof auf, als er davonfuhr. Das Unwohlsein der Generale von Hoeppner und Leuthold verstärkte sich. Hausen wunderte sich, weshalb seine beiden engsten Mitarbeiter gleichzeitig so gequält aussahen, er machte einen Scherz: »Meine Herren, nach diesem Besuch wird es Ihnen etwas wohler werden, ich mag solche Visiten aus Preußen nicht.«

Am Abend ließen sich beide Generale wegen Unwohlseins entschuldigen. Sie nahmen nicht am Abendessen teil. Hausen aß noch, zum letzten Mal in Frankreich, mit Appetit.

22. KAPITEL

Das überlegene französische Feldgeschütz

Der französische Rückzug über die Marne zur Seine brachte die Artillerie den großen Magazinen, aus denen sie bevorratet werden konnte, wieder näher. Die deutsche Artillerie entfernte sich immer mehr von den Munitionszügen, die ihr über Lüttich nachgeschickt wurden, aber durch Bahnzerstörungen nicht weiterkamen.
Dies sollte Bedeutung erlangen beim Ausbruch der Marneschlacht, die nicht zuletzt eine Artillerieschlacht war.
In den Krieg gingen die Deutschen mit rund 5000 Feldgeschützen, wovon 1260 als Leichte Feldhaubitzen, der Rest als Feldkanonen anzusprechen waren.
Das Schrapnell der Feldhaubitze enthielt 500 Kugeln zu je 10 Gramm, die in die gegnerischen Ziele gelangen mußten. Die Feldkanone verschoß Schrapnells mit nur 300 Kugeln. Bei jedem Geschütz, auf der Protze, befanden sich 138 Geschosse verschiedener Art. In der leichten Munitionskolonne, die für den Nachschub sorgte, waren für jedes Geschütz 138 Geschosse vorhanden.

Die französische Artillerie war an Zahl deutlich der deutschen unterlegen.
Sie zog mit 2800 Feldgeschützen in den Krieg, davon waren 308 schwere Feldgeschütze. Jede französische Artillerie-Division setzte sich aus 9 Batterien zu je 4 Geschützen zusammen, die wie man damals sagte, eine Artillerielinie von 36 Geschützen bildeten. Die Artillerierüstung zeigt, daß beide Gegner mit einem kurzen Krieg gerechnet hatten, einem Bewegungskrieg,

der eine schnelle Verschiebung leichter Artillerie verlangte. Man war bei Kriegsbeginn auf französischer Seite noch weniger als auf deutscher Seite für ein Zusammenspiel zwischen Infanterie und Artillerie eingeübt. Französische Infanterie war schrecklich dezimiert worden, als sie in den Grenzschlachten ohne Artillerieunterstützung angriff. Und es gehörte damals auch oft zur deutschen Tapferkeit, sich ohne Artillerieunterstützung auf den Feind zu werfen. Die Franzosen nutzten noch nicht, zu ihrer Deckung, das Gelände aus. Sie griffen wie 1870 in dichtgedrängten Massen an, die leicht mit Aufschlagzündern und Schrapnells auseinander zu sprengen und zu vernichten waren.

Die Franzosen nannten ihr 75 mm Feldgeschütz »le fabuleux«, das märchenhafte, das mythische, das zu treffen verstand. Sie vertrauten dieser Waffe, deren Reichweite größer war als die der deutschen Feldartillerie. Sie lag weit über 10 000 Meter.

Über Feldtelefon gab der Beobachtungsoffizier seinem Batteriechef, der den Geschützführern die Feuerbefehle zurief, die Ziele an.

Die britische Artillerie, deren Geschütze Dreizehnpfünder (76,8 mm) und Achtzehnpfünder (83,8 mm) genannt wurden, war ebenfalls sehr beweglich und auf große Feuergeschwindigkeit angelegt. Die Reichweite blieb, gemessen an der Weite, die französische und auch deutsche Geschütze erreichen konnten, bescheiden. Die leichte Artillerie schoß bis zu 6200 Meter, die schwere bis zu 9600 Meter. Die Feldgeschütze der deutschen Artillerie erreichten 7500 Meter; dafür war die deutsche Feldhaubitze mit einer höheren Reichweite ausgestattet.

Aus diesen unterschiedlichen Reichweiten der Artillerien entstanden Lagen, an die sich die Soldaten nur schwer gewöhnen konnten.

Die traditionelle Aufgabe der Artillerie war noch immer die Ausschaltung der gegnerischen Artillerie. Batterie schoß gegen Batterie. Es gab noch nicht das gleitende Artilleriefeuer, die Feuerwalze, die später im Schützengrabenkrieg von den Deutschen erfunden wurde. Eine vorwärts wandernde Feuerlinie, ein Feuerschirm, half dann der stürmenden Infanterie.

Die Eroberung einer gegnerischen Batterie kostete die Infanterie einen Sturmangriff bis tief in die feindlichen Linien hinein; die Kavallerie, die eine Batteriestellung zu attackieren hatte, brachte hier die größten Opfer.
Die Artillerie operierte noch selbständig, sie stand nicht immer hinter einer Infanteriefront, von der sie geschützt wurde. Kavallerie hatte sie zu decken. Aber diese fehlte oft. Für die Artilleristen auf beiden Seiten bot der Krieg im August und September 14 noch einmal die Gelegenheit, alte artilleristische Traditionen anzuwenden. Aneinandergereiht bildete Batterie neben Batterie die Artillerielinien, aus denen, wie einst in den Kriegen Napoleons, der Kriegsgott donnernd seine Stimme erhob. Die Geschütze, ungedeckt, frei an Waldrändern, auf Feldern aufgestellt, boten der gegnerischen Artillerie ein großes Ziel — Rückhalt für die eigene Truppe, sollte sie dem Feinde Furcht und Schrecken einjagen.
Erst später, im Grabenkrieg, sollte die Artillerie für den Infanteristen zur anonymen Waffe werden, die er nur noch hörte oder spürte, kaum noch sah.
Vom Jahre 1915 an wurde aus der gutbeweglichen leichten Feldartillerie die technisch hochgezüchtete Artillerie der Materialschlachten, die das Stahlgewitter auslöste, die Todesmühlen antrieb. Bis zum Jahre 1916 konnten die Deutschen die zahlenmäßige Überlegenheit ihrer Geschütze halten. Sie ging rasch zurück, als die Amerikaner rüstungstechnisch und dann auch in Frankreich selbst eingriffen. Für den Grabenkrieg waren Granatwerfer, Mörser und Minenwerfer nach der Marneschlacht noch weiterzuentwickeln.
Gegen die Forts von Lüttich und andere Befestigungen wurden 1914 schwere Haubitzen der österreichisch-ungarischen Armee eingesetzt, die auch für die Beschießung von Paris vorgesehen waren. In die Schlacht vor Paris griffen sie nicht ein.
Der französische Rückzug brachte ihre Artillerie den Depots näher, die um Paris angelegt waren. Die Batterien konnten ihre Verluste rasch ergänzen. Auch Draht für das Feldtelefon war wieder vorrätig. Dagegen blieb der Nachschub wegen des schnel-

len deutschen Vormarsches für die deutsche Artillerie aus. Die Drahtvorräte der Feldartillerie waren geschrumpft. In den Grenzschlachten, bei dem Vorrücken waren Telefondrähte liegengeblieben und damit verloren für die Entscheidung an der Marne.
Vor Paris schien die französische Artillerie besser zu schießen als in den vorhergehenden Kämpfen. Die deutsche Infanterie, die sich eingraben mußte, hielt das schwere Feuer für die Hölle, die direkt aus den Forts von Paris auf sie zukam. Doch die französischen Festungsgeschütze, die dort standen, waren veraltet. Sie hatten keine Munition. Es war die Feldartillerie, die vor der Hauptstadt besser schoß als an der Grenze.
Die Fesselballons, die aufstiegen, um die gegnerische Artillerie auszumachen, blieben — wie die Flugzeuge, die mit Artilleriebeobachtern unterwegs waren —, Seltenheiten am Himmel, von denen noch keine große Wirkung ausgehen konnte.
Über der Marne bei Meaux stand bald ein Fesselballon des Armeekorps, das General von Linsingen kommandierte. Der Beobachter meldete dem General, er könne den Eiffelturm sehen. Doch der General verlangte von ihm mißmutig, er solle besser die französische Artillerie ausmachen als diesen Renommierturm.
Das Hemd war ihm näher als der Rock.
Ulanen hatten in den ersten Septembertagen gemeldet, sie hätten den Eiffelturm gesehen, aber vielleicht glaubten sie nur, ihn gesehen zu haben.
Der Beobachter im Fesselballon über dem Armeekorps Linsingen bei Meaux an der Marne hatte gegen Westen die Hügel vor sich, hinter denen Paris lag. Diese Hügel mußten die Deutschen erobern, um endlich den Eiffelturm zu schauen.
Aber auf diesen Hügeln stand eine französische Artillerie, die noch niederzukämpfen war.
Wie konnte man sie ausschalten, wenn man sich vor ihr eingraben mußte? Daß eine Armee sich eingraben würde, war neu. Niemand hatte daran gedacht, als die beiden Heere in den Krieg zogen.

Es war den deutschen Stäben nicht entgangen, daß die deutsche Feldartillerie in der Ausbildung von Mensch und Pferd und taktisch bei den Verfolgungskämpfen der französischen Feldartillerie bisher überlegen gewesen war.
Anders stand es mit dem Geschützmaterial. Bei den täglichen Nachhutkämpfen von der Sambre und Maas bis zur Marne stellten die sächsischen Offiziere und Soldaten eine viel größere Leistungsfähigkeit der französischen Geschütze und Geschosse fest. Die französische Feldartillerie, die bis zu 12 000 Meter weit schießen konnte, führte den Kampf grundsätzlich auf Entfernungen, in denen das deutsche Geschütz mit seiner Höchstschußweite von 7500 Meter und dem Schrapnellfeuer bis zu 5000 Meter noch nicht wirken konnte. Erreichte die deutsche Feldartillerie, vorgehend, diese ihr möglichen Gefechtsabstände, dann brach die französische Feldartillerie sehr geschickt den Kampf ab, um ihn bald darauf unter Bedingungen, die wiederum für sie vorteilhafter waren, weiter rückwärts aufzunehmen.
Dagegen gab es nur eine Rettung, den entschiedenen Angriffsdrang der Infanterie, der aber zu unverhältnismäßig hohen Verlusten führte, die bei der überlegenen Ausbildung der Soldaten in der Ausnutzung des Geländes vermieden worden wären.
Bisher hatte man immer den Feind geworfen. Was würde geschehen, wenn die Artillerie des Gegners nicht mehr abrückte, sondern stehenblieb, in Schußweite der deutschen Artillerie weit überlegen?
Im Stab der Sachsenarmee vertraute man auf den Schwung der Infanterie, den sie bisher immer gezeigt hatte. Die Furchtlosigkeit des Infanteristen kann jedoch Grenzen finden. Aber wer machte sich jetzt darüber Gedanken?
Bis zum 4. September hatte sich der Gegner zurückgezogen. Die deutschen Befehlshaber mußten jedoch immer deutlicher feststellen und darauf hinweisen, daß der Rückzug des Gegners durchaus geordnet vor sich ging. Zu geordnet, wie man immer mehr einzusehen begann.
Es mußte dahinter ein Plan stehen.

23. KAPITEL

30 Grad im Schatten — La Marne

Zur Marne war es nicht mehr weit. Den Namen des Flusses hatte der Husarenwachtmeister Franz William Koch zuerst bei Rethel gehört, als er unter dem roten Nachthimmel an der brennenden Stadt vorbei zum Divisionsstab ritt. Einer seiner Husaren, die ihn begleiteten, hatte gefragt, wie weit es nun nach Frankreich hineinginge, und Koch erwiderte, das würde etwas dauern, aber man käme an verschiedene Flüsse, an Flußabschnitte, hinter denen man haltmachen werde. Der Krieg, und das sollte fast tröstlich gegenüber dem Husaren klingen, mache auch Pausen. Das Gelände bestimme die Pause, und wenn der Feind ausreiße, brauche er erst recht die Pause auch.
Dann käme zunächst die Marne, hatte der Husar erwidert, und Koch hatte entgegnet, er kenne nur die Seine. Doch der Husar blieb dabei, erst sei die Marne der nächste Fluß.

Es gehört zur Psychologie des Krieges, daß der Soldat eine Zielsetzung braucht. Man muß ihm nicht nur Aufgaben stellen, die Befehle genannt werden. Er möchte auch Ruhepunkte vor sich haben, Städte, die es zu besetzen gilt, Flüsse, die man überschreitet oder hinter denen man ins Biwak einrückt.
In späteren Kriegen, die schneller sein würden als dieser rasche Marsch zur Marne und Seine, würde man den motorisierten Truppen Fahrkarten geben, imaginäre Billets, nach denen sie sich zu richten hätten, und wenn sie dann auch dort ankämen, wohin man sie schickte, dann wären neue Fahrkarten fällig oder es wäre Friede.
Für Husaren sind Flüsse gute Ziele. Sie können ihre Pferde in

ihnen tränken, in die Pferdeschwemme reiten, den Tieren und sich selbst einen guten Tag machen.
Seit dem Abmarsch aus der Eifel war Koch nicht mehr aus den Stiefeln gekommen; er wußte gar nicht mehr, wie seine Füße aussahen. Sein Gesicht unter der hohen Pelzmütze war sonnenverbrannt, aber die Bräune wurde bedeckt von einer feinen Schicht Champagnestaubs, der weißen Kreide, die bei jedem Hufschlag seines vor ihm reitenden Kameraden ihm ins Gesicht geworfen wurde.
Am 4. September war die Marne das Marschziel des Husarenregiments Nr. 18 aus Großenhain, und Koch nahm sich, vor dem Abreiten aus der Rast »Les deux maisons«, die zum Truppenübungsplatz Mourmelon gehörte, auf der Karte das Studium der Marne vor. Hier, bei Tours-sur-Marne, das sie erreichen sollten, kam sie der Sachsenarmee entgegen. Sie bog sich nach Norden, bot sich den Husaren gleichsam an, als wüßte sie, daß die Pferde es nötig hätten, in ihr getränkt und gebadet zu werden nach diesen langen sommerlichen Märschen mit spärlicher Tränke aus dem vorgebundenen Eimer.
Die Marne kommt hinter Tours aus dem Süden, vom Plateau de Langres, das sich zwischen der Champagne und den Alpen erhebt.
Koch konnte nicht wissen, daß am Fuße des Plateaus von Langres General Joffre saß, im Jungengymnasium von Bar-sur-Aube, unter der Esche im Schulhof, wie immer rittlings auf einem Stuhl, die Lehne als Stütze für seine Faust und das in ihr ruhende Kinn. Nachdenkend, brütend wartete er auf den Augenblick, da er seine Armeen wieder kehrtmachen lassen konnte gegen den Feind.
Von Bar-sur-Aube, das die südliche Eingangspforte der Champagne ist, sind es nur wenige Kilometer bis zu einem kleinen Dorf, hoch auf einem Hügel gelegen, das Colombey-les-deux-Eglises heißt und damals noch geschichtslos war, belegt von wenigen Kompanien, die hier rasteten, noch nicht hervorgehoben durch das Grab eines französischen Generals, des Generals und Staatsmannes Charles de Gaulle.

Und über jenem noch verzauberten, untätigen, geschichtslosen Ort erhebt sich das Plateau gegen Chaumont zu, dann kommt man nach Langres und wenige Kilometer südlich davon zur Marnequelle.
Hinter ihr, jenseits des Plateaus, erreicht man nach Süden Dijon und nach Osten die Festung Besançon, und alles wäre, benutzte man den Kraftwagen und gäbe es keine Soldaten, die sich hemmend dem Husarenwachtmeister entgegenstellen mußten, in wenigen Stunden abzufahren.
Im Jahre 1940 würden die Panzer des deutschen Generals Guderian diese Fahrt durchführen, um von Besançon einzuschwenken nach Norden, um den Sieg über Frankreich für fünf kommende Jahre zu erringen.
Beobachter der Kriege, Historiker, Militärexperten und überlebende Offiziere würden dann feststellen, daß der Weg der Sachsenarmee über Tours an der Marne nach dem Plateau von Langres und zur Schweizer Grenze 1914 doch gar nicht so weit gewesen wäre, und der Plan durchführbar, in den sie hineingestellt wurde. Aber das würde dann das Augenmaß eines vorläufigen Siegers bestimmen, das immer unscharf sieht. Denn es wird vom Triumph verdunkelt.
Statt des Husarenregiments Nr. 18 aus Sachsen würde 1940 die 2. Panzerdivision aus Wien, von Château-Porcien bei Rethel kommend, den Truppenübungsplatz Mourmelon erreichen, dann bei Tours über die Marne fahren und dann in drei Tagen von dort bis Bar-sur-Aube, nicht immer im Gefecht, aber doch aufgehalten von Brückensprengungen, Panzergegenangriffen und anderem Ungemach beim Siegesmarsch. Das Plateau von Langres hatte in den Tagen des Jahres 1940 die 1. Panzerdivision aus Weimar in Thüringen erreicht, die über Châlons-sur-Marne vorstieß, den Ort, den sich 1914 Generaloberst von Hausen als Hauptquartier an der Marne ausersehen hatte.
Voraussetzung für die Operation der Panzergruppe Guderian, zu der auch die 8. Panzerdivision gehörte, war freilich, daß ihr der Durchbruch gelang; und er gelang ihr, mit Geschick und Vehemenz! Diesen Durchbruch mußte 1914 die Sachsenarmee

sich erst noch erarbeiten. Im Nachher, aus der Perspektive des Überlebenden, der alle Tatsachen im Rückspiegel sieht, viele Heere und Heerfahrten, Siege und Niederlagen, insgesamt zwei große Weltkriege — aus dieser Perspektive würde alles ganz einfach aussehen, und auch von Hausen hätte an der Marne seine Chance, der Husarenwachtmeister Koch ebenso. Es gibt Konstellationen im Kriege, die sich wiederholen, aber jedesmal sieht die Lösung anders aus.
1940 hieß sie für General Guderian, nach seiner Beschreibung, so: »Mittags traf ich in St. Dizier ein und fand als ersten meinen Freund Balck auf dem Markt, auf einem Stuhl sitzend. Er rechnete mit einer ruhigen Nacht nach all den Mühen der letzten Tage und Nächte. Aber ich mußte ihm eine schwere Enttäuschung bereiten. Je schneller wir unsere Bewegungen fortsetzen konnten, desto größer mußte der Erfolg werden. Balck erhielt also den Befehl, unverzüglich auf Langres vorzugehen. Die ganze 1. Panzerdivision folgte. Der Vormarsch wurde in der Nacht fortgesetzt und führte am frühen Morgen des 15. 6. 40 zur Kapitulation der alten Festung. 3000 Gefangene.«
Nachzuvollziehen ist es schon, wie der Panzergeneral in seinem Befehlswagen auf dem Marktplatz von Dizier eintrifft, wie er den Obersten Balck antrifft, auf einem Stuhle sitzend, die Stiefel ausgezogen, beim Fußbad. Wie er dennoch den Befehl gibt, weiterzufahren, die Fahrkarte auszunützen noch am Nachmittag und in der Nacht, und wie es den General doch rührt. Denn von Balck erhielt er am Tage vorher eine französische Regimentsfahne, auf dem Schlachtfeld in der Champagne erbeutet.
Übertragen auf die Sachsenarmee von 1914 hieße das, etwas zu verlangen, was nicht in der Natur der Dinge, in den Möglichkeiten des Krieges lag. Hausen fuhr zwar auch im Kraftwagen, aber er hatte keine Panzer, und ihm fehlte das Kavalleriekorps, das er vorwärtshetzen konnte, in Richtung auf das Plateau vor der Schweizer Grenze.

Die Marne bog sich, auf der Karte, die Koch vor dem Aufbruch vom Truppenübungsplatz Mourmelon betrachtete, westlich von

Tours und Epernay, dem Champagnerort südlich von Reims, wieder zurück, Paris entgegen, westwärts, an Château-Thierry vorbei und Meaux, bis sie südlich des Waldes von Vincennes, bei Charenton, in die Seine mündete, um in ihr nach Paris hineinzuströmen.
Die Marne ist ein Fluß mit vielen Windungen und ergießt sich vom Departement Haute Marne, das später General de Gaulle von seinem Colombey-les-deux-Eglises aus schon lothringisch nannte, bis ins Weichbild von Paris hinein, ins befestigte Lager von 1914. Diese vielen Flußschleifen, denen zwischen Vitry-le-François und Epernay ein Marneseitenkanal zum Begleiter wird, wodurch sich der Fluß verdoppelt — man hätte auf zwei Brücken ihn überqueren können — mußten nicht zu Schlingen werden, die sich tückisch um die Hufe der Pferde legten, und doch hieß es später in den Regimentsgeschichten, die »unselige Marne« sei erreicht worden.
Die Dörfer, die das Husarenregiment Nr. 18 am 4. September 1914 durchritt, notierte Wachtmeister Koch nicht in sein Tagebuch, obwohl er sonst im Aufzeichnen der Marschroute sehr sorgfältig war. Nur die Namen Bouzy und Tours tauchen auf.
Bouzy liegt dreieinhalb Kilometer nördlich von Tours. Hinter dem Weinort steigen Forst und Gebirge von Reims auf, die Hänge bepflanzt mit den Champagnerkulturen; wohin man sieht, Weinfelder und Weinberge. Hier wachsen die schwarzen Trauben, die — zusammen mit denen im Marnetal —, gemischt werden, mit den weißen Trauben der Côte des Blancs jenseits der Marne, damit daraus der Champagner würde in den Kellereien der Gegend. Eine paradiesische Landschaft, auch von den Erzählungen her, die man sich von ihr gemacht hatte. Nicht kriegerisch, sondern friedfertig, champagnerselig — an eine solche, nicht an eine unselige Marne-Landschaft mochte man denken.
Im Rücken die Abhänge mit den schweren, schwarzen Trauben, vor sich eine baumlose Landschaft und zwischendurch, wenn Koch die Ortsschilder sich ansah, Dörfer mit Weinnamen und dann die Anhöhe vor dem Fluß, auf der das Regiment verhielt.

Gegen Tours war eine Spitze formiert worden, die Leutnant Heymann führte, und Leutnant Graf Schaffgotsch ritt vor dieser Spitze mit seiner Husarenpatrouille.
Koch befand sich bei Leutnant Heymann, und als Leutnant Graf Schaffgotsch zurückritt und berichtete, Tours sei von feindlicher Kavallerie besetzt, sah Koch im Fernglas, das er nach Westen richtete, daß kleine Infanteriekolonnen in Richtung Tours die Hänge hinabliefen, Nachhuten, wie es schien. Leutnant Heymann schickte ihn zum Regiment, um dies alles dort zu melden. Koch hatte ein besonderes Verhältnis zum Regimentskommandeur Oberst Platzmann. Der Kommandeur brauchte den Wachtmeister, der auf der Telegrafenschule in Berlin gut ausgebildet worden war, für Sonderaufträge, schnelle Meldungen, die etwas mehr Intelligenz verlangten als sonst üblich. Außerdem hatte der Offizier die Angewohnheit, sich mit einem zusätzlichen Stab von Unteroffizieren aus den Schwadronen zu umgeben, den er als sein Auge bezeichnete. Ein Regimentskommandeur hat an vieles zu denken. Sein Stab sollte nicht zu klein sein.
Kochs Meldung über das, was die Spitze ausgemacht hatte, führte zu einer kurzen Beschießung von Tours durch eine Batterie, die von der 32. Infanteriedivision dem Husarenregiment kurz zuvor für das Unternehmen »Marneübergang« zugeteilt worden war.
Die französischen Infanteristen verschwanden während der Beschießung in Tours, das Feuer wurde nicht erwidert.
Da befahl der Oberst dem Wachtmeister, daß Leutnant Heymann mit der Spitze nach Tours zu reiten habe, um die Stadt zur Übergabe aufzufordern. Eine Parlamentärsfahne wurde gehißt; es war ein Taschentuch, das man auf eine Lanze steckte. Der kleine Reitertrupp näherte sich in eingliedriger Formation, mit großen Zwischenräumen, der Stadt. Koch ritt in der Mitte, hinter Leutnant Graf Schaffgotsch.
Im Tagebuch des Wachtmeisters liest sich das so:
»Kein Schuß fiel. Wir ritten dicht bis an die ersten Häuser. Nichts rührte sich. So schlossen wir uns denn zusammen und rit-

ten auf der Straße in die Stadt. Sie lag wie tot. Kein Mensch zu sehen. Endlich entdeckten wir einen Zivilisten. Leutnant Heymann fragte ihn nach der feindlichen Kavallerie. ›Oh, parti, parti.‹ Wie lange? ›Justement!‹ Eben erst. Ob noch Truppen in der Stadt seien? ›Non.‹ Das Gehölz, in das die Kolonnen verschwunden waren, lag dicht außerhalb der Stadt. Der Mann hatte recht. Er war ganz ohne Furcht. Nun fragte ihn Leutnant Heymann nach dem Bürgermeister, dem Maire. ›Parti.‹ Nach dem Pfarrer, dem Curé? ›La bas‹. Er soll uns hinführen. Er geht voran, wir reiten ihm nach. Nun kamen immer mehr Einwohner auf die Straße, die uns begleiteten. Plötzlich sahen wir die Marne. Da meinte Leutnant Heymann, die Brücke sei uns mehr wert als der geistliche Herr. Wir ließen die Einwohner stehen und trabten zur Marne herunter, bis wir an die Brücke kamen. Dort angekommen, hörten wir gerade noch Hufschläge von feindlicher Kavallerie in der Ferne verklingen. Hart westlich der Brücke war der Wald, in dem die feindlichen Kolonnen verschwunden waren.

Das Taschentuch, das als Parlamentärsfahne gedient hatte, steckte sich der Husar wieder in die Hose. Wir verteilten uns und sicherten alle Zugänge zur Brücke am diesseitigen Ufer. Denn, daß Tours noch besetzt war, konnte immerhin nicht ausgeschlossen werden, der Wald war es bestimmt. Dort sah ich in einiger Entfernung, wie ein Pferd gehalten wurde. Wir saßen ab und stellten uns so gedeckt wie möglich auf, um nicht von drüben bemerkt zu werden. Es war etwas unheimlich, wir paar Husaren an der Brücke, vor uns eine undurchsichtige Lage. Würden die Reiter drüben bemerken, daß wir nur wenige waren, so hätten sie uns die Brücke wieder entrissen. Zwei Husaren ritten als Melder zum Regiment. Die mündliche Meldung, die Leutnant Heymann ihnen mitgab, lautete, daß wir wohl zehn Minuten lang die Brücke würden halten können, falls wir angegriffen werden sollten. Wir bäten um sofortige Unterstützung.

Bald kam der Oberst mit dem ganzen Regiment. Ungehindert ritten wir über die Brücke. Kurz darauf wurden drei Infanteristen gefangen genommen, die zu den zurückkehrenden Kolonnen gehörten. Sie waren, als sie unser Kommen bemerkten, durch die Marne gewatet und hatten den Rückzug weiter fortgesetzt. Die Marne war bloß einen halben Meter tief.«

So ging das Husarenregiment Nr. 18 am 4. September über die Marne.

Ein Fluß, nur einen halben Meter tief, träges Wasser, versumpfte Ufer, aber doch so breit, daß man nicht zu Pferde über ihn springen konnte (Koch hatte sich das nicht vorgestellt, aber nun enttäuschte ihn der Fluß doch).

30 Grad im Schatten.

La Marne.

Nachdem die Infanterie eingetroffen war, übernahm sie die Sicherung des Brückenkopfes. Das Husarenregiment rückte ab, nordwärts, zurück über die Marne, ungetränkt die Pferde in dem trägen, flachen Wasser, keine Pferdeschwemme fand statt. Es ritt nach Bouzy zurück, um dort Biwak zu beziehen. Es wurde abgesattelt. Noch war es hell. Die Berge von Reims leuchteten in der Abendsonne, im Marnetal war es ruhig. Wachtmeister Koch tränkte sein Pferd, zog sich die Stiefel aus, setzte sich ins Gras. Er war sehr zufrieden. Ins Tagebuch notierte er: »Alles erreicht, wir haben die Marne, aber sie ist nun wieder vor uns, nicht in unserem Rücken. Merkwürdig. Da die Division nach den großen Anstrengungen der letzten Tage unbedingt Ruhe brauchte, soll am 5. September Rasttag sein. Wir beziehen Quartier in den Häusern von Bouzy. Die Bagage trifft schon ein. 34. Mobilmachungstag.«

Nicht nur die 32. Infanteriedivision, der das Husarenregiment zugeteilt war, sollte sich auf diesen Rasttag freuen. Für die ganze Armee hatte ihn Generaloberst von Hausen befohlen.

Er rechtfertigte ihn in seinen Aufzeichnungen: »Es ist mehr als begreiflich, daß die Truppen der 3. Armee, die bei besonders heißem Sommerwetter 20 Tage hintereinander ohne Ruhetag marschiert waren, in den letzten 13 Tagen unter dauernden Kämpfen auch bei Nacht, eines Ruhetages bedurften. Dennoch vermochte ich nur schwer, mich zu einem solchen zu entschließen, wußte ich doch die Nachbararmeen am 5. September in der Vorwärtsbewegung. Indessen, die Erwägung, daß es wahrscheinlich war, südlich der Marne auf einen ernsthaften Zusammenstoß mit dem Feinde rechnen zu müssen, gebot, Mann und Pferd die dringend benötigte Erholung zu gönnen. Daher wurde der 5. September zur Hebung der Kampfkraft der Truppe zu einem Ruhetag, doch sollten das XII. und XIX. Armeekorps, um die Fühlung mit dem Feinde nicht zu verlieren, Kavallerie, verstärkt durch Artillerie, südlich der Marne vortreiben. In Bétheniville an der Suippe bezog das AOK Quartier in der sehr eleganten und geschmackvoll eingerichteten Villa einer Fabrik, die zwei abwesenden Brüdern, den Herren Rénaut, gehörte. Eine zweite, jenseits der Landstraße gelegene, ebenso modern und luxuriös gehaltene Villa bewohnte ein Teil des Stabes, und dort führte uns ein gemeinsamer Abendtisch zusammen. An diesem Tage regte sich in mir zum ersten Male die Empfindung körperlichen Unbehagens und die Befürchtung, daß ich ernstlich krank werden könne. Obergeneralarzt Dr. Müller, dessen ärztliche Hilfe ich erbat, setzte mich auf strenge Diät und forderte Schonung und Ruhe, die ich mir selbstverständlich nicht gewähren konnte und wollte. So trieb ich meinem Verhängnis entgegen.«

Zu dieser Zeit war ein Teil von Hausens Stab ausgefallen. Die ansteckende Krankheit, aus dem Schloß Thugny, das er als Lazarett vorgefunden hatte, begann sich auszuwirken. Man wußte aber noch nicht, wie sie hieß.
Aber Glück und Unglück der Sachsenarmee sollten von diesen geheimnisvollen Erkrankungen abhängen, und vor allem hingen sie von der Krankheit des Oberbefehlshabers ab, dessen Kräfte verfielen.
Auch der Befehl zum Ruhetag, den nur Hausen gab, mußte

etwas mit diesem Kräfteverfall zu tun haben. Der Ruhetag sollte Folgen haben.
Beim Husarenregiment Nr. 18 in Bouzy ahnte man am Abend noch nichts von folgenschweren Erkrankungen im Armeestab.
Zu den Reitern, die gerade abgesattelt, ihre Pferde getränkt und sich über eine gute Quartierzuweisung gefreut hatten, gehörte Wachtmeister Koch nur kurze Zeit. Er wurde zum Regimentsstab bestellt, um dort den Auftrag zu einer Fernpatrouille zu erhalten. Er sollte über Tours, aus dem er gerade mit dem Regiment gekommen war, nach Athis—Les Istres et Bury—Les Mesnil-Vertus vorgehen und das Verbleiben des Feindes feststellen. Da er sofort abrücken mußte, war die Freude über die so lange ersehnte Ruhe umsonst gewesen. Verpflegung war in dieser kurzen Zeit nicht zu beschaffen, und so mußte das am Morgen in Tours requirierte kleine Stück Brot auch für diesen Tag genug sein. Der Regimentsadjutant versprach ihm zwar eine besondere Belohnung, doch die Enttäuschung über die entgangene Nachtruhe war größer als die Erwartung eines Ordens. Er ritt mit Freiwilligen nach Bouzy, vorbei an den Infanteristen, die an der Brücke Posten standen, vorbei an den Vorposten dicht südlich davon. Was nun vor ihm lag, das war noch nicht erkundet. Aber er hatte Karte und Kompass, und der Zorn ließ ihn nicht los.
Am nächsten Tag schrieb er darüber in sein Tagebuch:
»Es war dunkel, als ich von Tours auf Athis vorritt. Wir ritten scharf und erreichten bald das nördliche Waldstück und bald auch die Eisenbahnlinie Paris-Châlons. Ich stellte fest, daß die Bahnlinie noch in Betrieb war. Die Gleise waren blank, und es brannten die Signallichter an der Bahn. Ich meldete dies sofort.
Hinter der Eisenbahn lag in der Dunkelheit das Dorf Athis. Wir durchritten es in schneller Gangart. Hierbei bemerkten wir, daß die Bewohner, die auf der Straße in Gruppen umherstanden, sehr erregt und über unser Erscheinen überrascht waren. Sicher hat sich unter den Leuten auch französisches Militär befunden,

dies konnten wir aber in der Dunkelheit nicht erkennen. Wir kamen aber unbehelligt davon.

Da ich Auftrag hatte, das Verhalten des Feindes festzustellen, ritten wir weiter vor und erkundeten, daß feindliche Vorposten den Somme-Soude-Abschnitt sicherten. Ich stellte Vorposten auf den Höhen nördlich Somme-Soude in Linie Rouffy-Champigneul-Champagne auf und meldete dies der Division.

Die Nacht war sehr dunkel, deshalb mußten wir sehr nahe an die feindlichen Vorposten heranreiten. Wir kamen so nahe heran, daß wir hören konnten, wie die Posten ihre schlafenden Kameraden zur Ablösung weckten. Dabei ritten wir immer querfeldein. Zwischen Champigneul-Champagne und Châlons erhielten wir dann heftiges Feuer, glücklicherweise ohne Verlust meiner Reiter. Nur das Pferd eines Gefreiten erhielt einen Schuß durchs Sprunggelenk und mußte später getötet werden, weil es marschunfähig war.

Nach Feststellung der feindlichen Vorposten ging ich zunächst nach Châlons-sur-Marne zurück, um den Pferden etwas Ruhe zu geben. Wir trafen gegen 3 Uhr morgens hier ein.

Reserve-Grenadiere lagen auf Vorposten. Bei ihnen verbrachten wir den Rest der Nacht. Wir versorgten die Pferde und ruhten im Straßengraben. Aber mein Auftrag war noch nicht erledigt. Deshalb ritten wir im Morgengrauen wieder in der befohlenen Richtung vor und konnten nunmehr feststellen, daß der Feind den Abschnitt nördlich Somme-Soude geräumt hatte. Nur Nachzügler traf ich noch an der Straße nach Vertus an. Der Feind war in westlicher und südwestlicher Richtung zurückgegangen. Vertus war frei vom Feind. Damit war mein Auftrag erledigt, und ich traf am 5. September, 3 Uhr nachmittags, beim Regiment in Bouzy ein. Dort fanden wir endlich die für die Pferde und uns so notwendige Ruhe und Erholung.«

Vor der Sachsenarmee war der Raum südlich der Marne, an der sie stehen geblieben war, um einen Rasttag einzulegen, frei vom Feind. Ob er weiter freibleiben würde, das mußten die nächsten Tage zeigen.

Die Marne hatte die Sachsenarmee nicht durch die leichte Inbesitznahme beflügelt, sondern wie in einer Schlinge festgehalten — für einen langen Rasttag, den ihr jeder gönnt, der die Leiden der Soldaten kennt.

24. KAPITEL

»Grosse Siegesfeier« — in Berlin

Am 5. September herrschte in Berlin das hochsommerliche Wetter, das auch in Paris seit Wochen anhielt. Es machte diesen August und September 1914 zu einem Zeitabschnitt, in der ein riesiges meteorologisches Hoch über Europa lag, mit Südwind für die westlichen Teile bis nach Frankfurt am Main, wodurch die Hitze gesteigert wurde. Über Berlin war der Himmel preußischblau, und in der »Deutschen Kriegszeitung«, die als Sonderausgabe des »Berliner Lokal-Anzeigers« täglich erschien, mit den Spenden- und Verlustlisten für alle Bevölkerungsteile, war von der Front im Westen nur zu erfahren: »Bei herrlichem Wetter marschieren sie auch nachts«.
Außerdem hatte Generaloberst von Hausen, wie gemeldet wurde, das Ritterkreuz des Militär-St.-Heinrichsordens erhalten; in Dresden war es verlautbart worden. König Friedrich August von Sachsen hatte es Hausen verliehen. Damit erhielt der Oberbefehlshaber der Sachsenarmee den »Pour le mérite« des Königshauses der Wettiner, die seit neunhundert Jahren regierten, und der Generaloberst mußte wohl entscheidend am Sieg, dem man, auch nachts, bei bestem Wetter entgegenmarschierte, beteiligt sein, sonst hätte er diese hohe Auszeichnung nicht bekommen. Zu dieser Zeit gab es erst wenige Auszeichnungen, die öffentlich bekannt wurden; man hielt sich zurück. Der Sieg war noch nicht errungen. Orden gab es, so bisher, erst nach dem Sieg.
»Kanonendonner vor Paris« hieß eine Überschrift im »Berliner Tageblatt« vom gleichen Sonnabend, aber zu erfahren war hier nichts Genaueres über den Krieg in Frankreich — wenn man

davon absah, die Nachrichten über den Fall von Reims dazuzurechnen, der kampflos erreicht worden war.
Wortkarg waren die Meldungen aus dem Hauptquartier der Obersten Heeresleitung geworden, die seit den Augusttagen Siege verkündet hatten. Generalquartiermeister von Stein, im Vorjahre erst vom Kaiser geadelt, unterzeichnete sie, und die Mitteilungen Steins, oder die Nachrichten des Generalquartiermeisters, waren so populär geworden wie früher die Nachrichten vom Hof des Kaisers, aus seinem Familienkreis. Im »Berliner Tageblatt« begründete in gewundenen Sätzen einer der acht Kriegsberichterstatter, die bei der Obersten Heeresleitung akkreditiert waren, weshalb es in diesem Feldzuge nicht möglich sei, wie früher die Presseberichterstattung zu handhaben, mit den Truppen selbst vorzugehen, um die Leser der deutschen Zeitungen stets auf dem laufenden zu halten. Die Zensur, die zweifellos ausgeübt wurde, versuchte er zu umschreiben. Er erklärte, daß es nicht anginge, ein Wort aus dem Hauptquartier in die Öffentlichkeit zu geben, das nicht von den Militärs mehrfach gewogen worden sei. Der kurze Artikel sah aus, als sei er in einem Augenblick geschrieben, da man mit zugehaltenem Mund von etwas sprechen möchte, das sich auszusprechen lohne. Doch der Augenblick zöge sich hin, er dauere, er sei da und auch nicht da, es geschehe etwas, das sich hinziehe — kurz: »Kanonendonner vor Paris« hieß die Überschrift. Sie kam nicht aus dem Hauptquartier, sie war über eine kurze Nachricht aus Kopenhagen gesetzt, die über London aus Paris gemeldet sein mußte.

Die Reichshauptstadt lag im tiefen Frieden, während vor Paris die Kanonen donnerten.
Leitartikel gab es nicht in den Zeitungen. Die politischen Redakteure hatten sich zurückzuhalten, oder sie hielten sich freiwillig zurück. Nur die Feuilletonisten konnten ihre Arbeiten abliefern, die auf den Krieg abgestimmt waren. In der Redaktion des »Berliner Tageblatts« lieferte Emil Ludwig ein Stück Prosa ab (seine eher aufs Poetische angelegten Kollegen dichteten lieber, und

ihre Kriegsgedichte sammelte im Grunewald, in der Kolonie, die Bismarck gegründet hatte, der Kollege Julius Bab in kleinen Heften »Der Deutsche Krieg im Deutschen Gedicht«). Der Feuilletonredakteur meinte zu ihm, daß er den ersten Satz des Textes auch als Überschrift für die kommende Sonntagsausgabe des »B. T.« nehmen werde:
»Es ist gerecht.«
Nachträgliche Leser dieses Textes, der hier kurz zitiert werden soll, Deutsche, die erst nach 1914 und 1918 und 1933 und 1945 in die Geschichte ihres Landes eintreten würden, mögen bedenken, daß Emil Ludwig ein deutscher Schriftsteller und Jude war, man muß manches überdenken, wenn man damaliges bedenkt.
»Es ist gerecht. Jahrzehnte, die vielen Jahre, haben Offiziere gewartet, ein Handwerk, eine Wissenschaft und eine Kunst auszuüben, die sie bisher nur probieren durften. In allen Ländern, vornehmlich aber bei uns. Denn nirgends stehen sie höher im Range... Jetzt sind sie dran, jetzt, das ist ihre Zeit, sie sollen entscheiden, alle haben zu schweigen... Aber gerecht ist es auch, daß der gemeine Mann, daß wirklich einmal ›das Volk‹ die große Stunde hat.«

Was war das anderes als ein Übertragen der Verantwortung für alles Gegenwärtige an die Generale und Offiziere, an jene Klasse oder Kaste, die bisher so sehr verwöhnt worden war im Deutschen Reich? Und die Übertragung geschah offen, vor aller Augen, durch den Schriftsteller Emil Ludwig, der es für gerecht hielt, daß die Offiziere nun zeigten, was sie konnten. »Sie allein entscheiden, alle haben zu schweigen.« Und dann »das Volk«, von Emil Ludwig (oder dem Feuilletonredakteur?) in Anführungsstriche gesetzt, das Volk also, das diesen Offizieren beigegeben war, der gemeine Mann für die große Stunde: große Worte im »Berliner Tageblatt«, das große Worte sonst zu meiden trachtete.
Konnte man sich, als Leser der Zeitungen Berlins, an diesem 5. September, dem Ruhetag der Sachsenarmee an der Marne, nicht doch zusammenreimen, wie es im Westen aussah?

Das gute Wetter. Sie marschieren auch nachts. Kanonendonner vor Paris. Kriegsberichterstattung, die preisgibt, daß ihr der Mund verbunden ist. Große Dinge müssen sich tun.
Dort in Frankreich entscheiden die Offiziere, sie sind dafür trainiert, geboren, herausgehoben worden aus dem Volk, das ihnen beigegeben wurde; der gemeine Mann, dessen Stunde es auch sein muß.
Und warum sollte Emil Ludwig das nicht schreiben und dem Feuilletonredakteur vorlegen, damit es gedruckt würde? Sollte er dieses : »Es ist gerecht« nicht auch so meinen: Jahrzehnte hat das kaiserliche Deutschland diese Offiziere herausgestellt, der Kaiser in einigen hundert Uniformen, die Uniform des Offiziers überlegen den Fräcken, den Cutaways, dem Hemdsärmel der Handwerker, diese unaufhörliche Genugtuung über die »schimmernde Wehr«, die großen, hohlen Worte Wilhelms II., und nun war die Bewährungsprobe gekommen, endlich mußten sie es zeigen — auch dem Volk, das unter ihnen marschierte, kämpfte, mit ihnen starb, nein — fiel.
Klang nicht in diesen Worten die Überlegenheit der deutschen Offiziere an, mit der Emil Ludwig das Reich nun schmückte, denn herausgestellt wurden sie in allen Ländern, »vornehmlich aber bei uns«.
Und das mußte den Sieg bringen, auf den alle warteten. Der erste Sieg im Osten, Tannenberg, hatte am 4. September gefangene Russen nach Berlin gebracht. Das »Berliner Tageblatt« berichtete darüber. In einer Dragonerkaserne seien sie untergebracht, fünfhundert Verwundete, von denen die Leichtverwundeten ihre Tänze im Kasernenhof zeigten, während die schwerer Verwundeten Beifall klatschten.
»Es müssen Eliteregimenter gewesen sein«, hieß es in dieser Zeitung. »Das Material ist zum Teil sehr gut, sie sind ruhig und bescheiden.«
So waren die Russen dennoch nach Berlin gekommen, aber anders, als sie es sich gedacht hatten.
Da konnte man in der kommenden Woche die neue Berliner Fußball-Saison eröffnen, aber nur mit Freundschaftsspielen,

noch zaghaft, wie es hieß, schonungsvoll, denn der Krieg war noch nicht ganz gewonnen.
Eine militärische Einheit, in Frankfurt an der Oder stationiert, hatte eine Annonce ins »Berliner Tageblatt« einrücken lassen: »Für das Vaterland wohltätig gesinnte Bürger werden gebeten, Fern- und Operngläser einem mobilen Bataillon für seine Unteroffiziere in großherziger Weise zu schenken.«
Ferngläser — das ging die Jäger an, aber Operngläser? Brauchte man sie nicht für die Oper, was sollten sie in den Händen von Unteroffizieren eines mobilen Bataillons in Frankfurt an der Oder?
Der Theaterspielplan der Reichshauptstadt war an diesem Abend festlich. Im Königlichen Opernhaus Unter den Linden wurde »Aida« von Verdi gegeben, Radames, die Siegesfanfaren am Nil. Das Deutsche Theater spielte Schillers »Kabale und Liebe«, das Lessingtheater »Peer Gynt«, das Schillertheater Kleists »Prinz von Homburg«.
Im Residenztheater ging es zeitgemäßer zu: »Ein Sieg —« und »Der Kaiser rief« standen auf dem Programm.

Und wer aus dem klassischen oder zeitgenössischen Angebot nichts für sich fand, der war zu einem eher volkstümlichen Amüsement eingeladen, bei freiem Eintritt am Sonnabend, dem 5. September, und Sonntag, dem 6. September, in die Arena des Admiralspalastes am Bahnhof Friedrichstraße.
Der Anlaß: »Große Siegesfeier«. Beginn nachmittags 5 Uhr am Sonnabend, 6 Uhr am Sonntag. »Patriotisches Einödshofer Konzert unter Mitwirkung des Julius-Spielmann-Chores, beteiligt sind 130 erste Kräfte deutscher Bühnen.«
»Großes Bierrestaurant und Weinterrasse.«
Zusatz: »Die Kriegsnachrichten des ›Berliner Tageblatts‹ werden schnellstens dem Publikum bekanntgegeben.«
Rüstete man zur Siegesfeier? Erwartete man an diesem Wochenende den Sieg im Westen? Wer hatte diese Siegesfeier terminiert? Wer waren die patriotischen Einödshofer? Die Militärmusik fand zur Zeit an den Fronten statt.

Wie kamen die Einödshofer Patrioten in die Reichshauptstadt? Patriotismus und Einödshof — eine seltsame Zusammenstellung, was stand dahinter?
Vor Paris Kanonendonner, in Berlin große, öffentliche Siegesfeier übers Wochenende.
Margarete, das Großenhainer Gretchen des Husarenwachtmeisters Koch, der am Nachmittag des 5. September von seinem Patrouillenritt jenseits der Marne nach Bouzy, ins Biwak seines Regiments, heil zurückgekehrt war, traf an diesem sonnigen Sonntag in Berlin ein. Ihr Onkel arbeitete bei Siemens in Siemensstadt. Dort wollte er ihr Arbeit beschaffen. Die junge Frau wollte etwas tun, sie konnte nicht mehr im Korbstuhl in ihrem Großenhainer Haus herumsitzen, auf Feldpost aus dem Westen warten, die nicht eintraf. Sie wurde von ihrem Onkel auf dem Anhalter Bahnhof abgeholt. Der Onkel kaufte ihr das »Berliner Tageblatt«, sie nahm es und las zuerst: »Übernehme den Vertrieb von Kriegstrauerflor«. Darunter der Name einer Berliner Firma, und dabei eine schwarze Armbinde, in die ein Eisernes Kreuz eingewirkt war.
Es war eine Anzeige unter vielen, auf die zuerst ihr Blick gefallen war, aber sie würde sie nicht vergessen, nie mehr. Der Onkel hatte sich Urlaub genommen, um Gretchen abzuholen. Damals wurde sonnabends noch gearbeitet. Er mußte die verlorene Arbeitszeit abends nachholen.
»Du mußt nicht weinen«, sagte der Onkel. »Er wird sich schon melden.«
Da war es genau 3 Uhr nachmittags; in Bouzy meldete sich Franz William Koch beim Regimentsadjutanten zurück.
Sie wußten beim Ausmarsch im August, daß Welten sie nun trennen würden, aber die Einundzwanzigjährige hatte erst zu lernen, wie das aussah.
Als sie es endlich gelernt hatte, kam der zweite große Krieg, da mußte sie nichts mehr lernen, aber alles noch einmal erfahren.
Der Eintritt war immer frei für sie wie an diesem Septembernachmittag in die Arena des Admiralspalastes, zur »großen Siegesfeier«.

25. KAPITEL

Die offene Flanke der Deutschen

Der Kanonendonner vor Paris, den das »Berliner Tageblatt« am 5. September meldete, müßte am 4. September zu hören gewesen sein, wenn man die Zeit berechnet, die eine Nachricht braucht, um vom Tatort in die Berliner Redaktion zu gelangen. Aber dieser Kanonendonner umschrieb nur die Nähe der Deutschen vor der französischen Hauptstadt; eine Schlacht war noch nicht am 4. September ausgebrochen.
Doch dieser Tag, ein Freitag, an dem die 1. Armee dem Hauptquartier in Luxemburg über Funk mitteilte, sie habe die Grenze des Erträglichen erreicht — der Tag, an dem Generaloberst von Hausen, zu der gleichen Erkenntnis gelangt, den nächsten Tag zum Ruhetag für die Sachsenarmee an der Marne bestimmte —, brachte auf beiden Seiten, in Luxemburg und in Joffres Hauptquartier Bar-sur-Aube, jene Befehle hervor, aus denen die Marneschlacht hervorging.
In Luxemburg sagte Generaloberst von Moltke dem deutschen Außenminister Kurt Helfferich: »Unsere Vortruppen stehen 50 Kilometer vor Paris, aber wir haben in der Armee kaum noch ein Pferd, das noch eine andere Gangart als Schritt gehen kann.«
Wäre der deutsche Außenminister bei Klucks Armee gewesen, so hätte ihm ein Reserveoffizier sagen können: »Kaum ein Paar Stiefel, das noch hier und da einen Nagel aufweist, Herr Minister, die Sohlen sind papierdünn, noch ein paar Marschtage, meine Grenadiere werden barfuß laufen.«
Und dazu noch: »Ein dunkles Gefühl, Herr Minister, eine Beklemmung, wir können das nicht deuten. Wahrscheinlich mar-

schieren wir ganz allein hier herum, die Nachbararmee Bülow steht weit hinter uns. Stimmt es, daß die Artillerie Munitionsmangel meldet?«
Nicht diese Sorgen der Leute vorn, die den Engländern nachmarschierten, an Paris vorbei, hörte der Minister, aber Moltke faßte alles zusammen, was er wußte und ahnte:
»Wir wollen uns nichts vormachen. Wir hatten Erfolge, aber wir haben noch nicht gesiegt. Sieg heißt Vernichtung der Widerstandskraft des Feindes. Wenn sich Millionenheere gegenüberstehen, dann hat der Sieger Gefangene. Wo sind unsere Gefangenen? Einige zwanzigtausend in der Lothringer Schlacht, da noch zehntausend und dort vielleicht zwanzigtausend. Auch die verhältnismäßig geringe Zahl erbeuteter Geschütze zeigt mir, daß die Franzosen sich planmäßig und in Ordnung zurückgezogen haben. Das Schwerste steht uns noch bevor.«
Am Abend vorher, dem 3. September, hatte Moltke noch an seine Frau die Worte geschrieben: »Heute ist nichts Neues vorgefallen. Mit den Österreichern geht es schlecht, und wir können ihnen zur Zeit nicht helfen, müssen Gott danken, wenn wir mit unseren Gegnern fertig werden. Gott gebe, daß bald irgendein Ereignis in Rußland eintritt, das uns von den moskowitischen Massen entlastet.«
Es ist nicht überliefert, ob Helfferich sich die Lagekarten zeigen ließ, aber auch dann hätte er bemerkt, daß dieser Chef des Generalstabes eher ein Prophet war als ein Nachfolger des Moltke von Sedan oder Schlieffens. Denn diese Lagekarten waren nicht ganz auf dem laufenden; es gab damals noch nicht die Abendmeldung der Armeen nach oben mit der genauen Beschreibung der Linie, die sie erreicht hatten. »Es haben erreicht: 4. Armee Westrand Smolensk. Wetter: Heiß.« (Kriegstagebuch des Oberkommandos der Wehrmacht 14. Juli 1941).
Moltke wußte am 4. September in Luxemburg nicht, daß Kluck am 3. September seine Marschrichtung geändert hatte. Er wandte sich nicht mehr, mit seinem Hauptquartier in Compiègne, von Norden und Nordosten gegen das verschanzte Lager von Paris, in dem Gallieni die neue 6. Armee organisierte, sondern

er marschierte den Engländern nach, er schwenkte nach Süden und Südosten ein. Er bot Paris seine Flanke. Beobachtet wurde diese Schwenkung am Nachmittag des 3. September von französischen Fliegern, deren Meldungen Gallieni am Abend erreichten. Der Generalgouverneur von Paris ließ von seinen Mitarbeitern eine Karte mit diesen Fliegermeldungen bedecken. Für Gallieni war es nun klar, Kluck ließ von Paris ab, das er gegen ihn rüstete (aber er hatte seine Pariser nicht vergessen; das Weißbrot sollte weitergebacken werden wie bisher, warum sollten die zwei Millionen Pariser darben, während die achthunderttausend Bürger, die aus der Stadt geflohen waren, es sich gut sein ließen).
Es brannte Senlis im Norden, doch die Armeekorps nahmen die Richtung nach Südosten, gar Osten. Sie umgingen Paris. Sie boten Paris ihre Flanken.
Gallieni hat dann, folgerichtig, zu seinem Stabschef am Abend des 3. September gesagt: »Die Armee von Paris ergreift die Offensive gegen den rechten feindlichen Flügel.«
Und in Gallienis Memoiren heißt es dann: »Ich dachte also von diesem Moment an, die Offensive gegen den rechten feindlichen Flügel zu ergreifen, trotz der bestehenden Gefahren.«
Jetzt, im Gymnasium Victor Duruy — der Name Victor ist rein zufällig, aber er klingt wie eine Verpflichtung —, diktiert er seinem Stabschef General Clergerie: »Es ist in höchstem Grade wichtig, zu wissen, ob die Gegend nordöstlich von Paris evakuiert ist und ob sich die Armee, die auf Paris marschierte, in voller Stärke gegen den Ourcq und darüber hinaus wendet. Morgen am 4. September sind bei Tagesanbruch Flugaufklärungen in die folgenden Richtungen und auf die folgenden Routen zu entsenden...« Dann folgen Fluß- und Ortsnamen, darauf: »Diese Aufklärungen sind von wesentlicher Bedeutung, und ihr Ergebnis kann es gestatten, die Lage zu entscheiden. Der Generalgouverneur verlangt, daß sie mit größter Pünktlichkeit durchgeführt werden, und wünscht, die Nachrichten vor zehn Uhr morgens zu bekommen.«

Große Worte wie »die Lage entscheiden« gehören zu Befehlen, sie lassen die Untergebenen zwar im Unklaren über die Folgen, die sie erwarten, doch sie setzen Signale. Der Untergebene ahnt, daß etwas in Gang kommen soll, seine Ruhe wird gestört, ihn befällt Unruhe, wo wird er bei dieser Entscheidung seinen Platz finden?
Gallieni befiehlt auch, Kavallerieaufklärung vorzutreiben; die ersten Patrouillen können schon nachts abreiten; Flieger sehen nur am Tage.

Der Abmarsch der 1. Armee nach Südosten und Osten, um Paris rechts liegen zu lassen, war nicht eine Eigenmächtigkeit des Generalobersten von Kluck.
Am Abend des 2. September stand die 1. Armee in der Linie Creil—Senlis—Nanteuil—le Haudoin und la Ferté Milon im Norden und Nordosten von Paris. Diese Armee erwartete Gallieni, gegen sie sammelte er die 6. Armee des Generals Maunoury, mit der er allein sich im verschanzten Lager von Paris gegen die Deutschen wehren sollte. Die anderen französischen Armeen sowie die Engländer waren von Joffre hinter die Linie Juvisy (Südfront von Paris an der Seine) — Melun (an der Seine) — Pont sur Yonne—Nogent sur Seine—Arcis sur Aube—Brienne le Château (an der Aube) — Joinville (südwestlich von Toul) bestimmt worden, sie befanden sich dorthin auf dem Rückzug: drei französische Armeen und das englische Expeditionskorps.

Die Oberste Heeresleitung hatte in der Nacht vom 2. zum 3. September die Oberkommandos der 1. und 2. Armee angewiesen: »Absicht Oberster Heeresleitung, Franzosen in südöstlicher Richtung von Paris abzudrängen. 1. Armee folgt gestaffelt der 2. Armee und übernimmt weiterhin den Flankenschutz des Heeres.«
Diese Weisung wurde zu einer Zeit erteilt, da die 1. Armee der 2. Armee um einen Tagesmarsch voraus war. Sie konnte der 2. Armee nur gestaffelt folgen, wenn sie zwei Ruhetage einlegte. Am ersten Ruhetag wäre die 2. Armee mit ihr gleichauf

gewesen, am zweiten Ruhetag hätte Bülows Armee den nötigen Vorsprung gewonnen, damit am dritten Tag Kluck ihr gestaffelt, die rechte Flanke des Westheeres sichernd, folgen konnte.
Da aber der Generaloberst von Kluck der Ansicht war, daß dann ein Abdrängen des Gegners von Paris nicht mehr möglich wäre, weil Franzosen und Engländer diese Zeit ausnützen würden, hielt er sich nicht an die Weisung aus Luxemburg, sondern setzte die Verfolgung am 3. und 4. September fort, aber nun nicht auf Paris, das vor ihm lag — zwei Tagesmärsche entfernt der Eiffelturm, den seine Kavalleriespitzen schon zu sehen glaubten —, sondern nach Südosten mit den drei Armeekorps seines linken Flügels und der Masse seiner Kavallerie. Die beiden anderen Armeekorps staffelte er hinter seinem rechten Flügel mit dem Auftrag, zusammen mit Teilen des 2. Heereskavalleriekorps den Flankenschutz gegen Paris zu übernehmen.
Diese Bewegung entdeckten die französischen Flieger, und die Kavalleristen bestätigten diese Meldungen am Morgen des 4. September.
Klucks riesiger Heerhaufen, die stärkste deutsche Armee des Westheeres, wandte sich von den Einfallsstraßen nach Paris ab, kehrte dem verschanzten Lager die offene Flanke zu, nur ein Reservekorps, das IV. mit der 4. Kavalleriedivision, verhielt noch im Norden und Nordosten von Paris, bei Nanteuil-le Haudoin; dort blieb es allein, während die Masse der 1. Armee nach der Seine südlich von Paris drängte. Sie marschierte in südöstlicher Richtung zwischen Marne und Petit Morin, einem kleinen Fluß, der, ähnlich wie die Marne, aus seiner Idylle nun herausgeholt und in die Kriegsbücher eingetragen werden sollte.
General von Kuhl, Generalstabschef von Klucks 1. Armee, schrieb dazu später: »Den Befehl, der 2. Armee gestaffelt zu folgen, vermochte Generaloberst von Kluck nicht ohne weiteres zu befolgen, da er in dem Bestreben, den linken Flügel des geschlagenen Feindes zu umfassen, der 2. Armee nicht unbeträchtlich vorausgeeilt war. Der Gegner flutete nach einer nicht ganz zutreffenden Meldung der 2. Armee in voller Auflösung zu-

rück. Generaloberst von Kluck faßte den kühnen Entschluß, die letzte Gelegenheit, den Feind noch zu erreichen, auszunutzen. Er blieb voraus, überschritt am 3. September in bewußter Abweichung von dem Heeresbefehl die Marne und stieß dem weichenden Gegner in die Flanke. Die seit dem 3. September bei der Obersten Heeresleitung vorliegenden Nachrichten über Verschiebung feindlicher Truppen nach dem Westen waren dem Oberkommando der 1. Armee nicht bekannt geworden, auch waren ihm leider wichtige Fliegermeldungen über Truppenansammlungen nordöstlich von Paris nicht zugegangen.«

Kuhl, der dies im Jahre 1929 in Berlin-Steglitz schrieb, verteidigte damit seinen Oberbefehlshaber gegen das Hauptquartier in Luxemburg, und die Andeutungen gegenüber der Führung der 2. Armee, des Rivalen von Bülow, lassen erkennen, daß damals jeder machte, was er wollte. Kluck und sein Generalstabschef von Kuhl hatten durch diese Weisung erfahren, daß Paris aus den Operationen herausgenommen werden sollte, und sie waren darüber nicht unglücklich. Der Schlieffenplan hatte eine Umfassung von Paris von Westen her vorgesehen; dazu war Kluck in Gewaltmärschen in den Norden und Nordosten der Hauptstadt geeilt. Von Creil und Senlis hätte er, gestützt auf seine Reserven im Walde von Compiègne, westlich von Paris aufmarschieren können, um von dort, Paris nun in der linken Flanke statt wie jetzt in der rechten, nach Süden zu gehen, die Stadt von Westen her liegenlassend statt jetzt von Osten.

Aber da Bülow nicht nachgekommen war, nach Osten zu, in der Gegend von Reims, zurückhing — Bülow hatte am 31. August einen Ruhetag eingelegt, und auch jetzt ging er nicht forsch genug, sondern zögernd vor, obwohl man die ungeheuren Marschleistungen der Armee Bülows einbeziehen muß in diese Relativität aller Dinge im Kriege —, wollte Kluck nun Schlieffen östlich von Paris noch retten, den Plan am rechten Flügel des Westheeres doch noch einmal zusammenkitten, damit das Abdrängen der Franzosen gegen die Schweizer Grenze gelingen könnte. Von der Kampfkraft und der Stärke der Truppen in Paris hatte er keine Vorstellung. Er hielt sie für schwach; ihnen setzte er nur das IV. Reservekorps zur Beobachtung entgegen und etwas Kavallerie.

Moltke mußte mehr über die Armee von Paris wissen, er hatte Fliegermeldungen und Agentennachrichten; die Beklemmung, die ihn befallen hatte, entstand aus der Sorge um den rechten Heeresflügel, der alles erreichen und alles kaputt machen konnte.

Was sollte Kluck erreichen? Nach Schlieffen hatte er westlich von Paris nach Süden zu marschieren, die Hauptstadt aussparend; nach dem veränderten Schlieffenplan des Generalobersten von Moltke konnte er nur noch östlich von Paris, an Paris vorbei, sein Ziel erreichen, den Süden der Hauptstadt. Dort lag Melun. Drei große Hauptstrecken der Eisenbahn trafen in und bei Melun aus dem Süden und Südosten Frankreichs wie auf einen Trichter, der sie in die Hauptstadt hineinzog: die Strecke Belfort—Troyes—Paris, die Strecke Dijon—Sens—Melun—Paris, die Südroute Lyon—Nevers—Paris mit dem Abzweig Never—Bourges—Orléans—Paris. Gelänge es Klucks Armee, den Raum von Melun zu besetzen, dann wären alle weiteren Truppenverschiebungen mit der Eisenbahn für General Joffre nach Paris unmöglich geworden. Hatte nicht Joffre damit gerechnet? Er gab Gallieni den Oberbefehl über die 6. Armee des Generals Maunoury, die in Paris zusammengestellt wurde —, sie sollte Paris decken, er wollte sich an der Seine dem unaufhaltsam vorrückenden Gegner zum Kampf stellen.

»Das Gespenst von Paris durfte die 1. Armee solange nicht schrecken, als es nicht Fleisch und Blut annahm«, meinte der Chef des Generalstabes der 1. Armee, General Hermann von Kuhl. Kluck und Kuhl waren entschlossen, von dem Befehl der Obersten Heeresleitung abzuweichen und in den kommenden Tagen die Verfolgung des Feindes fortzusetzen. Am Abend des 4. September hatte die Verfolgungsgruppe seiner Armee die Gegend zwischen Doue—Rebais und Montmırail erreicht, während die Flankenschutzgruppe bei Meaux (II. A. K.) und Nanteuil-le-Haudoin (IV. Reservekorps mit unterstellter 4. Kavalleriedivision) stand.

Am 5. September sollte die Verfolgung an Paris vorbei in südlicher Richtung fortgesetzt werden. Die Masse der Armee, das IV., III. und IX. A. K., sollte die Linie Choisy—Esternay erreichen, das II. A. K. wurde auf den unteren Grand Morin angesetzt, die Gegend westlich Coulommiers, das IV. Reservekorps in Richtung Marcilly—Chambry gegen Meaux.

Es sah aus, als wollte Kluck nicht einmal das »Gespenst von Paris« zur Kenntnis nehmen, denn er hielt die 6. Armee des Generals Maunoury, die in der Gegend von Amiens und bei Senlis geschlagen worden war, für nicht mehr fähig, zu einer neuen Offensive anzutreten.

Man wußte zwar in La Ferté Milon, der kleinen Stadt an der Ourcq, in der Racine einst geboren wurde und die nun Kluck als Armeehauptquartier diente, daß die Franzosen bei Dammartin, nördlich von Paris, Vorposten stehen hatten, doch man war entschlossen, mit dem IV. Reservekorps an diesen Vorposten vorbei nach Süden weiterzumarschieren. Am 4. September hatte das Armee-Oberkommando seine Fliegerabteilung, ebenso wie das II. A. K. bei Meaux, fast ausschließlich zur Aufklärung nach Süden geschickt. Der Raum nordöstlich und nördlich Paris blieb daher von deutschen Fliegern fast gänzlich unbeobachtet. Daß Kluck ohne Rücksicht auf Paris nach Süden drängte, war sein Beitrag zur Auslösung der Marne-Schlacht.

Fliegermeldungen, die Kluck hätten warnen können, hatte es jedoch gegeben. Aber sie waren von dem II. Armeekorps, dem diese Meldungen von seiner Fliegerabteilung am 2. und 3. September zugingen, an das Armeeoberkommando nicht weitergeleitet worden. Zweieinhalb Armeekorps und eineinhalb Kavalleriedivisionen hatten die Flieger bei Senlis und Dammartin festgestellt, und am 4. September lag gegen Abend eine Meldung der Flieger des IV. A. K. vor, wonach westlich Dammartin französische Truppen entfaltet stünden.

Merkwürdig ist nun, daß Moltke in Luxemburg mehr wußte und Schlimmes ahnte.

Er wußte, daß Joffre Truppen mit der Bahn nach Paris transportierte, die er der bei Verdun stehenden Armee weggenom-

men hatte. Er ahnte, daß ein Gegenschlag aus Paris heraus geplant sei.
Er wußte nicht, daß diesen Gegenschlag Gallieni in Paris beabsichtigte, und er konnte nicht wissen, daß Joffre diesen Gegenschlag aus Paris nicht wünschte, ehe er nicht mit allen seinen Truppen aus der Defensive in die Offensive gehen konnte.
Joffres große Hoffnung, aus der schlimmen Kriegslage herauszukommen, bestand darin, den Gegner in einen Sack hineinmarschieren zu lassen, der tief nach Süden reichte, um dann, im richtigen Moment, den ein Feldherr spüren mußte, von Paris und Verdun aus anzugreifen, um das deutsche Westheer zu umfassen, einzukesseln, wie man es im nächsten Kriege nennen würde. Damals sprach man nur von einem »Sack«, in den der andere hineinrennen sollte, der dann oben zuzubinden sei, um den Sieg zu erringen.
Es ist vieles Moltke vorgeworfen worden, nachdem die Marneschlacht vorüber war, und es traf den Kern seiner Heeresführung. Aber eines kann man ihm nicht vorwerfen: daß er intuitiv die Lage beim Gegner nicht richtig erfaßte, als die Marne überschritten war. Er ahnte die Absicht des Gegners. Zur Charakterstärke eines Feldherrn hätte freilich gehört, daß er die Absicht des Gegners ausmanövrierte, sie unschädlich machte, indem er seinen einmal gefaßten Plan weiterverfolgte, alle Krisen in Kauf nahm und auf das Siegesgefühl vertraute, das zweifellos bei seinen Truppen vorhanden war, nicht bei den Franzosen.
Die Sorge um die eigene Flanke, die gegen Paris nun offen lag, durfte ihn weniger bekümmern als die Sorge um die Vollendung der Operation, die er im Sinne Schlieffens vorgesehen hatte, auch wenn er Schlieffen veränderte, nicht mit der Truppenübermacht auf dem rechten Heeresflügel nach Frankreich hineinmarschiert war, wie dieser es als Voraussetzung für das Gelingen gefordert hatte. Die Charakterstärke, das Mögliche zu wollen und dann durchzustehen wie Hindenburg und Ludendorff bei Tannenberg hatte Moltke nicht.
Deshalb stellte er am späten Nachmittag mit dem Chef seiner Operationsabteilung, dem General Tappen, in Luxemburg eine

neue Weisung und dazugehörige Begleitbefehle zusammen, die abends 7 Uhr 45 über Funk und Verbindungsoffiziere in Kraftwagen an die deutschen Armeen im Westen abgesandt wurden. Die Weisung und die Befehle trafen am nächsten Morgen bei den Armeen ein.
Diese Verzögerung — eine ganze helle Vollmondnacht lag zwischen der Absendung und dem Eintreffen der Funksprüche und Verbindungsoffiziere im Kraftwagen — verhinderte, daß die Befehle, die von der 1. Armee an die Armeekorps ebenfalls am Abend des 4. September erteilt worden waren, rechtzeitig angehalten werden konnten.
Es war, als führe hier jeder seinen eigenen Krieg. Die 1. Armee mußte abends die Befehle ausgeben, die Oberste Heeresleitung auch, aber die 1. Armee konnte durch ihr Nachrichtennetz, das eine kürzere Strecke für die Verbindungsoffiziere vorsah als die Entfernung Luxemburg—La Ferté Milon, schnell nach unten durchdringen, während die Funkstellen, wie die Funkeinrichtungen genannt wurden, von Luxemburg bis in Racines Geburtsort im Tal der Ourcq zu Kluck zwölfeinhalb Stunden brauchten, um diesen einen Befehl, den Moltke an Kluck gab, ankommen zu lassen:
»1. und 2. Armee verbleiben gegenüber Ostfront von Paris: 1. Armee zwischen Oise und Marne, Marneübergänge westlich Château-Thierry besetzend, 2. Armee zwischen Marne und Seine, Seineübergänge zwischen Nogent und Méry einschließlich besetzend.«
War es ein Märchen, das eine Nacht gebraucht hatte, um zu Kluck zu geraten, an das er niemals glauben konnte? Seine Armee stand nicht mehr zwischen Oise und Marne, sondern weit südlich dieses Flusses, mit einem Flankenschutz hart nördlich von Meaux, das auch an der Marne liegt.
Befolgte er diesen Befehl, dann mußte er sofort kehrtmachen, sich über die Marne nach Norden zurückziehen und die Marneübergänge als Brückenköpfe hinter sich zurücklassen. Würde Kluck aber dies nicht sofort tun, dann mußte seine Armee nach beendeter Schwenkung gegen Paris vor Bülows 2. Armee stehen,

und das war reiner Unsinn. Für ihn war es klar, daß Moltke in Luxemburg überhaupt nicht wußte, wo er stand, wie tief er schon nach Süden vorgedrungen war, und wie wenig er an eine unmittelbare Gefahr aus Paris heraus glaubte.
Kluck entschloß sich, zunächst noch die Verfolgung bis zur Seine weiterzuführen, die Rechtsschwenkung nach Paris aber erst am Abend dieses 5. September zu befehlen, so daß sie am 6. September begonnen werden konnte.
Über die Funkstelle des Armeeoberkommandos unterrichtete er die Oberste Heeresleitung von diesem Entschluß und bat um Einverständnis. Er wußte, daß er, bei der Schwerfälligkeit dieser Funkerei, mindestens einen Tag für den Vormarsch nach Süden gewinnen würde, und dann könnte alles ganz anders aussehen, als Moltke meinte.
So souverän fühlte sich damals ein Armeeführer auf deutscher Seite. Nur das IV. Reservekorps, das seine rechte Flanke notdürftig deckte, erhielt von ihm vormittags 9 Uhr einen neuen Befehl, die übrigen Armeekorps hatten ihre Befehle ja am Abend vorher erhalten, sie ließ er weiter im Vormarsch. Das IV. Reservekorps hatte den Vormarsch nach Süden einzustellen und die Deckung der Armeeflanke gegen Paris nördlich der Marne zu übernehmen. Die 4. Kavalleriedivision sollte hierzu unterstellt bleiben.
Es war das schwächste Korps, das die starke 1. Armee besaß; statt der 25 Infanteriebataillone, mit denen General der Artillerie von Gronau, der nun die Bühne des Dramas betreten sollte, ausgerückt war, hatte er noch 16 unter seinem Kommando, die anderen sicherten rückwärtige Verbindungen. Jede Infanteriebrigade besaß nur eine Maschinengewehrkompanie. Statt der 144 Feldgeschütze und 16 schweren Feldhaubitzen eines aktiven Armeekorps verfügte das IV. Reservekorps nur über 72 Feldkanonen. Die Reserve-Kavallerieregimenter hatten ein Pferdematerial, das erst zugeritten werden mußte, denn sie bekamen die Pferde bei der Mobilmachung zugewiesen. Dafür hatte man Infanteristen auf requirierte Fahrräder gesetzt, um Aufklärungsunternehmen durchführen zu können.

Die Reserve-Fernsprechabteilung 4 versorgte sich mit Draht, Bleikabeln, Apparaten, Batterien, die auf Behelfsfahrzeugen mitgeführt wurden. Das Gerät war in Belgien und Nordfrankreich erbeutet worden. Die Mobilmachungsausrüstung war nicht mehr vollständig. Flieger fehlten gänzlich.
Die Gefechtsstärke dieses IV. Reservekorps war ungefähr der einer aktiven Division gleichzusetzen.
Ein größeres Gefecht hatte das Reservekorps noch nicht erlebt, aber auch keinen Ruhetag. Fast 600 Kilometer war es vom Rhein über Brüssel und Amiens ins Vorfeld von Paris marschiert, am Morgen des 5. September waren die unteren Truppenführer ohne Kartenmaterial. Sie waren aus der Karte 1:80 000 »herausmarschiert«; denn die allen Truppen bei der Mobilmachung überwiesene Karte vom nordöstlichen Frankreich endete nördlich und östlich von Paris so, daß zum Gebiet südlich der Linie la Chapelle-en Serval—Nanteuil-le Haudouin—Mareuil-sur Ourcq—Sommelans—Beuvardes und westlich der Orte Verneuil (Marne), Chantemerle (südwestlich Sézanne) eine neue Karte nötig war, nicht mehr die der Gruppe I, sondern der Gruppe II; doch sie war bei dem schnellen Vormarsch nicht nachgeliefert worden.
Südlich und südöstlich von Nanteuil-le Haudouin stand jetzt dieses Reservekorps kartenblind vor dem befestigten Lager von Paris.
Dort wurde es allein gelassen, denn das II. A. K., das bisher bei Meaux gestanden hatte, marschierte, während Gronaus Reservekorps stehenblieb, nach Süden weiter. Die Weisung vom 4. September, die aus Luxemburg ergangen und erst am nächsten Morgen bei den Armeen eingetroffen war, gab folgende Lagebeurteilung Moltkes und seines Operationschefs Tappen:
»Der Gegner hat sich dem umfassend angesetzten Angriff der ersten und zweiten Armee entzogen und mit Teilen den Anschluß an Paris erreicht.
Meldungen und andere Nachrichten lassen ferner den Schluß zu, daß der Feind aus der Linie Toul—Belfort Truppen nach Westen befördert, sowie daß er vor der Front der dritten bis fünften

Armee ebenfalls Armeeteile herauszieht. Ein Abdrängen des gesamten französischen Heeres gegen die Schweizer Grenze in südöstlicher Richtung ist somit nicht mehr möglich.
Es muß vielmehr damit gerechnet werden, daß der Feind zum Schutz der Hauptstadt und zur Bedrohung der deutschen rechten Heeresflanke stärkere Kräfte in der Gegend von Paris zusammenzieht und Neubildungen heranführt. Die erste und zweite Armee müssen daher gegenüber der Ostfront von Paris verbleiben. Ihre Aufgabe ist es, feindlichen Unternehmungen aus der Gegend von Paris offensiv entgegenzutreten und sich hierbei gegenseitig zu unterstützen.«

Diese Lagebeurteilung mit den dazugehörigen Befehlen, die Kaiser Wilhelm II. unterzeichnete, wurde später oft als Ursache für den Ausgang der Marneschlacht bezeichnet. Die beiden Armeen auf dem rechten Heeresflügel wurden angehalten und mußten aus ihrer südlichen Vormarschrichtung in die Richtung gegen Westen, Paris, schwenken.
Die dritte Armee sollte nach Süden weiter marschieren (sie legte gerade am 5. September an der Marne ihren Ruhetag aus eigenem Ermessen ein), um Troyes zu erreichen. Dann würde man in Luxemburg sehen, ob man sie gegen Paris oder nach Osten weiterschicken sollte.
Die Deutschen blieben im Osten von Paris stehen, sie unterbrachen ihre stürmische Offensive, sie warteten auf einen Feind, der in Paris stecken sollte.
Von diesem Feind wußten sie wenig, und Joffre, der darauf wartete, daß Kluck tief in den Sack hineinmarschierte, den er für ihn offenhalten wollte, sollte nun sehen, daß Kluck ihm diesen Gefallen nicht tat. Doch Kluck befolgte die Weisung aus dem Hauptquartier nicht, er ließ am 5. September weiter nach Süden marschieren, er überhörte den Befehl Seiner Majestät des Kaisers.
Zwei Möglichkeiten standen für Kluck offen, nach diesem eigenmächtigen Entschluß, vor dem ihn Bülow, den er durch einen Verbindungsoffizier informieren ließ, warnte.

Kluck konnte, ein Prinz von Homburg, die Engländer vor Melun schlagen, die Front, die Joffre gegen die Deutschen aufbaute, endgültig zerreißen, die Briten aus dem Kriege werfen und eine Entscheidung herbeiführen, die an der Seine, nicht an der Marne sich vollendete (und Klucks Ehrgeiz, der an Besessenheit grenzte, es den Engländern heimzuzahlen, das zu vollenden, was seiner Armee in der Schlacht von Mons im August nicht gelungen war, als sie die Engländer schlug, aber nicht vernichtete, ließ ihn beinahe blind vor einem Gegner werden, der ihm entwischt war).

Oder er konnte damit scheitern, von den Franzosen, die wieder angreifen würden, in seiner offenen Flanke gefaßt zu werden, die unzureichend, fast sorglos von ihm dem schwachen IV. Reservekorps von Gronaus überlassen worden war, reif für das Verhängnis, das Moltke in Luxemburg für den rechten Heeresflügel fürchtete.

Joffre wartete auf Kluck. Er hatte nicht Gallienis Temperament, der ihn drängte, aus Paris heraus Kluck in der offenen Flanke anzugreifen, die 6. Armee Maunourys über Meaux nach Château-Thierry zu schicken, in die rückwärtigen Verbindungen der ersten und zweiten Armee hinein. Der französische Oberbefehlshaber wollte erst angreifen, wenn er ausreichend stark wäre; auf Abenteuer konnte er sich, mit den Deutschen vor Paris, nicht einlassen. Er war ein Mathematiker; er wollte den richtigen Zeitpunkt errechnet vor sich sehen, ehe er den Angriffsbefehl gab. Gallieni war ihm zu stürmisch, er konnte alles verderben.

Bevor in der Mittagsstunde des 5. September, eines Sonnabends, am äußersten rechten Flügel des deutschen Heeres die Marneschlacht beginnen wird, die General Joffre zu dieser Zeit noch nicht wollte, ist zurückzukehren in den Schulhof von Bar-sur-Aube, in das französische Hauptquartier.

Am 4. September abends 7 Uhr 45 hatte der Chef des Generalstabes des deutschen Feldheeres in der Luxemburger Schule seine Karte gezogen und auf das Schlachtfeld geworfen, das jetzt entstehen würde. Nicht viel mehr als eine Stunde später warf General Joffre die französische Karte, die zur Schlacht führte und Weltgeschichte machte.

26. KAPITEL

Gegen Russland defensiv

Fasziniert beobachtet Maurice Paléologue, der französische Botschafter in St. Petersburg, das jetzt Petrograd heißt, am Freitag, dem 4. September 1914, das Panorama des Krieges, das er überschauen konnte. Seine Botschaft ist das Scharnier der französisch-russischen Militärkonvention von 1892. In London wird über den Beitritt Englands zu dem Bündnis verhandelt, dieser Freitag soll den Abschluß bringen, dann verpflichten sich Frankreich, Rußland und England, keinen Separatfrieden zu schließen.

»Die Drohung, die über Paris schwebt«, schreibt er in sein Tagebuch, »erzeugt in der russischen Gesellschaft eine Strömung von Schwarzseherei. Man zweifelt nicht daran, daß die Deutschen mit stürmender Hand das verschanzte Lager von Paris erobern werden. Dann, sagt man, wird Frankreich gezwungen sein, sich zu ergeben. Daraufhin wird sich Deutschland mit seiner ganzen Macht auf Rußland stürzen.«

Er will das für die Nachwelt festhalten, damit ihm keiner vorwerfe, er habe die Stimmung in St. Petersburg nicht erfaßt, er sei, während um Paris gekämpft wurde, schlecht informiert gewesen. Der Fall von Paris, das ahnte er, würde die Russen in ihrem Glauben bestärken, daß der Zar dem Unglück geweiht sei, und die Folgen wären unabsehbar in diesem Lande. Aber würde denn England, wenn Klucks 1. Armee in Paris einmarschierte, noch dem französisch-russischen Bündnis beitreten, zumal sein Expeditionskorps von den Deutschen geschlagen irgendwo im Süden der französischen Hauptstadt bereit war, zu den Häfen zu marschieren, um den Kontinent zu verlassen?

Könnte der Krieg, den er hier als Vermittler der französischen Wünsche an Rußland, als Diplomat und Franzose erlebte, in Kürze vorüber sein?
Er blätterte im Tagebuch zurück und las, was er am 3. September eingetragen hatte. Ihm klang es, als schwebe in seinen Worten die Ungeduld, besiegt zu werden, über das für ihn unsichtbare Schlachtfeld in Frankreich:
»Von den Vogesen zur Oise setzen die sieben deutschen Armeen, ein gewaltiger stählerner Leviathan, ihren alles umschließenden Vormarsch fort, mit einer Marschgeschwindigkeit, einer Vollendung des Manövrierens, einer Stoßkraft, von der noch kein einziger Krieg einen Begriff gegeben hat. Augenblicklich ist die Linie der französischen und englischen Armeen von Osten nach Westen folgendermaßen begrenzt: Belfort, Verdun, Vitry-le-François, Sézanne, Meaux, Pontoise.«
Was sollte Joffre diesem Leviathan noch entgegensetzen?
Was konnte es noch nützen, daß Moltke zwei Armeekorps aus dem Westen abgezogen hatte, um sie nach Ostpreußen zu bringen? Der Leviathan hatte nichts von seiner Gefährlichkeit eingebüßt, die Niederlage war gewiß. Konnte man ihr mit Vaterlandsliebe begegnen, mit Patriotismus in den Arm fallen? Bewahrte jedermann in den obersten Rängen der französischen Republik Kaltblütigkeit?
Am 2. September hatte ihm General Bielajew, Generalstabschef der Armee im Kriegsministerium, gesagt: »Ich stehe Ihnen dafür ein, daß der deutsche Generalstab nicht darauf gefaßt war, uns sobald auf den Plan treten zu sehen. Er glaubte, daß unsere Mobilmachung und unsere Konzentration viel mehr Zeit beanspruchen würden; er hatte berechnet, daß wir an gar keinem Punkte vor dem 15. oder 20. September die Offensive ergreifen könnten, und er glaubte, daß es ihm bis dahin gelingen würde, die französische Armee aus dem Kampfe auszuschalten.«
Hatte Bielajew das gesagt, um sich reinzuwaschen von dem Vorwurf, die Armee Samsonows zu schnell nach Ostpreußen hineingetrieben zu haben, in die Vernichtung, den General in den Selbstmord? Wollte er ihm, dem Franzosen, die Verantwortung

für alles zuschieben, was nun in Rußland geschehen würde? Paléologues Art, den Russen drohend oder auch nur traurig – vielleicht auch zynisch – vorzuwerfen, daß sie ihre Truppen schlecht einsetzten, den Marsch nach Berlin nicht anträten, verdiente von Bielajew eine Zurechtweisung, und diese hatte er bekommen.
Die Gefährdung des französisch-russischen Bündnisses mußte auf dem Schlachtfeld verhindert werden; der Botschafter wußte, wie zerbrechlich diese Allianz war.
Er dachte an das Jahr 1905, an Björkö. Die geheimen Papiere über dieses Ereignis, das wie ein Alptraum für die französische Diplomatie gewesen war, hatte er oft studiert. Er kannte sie auswendig, und er wollte ihren Inhalt immer vor Augen haben, wenn er mit den Russen verhandelte. Auf seiner Jacht »Hohenzollern« der deutsche Kaiser, mit ihm jener General von Moltke an Bord, der jetzt Chef des Generalstabes des deutschen Heeres ist; die Jacht kommt aus Schweden, sie sollte nach Gotland, aber dann verschwand sie aus den Augen unserer Agenten. Am 22. Juli, es war noch hell, lief sie in eine Bucht des Finnischen Meerbusens ein, flache einsame Ufer, mit dürren Tannen bestanden, felsige Höhen dahinter, kein menschliches Wesen zu sehen, ein grauer Sommerhimmel, graues Wasser, unendliche Einsamkeit. Der Botschafter bewunderte die lyrische Ortsschilderung, sie machte auf ihn Eindruck. Das zweite Schiff in der Bucht, der »Polarstern« mit dem Zaren an Bord: der deutsche Kaiser traf sich in tiefster Verschwiegenheit mit dem russischen Zaren, der in großen Schwierigkeiten wegen des Krieges in Fernost steckte.
Diese Lage wollte Wilhelm II. ausnützen. Er schlug dem Zaren ein Bündnis zwischen Deutschland und Rußland vor. Dieser gegen England gerichtete Vertrag sah den späteren Beitritt Frankreichs vor, des Landes, mit dem Rußland durch die Militärkonvention von 1892 verbündet war. Die russische Regierung sollte sich verpflichten, die nötigen Schritte zu unternehmen, um die Unterschrift der französischen Regierung zu erlangen.
Nikolaus II., überwältigt von der Beredsamkeit des Kaisers, aber auch gedemütigt durch die schlechte Lage im russisch-japa-

nischen Fernostkrieg, unterschrieb sofort. Er fragte seinen Außenminister, den Grafen Lambsdorff, der in St. Petersburg geblieben war, nicht um Rat.
Als der deutsche Kaiser darauf drang, auch sofort den Vertrag gegenzeichnen zu lassen, rief der Zar seinen alten Vertrauten, den Marineminister Admiral Birilew, der sich an Bord befand, und befahl ihm, seinen Namen unter den Vertrag, den beide Herrscher schon unterschrieben hatten, zu setzen. Tschirschky, der deutscher Staatssekretär im Ministerium für auswärtige Angelegenheiten werden sollte, hatte dort schon für die deutsche Seite unterschrieben.
Damit der russische Admiral nicht merkte, was hier gespielt wurde, ließ der Zar Birilew den Text des Vertrages nicht lesen, er verdeckte ihn mit der Hand; Birilew unterschrieb.
Der Aufstand des Jahres 1905 war nun niedergeschlagen worden; es herrschte wieder Ruhe im Zarenreich. Der Zar soll ernst, aber nicht gebrochen ausgesehen haben, berichteten die Agenten, als er den Kaiser traf. Er sprach mit dem Kaiser deutsch, auch mit Moltke und der ganzen Begleitung. Die früher gegenüber den Deutschen so hochmütigen Russen wären nur noch freundlich gewesen, es habe eine fast märchenhafte Stimmung geherrscht, als der Zar sich mit den Deutschen versöhnte.
»Man greift Rußland nicht an, es ist kein Staat, dem man den Krieg erklärt, es ist ein Kontinent«, hatte der Zar wiederholt gesagt.
Hellmuth von Moltke, der an diesem 4. September 1914 in Luxemburg über der Generalstabskarte saß, um die neue Weisung an seine Armeen auszugeben, hatte über die denkwürdige Begegnung von Björkö am 26. Juli 1905 an seine Frau geschrieben; Paléologue konnte nicht wissen, was Moltke mitzuteilen hatte, aber es ist hier einzufügen: »Und dann am Nachmittag des zweiten Tages Abschied, Salut, Umarmung, Dank und abermals Dank, daß der Kaiser gekommen ist — vom Zaren ausgedrückt. Die Schiffe dampfen langsam an, fahren eine Zeitlang nebeneinander her, die Kaiser stehen auf Deck, winken und grüßen, die Klänge der russischen Nationalhymne und das

›Heil dir im Siegerkranz‹ mischen sich. Vor uns steht riesengroß und dunkel wie die Sphinx die Frage: Was wird die Folge dieser Stunden sein? Wir drehen das Seil der Politik, dessen Ende sich im Finstern der Zukunft verliert und das unser Vaterland mit seinen sechzig Millionen Menschen dem Unbekannten entgegenführen wird. Gebe Gott, daß es zu seinem Heil ist.«
Vereitelt wurde das Ergebnis des geheimen Treffens von Björkö schnell und gründlich. Als der Zar nach der Rückkehr in Zarskoje-Selo dem Grafen Lambsdorff der Vertrag vorlegte, konnte der russische Außenminister nur den Zaren auf die Ungeheuerlichkeit des begangenen diplomatischen Fehlers hinweisen. Der Zar würde niemals die Franzosen in ein Bündnis hineinbringen, das er mit Deutschland abgeschlossen habe. Ein Bündnis gegen England war für Frankreich unannehmbar. Graf Lambsdorff wurde bald von dem Ministerpräsidenten Grafen Witte unterstützt, der aus Portsmouth heimkehrte, wo er soeben den Friedensvertrag mit Japan unterzeichnet hatte.
Witte war ein Anhänger eines Dreierbündnisses zwischen Frankreich, Deutschland und Rußland, aber er war zu klug, um nicht zu wissen, wie diese Eigenmächtigkeit des Zaren von der Regierung in Paris ausgelegt werden könnte.
Er sprach, wie Lambsdorff, gegen den Vertrag, wobei beide unterstützt wurden durch die Mitteilung des russischen Botschafters in Paris, Nedilow, daß die Franzosen niemals in ein Bündnis mit Deutschland einwilligen würden, das gegen England gerichtet sei.
Nikolaus II. sah sich gezwungen, seine Unterschrift zu verleugnen. Der russische Botschafter in Berlin, Graf Osten-Sacken, hatte der deutschen Reichskanzlei zu erklären, daß die russische Regierung den Vertrag von Björkö als unwirksam betrachte, da eine der wichtigsten Klauseln, der Beitritt Frankreichs, als unausführbar erkannt worden wäre.
Das Telegramm, das Wilhelm II. dem Zaren am 12. Oktober 1905 schickte, als er sah, daß sein Traum zerstört war, kannte Paléologue an diesem Septembertag in Petrograd nicht, es entging seinen Agenten: »Wir haben einen Handschlag getauscht,

wir haben vor Gott, der unseren Schwur gehört hat, unterschrieben. Ich schätze daher, daß der Vertrag durchaus verwirklicht werden kann. Wenn Du in den Einzelheiten einige Änderungen wünschst, dann schlage sie mir vor. Aber was unterschrieben ist, ist unterschrieben: Gott ist unser Zeuge!«
Der Alptraum von Björkö, der die französische Bündnispolitik mit Rußland bedrückt hatte, hielt an, obwohl der Anlaß bald vergessen wurde: die Begegnung der beiden Kaiser, die zu einem Vertrag führte, der den Ersten Weltkrieg (und damit auch den Zweiten Weltkrieg) hätte verhindern können.
Paléologue, der darüber jetzt nachsann, wußte nicht, daß der Plan zum Zweifrontenkrieg, den die Deutschen jetzt verwirklichen wollten, unmittelbar nach der Begegnung von Björkö und dem Scheitern des Vertrages entworfen wurde. Die Denkschrift des Grafen Schlieffen vom 31. Dezember 1905 mit dem Titel »Krieg gegen Frankreich«, bald von einem Unbekannten als Schlieffenplan bezeichnet und so in die Geschichte eingegangen, zeigt auch die Bemühung des an diesem Tage aus dem Amte scheidenden Chefs des deutschen Generalstabes, die Folgen von Björkö vorauszusehen, die aus dem Zweifrontenkrieg entstehen sollten, falls Deutschland in einen Krieg verwickelt würde. (Das Original der Denkschrift ist bei der Bombardierung Potsdams am 14./15. April 1945 verbrannt, es existiert heute nur noch eine Abschrift, die Reichswehrminister Groener im Jahre 1930 herstellen ließ.)
Sein Nachfolger Moltke konnte das mächtige, dunkle Zarenschiff nicht vergessen, das in graue, neblige Ferne seinen Augen entschwand, und auch nicht die Frage der Sphinx: Was wird die Folge dieser Stunden sein?
Der französische Botschafter am Hofe des Zaren, der am Vormittag des 4. September 1914 einen seiner Agenten empfangen hatte, der ihm sehr düster die Stimmung am Zarenhofe malte, trug in sein Tagebuch ein: »Ein Gespräch, das ich mit einem meiner geheimen Kundschafter führte, klärt mich nur allzu gut auf. Der Kerl ist verdächtig, wie alle Leute seines Berufes, aber er weiß genau Bescheid über alles, was vorgeht und was in der

Umgebung des Herrscherpaares gesagt wird. ›Wir sind Russen, Exzellenz‹, sagte er, ›und infolgedessen abergläubisch. Ist es nicht klar, daß dem Zaren Unglück beschieden ist?‹ Dann zählt er mir die unglaublich lange Reihe von Unfällen, Enttäuschungen, Schicksalsschlägen, Katastrophen auf, die seit 19 Jahren die Regierung Nikolaus' II. begleiten.«
Der Botschafter will sich jetzt ablenken von der Lage vor Paris, von dem Warten auf das Telegramm aus London, das ihm mitteilen wird, daß die Tripelallianz zwischen Frankreich, England und Rußland endlich unterzeichnet sei; er schreibt auf, was ihm sein Agent am Vormittag aufgezählt hat:
»Die Reihe beginnt mit den Krönungsfeierlichkeiten auf dem Felde von Chodynsky in der Nähe von Moskau, wo 2000 Muschiks im Gewühl erdrückt wurden. Einige Wochen später begibt sich der Kaiser nach Kiew: Vor seinen Augen geht ein Schiff unter, auf dem 300 Zuschauer stehen. Nach einigen weiteren Wochen sieht er, in seinem Eisenbahnzuge, seinen Lieblingsminister, den Fürsten Lobanow, plötzlich sterben. Indem er unter der fortwährenden Drohung der Anarchistenbomben lebt, wünscht er sich glühend einen Sohn, den Zarewitsch; vier Töchter werden ihm der Reihe nach geboren, und als Gott ihm endlich einen Thronerben gewährt, trägt dieses Kind den Keim eines unheilbaren Leidens mit sich. Seine Gattin ist eine unglückselige Neurotikerin, die ewige Aufregung und Unruhe um sich verbreitet. Nachdem er vom Reich des ewigen Friedens auf Erden geträumt hat, wird er durch einige Ränkeschmiede an seinem Hof in den japanischen Krieg gedrängt; seine Armeen werden in der Mandschurei geschlagen, seine Flotte wird in den chinesischen Gewässern versenkt. Dann beginnt ein mächtiger Revolutionswind durch Rußland zu wehen; Aufstände und Metzeleien folgen einander, ohne Unterbrechung, in Warschau, im Kaukasus, in Odessa, Kiew, Wologda, Moskau, in den baltischen Provinzen, in Charkow, St. Petersburg, Kronstadt; die Ermordung des Großfürsten Sergius Alexandrowitsch eröffnet den Reigen der politischen Morde. Und als sich der Sturm kaum gelegt hat, fällt Ministerpräsident Stolypin, der ein Retter Ruß-

lands zu werden versprach, eines Abends im Kiewer Theater, vor der kaiserlichen Loge, unter den Revolverschüssen eines geheimen Polizeiagenten.
›Sie werden zugeben, Exzellenz, daß der Zar dem Unglück geweiht ist, und daß wir ein Recht haben, zu zittern, wenn wir an die Aussichten denken, die dieser Krieg uns eröffnet.‹«
Hier setzt er ab, blättert zurück, liest die Eintragung vom Vortag über den gewaltigen stählernen Leviathan, und findet, nachdem er wieder die Wahl seiner Worte bewundert hat, das andere, das er, sich selbst zum Trost, am 3. September nachgetragen hat:
»Glücklicherweise ist der Erfolg der Russen in Galizien ein glänzender: Sie sind gestern in Lemberg eingezogen. Der Rückzug der Österreicher und Ungarn hat den Charakter einer wilden Flucht angenommen. Seit dem 17. August sind die Russen, die von der Linie Kowel—Rowno—Proskurow ausgingen, um 200 Kilometer vorgeschritten. Dabei haben sie 70 000 Mann gefangen und 300 Kanonen erobert. Auf der Front Lublin—Cholm leisten die Österreicher und Ungarn noch Widerstand.«
Das gibt ihm Trost, er braucht Trost.
Doch später, auf dem Wege zu den Inseln, den er immer gern macht, um die rasch abnehmende Abendwärme des russischen Spätsommers zu spüren, die ungeheuere Weite des Himmels, diese nordische Verzauberung, in der die frühe Kühle mit der späten Wärme konkurriert, so daß jeder Abend eine andere Temperatur zu haben scheint, doch mit den klaren Weitblicken, die man hier im Norden hat, und der Abwesenheit vom Lärm des Tages (nur die Kutschen mit den Offizieren und ihren Damen gibt es noch; er ist erstaunt, daß die Russen sich diese Oberflächlichkeit bei der Mobilisierung vor seinen Augen zu leisten vermögen, man könnte vor ihm das doch wenigstens verbergen) — später sind es wieder die französischen Angelegenheiten, die ihn bedrängen, der Kanonendonner vor Paris, die Regierung in Bordeaux, und alles in der Hand weniger Generale, die diese Deutschen nun auf dem Hals haben.
Er hat ihnen die Samsonow-Armee zur Hilfe geschickt; Hinden-

burg und Ludendorff begruben sie in Ostpreußen. Rennenkampffs Armee wird Samsonows Armee ersetzen, der Großfürst Nikolai Nikolajewitsch hat versprochen, sie Revanche für Samsonow in Ostpreußen nehmen zu lassen an diesen Deutschen.
Es könnte zu spät sein, wenn sie stattfindet, diese Revanche. Paris vor dem Fall, Kluck empfangen im Stadthaus, der Triumphbogen in deutscher Hand, möglich ist alles. Und es könnte jetzt schon eintreten oder gar eingetreten sein, während er die Newa betrachtet, den Himmel über St. Petersburg, diesen nordischen Spätsommerabend.
Nicht mehr Bagration darstellen, die stoische Entgegennahme von Unglücksmeldungen, Paléologue ist jetzt ganz allein. Er hat keine Haltung zu bewahren, er muß nicht den Russen vorzeigen, daß Frankreich siegen wird, daß es auch trotz der deutschen Armeen vor Paris noch als Sieger aus dem Krieg hervorgehen muß. Ihm steht jetzt Blaise Pascal zur Verfügung, sein Wort von dem Schilfrohr, das der Mensch ist, das schwächste der Natur. Er sagt es vor sich hin: »Aber er ist ein denkendes Schilfrohr, es ist nicht nötig, daß das ganze Weltall sich waffne, ihn zu zermalmen. Ein Dampf, ein Wassertropfen genügen, ihn zu zermalmen.«
Er sieht sich um, niemand kann ihn hören, er sagt noch: »Unsere ganze Würde besteht also im Gedanken.«
Als er in die Botschaft zurückgekehrt war — es war dunkel, nicht mehr dämmerig wie an den Vorabenden; der Winter würde bald kommen im Norden —, fand er zwei Telegramme auf seinem Schreibtisch.
Das erste Telegramm kam aus London und bestätigte den Abschluß des Vertrages, durch den Frankreich, England und Rußland sich verpflichteten, keinen Separatfrieden abzuschließen.
Das zweite Telegramm kam aus Rom. Dort war am 4. September, also heute, der Kardinal della Chiesa zum Papst gewählt worden. Er nahm den Namen Benedikt XV. an.
In sein Tagebuch schrieb er noch: »Seit den fernen Zeiten Gre-

gors VII. hatte sich dem Stellvertreter Christi keine so herrliche, hervorragende Rolle geboten.«

Der französische Botschafter in Petrograd dachte an diesem Abend an den neuen Papst als Friedensstifter.

27. KAPITEL

Joffres Gegenschlag

Auf der Höhe der Krise, am 4. September 1914, denkt General Joffre an den Sieg. Er hat, wie sein Gegenspieler Moltke in Luxemburg, eine Schule (in Bar-sur-Aube) bezogen, am Nordostrand der kleinen Stadt, die an der Nationalstraße 19 liegt, von der Chaumont an der oberen Marne über Troyes mit Paris verbunden wird.
In dieser Jahreszeit, bei einem langanhaltenden meteorologischen Hoch, mißt man auf dem kleinen Marktplatz 50 Grad in der Sonne, und im spärlichen Schatten der neun Linden, die im Schulhof in einer Dreierkolonne emporwachsen, sind es immer noch 41 Grad.
Die Ecole Arthur Bureau ist klein, einstöckig wie die meisten Häuser der Stadt mit ihren engen Straßen. Es ist ein ländlicher Ort mit Weinhändlern, anderen Kaufleuten und Landwirtschaft. Die enge Straße, an der die Schule steht, etwas zurück im Hof, mit einem Vorplatz, den nach außen ein hoher Eisenzaun mit stilisierten Lanzenspitzen abschließt, wird später den Namen des Marschalls Joffre tragen, aber Wegweiser führen nicht zu ihr. Dieser historische Ort ist sechzig Jahre später etwas abwesend im Bewußtsein der Menschen, es hat andere Orte, näher an dieser Zukunft liegende Schauplätze gegeben, die für den Fremdenverkehr wichtig und für die Erinnerung wertvoll werden sollten (von Bar-sur-Aube sind es nur 15 Kilometer nach Colombey-les deux-Eglises, zu General de Gaules Wohn- und Sterbeort, dem Hügel mit dem riesigen Lothringer Kreuz).
Bei Bar-sur-Aube hatte am 27. Februar 1814, hundert Jahre vor jenem Sommertag des Jahres 1914 mit Joffre zurückgerech-

net, das Hauptheer der Alliierten unter dem Fürsten Schwarzenberg die napoleonischen Marschälle Oudinot und Macdonald geschlagen. Der russische Zar Alexander I. und der preußische König Friedrich Wilhelm III. hatten hier Quartier bezogen, in einem Landhaus etwas abseits der Stadt, in dem nun Joffre wohnt. Versteckt in einem kleinen Park war es gerade so hoch gelegen, daß man von ihm ins Tal der Aube blicken konnte, zu den Kirchtürmen der Stadt, die Behagen anzeigen, Besitz und Frieden, was man beides nicht verlieren mochte.

Von hier aus waren die Monarchen 1814 nach Paris weitergeritten, in das sie einen Monat später einzogen.

Joffre war am 4. September 1914 nicht auf Reminiszenzen aus. Er stellte sich nicht vor, daß er sich nun in ähnlicher Lage befände wie einst Kaiser Napoleon oder auch nur dessen beide Marschälle Oudinot und Macdonald, die hier geschlagen wurden, und daß er die Ehre Frankreichs wiederherzustellen habe von diesem Ort aus, der hundert Jahre vorher die Niederlage des Kaisers gesehen hatte.

Das heißt nicht, daß er jetzt nicht spürte — weil auch die Regierung weitab in Bordeaux saß —, das Schicksal Frankreichs in seiner Hand zu halten, etwas Phantastisches, das sich nicht korrigieren ließ, wenn er etwas Falsches unternähme. Seine natürliche Schweigsamkeit, die um ihn eine Sphäre des unmittelbaren Respektes bei seinen Untergebenen legte, die Unnahbarkeit, die dieser Sohn einfacher Leute verbreitete, gehörten zu seinem Wesen und Rang, und die Legende, die sich später seiner Person bemächtigte, schob ihm auch zu, er habe nie telefoniert, weil er persönlich unnahbar sein wollte und nicht aufschreckbar durch eilige, hitzige Telefongespräche. Die Wahrheit ist, daß dieser General sehr penibel war, auf schriftliche Unterlagen Wert legte, seine Gedanken schwarz auf weiß auf Papieren geordnet vor sich ausgebreitet sehen wollte, damit sie greifbar blieben — auch für die Historie, in der er jetzt schon, ganz gleich, ob im Guten oder im Bösen, Fuß gefaßt hatte.

Frankreichs Städte sind mit Erinnerungen an blutige Siege und Niederlagen verbunden; das Land ist von Friedhöfen übersät, in denen Opfer der Kriege ruhen, die diesen Teil Europas überzogen haben. Es gibt schöne und schreckliche Mahnmale, in denen sich die vielen Kriege manifestieren, und Erinnerungstafeln sind anzutreffen wie Bojen an einer Schiffahrtsstraße; einige blitzen auf, andere schreien oder scheinen zu weinen, viele bleiben stumm; sie markieren nur den Weg, den die Geschichte nahm. Ein halbes Jahrhundert nach 1914 und noch einige Jahre dazu erkennt der Besucher der kleinen Schule in der Rue du Maréchal Joffre in Bar-sur-Aube die kleine Tafel in Eisenguß (vielleicht aus Kanonenkugeln gegossen) in Augenhöhe neben dem Haupteingang mit der Inschrift:

>»le 6. Sept. 1914, du matin
>au moment on s'engage une
>bataille dont depend
>Bataille de la Marne
>Ordre concu,
>Preparé, donne
>dans cette école
>par le Géneral Joffre
>Generalissime
>Honneur patrie
>1914—1918«

Der Besucher aus Deutschland fand auf dem Marktplatz einen Jungen, den er nach der Straße Joffres fragte; auf dem Moped fuhr der Junge dem Besucherwagen voran, um ihn in diese abgelegene Straße zu bringen. Auf dem schmalen Gehweg stellte der Deutsche seinen Wagen ab und betrat den Schulhof, der streng und leer aussah, aber neben der Eingangstür die Tafel trug, in der die Geschichte eingefroren war — auch die Geschichte jenes Freitags, des 4. September 1914. Es war sehr still; die großen Lastwagen, die auf der Nationalstraße 19 durch den Septembertag donnerten, hielten sich in gebührender Entfernung, es war nur ein dumpfes Grollen zu hören wie von einer fernen Artillerieschlacht.
Zwei Schulen, Joffres Knabenschule in Bar-sur-Aube, Moltkes

Schule in Luxemburg, waren an diesem Tag die gleichwertigen Gehäuse für die Ausfertigung von Befehlen, die Abwägung der Lage, das Eintreffen von Meldungen.
Sie hatten die Feldherrenhügel zu ersetzen, von denen früher die entscheidenden Befehle ergingen; sie waren klein und unbedeutend, keine hervorragend gewählten Aussichtsplätze. Die Augenzeugenberichte über den Vormittag des 4. September in der Schule von Bar-sur-Aube widersprechen sich nur unwesentlich. Es waren keine Kriegsberichterstatter dabei, als im 3. Büro des französischen Generalstabes die Lagekarte beurteilt wurde, die sich am Morgen ergeben hatte. Von Kriegsberichterstattern in Joffres Stab oder bei Maunoury, Franchet d'Esperey, Foch ist nichts bekannt; man umgab sich auch nicht mit Tagebuchführern und Geschichtsschreibern.
Die zivile Welt der Beobachtung, der Anteilnahme oder Kritik lag weit hinter diesen Stäben. Bei den Deutschen sah es nicht besser aus. Die acht Kriegsberichterstatter in Moltkes Hauptquartier erfuhren kaum etwas und unterstanden der Heereszensur. Der Krieg war damals noch sich selbst genug.
Es gab unterschiedliche Meinungen im französischen Stab. In Paris hatte General Gallieni den Abmarsch der Armee Kluck nach Südosten, über die Marne an Paris im Osten vorbei, herausgefunden, er wollte die 6. Armee, die notdürftig wieder ausgerüstet, kaum mit Ersatz versehen und überhaupt noch nicht vollständig war, gegen die rechte Flanke von Klucks Armee aufmarschieren lassen (das IV. Armeekorps befand sich noch auf der Bahn zwischen Toul und Paris im Antransport).
Joffres Stellvertreter in Bar-sur-Aube, der Operationschef General Berthélot, ein beleibter Mann in abenteuerlicher Uniform — die Füße statt in Stiefeln in Pantoffeln — möchte abwarten und einmal mit starken Kräften einen Stoß in die Mitte des rechten Heeresflügels der Deutschen riskieren, um die Front zu entlasten.
General Joffre wünscht die Gelegenheit herbei, in der er stark genug wäre, von Verdun aus die Armee des Kronprinzen und die Armee des Herzogs von Württemberg zu durchstoßen und

mit seinem linken Flügel aus Paris heraus den rechten deutschen Flügel zu umgehen, damit sich die beiden Zangenarmeen hinter den deutschen Armeen träfen und den Sack zubänden, in den die Deutschen hineinmarschiert waren.
Große Perspektiven braucht der Feldherr. Er hat dafür um so weniger Alternativen, wenn er in der fatalen Lage Joffres ist, der gerade mit Mühe seine Truppenteile an der Seine sammeln läßt.
Bei Joffre liegt die Entscheidung, und er ist an diesem Tage auf der Höhe seines Lebens. Nie wieder wird er die Chance erhalten, im Bewegungskrieg die Schwäche des Gegners ausnutzen zu können, und er weiß, daß jeder Befehl, den er heute herausgeben wird, unabsehbare Folgen haben wird.
Moltke in Luxemburg quält an diesem Tag seine eigene Unsicherheit, auch die Einsicht in sein Unvermögen, der große Feldherr zu sein, der sein Onkel war. Aber Moltke ist noch mit seinen Armeen auf der Straße des Sieges, des Vormarsches mindestens. Joffre quält nichts, es sei denn, ihn quälen die Leiden

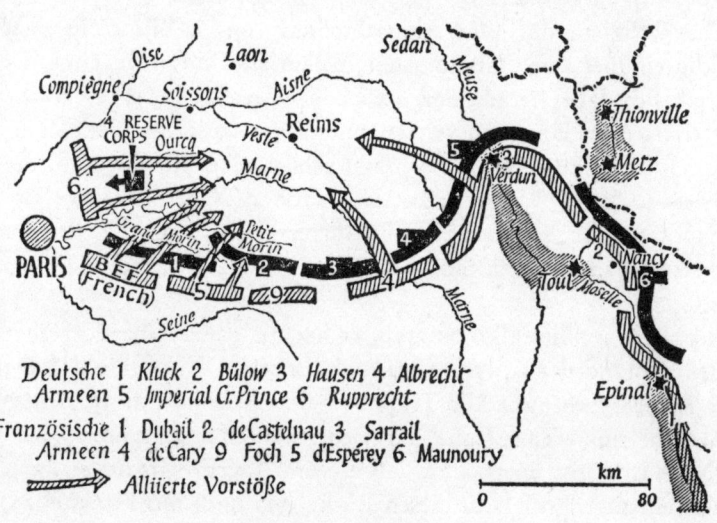

Deutsche 1 Kluck 2 Bülow 3 Hausen 4 Albrecht
Armeen 5 Imperial Cr.Prince 6 Rupprecht
Französische 1 Dubail 2 de Castelnau 3 Sarrail
Armeen 4 de Cary 9 Foch 5 d'Espérey 6 Maunoury
▱▱▱▱▷ Alliierte Vorstöße

Joffres Plan für die Schlacht an der Marne

seiner Soldaten. Aber davon ist nichts zu erfahren aus dem Kreis seiner Offiziere. Joffre hat seine Kraft aufgespart für diesen einen Tag, und er wird ihn nützen, obwohl dies, da er gut genützt wurde, erst später gesagt werden durfte. Denn im Augenblick hilft nur das Warten auf eine für die Franzosen und Engländer günstige Situation, die von den Deutschen ihnen geliefert werden muß.

Kluck lieferte sie, der Mann, über dessen Unberechenbarkeit Moltke stöhnte, wenn er sich nicht seelisch über die Last des Krieges und das Ausmaß der Leiden quälte.

Von Gallieni erfährt am Morgen des 4. September das Hauptquartier in Bar-sur-Aube telefonisch, daß es nun unbezweifelbar ist: Klucks mächtige Armee marschiert nicht mehr auf Paris, sie bietet ihre Flanke dar und geht mit vier Armeekorps nach Südosten vor.

Belegt wird dies durch Aufklärungsergebnisse der Kavallerie und der Flieger (auch die englischen Flieger sind darunter, es sind nicht nur Franzosen, die Joffre über alles informieren, was vor Paris sich ereignet).

Die Offiziere der Operationsabteilung, des 3. Büros, in dem Schulzimmer von Bar-sur-Aube, diskutieren die neue Lage. Es stellt sich dabei heraus, daß die Chance gegeben ist, sofort anzugreifen, nicht länger zu warten, und in die deutschen Nachschublinien hineinzustoßen. Aber dazu gehört, daß alle Armeen, die Paris und den Raum südöstlich davon decken, angreifen, um Kluck zu hindern, seine Armeekorps wieder nach Norden zu werfen, damit er den Stoß aus Paris in seinen Nachschub hinein abfängt.

Berthélot ist dies alles zu früh, er hat die ganze Übersicht über den Zustand der Korps, er lehnt ab. Er weist daraufhin, daß die 6. Armee noch nicht alle Truppen beisammen hat, die 5. Armee brauche einige Tage Ruhe, um wieder angreifen zu können (Berthélot ist selbst überrascht, daß er vom Angriff spricht; er kann sich einen Angriff nach diesen Rückzügen noch nicht vorstellen, auch wenn man ihn unternehmen muß). Er schlägt vor, die 5. Armee Franchet d'Espereys in eine sichere Stellung zurückzu-

führen, wie dies bisher schon geschieht, um dann, wenn alles steht, mit Ersatz aufgefüllt und neu munitioniert ist, den Zangenangriff zu riskieren, mit den Armeen in der Mitte gleichzeitig anzugreifen. Er weist daraufhin, daß man stark sein muß, wenn man die Offensive ergreifen will. Ein Vorstoß aus Paris heraus könne kaum etwas entscheiden, dazu sei Maunoury mit seiner schwer angeschlagenen 6. Armee nicht in der Lage.
Joffre schweigt.
Man kann auch zu lange schweigen und zu lange abwarten, mag er denken. Joffre schweigt und wartet ab, gerade so lange, um nichts zu verzögern und doch alles in jene Richtung zu bringen, die jetzt für die Franzosen wünschenswert und günstig ist. Etwas von dieser Beharrlichkeit nimmt ihm jedoch Gallieni ab. Ohne Gallienis Drängen auf den Vorstoß der 6. Armee am 4. September wäre vielleicht Berthélot am Zuge geblieben; die Schlacht wäre anders begonnen und beendet worden.
Während Joffre überlegt, der zum ersten Mal aus seinem Büro, das er mit Berthélot in der Schule teilt, in das Büro der Operationsabteilung gegangen ist und seinen Stabsoffizieren zuhört, die sich gegenseitig in eine sofortige Offensive hineindiskutieren, kommt ein Anruf aus Gallienis Pariser Schule, der mitteilen läßt, daß auch das vierte Armeekorps Klucks nach der Marne abmarschiert. Jetzt schlägt Gallieni vor, mit der 6. Armee nördlich der Marne sofort anzugreifen. Und er hat schon den Befehl gegeben.
Maunoury, der im Pariser Vorort Le Raincy sein Stabsquartier hat, soll sofort seine Truppen anweisen, am Nachmittag des 4. September marschbereit zu sein, um am 5. September im Osten der Festung Paris eine Gesamtbewegung ausführen zu können.
Gallieni hat damit nicht den Befehl zur Einleitung der Marneschlacht erteilt; das steht Joffre zu, aber er hat seinem Oberbefehlshaber vorgearbeitet.
Aus Joffres Stab erhält er die Antwort des Oberbefehlshabers, die dessen Einverständnis mit dem Abmarsch der Armee nach Osten erklärt, aber Joffre behält sich vor, den Zeitpunkt zu

bestimmen, ferner ob die 6. Armee nördlich oder südllich der Marne eingreifen soll.
Joffre muß nun wissen, ob die anderen Armeen und vor allem die Engländer einsatzbereit sind. Statt sich an die Mittagstafel zu setzen (man wird in Bar-sur-Aube heute überhaupt nicht zu Mittag essen), werden Telegramme diktiert. Von Franchet d'Esperey will Joffre sofort hören, ob am 5. oder 6. September die 5. Armee mit Aussicht auf Erfolg an einer Offensive gegen die deutsche 1. und 2. Armee teilnehmen könne. Zu General Foch schickt er einen Verbindungsoffizier, der diesem die Frage stellen soll, ob er angreifen könne.
Gallieni bekommt ein verschlüsseltes Telegramm, in dem Joffre sich damit einverstanden erklärt, die 6. Armee auf dem südlichen Marneufer vorwärtszubringen. Als Angriffsdatum sieht Joffre den 7. September vor.
Und die Engländer? Zu ihnen war General Gallieni gefahren, aber er traf in der Schule von Melun, in der das britische Expeditionskorps sein Stabsquartier aufgeschlagen hatte, den Marschall French nicht an. Der befand sich bei seiner Truppe. Gallieni bespricht sich daher mit General Murray, dem Stabschef von Marschall French, der in Abwesenheit des Marschalls nichts entscheiden kann. Der Franzose fordert den Engländer auf, am nächsten Tag zur Offensive gegen die Deutschen anzutreten, zusammen mit seiner 6. Armee. Die englische Armee solle ihre Rückzugsbewegung unverzüglich beenden.
Es ist möglich, daß Gallieni die britischen Offiziere irritiert hat. Sie hörten, daß die Franzosen plötzlich wieder angreifen wollten, aus Paris heraus, in das sie sich mit den Briten soeben erst zurückgezogen hatten. Welche Idee stand dahinter? Hatten die französischen Generale überhaupt eine Idee von diesem Kriege, in dem sie bisher nur Schlappen und Niederlagen einsteckten? Jemand aus dem Stabe Murrays soll gesagt haben: »Wenn England den Zustand der französischen Armee gekannt hätte, wäre es bestimmt nicht in den Krieg eingetreten.« Es ist möglich, daß diese Direktheit der Aussage zutreffend ist.
Die Offiziere Marschall Frenchs waren enttäuscht von den Fran-

zosen. Sie hatten sich alles ganz anders vorgestellt. Bei der Besprechung kam, außer Verstimmung auf beiden Seiten, nichts heraus als die Zusage General Murrays, eine genaue Notiz über das Ersuchen des Generalgouverneurs abzufassen und sie Marschall French nach dessen Rückkehr von den Truppen unverzüglich vorzulegen. Er würde dann mit Gallieni in Paris telefonieren. Gallieni sprach Englisch. Beide konnten sich wenigstens in der gleichen Sprache verständigen. Aber militärisch sprach jeder seine eigene Sprache.

Keinen Hinweis in den zahlreichen Besprechungen, Überlegungen, Telefonaten, Telegrammen dieses Tages, die von den Memoiren später lapidar oder phantasiereich wiedergegeben werden, findet man auf den Zustand, in dem sich Großbritannien befindet. Der Tripelallianzvertrag zwischen Frankreich, Rußland und England wird an diesem Tage in London unterzeichnet. Die Armeeführer ahnen davon nichts. Bis zur Stunde ist es Großbritannien noch möglich, mit den Deutschen einen Separatfrieden zu schließen. Vielleicht läßt das Zögern der britischen Stabsoffiziere, sich erneut mit den Franzosen zu einem Offensivunternehmen gegen die Deutschen zusammenzufinden, sich mit dieser Möglichkeit erklären: den Kriegsschauplatz verlassen zu können, wenn die Sache hoffnungslos geworden war, nachdem die erste Offensive, die zu den Grenzschlachten führte, verloren ging.

Daß Marschall French am nächsten Tag, dem 5. September, bereit war, sich der französischen Gegenoffensive anzuschließen, könnte man auf das Eintreffen der Nachricht aus London, daß der Vertrag unterzeichnet sei, zurückführen. Jetzt war England an das Schicksal Frankreichs und Rußlands gebunden, die britische Armee durfte sich nicht mehr zurückhalten.

Siegte man, so wäre allen geholfen; verlöre man, so hatte das britische Expeditionskorps die Ehre Englands hochgehalten. Aber sehr eilig hatten diese Berufssoldaten es damit nicht. Sie konnten sich auch nicht vorstellen, daß die Franzosen zum Angriff wieder bereit waren — die französischen Soldaten, nicht deren Generale.

Der Mittag war in Bar-sur-Aube ohne ein Essen der Offiziere verstrichen. Joffre hatte die heißen Schulräume verlassen und sich im Hof einen schattigen Platz unter einer Trauersche ausgesucht. Dort saß er, wie es sein Stil war, rittlings auf einem Stuhl und dachte nach. Er brütete in dieser Glut, die unter dem Baum nur wenig gemildert wurde, und die Beschreibung des wartenden und überlegenden Joffre im Schulhof an der Aube kehrt in vielen Darstellungen der Marneschlacht wieder.

Joffre hatte keine Karte vor sich, er kannte die Lage, ihm waren seine Armeen in den Kies eingebrannt, der auf dem Schulhof lag. Er sah sie unter sich, von der Schweizer Grenze bis nach Paris; dort waren sie in diesen Stunden dabei, in entgegengesetzter Richtung, nach Osten, aufzubrechen, und er konnte sich, wenn er wollte, ausmalen, was die Soldaten dazu sagen würden, wenn sie aus dem verschanzten Lager, hinter den schnell errichteten Baumsperren und Gräben hervor wieder ins freie Feld gehen sollten, ungeschützt der deutschen Artillerie ausgesetzt, dem Ansturm der Preußen.

Paris schien sie in seine Arme genommen zu haben, es hatte sie fast mütterlich an sich gerissen aus ihrer Verzweiflung und den Ängsten des Rückzuges. Wein hatten die Soldaten erhalten und Brot, manche sahen ihre Frauen wieder in dieser kurzen Spanne zwischen Rückzug und Gegenoffensive, und außerdem hatte man ihnen gesagt, sie seien nun die Verteidiger von Paris. Auch das konnte jemanden ehren.

Vorbei dies alles! Wieder wurde aufgebrochen. Die wunden Füße sollten noch einmal marschieren, und Joffre würde sie gut verstehen, wenn er jetzt an seine Soldaten dachte.

Aber die Leiden der Soldaten können einen General zwar bedrücken, aber nur in seiner äußeren Haltung, auch sein Gesicht zeichnen, doch beeindrucken dürfen sie ihn nicht. Joffre mußte die Leiden einschätzen und sich fragen, ob diese gequälten Kreaturen imstande seien, die Gefechtsbewegungen, die er plante, auszuführen.

Er würde sie aufrufen, ihr Letztes herzugeben. Es war für ihn selbstverständlich, daß der eine den anderen mitreißen würde,

wenn sie merkten, daß sie den Krieg vor den Toren von Paris entscheiden und damit gewinnen könnten. Darauf setzte Joffre, auf dem Rohrstuhl in der Hitze nachdenkend, die sich eher verstärkte als abschwächte, je weiter der Nachmittag sich dem Abend näherte; denn er, der für alles Verantwortliche, konnte sich nur vorstellen, daß in den nächsten Tagen nur einer siegen würde: die Deutschen nicht, also nur die Franzosen und die Engländer, wenn sie mitmachten. Dann wären die Deutschen eingekesselt, vernichtet. Kluck müßte kapitulieren, Joffre hätte sein Sedan, das Marneschlacht hieße. Ihm war unvorstellbar, daß der Krieg auch dann noch, wenn die Deutschen nicht mehr vor Paris standen (oder ihm gar die offene Flanke zukehrten, leichtsinnigerweise), längere Zeit weitergehen könnte, Jahr für Jahr, und daß auch 1918 nichts Endgültiges sein würde, das er erlebte, sondern erst jene Kapitulation in der Schule zu Reims, die 1945 ein amerikanischer General von den Deutschen entgegennehmen sollte. Ein amerikanischer General auch für Frankreich. Die Geschichte, die sich der Männer bedient — jetzt war Joffre an der Reihe — hat einen Schleier zur Verfügung, den sie über Zukünftiges deckt, damit das Heutige als Triumph oder Katastrophe erscheinen kann, ohne Korrektur, die in kommenden Jahren und Jahrzehnten entstehen muß. Mit verschleierten Augen wird man zum Helden oder zum Verbrecher. Einen Augenblick erkennt man seine eigene Wahrheit. Die Tat wird ausgeführt, man ist der Täter, dann wirft das Schicksal wieder, wohltätig, seinen Schleier und verdeckt mit ihm die Veränderungen, auf die es immerzu angelegt ist.
Joffres Stellvertreter, General Berthélot, unterbricht einmal die Nachdenklichkeit unter der Traueresche. Er legt ihm zur Unterschrift eine Weisung für die dritte und vierte Armee vor, die beide nichts mit der kommenden Offensive zu tun haben werden. Er unterschreibt. Dann liest er den Befehl, das Hauptquartier ab 5. September nach Châtillon-sur-Seine zu verlegen. Er unterzeichnete den Verlegungsbefehl, als wäre dies schon sein Befehl für die Schlacht.
Berthélot entfernt sich; er sorgt sich um Joffre. Der Generalis-

simus wird die drückende Hitze nicht aushalten, er hat nichts gegessen, trinkt er eigentlich etwas? Es wird berichtet, daß die Offiziere seines Stabes ihren General von den Klassenfenstern im Erdgeschoß beobachteten. Wahrscheinlich werden sie besseres zu tun gehabt haben, es liefen Meldungen ein und Befehle mußten ausgefertigt oder auch nur entworfen werden.
Vielleicht war es so: Dieser alte Mann trug die Verantwortung, er hatte zu befehlen, daß eine Million Mann kehrtmachte und die Deutschen angriff, und sein Befehl mußte zum richtigen Zeitpunkt gegeben werden — ein zu früh konnte ein zu spät sein, ein zu spät ein niemals mehr.
Frankreich, das war in diesen Stunden ein einziger Mann, der Joffre hieß, alles andere war nebensächlich geworden. Auch Gallieni, der so heftig auf seinen Ruhm aus war, blieb eine Nebenfigur an diesem Tage, und niemals, auch nicht bei seinen Bewunderern, konnte er den Vorsprung einholen, den der Generalissimus ihm voraus hatte.
Nachmittags vier Uhr wird Joffre ein Telegramm gebracht, das Oberst Huguet absandte, der Verbindungsoffizier Joffres zu French in Melun. Der Oberst meldet, Gallieni habe soeben French in Melun getroffen (was nicht stimmt, Gallieni traf nur General Murray, French war unterwegs), und French sei einverstanden, nicht weiter zurückzugehen.
Er werde auf seiner Position südlich der Marne aushalten, bereit, mit der 5. oder der 6. Armee wieder vorzugehen, wenn es die Lage erfordere.
Eine Falschmeldung, wie sie möglich, aber eigentlich unverzeihlich für hohe Stabsoffiziere ist; sie klingt nach Propaganda.
Aber später wird Joffre sagen: »Dieses Telegramm hatte auf meine Entscheidung einen sehr großen Einfluß.«
Als er es las, wußte er nicht, daß der Inhalt nur eine Erwartung aussprach, die Meldung nur eine Hoffnung war, die Oberst Huguet schwer geschadet hätte, wenn sie nicht eingetroffen wäre.
Da sie aber eintraf, sollte man glauben, daß hier die Geschichte dem Generalissimus einen Wink geben wollte, auch sie spielt manchmal mit gezinkten Karten, und Joffre nahm diesen Wink an.

Fochs Antwort traf später ein. Er war bereit, anzugreifen. Von Foch hatte das Joffre nicht anders erwartet. Foch war ein harter Bursche, viel härter als er.
Nur von Franchet d'Esperey kam noch nichts.
Sechs Uhr abends — die Hitze läßt etwas nach, Dunst breitet sich über dem Aubetal aus, es ist die Zeit des Apéritifs — verläßt Joffre den Schulhof; er läßt den später so berühmt gewordenen Korbstuhl zurück, den er so lange gedrückt hatte mit seinem Gewicht. Die Zeit ist gekommen, Befehle für den nächsten Tag zu erteilen.
»Ich lud den Stabschef und seinen Stellvertreter ein, mir noch einmal ihre Meinung darzulegen«, schreibt Joffre später.
Berthélots Meinung steht fest, er will weiter abwarten. Belin zögert.
Jetzt muß sich Joffre offenbaren. Er hat lange gebrütet, der Abend verlangt den Befehl für den nächsten Tag, eigentlich ist es eine Routinearbeit, die jeder General kennt, der kommandieren darf.
Joffre meint, daß die französischen Armeen des linken Flügels den rechten Flügel Klucks angreifen sollen. Die anderen Armeen haben gleichzeitig Front zu machen, zur Gegenoffensive anzutreten. Als Beginn für diese Operation setzt er den 7. September fest, um Berthélot entgegenzukommen, der für Zeitgewinn ist, um die Truppen ausgeruht in den neuen Kampf zu schicken.
Oberst Gamelin macht die Befehle fertig, die Herren gehen zu Tisch. Japanische Gäste sind zum Diner gebeten, die über die Hilfe der Europäer für Japans Kriegsführung gegen Deutschland in dessen Kolonie Kiautschou verhandeln; man spricht bei Tische kein Wort über die Ereignisse auf dem Schlachtfeld. Gesprochen wird über den Berg Fujiyama, vom Admiral Togo, den Joffre 1884 auf Formosa sah.

Während des Essens erhält Joffre die Meldung Franchet d'Espereys, daß seine 5. Armee bereit sei, ab 6. September anzugreifen. Joffre zieht sich mit Gamelin zurück, er beharrt auf dem 7. September als Beginn der Schlacht.

Eine Meldung aus Melun trifft ein. Die Engländer werden ihre Truppen zurückführen, sie bleiben nicht dort stehen, wo sie gerade sind.
French weicht weiter aus.
Dann verlangt Gallieni den Generalissimus ans Telefon.
»Nach diesem Telefongespräch war die Marneschlacht gewonnen«, wird Winston Churchill später apodiktisch formulieren.
Gallieni meldet Joffre, der nur widerwillig dieses Telefongespräch führt, daß die 6. Armee, durch die 45. Division verstärkt, sich in Bewegung gesetzt habe und am 6. September angreifen werde. Er dringt darauf, daß nichts geändert werde. Joffre soll erwidert haben: »Einverstanden.« Nimmt ihm Gallieni mit seinem Ungestüm die Verantwortung ab?
Was er wirklich gesagt hat, weiß man nicht. Aber nach diesem Telefongespräch änderte Joffre das Datum seiner Gegenoffensive. Es war nicht mehr der 7. September, sondern der 6. September.

Man weiß nicht, wie Joffre nachts schlief, welche Träume er hatte. Moltkes neue Weisung war gegen 20 Uhr an die Funkstation gegangen, die sie erst am anderen Morgen den Armeeoberbefehlshabern ausliefern konnte. Zwei Stunden später, etwa 22 Uhr, gingen von Bar-sur-Aube die historischen Befehle zur Marneschlacht hinaus. Moltke und Joffre hatten ihre Karten auf den Tisch gelegt. Nun war es an den Soldaten, zu leiden.

28. KAPITEL

Das Gespenst von Paris

Auf dem rechten deutschen Heeresflügel marschierte am Vormittag des 5. September das IV. Reservekorps der Kluckschen 1. Armee in südlicher Richtung der Marne bei Meaux entgegen. Das schwache Reservekorps des Generals der Artillerie von Gronau hatte an der Nationalstraße 2, die von Compiègne auf Paris führt, bei Nanteuil-le Haudouin, Boissy-Fresnoy und Villers—St. Genest die Nacht im Biwak verbracht, mit den Reiterspitzen voraus, bis nach Senlis im Westen, zu den von den Franzosen zerstörten Brücken über die Oise. Der große Wald südlich von Senlis war den Husaren nachts nicht geheuer erschienen; bis Dammartin, südlich des Waldes, waren sie nicht vorangekommen, dort hatten sie Vorposten des verschanzten Lagers von Paris festgestellt.
An diesem Vormittag sollten die Reiterspitzen der 4. Kavalleriedivision rechts rückwärts hinter dem nach Süden abmarschierenden IV. Reservekorps folgen, das in zwei Kolonnen aufgeteilt war. Auf der Straße von Nanteuil über Bregy nach Barzy nördlich der Stadt Meaux marschierte die 7. Reservedivision aus der Provinz Sachsen, neben ihr, auf der Straße von Villers—St. Genest nach Chambry die thüringische 22. Reservedivision.
Auf Wegweisern lasen die Soldaten, daß es nach Paris noch 44 Kilometer seien, aber diese Wegweiser zeigten an den Straßenkreuzungen nach rechts, und dorthin marschierten keine deutschen Truppen. Zwischen Dammartin, das französische Postierungen besetzt hielten, und diesen beiden Heerstraßen, auf denen das Reservekorps ohne Feindberührung in der Spätsommerhitze marschierte, waren schwache Kavallerieabteilungen tätig, von

denen wiederum schwache Patrouillen vorgeschickt wurden, die von französischen Reitern zuerst beobachtet und dann bedrängt wurden.
Es war ein Abtasten, das nichts Besonderes vermuten ließ. Die Husaren und Kürassiere stocherten mit ihren Lanzen und Karabinern ein wenig im Vorfeld herum, wie die Infanteristen sagten, sie warfen die Lanze gegen Paris, sie drückten ihre Karabiner gegen die Festung ab, ohne Paris und Festung wirklich zu sehen, sie ahnten beide Dinge nur, und beide waren eins für sie. Deutsche Flieger waren an diesem Vormittag nicht über ihnen; das Auge des Heeres blieb, wie in alten Zeiten, allein die Kavallerie.
Das Merkwürdige war aber heute, daß die schwachen Kavallerieabteilungen auf überlegene gegnerische Kavallerie trafen, während sie bisher stets die Überlegeneren an Zahl gewesen waren. In das Dorf St. Soupplets waren am Morgen 60 Reiter des Husarenregimentes 16 eingeritten, soviel »Säbel«, wie man damals noch sagte, hatte die 3. Eskadron noch, aber sie kamen dort nicht zur Ruhe. Feindliche Streifabteilungen bedrohten die 60 Reiter, die sich zur Verteidigung einrichteten. Der Rittmeister meldete nach rückwärts einen meist vierfach überlegenen Gegner vor sich.
Gegen Dammartin war, auf der Nationalstraße 2, mit zwölf Kürassieren der Reserveleutnant Meister vorgeritten, wobei er südwestlich von le Plessis—Belleville gegen 9 Uhr 30 auf französische Kürassiere traf, die er sofort attackierte. Trotz seiner schwachen Truppe hielt er die Attacke für selbstverständlich. Die Deutschen waren im Vormarsch auf Paris, er ritt an der Spitze der Deutschen auf der Nationalstraße 2 direkt gegen die französische Hauptstadt. Er entdeckte einige Kürassiere, er attackierte sie. Mit seinen Pommern aus Pasewalk setzte er den fliehenden französischen Kürassieren nach, und einen Augenblick stellte er sich vor, er ritte an der Spitze einer ganzen Kavalleriedivision (was er ja auch tat, aber die Kavalleriedivision folgte ihm, weitverstreut auf dieser Ebene vor Paris, nicht so, daß man sie hinter sich wüßte) und damit des ganzen deutschen

Heeres gegen einen Feind, dem er nach Paris hinein nur nachsetzen mußte. Bei diesem Nachsetzen erhielten die Pasewalker lebhaftes Gewehrfeuer und sogar einige Schrapnells vom Bahndamm bei Rouvres (es war die Bahnlinie, die Brüssel mit Paris verband, oder auch Berlin mit Paris), aber das kümmerte den Kürassieroffizier nicht. Er preschte mit seinen Reitern weiter vor, er wollte die Gewehrschüsse und Schrapnells unterlaufen (oder durch sie hindurchreiten), nach Paris hinein, wie er schon dachte. Aber wer denkt, wenn er vorpresst! Er hat sein Pferd unter sich, das galoppiert, es müßte ihn ganz von selbst dorthin tragen, wohin damals soviele deutsche Soldaten wollten, nach Paris.
(Im Jahre 1941, am 30. November, würde eine Kradschützenpatrouille der 2. Panzerdivision dasselbe tun, vorpreschen nun auf ihren Motorrädern, nicht mehr zu Pferde wie 1914 vor Paris, und so dicht an den Moskauer Kreml heran wie der Reserveleutnant Meister am Vormittag des 5. September 1914 an die Champs Elysées, und für beide würde gelten, daß die Hauptstädte in diesen beiden Kriegen unerreichbar blieben, unerreichbar wie der Sieg.)
Der vorpreschende Kürassier von 1914 mußte wenden (wie die Kradschützenpatrouille 1941 in dem Moskauer Vorort Chimki), der Leutnant hob den ohnmächtig zu Boden gestürzten Kürassier Behnke auf sein Pferd und brachte ihn zurück. Es wird während der Marneschlacht noch viele ähnliche Situationen geben, auch für den Husarenwachtmeister Franz William Koch, der an diesem Vormittag über die Marne zurück nach Châlons reitet, um zu melden, was er auf Patrouille gesehen hat, aber diese winzige Attacke der dreizehn pommerschen Kürassiere auf der Straße nach Paris hebt sich von dem, was geschehen sollte, ab. Sie ist die Geste, die über allem schwebt, die man nicht vergißt, die keineswegs Schicksal werden wollte und doch Schicksal wurde, aber erst im Nachhinein, nachdem alles vorüber war.
Gleichzeitig zeigte sie an, was die Stunde geschlagen hatte. Die Verfolgung des Gegners ist beendet. Er liegt vor Paris hinter einem Bahndamm und schießt zurück; Artillerie ist aufgefahren.

Aber der Leutnant der Reserve Meister aus Pasewalk hat angeklopft, ihm wurde geantwortet. Die Meldung geht nach rückwärts; dort beginnt man, sich seine Gedanken zu machen.
Der Kommandeur der 4. Kavalleriedivision, Generalleutnant von Garnier, nahm an, eine feindliche Kavalleriedivision, zu der auch Feldartillerie gehört, entwickle sich gegen ihn. Er stellte sich auf einen Kavalleriekampf ein, für den er aber einen Rückhalt brauchte. Diesen erbat er durch einen Offizier bei General von Gronau. Seine eigenen Kräfte stellte er in dem Dorf Oissery auf und außerhalb, am Bach Thérouanne, vorwärts der Marschstraße der 7. Reservedivision.
Es war eine kleine Streitmacht, die er um sich versammelte: ein Jägerbataillon, teilweise auf requirierten Fahrrädern, die Husarenbrigade, ein Ulanenregiment, etwas rückwärts die Feldartillerie, gedeckt von der Dragonerbrigade. Als rechten Flankenschutz schickte er einen Maschinengewehrzug mit einigen Reiter-Zügen über St. Pathus hinaus. Dieser nahm die Patrouille des Leutnants Meister auf und wurde sogleich in ein Fußgefecht mit dem nachdrängenden Gegner verwickelt.
Bald wurde der gegenüberstehende Feind allein bei Dammartin auf eine Division geschätzt.
Es war 10 Uhr vormittags, als General von Gronau erfuhr, daß die 4. Kavalleriedivision einen Kavallerieangriff erwartete. Bei ihm traf gleichzeitig der Armeebefehl vom Morgen ein, der anordnete, daß die IV. Reservedivision an Ort und Stelle halten bleiben sollte, während die anderen Korps der 1. Armee, ohne neuerlichen Befehl für diesen 5. September, auf dem Marsch nach Süden bleiben sollten. (Moltke glaubte in Luxemburg, daß die ganze 1. Armee an diesem Tage Front gegen Paris machen werde, doch Kluck hatte hierfür am 5. September nur Gronaus Reservekorps vorgesehen.)
Um die 4. Kavallerie-Division zu unterstützen, schickte General von Gronau zwei Kampfgruppen der 7. Reservedivision auf St. Soupplets und zu den Höhen westlich des Ortes Barcy. Es war eine Rückendeckung für die Kavallerie. Die übrigen Teile des Reservekorps biwakierten. Die berittenen Truppenteile, die

über keine Feldküchen verfügten, konnten zum erstenmal seit Wochen ordnungsgemäß abkochen.
Gegen 12 Uhr mittags setzten sich die beiden Kampfgruppen (damals Détachements genannt) in Marsch, doch inzwischen hatte es zahlreiche Meldungen von der 4. Kavalleriedivision über den immer stärker werdenden Feind gegeben, die Gronau erhalten und mit seinem Chef des Generalstabes, dem Oberstleutnant von der Heyde, besprochen hatte.
Was war zu tun? Sollte man stehenbleiben und den Angriff des Feindes erwarten? Wollte der Feind angreifen? Die Nachhutgeplänkel, die er in den vergangenen Tagen aufgeführt hatte, waren bisher immer in einen Rückzug übergegangen.
Das »Gespenst von Paris«, das vor Gronau sich befinden mußte, hatte Fleisch und Blut seinen Reitern gezeigt, jetzt auch den MG-Schützen. Der Armeebefehl sagte ihm, er solle stehenbleiben, wo er sich befand. Würde er dort stehenbleiben, wo er war, hinter dem Thérouanne-Bach, ohne Verbindung zu seinem linken Nachbarn, dem II. A. K. des Generals von Linsingen, das im Osten von Meaux über die Marne nach Süden gegangen war?
Linsingen sollte ihm so schnell nicht zu Hilfe kommen, das II. Korps entfernte sich stündlich tiefer nach Süden. Er hatte das Gefühl, vor Paris allein gelassen zu sein mit seinem Reservekorps. Der Feind aber bewegte sich hinter einem Vorhang, der ihm die Einsicht in dessen Gefährlichkeit oder Ungefährlichkeit entzog. Seine Aufklärung war am Vormittag abgewiesen worden.
Der Ritt des Leutnants Meister auf der Chaussee nach Paris wurde ihm gemeldet.
Gronau konnte jetzt nicht an Verteidigung oder gar Rückzug vor überlegenem Feind denken. Er mußte erfahren, wie stark dieser Feind war, der plötzlich sich ihm entgegenstellte.
Erst dann konnte er sich entschließen, zu verteidigen oder zurückzugehen.
Er mußte, zusammen mit seinem Generalstabschef, einen schweren Entschluß fassen. Er konnte auch nicht bei Kluck zurück-

fragen, der sich mit seinem Stab von La Ferté-Milon, dem Geburtsort Racines am Flusse Ourcq, nach Rebais, seinem neuen Hauptquartier, unterwegs befand (Racine ist oft aus Paris dorthin mit der Kutsche gefahren, um seine Schwester zu besuchen; es ist ein lieblicher Ort, überragt von einem mächtigen Schloß, das bald Ruine wurde).
Jetzt erinnerte sich Gronau an die Höhen von Vionville bei Metz, an der Straße nach Verdun. Als junger Artillerieleutnant hatte er an jenem 16. August 1870 dort gefochten, und es war damals nichts anderes geschehen, als daß man in die feindlichen Reihen angriff, um einen Vorhang zu heben — den Vorhang vor den Absichten des Feindes. Es war eine blutige Schlacht gewesen. Jede Seite verlor 16 000 Mann. Die Preußen unter Prinz Friedrich Karl stießen auf überlegene feindliche Streitkräfte und drängten sie zurück, weit voraus der deutschen Hauptmacht, die dann zwei Tage später, bei Gravelotte und Saint Privat, die Armee Bazaines schlug und in die Festung Metz drängte.
Es waren mörderische Kämpfe gewesen, die gegnerischen Heere gleichstark, aber die Schlacht von Sedan mit ihren Folgen hatte sich daraus entwickeln müssen und dadurch der Sieg der Deutschen über Frankreich 1871 vor Paris.
Vor Paris stand Gronau jetzt, gegen Mittag des 5. September, den anderen weit voraus (oder von ihnen abgesetzt, so nahe an dieser Stadt), und ein Vorhang mußte wieder zerrissen werden wie damals bei Vionville (er dachte an diesen Ort nicht mit Schaudern, aber doch sehr ernst). Er hatte sich zu entschließen, der grauhaarige General im Kraftwagen am Straßenrand, und es hätte sein können, daß er den Angriff befahl, und zwar sofort, genau 12 Uhr am 5. September, wodurch die Marneschlacht begonnen wurde auf deutscher Seite, die Joffre für den 6. September von französischer Seite aus geplant und befohlen hatte, wenn Gronau nicht als Artillerieleutnant bei Vionville dabei gewesen wäre.
Und überlebt hätte.
Drei Denkmäler stehen heute neben der Straße Verdun—Metz

vierhundert Meter vor dem kleinen Ort Vionville, an den General von Gronau damals dachte. Unter Kastanien zwei Grabhügel, auf ihnen zwei Kreuze; die Grabhügel sind klein, zwei Findlinge mit herausgeschlagenen Inschriften erinnern an 1945. Damals entfernte man, was heute wieder vorgefunden werden darf, eine Inschrift:
»Zum ehrenden Andenken an die 1870—71 gebliebenen Kameraden der Brandenburgischen Infanterieregimenter Nr. 24 und Nr. 64.« Die Inschrift ist der deutsch-französischen Versöhnung der 50er Jahre des 20. Jahrhunderts zu verdanken; sie sieht noch wie neu aus.
Beide Grabhügel nehmen die Gebeine von mehreren tausend preußischen Soldaten auf. Der Friedhof liegt auf einer Anhöhe, man sieht weit ins Land, um zu bedenken, daß so wenig Erde genügt, um so viele Soldaten zu bergen und eine Vergangenheit. Brandenburg: das ist Mitte der siebziger Jahre des 20. Jahrhunderts keine Mark mehr, keine Provinz, kein Land, es ist eine Kreisstadt im Bezirk Potsdam der Deutschen Demokratischen Republik.
Zum zweiten Denkmal kann man zu Fuß gehen. Man braucht keinen Wagen ausscheren zu lassen aus der Wagenkolonne der deutschen Urlauber, die an diesem Septembertag des Jahres 1973 hier vorüberfahren, ohne anzuhalten. Vogelbeerbäume umstehen das Mahnmal des Brandenburgischen Füsilierregiments.
Das dritte Denkmal gehört dem Brandenburgischen Infanterieregiment 52. Es trägt ein Eisernes Kreuz für diejenigen, »die für König und Vaterland kämpften, bluteten und starben. 16. 8. 1870. Tot und verwundet 52 Offiziere, 1202 Mann.«
Zwischen Metz und Verdun liegt Brandenburg in zwei kleinen Grabhügeln (bis zur deutschen Grenze bei Saarbrücken fährt man mit dem Wagen nicht viel mehr als eine Stunde).
Die Wirklichkeit der Geschichte.
In Frankreich greifen viele geschichtliche Wirklichkeiten ineinander. Sie überdecken sich. Mahnmale und Denkmäler richten sie wieder auf. Alles kann niemand behalten, einiges stellt sich ihm entgegen, wenn er achtlos daran vorüber will.

Dieser seltsame Beginn der Marneschlacht, die noch gar nicht zu dieser Mittagsstunde des 5. September beginnen sollte: Ein General, der als Leutnant in einem anderen, diesem vorgeschobenen Krieg der deutsch-französischen Geschichte teilgenommen hat, erinnert sich, als er einen schweren Entschluß fassen muß, daß er selbst als junger Mann an einem vergleichbaren Ereignis teilgenommen hat, an dem Entschluß, bei Vionville mit einer zahlenmäßig unterlegenen preußischen Truppe den Feind anzugreifen, um seine Stärke feststellen zu können — und daraus wurde ein gewonnener Krieg.

Ohne diese Erinnerung wäre vieles anders gelaufen. Mit dieser Erfahrung, die man dem General zugestehen muß, die ihn hervorhebt, mußte er sich zu dem Befehl entschließen, der Joffres Plan durchkreuzte, in den Rücken der 1. Armee bis Chateau-Thierry am nächsten Tage zu gelangen, um Kluck von seinen rückwärtigen Verbindungen abzuschneiden.

»Herr Oberstleutnant«, sagte von Gronau zu seinem Stabschef von der Heyde, »dann hilft es nichts, dann müssen wir angreifen.« Die Worte sind überliefert, sie bleiben schlicht. Aber was steckt für Gronau dahinter — von Vionville bis zu diesem Augenblick vor Paris, das ein Vorhang deckt, den er nun aufreißen lassen wird!

Der Korpsbefehl, der schnell entworfen wurde, setzte die 7. Reservedivision auf St. Mard zum Angriff an, die 22. Reservedivision hatte sich zwischen Barcy und Monthyon bereitzuhalten. Auf Dammartin sollte die 4. Kavalleriedivision vorgehen. Für die Soldaten, die den Angriffsbefehl erhielten, hieß das: Wir gehen nach Paris. In Kürze sollten sie erfahren, daß sie auf eine Armee stießen, auf die 6. Armee Maunourys, die zur gleichen Zeit auf dem langsamen Vormarsch gegen Meaux, zur Marne war.

Gronaus Reservekorps traf die 6. Armee in die Flanke. Ein Lanzenstich ins Wespennest, würde Leutnant Meister später sagen, der die erste Attacke des Tages auf der Straße nach Paris mit seinen zwölf Kürassieren geritten hatte. Aber er untertreibt. Es wurde eine richtige Schlacht, eine peinliche Schlacht, vorerst, für Joffre und Gallieni, der seinen Generalissimus in diese Situation gebracht hatte. Aber zu bedenken ist auch, daß die Franzosen in diese Schlacht des 5. September vor Paris hineingingen, nachdem sie gerade erst Atem geschöpft, einige Stunden geschlafen, die Schrecklichkeit der Niederlage und die Qualen des Rückzuges von der Grenze für einen Augenblick vergessen hatten (ganz verdrängen kann man so etwas nie, jeder Soldat behält die Niederlagen in seinem Gedächtnis, sie schmerzen endlos).

Die todmüde Armee von Paris und das durch endlose Vormärsche todmüde deutsche 4. Reservekorps verbissen sich ineinander, als seien sie aus der Luft in diese Gegend abgesetzt worden, ohne jede Vergangenheit, eine Eingreifreserve, die beide Seiten zur Verfügung hatten.

Die Franzosen standen mit dem Rücken zu ihrer Hauptstadt, die Deutschen verlangte es dahin, und so marschierten sie sich gegenseitig in die Marschkolonnen und Stellungen hinein, einer wie der andere (vergleichbar beide mit dem todmüden Ringer, der sich zu einer letzten Anstrengung aufrafft, ehe der Kampf abgepfiffen wird).

Es war kurz nach 2 Uhr nachmittags, als eine Batterie der deutschen Feldartillerie das Feuer gegen eine feindliche Brigade aufnahm, die bei St. Soupplets und le Plessis—l'Evêque sich zum Angriff entwickelte. Es waren die Schrapnells der Deutschen, die sie dazu zwangen. Eine Schlacht hatte begonnen.

29. KAPITEL

Melun — Marschall French und die Ehre Englands

Zur gleichen Stunde, da am 5. September das deutsche IV. Reservekorps sich zum Angriff auf die vor ihm nach Süden marschierenden (oder noch abkochenden) Franzosen entwickelte, das Schnellfeuer seiner Feldartillerie in die gegnerischen Kolonnen einschlug, sie auseinander riß und dann doch in Gefechtslinie zusammenzwang, wie es deren Offiziere befahlen, — um 2 Uhr nachmittags trifft General Joffre aus seinem Hauptquartier Bar-sur-Aube im Schloß Vaux-le-Pénil bei Melun ein.
Er muß nun endlich selbst — nachdem French seine Untergebenen nicht empfangen wollte — mit dem Einsatz seiner Person den britischen Marschall überzeugen, daß das britische Expeditionskorps am kommenden Morgen mit den französischen Armeen in die Angriffsschlacht gegen die Deutschen einzutreten habe.
Joffre weiß nicht, daß diese Schlacht soeben im Nordosten von Paris schon begonnen hat. Wüßte er es, ihm fiele es leichter, die Engländer für seinen Plan zu gewinnen.
Die Schlacht an der Marne, die von den Deutschen begonnen, von den Franzosen vorbereitet und befohlen wurde, konnte ohne die Engländer von Joffre nicht riskiert werden. Obwohl er bereit war, die Schlacht allein zu schlagen, nachdem man ihm in der Nacht zum 5. September gemeldet hatte, daß Marschall French nicht daran dächte, seine Truppen anzuhalten, ihre Rückwärtsbewegung umzukehren in einen Angriff. Joffres Selbstvertrauen war groß. Er hatte eine naive Kraft, die ausstrahlte. Aber ohne die Engländer an seiner Seite mußte er fürchten, jene moralischen Qualitäten nicht bei seinen Soldaten

wecken oder auch nur auffrischen zu können, die für diese Entscheidungsschlacht nötig wurden. Es ist ein historischer Augenblick in den Beziehungen Frankreichs und Englands, der erste Tag, an dem beide Länder in diesem neuen Kriege unlösbar nach der Vertragsunterzeichnung am Vortage in London miteinander verbunden sind. Aber an diesem Tag muß auch die Rede von der Ehre beider Völker sein. Wenn Botschafter Paléologue in Petrograd das Scharnier zu sein hatte, das die Russen und die Franzosen zusammenhielt (ihm war es gelungen, russische Armeen überstürzt gegen die Deutschen zu schicken, nach Tannenberg und in Kürze in die Masurischen Seen, er rechnete sich beides als notwendig für die Ehre und das Überleben seines Landes an), so mußte nun Joffre in diesem Schloß bei Melun an der Seine zu dem anderen Scharnier im Koalitionskrieg gegen die Deutschen und Österreicher werden, das Frankreich und England in der Stunde höchster Gefahr für sein Land und mit der Aussicht auf einen ungewissen Erfolg miteinander verband.

Der 62jährige General zögerte keinen Augenblick im Schloßhof. Ihm entging der prächtige Park, der die lastende Mittagsglut beschattete. Rasch betrat er das Schloß, das dem britischen General als Quartier diente (sein Stab arbeitete in einer Schule in Melun), durchquerte das Vestibül und erreichte mit schnellen Schritten den kleinen Salon im Stile Louis XV., wo er von Sir John French erwartet wurde. Der kleine, schlanke, sehr elegante Marschall mit dem weißen Oberlippenbart begrüßte den französischen Oberbefehlshaber der Nord- und Nordostfront (so der eigentliche Titel des Generalissimus), der, etwas größer als French, mit einem weißen Schnauzbart, dem dickschädeligen Profil nicht so elegant wie der Engländer wirkte; beide standen sich gespannt, aber nicht erregt gegenüber.

Die Spiegeltüren werden geschlossen, die wenigen Offiziere, die bei dieser Unterredung dabei sind, bleiben stehen wie die beiden Befehlshaber; die Engländer, von den Franzosen durch einen

langen einfachen Tisch getrennt, mit dem Blick durch die Fenster
in den Park, die Franzosen mit den Rücken zu den Fenstern,
für die Engländer im Schatten, verdunkelt.
French, flankiert von beiden Generalen Murray und Wilson,
steht für Joffre im hellen Licht, wie in einem Scheinwerferstrahl,
den der französische Spätsommer durch die Fenster zum Park
in diesen Raum auf den Engländer richtet.
Joffre legt sein Käppi auf den Tisch. Mit dem Rücken an das
Fensterkreuz gelehnt, beginnt er sofort zu reden, mit seiner
tiefen, gleichmäßigen, ausdrucksarmen Stimme mitzuteilen, daß
er persönlich gekommen sei, um Sir John zu bitten, einen Entschluß zu fassen, von dem das Schicksal Europas abhinge: »Le
sort de l'Europe.«
Frankreich ist jetzt Europa für Joffre. Die großen Worte, die
bei solchen Unterredungen fallen, damit sie die Nachwelt aufliest, bleiben, ausgesprochen, sofort haften. Sie erklären nichts,
sie lassen nur Ausdeutungen zu, am Ende werden sie zum
Mörtel der Geschichtsschreibung.
Die wechselnden Panoramen werden davon zusammengehalten.
Hier aber, bei diesen: »Le sort de l'Europe«, mit den Deutschen vor Paris, wird schon die ideologische Aufblähung des
Krieges und aller kommenden Kriege sichtbar, an der weder
Joffre noch French sich dann beteiligen würden.
(Mit dem Schicksal Europas wird später Hitler in die Sowjetunion einbrechen, um mit ihm, geschlagen, nach Berlin zurückzukommen. Und auch später noch wird das Schicksal Europas auf
der Waage zwischen Ost und West gehalten, damit wird es nicht
enden.) Sir John French neigt seinen Kopf, nähert sich um Millimeter Joffre auf der anderen Seite des Tisches. Es sieht aus, als
neige er sich nicht nur, sondern als nicke er auch, zustimmend.
Dann erklärt Joffre mit wachsender Beredtsamkeit, mit kurzen
Bewegungen des Unterarms — aber ohne Hast und ohne
Emphase — die Lage, die Entwicklung des deutschen Vormarsches, den Richtungswechsel bei der Armee Kluck nach Süden.
Er lobt die Rolle der britischen Flieger, die diese so brillant
spielten als Aufklärer vor Paris, und die ihm, Joffre, die ersten

Informationen über den Abmarsch der Armee nach Süden gebracht hätten — erst durch die britischen Flieger, so sagt Joffre, sei er in die Lage gekommen, sich seinen Plan zu machen.

Es ist dies mehr als Höflichkeit gegenüber dem Briten, den er gewinnen will; es ist nicht übertrieben, aber in dieser Runde fällt es als etwas zu einfach auf: man machte seine Schlachtenpläne nicht — damals noch nicht — nach den Meldungen der Flieger.

Joffre hatte französisch gesprochen, er sprach kein Englisch, einige Offiziere wollten French übersetzen, was Joffre gesagt hatte, aber French winkte ab; er zeigte, daß er Joffre verstanden hatte.

French sprach nur schlecht französisch, er konnte nicht alles verstanden haben, aber ihm kam es darauf an, den Mann zu durchschauen, der das Schicksal Europas ihm antrug.

Es verletzte Joffre, daß French sich nichts übersetzen ließ, aber noch ließ er es sich nicht anmerken. Er erklärte die Aufträge, die er seinen beiden Armeen hier vor Paris, der 6. und 5. Armee, erteilt habe, und er fügte hinzu, daß er sich mit diesen Armeen, bei offenen Flanken, wenn die Briten nicht anträten, morgen, übermorgen und an jedem folgenden Tage schlagen werde. Er steigerte sich in eine Rhetorik, die man von ihm nicht kannte; sie konnte Prophetie sein oder auch nur Propaganda. Denn Joffre brauchte den Mann, der ihm gegenüber stand, und es war ihm jetzt gleichgültig, wie er die Worte wählte — er mußte French überzeugen, überreden, auf seine Seite ziehen.

Joffre sprach, als glaube er an alles, was er sagte, und diese Atmosphäre, die er hervorrief durch seinen Glauben an den Sieg (nicht an ein Wunder, vom Wunder sollte er erst später sprechen), zerrte an den Nerven der Anwesenden. Es waren Generalstabsoffiziere, kühle Rechner, elegante Operateure, denen nichts mehr zuwider war als der Glaube, der Berge versetzt; sie hatten Berge zu versetzen nicht durch den Glauben, sondern durch Berechnungen, Befehle, durch Soldaten. Es sei keine Zeit zu verlieren, rief Joffre, in vierundzwanzig Stunden könnte alles anders aussehen, wieder ungünstig, nicht mehr so

gut, es würde die einzigartige Gelegenheit, aus der man unmittelbar eigenen Nutzen ziehen könne, niemals wiederkehren.
Und er setzte hinzu, was er seinen Soldaten schon befohlen habe und was er ihnen noch befehlen werde. Die Sätze, die im Aufruf an die Truppen stehen werden, den er am Morgen des nächsten Tages, dem 6. September, unterschreibt, kennt er noch nicht, aber er wird sie finden.
Hier sind sie unangebracht. Er sagt nur, daß er bis zum letzten Mann kämpfen werde, das sei sein Entschluß. Der Plan aber hänge von der Zusammenarbeit mit den Engländern ab, der Erfolg von der britischen Teilnahme.
Jetzt bittet er mit ruhiger Stimme, die dennoch die Anwesenden tief trifft, die Engländer um Zusammenarbeit. Er will nicht glauben, daß die englische Armee es ablehne, auf französischer Seite zu kämpfen; er ist jetzt ein Bittsteller, der in leidenschaftlichen Worten die Geschichte herbeiruft, die ein Fernbleiben der Engländer hart verurteilen würde. Noch immer schweigt French, er läßt sich viel Zeit; Joffre wird zornig, er tritt vom Fenster, gegen das er gelehnt steht, einen Schritt nach vorn, an den Tisch, schlägt mit der Faust auf den Tisch und ruft in größter Erregung: »Es geht um die Ehre Englands, Herr Marschall.«
Dorthin mußte er den schweigenden French bringen, er konnte nicht anders, er hatte Schluß zu machen mit dem Gerede; ein großes, aber gefährliches Wort sollte der Schlußpunkt sein. Das Wort war so gefährlich, daß General Spears, der Zeuge war, es für seine Erinnerungen abänderte; bei ihm hieß das große Wort anders: »Herr Marschall, es ist Frankreich, das Sie anfleht.« Sicher war auch das richtig, Joffre flehte die Briten in diesem Augenblick an, und Joffre war Frankreich in dieser Stunde, wie General de Gaulle später auch in einer historischen Stunde Frankreich sein sollte. Historisch war es aber die Ehre Englands, die jetzt angerufen wurde, und kein Marschall Englands kann die Ehre seines Landes antasten lassen, aufs Spiel setzen.
Hätte Joffre die Ehre Frenchs angerufen, vielleicht wäre endlich French seine Selbstbeherrschung los geworden, er hätte sich das nicht gefallen lassen müssen. Aber die Ehre Englands, das war

ein so hoher Einsatz, der nur den Gewinn zuließ unter diesen Generalen, und so betrachteten alle Sir John, der verstanden hatte.
Der Marschall war tief bewegt, in seinen Augen standen Tränen; sie rollten über seine Wangen.
Er versuchte, einige Worte auf französisch zustande zu bringen, aber seine Zunge war schwer, er brachte nichts Französisches zusammen, so sagte er zu General Wilson:
»Ruhig Blut, ich kann mich nicht richtig ausdrücken. Sagen Sie ihm, daß alles, was menschenmöglich zu machen ist, unsere Jungens ausführen werden.«
Wilson übersetzte es ganz einfach ins Französische: »Der Marschall hat Ja gesagt.«
Sofort entspannte sich die Atmosphäre. Aber nicht alle waren erleichtert. General Murray, der am Tage vorher Gallieni abgewiesen hatte, trat neben French an den Tisch heran und sagte sehr frostig, es sei unmöglich für die britischen Truppen, 6 Uhr morgens, wie es General Joffre erbeten habe, am 6. September anzutreten. Sie stünden zur Zeit zehn Meilen hinter den Stellungen, die in Joffres Befehl für sie vorgesehen waren. Sie könnten erst um neun Uhr antreten.
Man übersetzte es Joffre. Der General, stark ermüdet, zuckte mit den Schultern, hob die Hände: »Da kann man nichts machen. Sie marschieren von dort aus, wo Sie stehen. Ich habe das Wort des Marschalls, das genügt.«

Für die Briten war die Teestunde gekommen, French lud Joffre dazu ein.
Zwei Stunden später begab sich Joffre mit seinem Stab in drei Kraftwagen nach Châtillon-sur-Seine, in das Haus, das ihm für die kommenden Tage als Hauptquartier dienen sollte. Der Sonnenuntergang hatte an diesem Abend eine jener Abendröten ausgelöst, in denen der Himmel zu verbrennen scheint.
Sie bedeckte ihn von West nach Ost, füllte ihn aus, wölbte sich über diesen Teil von Frankreich, in dem nach den Generalen nun die Männer, die Soldaten, aufeinanderstoßen sollten.

Im Nordosten war das schon eingetreten, Joffre würde es in seinem neuen Hauptquartier erfahren.
Man konnte damals nicht längere Zeit hindurch fahren, die Fahrer brauchten Pausen. So ließ Joffre anhalten und stieg aus. Er sah diesen blutigen Himmel, es war ein Schlachtenhimmel, sein Schlachtengemälde, das er entworfen hatte.
Für seine Soldaten diktierte er diese Sätze: »In dem Augenblick, wo die Schlacht beginnt, von der das Schicksal des Landes abhängt (vom Schicksal Europas war Joffre wieder abgekommen, für Europa wollte sich damals niemand schlagen, das war ein Wort für die Generale verschiedener Nationalität, für French und ihn), muß allen eingeschärft werden, daß nun niemand mehr rückwärts schauen darf. Alle Anstrengungen müssen gemacht werden, um den Feind anzugreifen und zu werfen. Eine Truppe, die nicht mehr weiter vorwärts kann, muß, koste es, was es wolle, das eroberte Gelände behaupten und sich lieber da, wo sie steht, töten lassen, als weichen. So, wie die Dinge jetzt liegen, kann keine Schwäche mehr geduldet werden.«

Das ungeheure Abendrot stand für die Soldaten des IV. Reservekorps nach den Gefechten, die sie unter schweren Verlusten gewonnen hatten, weiter entfernt als für Joffre und seinen Stab. Sie sahen vor allem brennende Dörfer, die den Abend blutrot machten, erst darüber kam der Himmel. Die Brände lagen ihnen näher. Sie hatten angegriffen und die Franzosen zurückgedrängt. Sie standen im Dorf St. Soupplets, das sie eroberten, und dennoch mußten sie abends umkehren, zurückgehen. General von Gronau konnte sein schwaches Korps nicht mit einer ganzen Armee am nächsten Tage kämpfen lassen. Er hatte, durch seinen verwegenen Angriffsbefehl, Klarheit geschaffen. Aus Paris drohte dem deutschen Heer eine erhebliche Gefahr. Er mußte sein Korps in Stellungen zurückführen, in denen es der 1. Armee nördlich der Marne die Möglichkeit schuf, rechtzeitig und unter vorteilhaften Bedingungen anzugreifen.
Da er nicht bis zum Ourcq zurückgehen wollte, weil dort der Nachschub für die 1. Armee nach vorn rollte und da den Trup-

pen die Landkarten fehlten, nach denen sie sich bei einem nächtlichen Rückmarsch orientieren konnten, befahl er seinem Korps, hinter den leicht auffindbaren Thérouanne-Bach zurückzugehen. Es war ein schwieriger Rückmarsch, der den Soldaten nicht gefiel. Sie glaubten, Paris erstürmen zu können. Ihre Verluste waren hoch. Nun mußten sie ausweichen. Der Vollmond war früh aufgegangen. Nach dem blutigen Abendrot beherrschte Mondlicht das Schlachtfeld. Einige Truppenteile, die in der Gegend von Monthyon gekämpft hatten, waren durch die überwältigende Wirkung der Artillerie in gedrückter Stimmung. Am Nachmittag hatten sie noch gerufen: »Eiffelturm in Sicht«, dann glaubten sie, im Feuer der Pariser Festungsartillerie zu liegen. Es war nur französische Feldartillerie, die besser und wirkungsvoller und weiter schoß als die deutsche. Jetzt hofften sie auf die schwere Artillerie der aktiven Korps; mit dieser Hilfe würden sie am nächsten Tage antreten.
Verbandsplätze mit Verwundeten mußten bei dem Rückmarsch am Ort bleiben. Die nachrückenden Franzosen, die den abziehenden Deutschen gefolgt waren, übernahmen sie. Es wurde den Deutschen schwer, ihre verwundeten Kameraden zurückzulassen, in Automne waren es sechs Ärzte, 227 Mann Sanitätspersonal, 334 deutsche und 31 französische Verwundete. Die Orte, in denen sie von den Franzosen gefangen genommen wurden, blieben Brennpunkte des Kampfes der nächsten Tage. Es kam zu Zwischenfällen. »Weshalb kommen Sie nach Frankreich? Sie mußten bleiben in Deutschland«, rief ein französischer Offizier einem deutschen zu, dem er die Achselstücke als Souvenir abnahm. Die Erregung war groß, bald fielen Granaten in die Verbandsplätze, die Kirchen und Schulen. Für die Franzosen war dies wie ein Sieg, denn wer das Schlachtfeld nicht behauptete, abzog, die Verwundeten zurückließ, war der Verlierer.
Bei Generaloberst von Kluck traf an diesem Abend, unter dem gewaltigen Abendrot, mit dem Auto aus Luxemburg Oberstleutnant Hentsch ein, der Chef der Abteilung Fremde Heere im Großen Generalstab. Es war sein erster Besuch bei Kluck. (Er hatte noch keine Mission zu erledigen, wie es später der Fall

war.) Ernst und verstaubt erschien er auf der geschichtlichen Bühne in dem Augenblick, da Joffre auf seine Schlacht mit den Engländern sich vorbereitete, von der Hentsch und das Große Hauptquartier noch nichts wußten. Hentsch griff daher noch nicht ein. Er wurde noch nicht als tragische Figur sichtbar. Er zeigte sich nur, als er gegenüber Klucks Stabsoffizieren meinte, für die Oberste Heeresleitung sei die Lage »unklar«. Als man ihm die Befehle Klucks für den 6. September vorlegte, sagte er, die Bewegung müsse in Ruhe gemacht werden. Eile — sich gegen Paris zu wenden — sei nicht notwendig.

Später in der Nacht — die Befehle waren schon herausgegangen — trafen Nachrichten vom IV. Reservekorps ein, von dem heftigen, erfolgreichen Gefecht mit starken feindlichen Kräften in der Nähe von St. Soupplets, aber sie wurden nicht sehr ernst genommen. Des Generals von Gronau Meldung konnte nicht die ganze Wahrheit enthalten, er kannte sie selbst nicht, er hatte nur einen Zipfel der Wahrheit in der Hand, nicht mehr. Seinen 17 Bataillonen und 77 Kanonen hätten am 5. September 60 Bataillone mit 200 Kanonen entgegentreten können, wenn die Franzosen nicht von ihm überrascht worden wären.

Ein deutscher Kriegsberichterstatter, ans Große Hauptquartier in Luxemburg gefesselt, ohne Einsichten in die Lage vor Paris, fand in seinem Luxemburger Quartier an diesem Abend in der ihm zugeschickten Berliner Tageszeitung »Der Tag« vom 4. September, dem Tage vorher, eines jener Kriegsgedichte, die täglich in den Feuilletons der deutschen Presse erschienen und einen ersten Beitrag der deutschen Schriftsteller zum Kriege darstellten. Fast kein Dichter blieb abseits, der Krieg war auch ein Thema der Lyrik geworden, die Dichter führten ihn verbal.

»Vorm Ziele« hieß die Überschrift zu dem Gedicht von Richard Nordhausen: »Leuchtkugeln überm Wald,/ Sternschnuppen blitzen —/ Sagt mir doch: Sehn wir bald/ Nôtre-Dames Spitzen?/Stünd' ich, statt auf Posten hier,/vor den Mauern von St. Cyr,/ würd' ich gern mein Blut verspritzen/ als ein braver Füsilier./ Sternschnuppen glühn vorbei,/ Glückslichter scheinen —/ vier Wünsche hätt' ich frei,/ habe nur einen:/

Nach Paris steht wohl mein Sinn;/ Nach des Feindes Hauptstadt hin;/ keiner braucht um mich zu weinen,/ wenn ich dort gefallen bin./Glücksstern, der niederstieß,/ einer von vieren: Laß, laß mich in Paris/ mit einmarschieren!/ Ob dann Eisen oder Blei/ mich erwischt, ist einerlei;/ Dürft' ich droben jubilieren:/ Jungens, ich war auch dabei.«

Von nun an, aber das ahnte der Kriegsberichterstatter in Luxemburg nicht, käme eine neue Sprache hinzu.

30. KAPITEL

Generaloberst von Hausen im Lager Attilas

Den Ruhetag seiner Sachsenarmee, den 5. September, benutzte Generaloberst von Hausen, sein Hauptquartier von Bétheniville nach Châlons-sur-Marne zu verlegen. Er fühlte sich nicht wohl. Auch in seinem Stab herrschte Unwohlsein vor, das sich stündlich steigerte. Im Kraftwagen, mit dem er 3 Uhr nachmittags abfuhr, fühlte er sich wieder besser als in dem Schloß. Beim Passieren der Gefechtsfelder von Cuperly, die er über Suippes erreicht hatte, waren nur noch wenige Spuren der Kämpfe zu sehen, die an das Gefecht seines XIX. A. K. am Vortage erinnerten. Ihm fiel auf, daß von einem fluchtartigen Charakter des französischen Rückzuges hinter die Marne nicht die Rede sein könnte. Es lag nur wenig Kriegsmaterial in den Straßengräben.

Sein Kraftwagen überquerte die alte Römerstraße. Kurz danach fand er auf seiner Kriegskarte von Ost-Frankreich, die er in Dresden bei der Mobilmachung erhalten hatte, die Eintragung: »Attilas Lager«.

Daß er sich mit seiner 3. Armee beim Vormarsch den Katalaunischen Feldern nähern sollte, war ihm schon beim ersten Studium der Kriegskarte und der Befehle vor dem Eintreffen in der Eifel aufgefallen, und er hatte mit Generalmajor von Hoeppner, dem Chef seines Generalstabes, darüber ein Gespräch geführt.

Jetzt hatte er noch nicht die Katalaunischen Felder erreicht, wenn er seinem Ploetz vertraute, dem »Auszug aus der alten mittleren und neueren Geschichte«, gedruckt in Leipzig 1907; dort las er, während sein Wagen hielt, daß die Schlacht, so genannt nach Catalaunum (das ist Châlons-sur-Marne), nach

Troyes zu im Jahre 451 stattgefunden habe. Die Richtung auf Troyes war dem Generalobersten in dem Befehl Seiner Majestät des Kaisers gegeben worden, der ihn am Morgen des 5. Septembers erreicht hatte.
Es war nur Attilas Lager, zu dem er jetzt fuhr, indem er zuerst eine Bahnlinie überquerte, die tot lag, dann an einer Straßenkreuzung nach Osten abbog aus der Hochebene, die sich nach Châlons hinab neigte, baumlos, mit großer Weitsicht, wenige Kilometer auf ein Wäldchen zu, das bei dem Dorfe La Cheppe stand.
Die Hitze des Nachmittags ließ unter den Erlen und Akazien nach, verbranntes Gras umrandete diesen Hain; es war wirklich ein Hain, in dem kleine Hügel aufragten, die vielleicht Attilas Lager gesichert hatten. Neben der Straße floß ein Bach, über den eine schmale Brücke führte. Er betrat sie und sah den Fischen zu, die unter ihm sich tummelten. Es war ein friedlicher Augenblick, ausgerechnet im Lager des Hunnenkönigs, an dem legendären Ort, den Attila besetzt hielt, ehe er über die Marne auf die Felder von Châlons, von Catalaunum, mit seinem Heere ging.
Ein Ort der Rast, auch derartig bezeichnet (das Schild Camp d'Attila würde sechzig Jahre später hier stehen, neben Touristen, die rasteten, Picknick hielten, Kindern, die in dem klaren Wasser des schattigen Baches Papierschiffchen schwimmen ließen), die Katalaunischen Gefilde, wie Leopold von Ranke sie in seiner »Weltgeschichte« nennt, zum Unterschied zu der Katalaunischen Ebene, in der die Schlacht geschlagen wurde. Ein Sommer wie dieser, vielleicht 30 Grad im Schatten des Hains, und ringsum gelagert Attilas Hunnen, dazu die Ostgoten unter Walamir, die Gepiden, die Rugier von der Ostseeküste, die Sueven aus dem Land zwischen Elbe und Oder und endlich die Thüringer, die Burgunder und die Franken.
Südlich der Marne, gegen Troyes, Attilas Gegner, unter dem Westgoten Aëtius, dem es gelungen war, in Gallien die germanischen und romanischen Völker gegen Attila zu vereinigen, eine römisch-westgotische Allianz, der des Hunnenkönigs ger-

manische Hilfsscharen gegenüberstanden, zusammengehalten von den furchtbaren Hunnen aus Westrußland.
Generaloberst von Hausen hielt sich nicht lange in Attilas Lager auf, es drängte ihn zu den Katalaunischen Feldern, zur Stadt Châlons an der Marne, zu seinen Truppen, die am nächsten Tag gegen Troyes vorzugehen hatten, dorthin, wo einst der Westgotenkönig Aëtius stand, um sich Attila entgegenzuwerfen.
In seinem Kopfe hatte er drei Sätze aus Rankes »Weltgeschichte«, die er vor sich hersagte, als er wieder den Wagen bestieg:
»Die Schlacht selbst wurde in der Ebene geschlagen, hauptsächlich zwischen Hunnen und Westgoten. Der westgotische König ist dabei umgekommen. Die Niederlage Attilas liegt eben darin, daß er nicht vorzudringen vermag.«
Er sagte es lächelnd, ihm war nicht danach, wie Attila hier kämpfen und stehenbleiben zu müssen, nach unentschiedener Schlacht, und somit doch geschlagen. Attila zog sich von hier nach Ungarn zurück, die Macht der Hunnen war gebrochen — alte Geschichten, die ihm nicht mehr zuzumuten waren.
Aber dort, wo im Herzen des Mannes, eines Generals, die Ungewißheit über den Ausgang seiner Handlungen, der Befehle, die er gibt und befolgt, sich versteckt hält, um sich bemerkbar zu machen, wenn es am wenigsten von ihr erwartet wird — auf dem tiefen Grunde seiner Seele begann sich dieses Gefühl einer Vorahnung zu bewegen, veranlaßt nicht vom Schnickschnack der Historie, den er, selbst in historischen Zusammenhängen handelnd, nicht brauchte, sondern beeinflußt von dem Unwohlsein im Magen, das ihn nicht mehr verlassen hatte. Ein Magendrücken, das ihn nötigte, öfter den Wagen anhalten zu lassen, um sich von dem Unwohlsein durch einen Spaziergang zu befreien. Er hatte seit dem Morgen nichts mehr gegessen, dennoch rebellierte sein Magen, und er blickte nicht zurück, als er auf der Landstraße nach Châlons fuhr, ins Abgründige der Geschichte, dem er begegnet war und dem er, über Châlons hinaus, noch begegnen sollte.

Er wurde hineinbestimmt. Die Sachsenarmee fand den Schauplatz schon vor, und nur der Name, den die Engländer, nicht die Franzosen, wenig später den Deutschen anhängen würden, wenn sie sich in den Schützengräben gegenüberlagen, an die heute nicht zu denken war, kam auf das Lager Attilas zu. Die Deutschen waren nun für die Engländer »die Hunnen«, »the huns«, so lange, daß Winston Churchill, der in diesem Ersten Weltkriege eine größere Rolle und im Zweiten Weltkriege eine überragende Rolle spielen sollte, noch 1939—1945 die Deutschen so nannte.

Einen Hinweis, wie die Deutschen für die Engländer zu Hunnen wurden, könnten die britischen und französischen Soldaten während der Marneschlacht geben, die »Attila, Attila« riefen, wenn sie Husaren entdeckten. Die Husaren trugen die Attila, da waren die Hunnen unter Attila nicht mehr weit.

Die Husaren verbreiteten Schrecken, sie tauchten überall auf, sie waren nicht zu fassen. Wie die Ulanen verkörperten sie im September 1914 das Überraschende, das Nichteinzuordnende, sie waren wie der Kriegsgott, der später mit dem Schrei: »Panzer!« geweckt wurde. Ihre hohe Beweglichkeit verbreitete Furcht, wie der Panzer es ebenfalls tun sollte.

Als Generaloberst von Hausen in die unversehrte Stadt Châlons einfuhr, war Attila vergessen. Dies war seine Stadt, die Sachsenarmee hatte sie besetzt, ihr Name war berühmt, die Einnahme von Châlons-sur-Marne zählte nun in der sächsischen Heeresgeschichte. Er nahm Quartier im Dienstgebäude des Direktors der französischen Eisenbahnen des Ostens, einem geräumigen alten Hause, das durch einen Vorhof von der Straße getrennt, auf der Rückseite durch einen Garten abgeschlossen war. Seine Wohnung lag im 1. Stock, die Büros des AOK befanden sich im Erdgeschoß.

Châlons-sur-Marne ist eine behagliche Stadt, die Küche der Restaurants und Hotels ist vorzüglich. Heute fühlt man sich sofort wohl, wenn man die Stadt betritt. Vom Hausmädchen, das Direktor Belley zurückgelassen hatte, erfuhr Hausen, daß ihr Dienstherr dem Einrücken deutscher Truppen in Châlons nicht mit gleichem Schrecken entgegengesehen habe wie andere Einwohner der Stadt, denn ihm seien deutsche Verhältnisse nicht fremd, da er zwei deutsche Schwiegertöchter besäße.

Fast sah es nach einer Idylle aus; das Hausmädchen, das Hausen zur Hand ging, der ereignislose 5. September für die Sachsen, die ihren Ruhetag genossen, die Abwesenheit von Krisen. »Die Stadt Châlons«, schreibt Generaloberst von Hausen über diesen Tag, »war mit Truppen des XIX. A. K. überfüllt, Generalkommando XIX. A. K., Infanterieregiment 107, Jägerbataillon 13, Artillerie usw. Die Geschäftsläden waren geschlossen, mit Ausnahme eines Friseurladens nahe dem Marktplatze, der, unterstützt von Barbiergehilfen des I. R. 107, ein glänzendes Geschäft machte. Abends war gemeinsamer Mittagstisch im Hotel gegenüber dem Rathause (vor dem, Hausen konnte es nicht ahnen, acht Tage später, am 13. 9. 1914, General Foch die Siegesparade abhielt; eine Tafel erinnert daran). Weder Räumlichkeiten noch Speisen reichten im geringsten hin, um dem gewaltigen Ansturm der Offiziere, Beamten und Mannschaften gerecht zu werden. Alle Welt indessen war glücklich, einmal wieder unter Dach und Fach zu sein, Stärkung und Labung zu finden. Trotz meines elenden Befindens nahm ich — es sollte das letzte Mal sein — an der kameradschaftlichen Vereinigung teil und hatte die Freude, mit dem Major von Oldershausen vom sächsischen Generalstabe zusammenzutreffen, der bei der Eisenbahnabteilung der Obersten Heeresleitung tätig war. Er wußte viel Interessantes zu erzählen. Persönlich stand er mir dadurch nahe, daß ich in ihm einen alten Kameraden meines braven 12. Jägerbataillons begrüßen durfte. In der Nacht vom 5. zum 6. September verschlimmerte sich trotz aller Bemühungen des mich betreuenden Obergeneralarztes Dr. Müller mein Zustand ganz erheblich, denn alle Mittel versagten ihre Heilwirkung. Die mir dringend anempfohlene dauernde Bettruhe vermochte ich nicht einzuhalten, zwangen mich doch eingehende Meldungen und Berichte häufig nach dem Geschäftszimmer zu eilen, obschon auch General v. Hoeppner das seine tat, mich nach Möglichkeit zu schonen.«

Sechs Uhr abends, noch vor Eingang der Kavallerie- und Fliegermeldungen, hatte Generaloberst von Hausen befohlen, daß die 3. Armee am 6. September die Linie Germinon–Coupetz–Loisy–sur-Marne–Villeneuve erreichen sollte, die allgemeine Marschrichtung hieß Troyes und Vendeuvre, wie die Oberste Heeresleitung am 4. September bestimmt hatte.

Der Ruhetag, den Hausen eigenmächtig angesetzt hatte, lag nun zwischen der Marne und diesem Ziel, und der Befehl hinterließ nicht den Eindruck, daß es der Generaloberst besonders eilig habe. Durch den Ruhetag wurde auch der Vormarsch der rechts anschließenden 2. Armee gehemmt und außerdem eine Zusammenarbeit mit der links vorgehenden 4. Armee unmöglich gemacht. Hausen schien auf das Herankommen der 24. Reservedivision zu warten, die zur Einschließung der kleinen Maasfestung Givet verwendet worden war und, nach deren Kapitulation, am 5. September 30 Kilometer nordöstlich Reims stand. Der Generaloberst fühlte sich, trotz seines Einzugs in Châlons, körperlich matt, der Mensch und der Armeeführer waren nicht auf dem Posten, wie man sagt.

Die Ausgangslage der Schlacht an der Marne hätte für die Deutschen anders ausgesehen, wenn Hausens Armee keinen Ruhetag eingelegt hätte, weitermarschiert wäre, auf Troyes und Vendeuvres zu, in eine Lücke zwischen Fochs 5. Armee und seinem rechten Nachbarn, die nur Kavallerie verschleierte. Wenn dazu noch die Sachsenarmee ihre volle Stärke gehabt hätte, die es ihr erlaubte, selbständig zu operieren, ohne Anweisung der Obersten Heeresleitung, dem linken und rechten Nachbarn auf Anforderung vorwärtszuhelfen – die Katalaunischen Felder wären vielleicht bald im Rücken der Sachsenarmee gewesen. Das Schlachtenschicksal hätte dann anders ausgesehen, und der Beginn der französischen Offensive, der Hausen in einem besonders ungünstigen Moment traf, wäre hier anders verlaufen. Denn zu dieser Zeit, am Mittag des 6. September, mußten seine Korps nach rechts und links zur Hilfe eilen, während vor ihm, geradeaus nach Troyes, eine dreißig Kilometer breite Lücke klaffte.

Das Gesetz des Handelns, das sich kein Oberbefehlshaber freiwillig aus den Händen nehmen lassen durfte, war Hausen mit diesem Ruhetag entglitten.

Hausen hat später bemängelt, daß man ihm eine Kavalleriedivision versprochen, aber nicht unterstellt habe. Mit dieser Kavalleriedivision hätte er in die Lücke vordringen können. Doch am 5. September war die Abteilung von Arnim, die als Vorausabteilung gebildet worden war, während die Armee in Ruhe hinter der Marne lag, im zügigen Vormarsch weit jenseits des Flusses, vorüber an den Ortschaften, die der Husarenwachtmeister Koch in der Nacht vorher mit seiner Patrouille durchstreift hatte. Vor ihr wichen französische Schwadronen aus, sie suchten Anschluß an ihre Infanterie, die der Oberbefehlshaber der französischen 5. Armee, General Foch, am Nachmittag des 5. September in die Bereitstellungsräume für die kommenden Angriffe vorwärtstrieb (er trieb sie vorwärts, Foch war unerbittlich, er konnte, wenn er in einer schlimmen Lage sich befand, immer noch an Joffre melden, es gehe ihm vorzüglich, Foch würde, wie Joffre in die Geschichte eingehen).

Zur Abteilung von Arnim, die eine Kavalleriedivision ersetzen mußte, auf die Hausen in Châlons noch immer hoffte, gehörte die 1. Eskadron des Großenhainer Husarenregiments 18, deren Schwadronsführer Oberleutnant Freiherr von Grote zu denen zählte, die in den Nachmittagsstunden des 5. September die Wende der Gesamtlage erkannten.

Für ihn war sie im Raum Normée—Lenharré an der Somme deutlich geworden, ähnlich wie General von Gronau sie in derselben Tageszeit im Nordosten von Paris erkennen mußte, bei Husarenstückchen, die aber ihre Wirkung erzielten. Kurz vor Mittag des 5. September hatte der Oberbefehlshaber der 5. Armee, General Foch, das Frontmachen seiner Korps für die bevorstehende Offensive befohlen und dem französischen XI. Armeekorps die Linie Lenharré—Ecury—Morains-le Petit zur Besetzung angewiesen.

Die ersten Bewegungen der Truppen zur Einnahme dieser Stellungen entdeckten die Großenhainer Husaren.

Oberleutnant Freiherr von Grote ritt durch Wald, erreichte eine Höhe im niedrigen Kiefernholz, sah auf der Straße im Tal marschierende französische Infanterie, auf einem Feldwege links davon drei bis vier weitere Bataillone. Es kam zu einem kurzen Gefecht, aus dem sich die Husaren zurückzogen, als drei französische Batterien sich auf sie einschossen. Die Abteilung von Arnim bezog abends ein Biwak an der Conflans Ferme nordöstlich Villeseneux (beide Orte sollten ihre Schlachtenrolle erhalten), der Gegner folgte nicht.
Aber die zurückkommenden Patrouillen meldeten übereinstimmend, daß der Gegner mit starken Kräften unter dem Somme-Abschnitt Normée—Lenharré stünde. Die 32. Infanteriedivision erhielt noch am Abend eine zusammenfassende Meldung.
Sie traf nachts bei Hausen ein; Fliegermeldungen vom Nachmittag besagten jedoch, daß der Gegner noch auf dem Abmarsch nach Süden, gegen Troyes, sei.
Im Kriege sind Meldungen zahlreich wie der Hagel der Geschosse. Stäbe erhalten und verwerten oder verwerfen sie.
Ohne Vorwarnung, daß sich vor ihnen etwas zusammenbraute, traten die Korps der Sachsenarmee am nächsten Morgen ihren Weitermarsch an, ausgeruht, siegesgewiß. Denn die Marschrichtung hieß für sie der tiefe Süden von Paris.
Auch über der Conflans Ferme, Châlons und Bouzy, dem Sektkellereidorf, in dem der Husarenwachtmeister Franz William Koch die Anstrengungen der vorhergehenden Nacht auf Patrouillenritt jenseits der Marne beim Champagner vergessen hatte, war das gewaltige Abendrot zu sehen, das General Joffre den Kraftwagen auf der Fahrt zu seinem neuen Hauptquartier für die Marneschlacht verlassen ließ.
Es zog sich von Westen nach Osten, schien die ganze nördliche Himmelshälfte zu bedecken und wich nicht. Die Husaren sahen diesen Schlachtenhimmel jedoch nur, wenn sie den Sektkeller verließen, in dem sie die Champagnerflaschen köpften.
Der Krieg hat auch seine guten Seiten. Er schenkt Pausen, er läßt zu, daß Feldpost nach vorn kommt wie an diesem 5. September.

Sie prosteten sich zu, sie tranken auf das Wohl ihrer Frauen und Freundinnen, auf das Wohl der Heimat, für die sie nach Frankreich eingefallen waren bis zu den Katalaunischen Feldern. Es gab nicht nur Champagner in Bouzy und den phantastischen Abendrothimmel, es gab auch ein Bett für Wachtmeister Koch. Sein Freund, der Wachtmeister Fuchs, war an diesem Tag Offiziersstellvertreter geworden; Koch vermerkt es in seinem Tagebuch, es ist merkwürdig karg für einen solchen schönen Tag.

»Gretchen hat geschrieben, Großenhain ist bei mir«, schreibt er im Bett, nach dem vielen Champagner, »was muß sie ausstehen. Schlimm ist es, nicht zu wissen, wie es uns geht. Es geht uns gut. Mit Gott werden wir morgen weiterreiten. Der Krieg dauert nicht mehr lange. Wir sind schon tief in Frankreich. Wie gut tut es, Gretchen unwissend zu wissen, nicht bedroht von Feuer und Tod. 35. Mobilmachungstag, Rasttag in Bouzy.«

Unwissend waren an diesem Abend auch der Kaiser in Luxemburg, Generaloberst von Hausen in Châlons, Generaloberst von Bülow und Generaloberst von Kluck. Nur General von Gronau war ein Wissender an diesem Tage geworden, seine Meldung traf erst um Mitternacht bei Kluck ein; wissend waren Joffre und French, aber dieser nicht ganz so wissend wie Joffre, er behielt seine Zweifel. Wissend war der Himmel mit seinem blutigen Abendrot, aber das konnte auch nur ein meteorologisches Spektakel sein.

Der französische Heeresbefehl zum Gegenangriff, erlassen am 4. September, lautete:

»1. Es gilt, die gefährdete Lage der deutschen ersten Armee durch vereinten Angriff unserer drei Armeen des linken Heeresflügels auszunutzen. Bereitstellung am 5., Angriff am 6. September.

2. Am 5. September abends stehen bereit:
a) die sechste Armee nördlich Meaux, zum Vorgehen über den Ourcq zwischen Lizy und May, Richtung Château-Thierry, dabei das Kavalleriekorps 1;

b) die Engländer auf Linie Changis (an der Marne) —Coulommiers, Front nach Osten, Richtung auf Montmirail;
c) die fünfte Armee, mit starkem linken Flügel, auf Linie Courtacon—Esternay—Sézanne. Angriff nordwärts. Kavalleriekorps 2 zur Verbindung mit den Engländern;
d) die neunte Armee deckt den rechten Flügel der fünften Armee. Sie hält die Südausgänge des Sumpfes von St. Gond und die Hochfläche von Sézanne.
3. Beginn des Angriffs 6 Uhr früh.
Die vierte Armee macht Front und arbeitet mit der dritten Armee zusammen, die nördlich von Revigny zum Angriff westwärts hervorbricht;
die dritte Armee greift, unter Sicherung nach Nordosten, den feindlichen linken Flügel, der westlich der Argonnen vorgeht, an.«

Es war gut, jetzt in einem Champagnerkeller zu sitzen, in einem richtigen Bett zu liegen, an etwas zu denken, das es morgen nicht mehr geben würde.

31. KAPITEL

Ein Schlachtenbild entsteht

Zwischen Mitternacht und Morgen des 6. September erhielt Generaloberst von Kluck, der am Abend in seinem neuen Hauptquartier Rebais südlich der Marne und des Petit Morins eingetroffen war und bald darauf den Oberstleutnant Hentsch aus dem Großen Hauptquartier empfing, die geringe Chance, die Bedrohung auf seiner rechten Flanke östlich des Ourcq, aber noch mehr die Durchschneidung seines Nachschubs nördlich der Marne durch den Stoß aus Paris zu erkennen und zunichte zu machen.

Es blieben ihm und seiner Armee nur wenige Stunden, denn morgens 6 Uhr sollte der Generalangriff der französischen Armeen beginnen, von dem er nichts ahnte. Kluck hatte, wohl oder übel, da Hentsch bei ihm erschienen war, für den 6. September den weiteren Vormarsch nach Süden abgesagt, seine Korps für eine Umgruppierung gegen Paris bereitstellen lassen, aber vom IV. Reservekorps, das am 5. September auf überlegenen Feind gestoßen war, lagen ihm noch keine alarmierenden Nachrichten vor. Die Luftaufklärung hatte nicht versagt: 5 Uhr 45 nachmittags hatte Leutnant von Knobelsdorff auf einem Erkundungsflug festgestellt, daß vor Paris das IV. Reservekorps kämpfte. Seine Meldung war am Abend vom Generalkommando des II. Armeekorps telefonisch an das Armeeoberkommando weitergegeben worden, das sich nicht beeindrukken ließ, da die Meldung nach Art und Form keineswegs gefährlich klang. Ein unbedeutendes Gefecht konnte nicht die Überlegungen beeinflussen. General von Gronau hatte am Abend einen Ordonnanzoffizier, den Hauptmann Hellwig, im

Kraftwagen nach Rebais entsandt, der die wichtigen Meldungen des IV. Reservekorps überbringen sollte.

Mit diesem Kraftwagen hatte Hellwig einen Unfall; vorläufig blieb das Armeeoberkommando über die Kämpfe des IV. Reservekorps im Ungewissen. Der Ausfall eines Kraftwagens konnte damals den Krieg beeinflussen. Die schlechten Nachrichtenverbindungen, so das Fehlen einer Funk- oder Telefonverbindung vom äußersten rechten Heeresflügel zum nächstgelegenen Armeeoberkommando, ließen die Rolle der Technik in diesem neuen Kriege dramatisch werden. Bisher schien sie nur Nebenrollen zu spielen, jetzt übernahm sie Hauptrollen. Als Hauptmann Hellwig tief in der Nacht seine Fahrt nach Rebais fortsetzen konnte, traf er auf pommersche Infanterie, die ihm entgegenmarschierte. Aus der Kolonne wurde ihm zugerufen, man werde das IV. Reservekorps schon heraushauen. Es war noch einmal gut gegangen: kurz vor Mitternacht hatte das Generalkommando des II. A. K. mit Rebais telefoniert und gemeldet, daß das IV. Reservekorps auf überlegenen Feind gestoßen sei und hinter den Thérouanne-Abschnitt zurückgehe. Kluck und sein Chef des Generalstabes von Kuhl erkannten sofort die neue Lage, das Pariser Gespenst, das Fleisch und Blut angenommen hatte, und beschlossen, anzugreifen, wie es Moltke für die 1. und 2. Armee befohlen hatte, nämlich angriffsweise Front gegen Paris zu machen.

Das II. A. K. erhielt um Mitternacht den Befehl, so schnell wie möglich in Richtung auf die Marnebrücke von Lizy und Germigny zur Unterstützung des IV. Reservekorps anzutreten, also kehrtzumachen, zurückzumarschieren — der zweite Rückzug vor Paris, den die Deutschen durchführen. Da das Reservekorps über keine schwere Artillerie verfügte, hatte das II. A. K. seine schwere Feldartillerie, mit der Kavallerie voraus, Infanterie danach in Marsch zu setzen.

Da jetzt mehr und mehr das Kraftfahrzeug in die Entscheidungen einzugreifen beginnt — der Kraftwagen des Hauptmann Hellwig in den Nachtstunden zum 6. September, die Pariser Taxis in den Abendstunden des 6. September, das Kraftfahr-

zeug des Oberstleutnants Hentsch am 8. und 9. September — tritt die Kraftfahrzeuglage der kriegführenden Mächte 1914 neben die Munitionslage und das Menschenpotential.
Es ist das erste Mal in der Kriegsgeschichte; die Zahlen sind noch nicht hoch genug, um sofort der Motorisierung eine Rolle zuzuweisen, die sie erst im Zweiten Weltkrieg erhalten sollte.
1911 war im deutschen Heer erstmalig ein Kraftfahrzeug-Bataillon zu erst 3, dann 4 Kompanien aufgestellt worden. Auch Bayern, das eigene Wege gehen durfte, hatte eine Kraftfahrzeugkompanie. Die Motorisierung wurde getragen vom Freiwilligen Automobilkorps, das in Deutschland 1905, in Österreich 1906 gegründet wurde.
Im Jahre 1913 waren im Deutschen Reich 14 639 Lastkraftwagen und Personenkraftwagen hergestellt worden, bei Kriegsausbruch sandten 70 515 zur Verfügung, in Österreich-Ungarn 14 000. Frankreich und England hatten 1913 45 000 bzw. 34 000 Kraftfahrzeuge produziert, Renault, das die Taxis zur Marneschlacht stellen sollte, allein 1913 und 1914 je über 5000 Automobile. Für die damaligen Verhältnisse war das eine hohe Stückzahl für eine Firma.
Bei Kriegsausbruch verfügte Frankreich über 100 000 Kraftfahrzeuge, England über 178 000, Belgien über 12 500; bedeutungslos war die Motorisierung in Rußland.

Bei der deutschen Mobilisierung 1914 wurden in kurzer Zeit aufgestellt: 114 mobile Kraftfahrzeugformationen mit 200 Offizieren, 8000 Mann und 4000 Motorfahrzeugen, die auf Ost- und Westfront verteilt wurden, aber sie kamen nicht zur Fronttruppe. Außerdem wurden 800 sogenannte Subventionslastzüge (4 t Lastkraftwagen mit Anhänger nach militärischen Vorschriften) einberufen, die für den Nachschub vorgesehen waren.
Renault konkurrierte während der ersten Kriegsmonate mit Daimler-Benz, dessen Personenkraftwagen bis zu 100 Stundenkilometer fuhren.
Es sollten zwölf Stunden an diesem 6. September 1914 vergehen, ehe in Paris General Gallieni die erste motorisierte Trup-

penbewegung mit den Taxis einleitete. Zwölf Stunden, nachdem der kommandierende General des II. A. K., General der Infanterie von Linsingen, aus dem Süden, seinen Truppen voraus, im Kraftwagen, gedeckt durch das vorausgetrabte Dragonerregiment 3, auf der Höhe bei Brinches eintraf. Das war südöstlich von Trilport an der Marne, durch das von Paris die große Landstraße nach Osten, über Meaux nach La Ferté-sous-Jouarre und Château-Thierry, dem Angriffsziel von Maunourys 6. Armee, führt. Starker Morgennebel lag über dem Marnetal, das sich mit großen Waldungen vor Trilport zeigte, mit der Stadt Meaux hinter der Marneschleife.

Der General ließ das Scherenfernrohr aufbauen und nach Nordwesten einrichten, über die Marne und über Meaux hinweg zum IV. Reservekorps, dem er zur Hilfe eilte.

Das IV. Reservekorps konnte der General nicht finden, dafür fünf starke Kolonnen, die sich nördlich der Marne von Ost nach West wälzten, eine Armada, die sich zwischen den General am Scherenfernrohr und Gronaus Reservekorps irgendwo im Norden schob.

Das Scherenfernrohr zog diese Divisionen näher, es ließ das Marnetal im Morgennebel unter sich und stellte fest: die Gegner befanden sich auf den Höhen, die, vom Marnetal geteilt, auseinandergehalten wurden.

Es war 6 Uhr morgens; Joffre griff an. Es wurde so pünktlich zum Gegenangriff angetreten, daß der rechte Flügel des IV. Reservekorps, den die 4. Kavalleriedivision bildete, an diesem Morgen, kurz nach 6 Uhr, von abgesessenen Kavalleristen angegriffen wurde, die das dort eingesetzte Jägerbataillon 7 mit ihren Maschinengewehren zur Flucht zwangen. Aber kurz darauf ging französische Infanterie gegen sie vor, 24 Kompanien wurden gezählt. Die Jäger wußten, daß sie sich nicht lange halten könnten.

Auf der Höhe von Brinchy, neben dem Kraftwagen, gesichert von Dragonern, die abgesessen waren, gab General von Linsingen seine Befehle. Es war ein Augenblick, der an alte Kriege erinnerte. Der General auf dem Feldherrenhügel, hinter ihm seine Soldaten, vor ihm der Feind. Der Kanonendonner vom anderen Marneufer, der kurz nach dem Eintreffen des Generals begonnen hatte, mahnte zur Eile. Linsingen befahl Dauertrab für die schweren Feldhaubitz-Batterien und, der Infanterie weit voraus, gedeckt von Dragonern, riesige Staubwolken zurücklassend, eilten diese Batterien ins Marnetal hinab, nach Trilport, längs des Flusses, auf dessen Ostufer, dem Kanonendonner im Norden entgegen. Hinter ihnen marschierten die pommerschen Infanteristen, und drüben, jenseits des Flusses, hinter den starken Marschkolonnen des Gegners, legte sich General von Gronau, der keinen Schlaf nachts gefunden hatte, in den Straßengraben, um trotz der in der Nähe einschlagenden Granaten den Schlaf nachzuholen, als bei ihm der Oberquartiermeister der 1. Armee, Oberst von Bergmann, im Kraftwagen eintraf, um Auskunft über den Stand der Schlacht zu erbitten.

Der Chausseegraben, aus dem der General jetzt aufstand, lag neben der Straße Vareddes—May-en-Multien auf einer Anhöhe, östlich des Flusses Ourcq, und von hier konnten beide das Schlachtfeld gut übersehen. Diesen Gefechtsstand hielt von Gronau bis zum 9. September; er war dicht am Feind. Keinen Zweifel ließ von Gronau jetzt über den Ernst der Lage, da der Gegner auf zwei bis drei Korps geschätzt werde, denen die schwachen Divisionen des IV. Reservekorps, in gruppenweiser Aufstellung auf einen über 10 Kilometer breiten Abschnitt verteilt, standzuhalten hätten. In der Unterredung mit von Bergmann sprach von Gronau von einem Ausfallkorps, denn zu dieser Stunde glaubte man, es mit einem isolierten Ausfall aus Paris zu tun zu haben, wie es während der Belagerung der Stadt 1870/71 öfter vorgekommen war.

Reserven hatte von Gronau keine mehr. Er hoffte aber, die Versprengten der letzten Nacht, einzeln herumirrende Trupps, bald wieder der Front zuführen zu können.

Er bedauerte, daß eigene Lazarette in die Hände des Feindes gefallen seien, zahlreiche Verwundete und Ärzte, aber er blieb ruhig und zuversichtlich, da er nun erfahren hatte, daß die Pommern General von Linsingens im Anmarsch waren.

Beide Offiziere wußten nicht, daß die Marneschlacht entbrannt war, die für sie bisher nur eine Schlacht am Ourcq zu sein schien, und zwar von den Wäldern von Compiègne im Norden, deren Laubbäume, von der Hitze der vergangenen Tage gequält, sich herbstlich bunt verfärbten, über das unübersichtliche von Dickichten, Wäldern und steilen Hängen durchzogene Gebiet südlich der Marne, vorbei an den Katalaunischen Feldern südlich von Châlons, gegen die sich an diesem Morgen die Sachsenarmee schwerfällig in Marsch setzte, bis zu den Argonnen, wo die Armee des deutschen Kronprinzen stand.

Diese Schlacht wurde am Ourcq von den Deutschen nicht mit der Karte, sondern nach Skizzen, die statt der Karten informieren sollten, geschlagen. Es war ein improvisiertes Gefecht, das auf beiden Seiten mit einer Hartnäckigkeit geführt wurde, die jeder Seite die Möglichkeit gab, zu siegen.

Denn Generaloberst von Kluck, der rasch über den Angriff der Franzosen am Morgen unterrichtet wurde, versuchte nun, durch

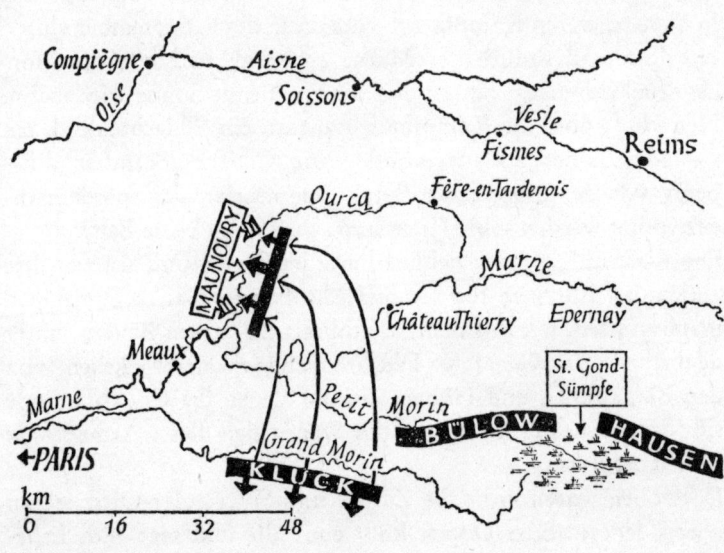

Klucks Marsch zum Fluß Ourcq

eine kühne Kampfführung den Fehler wieder gutzumachen, den er begangen hatte, als er zu schnell und zu weit nach Süden marschiert war.

12 Uhr mittags wurde das IV. A. K. nach Norden in Marsch gesetzt, ein Artillerie-Regiment voraus. Damit wurde den Engländern, die sich erst nach neun Uhr am 6. September in Marsch gesetzt hatten, der Rücken gezeigt. Zwei Armeekorps der 1. Armee kamen nun dem IV. Reservekorps zu Hilfe, und bald sollte das letzte Korps, das Kluck noch im Süden stehen hatte, ihnen folgen.

Das Kavalleriekorps von der Marwitz hatte den Abmarsch der Deutschen nach Norden zu verschleiern, aber die Lücke zwischen 1. und 2. Armee wurde geöffnet, zuerst sacht, dann immer schneller, und Bülows 2. Armee würde sie nicht ausfüllen können, denn sie wurde von General Franchet d'Espereys 5. Armee seit dem Morgen angegriffen.

Das Gardekorps lag vor den Sümpfen von St. Gond im schweren Kampf fest, und die Sachsenarmee, die hier anschloß, trat in diese schweren Kämpfe am Vormittag des 6. September ein.

Nördlich und südlich der Marne entstand, nachdem die Morgennebel sich gelegt hatten und die brennende Sonne wieder ihre Herrschaft über die Kämpfenden antrat, ein Schlachtenbild, ein »wunderschönes Schlachtenbild«, wie General Franchet d'Esperey von der Höhe einer Bergkuppe ausrief, das später nachgezeichnet werden sollte (jetzt hatte man dazu keine Zeit).

Die Abschußfeuer der Feldartillerie leuchteten und warfen ihre zuckenden Blitze in die sommerliche Natur. Ganze Divisionen manövrierten, wie auf dem Schachbrett die armen Bauern, unter den Augen der Generale. Die brennenden Dörfer glichen, von den Bergkuppen und Höhen aus, auf denen die Gefechtsstände sich befanden, Markierungen des Weges, den dieses Armeekorps oder jenes nahm.

Dort oben waren nicht die Zurufe und Schreie der Offiziere zu hören, jenes: »Euer Oberst küßt euch alle und sagt euch Lebewohl, es lebe Frankreich« des Oberstleutnants Dubujadoux, der die Zuaven kommandierte; es war nicht der Parademarsch zu sehen, den ein Hauptmann im Norden, bei der IV. Reservedivision, befahl, als seine Kompanie selbständig ein Stück zurückgegangen war, um die Truppe wieder in die Hand zu bekommen, nicht dieses: »Oh, ces chausseurs, ce sont des diables« eines verwundeten Franzosen, das er dem deutschen Offizier zurief, der ihn gefangennahm.

Französische Generale, deren Vorgänger abgesetzt waren, fuhren im Kraftwagen bei ihren Divisionen vor und warfen sich in die Schlacht.

Und der Marschall French, der von General Joffre am Tage vorher auf die Ehre Englands so rauh und unmittelbar angesprochen worden war, daß ihm die Tränen kamen, hatte einen Tagesbefehl an seine Soldaten gerichtet, der fast leidenschaftlich klang:

»Ich fordere das Expeditionskorps in Frankreich auf, dem Feind zu zeigen, was es wert ist, und an der Seite der 6. französischen Armee zum Angriff zu schreiten.

Ich bin sicher, diese Aufforderung wird befolgt werden. Die Armee wird, in einer weiteren Äußerung des wunderbaren Kampfgeistes, den sie während der vergangenen Wochen gezeigt hat, dem Feind mit aller Macht in die Flanke fallen und, vereint mit unseren Bundesgenossen, ihn schlagen.«

Im Augenblick, da eine Schlacht beginnt, weiß keiner, was aus ihr wird. Die Pläne und Berechnungen der Generalstäbe sagen nichts über die Aussichten, die jede Seite hat. Joffre kann einen Plan haben und einen Befehl erteilen; ohne seine Soldaten bleibt er ein alter, einsamer Mann in seinem Hauptquartier. Moltke kann, unsicher, aber doch mit einer düsteren Ahnung der kommenden Dinge, seine Gedanken auf Paris richten, doch ohne Kluck und seine Männer bleibt er blind und taub in Luxemburg. Daß sich von diesem Sonntag, dem 6. September, an bis zum Mittwoch, dem 9. September, in vier Tagen, die Geschichte an der Marne niederlassen würde, wie sie sich einst auf den Katalaunischen Feldern bei Châlons und Troyes niedergelassen hatte, ahnte von den Beteiligten niemand. Eine Schlacht fand statt, auf der für die einen das Schicksal Europas, für die ande-

ren der schnelle Sieg im Westen auf dem Spiel stand (wenn man das Wort »Spiel« in die Kriegskunst einbeziehen will), doch beides deckte sich nicht miteinander, beide Schicksale waren nicht auf eine Linie zu bringen, auf der gekämpft und gestorben wurde.
Damals waren das, auf französischer Seite, große Worte, die French in seinem Tagesbefehl vermieden hatte.
Wenn sich die Geschichte irgendwo für eine kurze Weile niederläßt, greifbar nicht nur in Zahlen und Namen, sondern durchgeführt und erlitten von Menschen, die auf beiden Seiten von Motiven und Nötigungen getrieben sind, wie sie nur aus der Zeit heraus begriffen werden können, niemals von denen, die nicht Gleiches erlebt haben, dann zählt nur der Ausgang, die Lösung der Angelegenheit.
Wie alles ausgehen würde, das war in der ersten Hälfte des 6. September trotz des Mutes und der Verzweiflung auf beiden Seiten nicht auszumachen. Die Geschichte mußte sich länger auf beiden Ufern der Marne niederlassen, um zu einem Ergebnis zu kommen, das die Welt veränderte.
Niemals wieder würde alles so sein wie vor dem 6. September 1914. Aber was nützte es den Husaren und Dragonern, den Kürassieren und Jägern, den Grenadieren und Infanteristen, den Artilleristen und Nachrichtenleuten, den Kraftfahrern und, über dem Schlachtfeld als Abgesandten kommender Kriege, als deren Vorposten, den Fliegern, daß man singend und dann stöhnend, brüllend und verzagend in dieses Inferno hineinritt, hineinmarschierte, hineinflog?
Wer würde von ihnen nach Jahrzehnten noch reden?
Aber sie waren es, die den Grund legten für alles, was dann kommen sollte, über und unter der Erde dieser schönen Landschaft, die ohne die Menschen eine Idylle wäre, eine Zuflucht à la Rousseau.

32. KAPITEL

Die letzte Husarenattacke

Am 6. September wollte Generaloberst von Bülow die von der Obersten Heeresleitung befohlene Schwenkung gegen Paris fortsetzen. Das Oberkommando der 2. Armee ging davon aus, daß es sich dabei lediglich um die Fortsetzung der Verfolgung handelte und steckte die Marschziele für die Divisionen entsprechend ab. Auf dem äußeren linken Flügel der Armee befand sich das Gardekorps, die Eliteeinheit des Heeres, die aus erstklassigen aktiven Regimentern bestand, deren Namen traditionsgemäß kaiserlichen und königlichen Familien Europas entnommen waren.
Das Gardekorps sollte Vorausabteilungen (Fliegende Kolonnen genannt) bilden, die aber nicht zustande kamen, da die für die Infanteriekompanien benötigten Fahrzeuge nicht aufzutreiben waren. Die Marschziele waren weit gesteckt, aber beim Gardekorps wollte niemand mehr an eine ungestörte Verfolgung glauben, da in der Nacht zuvor Truppenteile auf starken Feind gestoßen waren, der zu General Fochs 9. Armee gehörte. Der Gegner war nicht mehr weit. Patrouillen hatten herausgefunden, daß er mit starker Artillerie sich bereit stellte.
Das Armeeoberkommando hatten diese Erkundungen noch nicht erreicht.
Das Gardekorps war über Reims und Épernay in die waldreiche Gegend südlich der Marne gelangt; sein Kommandierender General, Freiherr von Plettenberg, hatte zwar eine eigene Feldfliegerabteilung, mit zwei am 6. September startklaren Flugzeugen, doch die Wolkenbildung ließ erst in den späten Nachmittagsstunden eine Erkundung aus der Luft zu. Ohne Luftauf-

klärung marschierte die Garde gegen die Sümpfe von Saint Gond sowie einen Feind, der entschlossen war, die Aktionen seines sich immer mehr verstärkenden linken Heeresflügels auf der rechten Flanke, ohne nennenswerte Verbindung nach Osten, zur nächsten französischen Armee, zu ermöglichen. Dazu mußte Foch gegen die Garde kämpfen.

Ferdinand Foch, Sohn eines Beamten, war 62 Jahre alt; er hatte als Lehrer an der Kriegsschule stets verlangt, ein Krieg sei offensiv zu führen, auch wenn er zu vorübergehenden Niederlagen führte: »Wenn die Niederlage seelische Gründe hat, muß auch der Sieg seelischen Gründen entspringen: eine gewonnene Schlacht ist eine Schlacht, in der man sich nicht geschlagen geben will.« Als Leiter der Kriegsschule hatte sich Foch in der französischen Armee einen Namen gemacht. Er hielt sich an Tatsachen. Seine Frage: »Worum handelt es sich?« wurde berühmt. Er war ein selbstherrlicher General, der jede Geselligkeit ablehnte, ein Fanatiker und Egoist, der als Einzelgänger Befehle geben konnte, auf die seine Vorgesetzten nicht gefaßt waren. Als er die 9. Armee am 28. August übernahm, die erst noch zusammengestellt werden mußte, wählte er als Stabschef den Husarenoberst Weygand, der damit seine glänzende Karriere begann; er wurde Fochs lebende Enzyklopädie genannt, denn nur er konnte die abgehackten Sätze des Generals sofort verstehen und in Befehle fassen.

In der Marneschlacht entstand dieses enge persönliche Verhältnis, das sich über die Kriegsjahre fortsetzte, als Foch Marschall wurde und Oberkommandierender der Alliierten; im Speisewagen des Marschalls würde Weygand zur Rechten Fochs sitzen — am 11. November 1918, 5 Uhr morgens beim Lichte der beiden Tischlampen mit den gelben Schirmen, als der Waffenstillstand im Walde von Compiègne dem Kriege ein Ende setzte.

Die Karriere und das Schicksal des Generals Foch und seines Stabschefs Weygand hingen am 6. September von der Schlacht ab, die sie zu bestehen hatten. Es war günstig für beide. Ihr linker Armeeflügel hatte vor sich die Sümpfe von Saint Gond, die trotz der großen Hitze nicht ausgetrocknet waren. Der rechte Flügel fand auf der Hochfläche im Norden von Sézanne einige Bachabschnitte, auch eine Bahnlinie, hinter der er sich verteidigen konnte. Hier war jedoch die Landschaft offen. Die Champagne begann mit ihren flachen Ebenen, die kleinere Waldstücke bedeckten, mit den weiten Fernsichten und dem Staub, der sich auf jede Kolonne legte, ihr Kommen und Gehen verriet.

Foch und Weygand ließen das Gardekorps in die Sümpfe von Saint Gond hineinrennen, mit entrollten Fahnen, blitzenden Bajonetten, unter dem Schlagen der Trommeln und schmetternden Hornsignalen, mit dem Signal: »Rasch vorwärts« und dem rauhen »Hurra!«. Im Sumpfgelände konnten die Franzosen, von Rasenstück zu Rasenstück über den Morast hinweg springend, sich bewegen, sie kannten die Landschaft. Der Garde war sie fremd. Foch hatte sein Hauptquartier in Pleurs, dicht hinter der Front — er war derjenige Armeeoberbefehlshaber, der in der Marneschlacht am weitesten vorn führte; auf seinem rechten Flügel, nördlich von Sézanne, vertraute er auf die eigene Artillerie, die mit Infanterie die Garde erwartete. Die Artillerie konnte bis zu 12 Kilometern weit schießen, die preußische brachte es nur auf siebeneinhalb, außerdem hatten die französischen Batterien die Gegend gut vermessen. Sie erwarteten, auf mutmaßliche Ziele eingerichtet oder gar eingeschossen, die Preußen.

Weiter rechts, nach Osten, zur 4. Armee des Generals de Langle de Cary und zur 3. Armee des Generals Sarrail — das hieß, bis Verdun — bestand keine richtige Verbindung. Eine Kavalleriedivision verschleierte diese Lücke, in die Hausens Sachsenarmee hineinmarschiert wäre, hätte sie am 5. September nicht gerastet.

Diese Lücke wurde auf französischer Seite von Flugzeugen, Blériots, überwacht, die am Tage vorher aus Belfort herangeflogen waren. Der Kampf der Garde gegen Fochs Divisionen sollte in den kommenden Tagen den deutschen Adel dezimieren, vor allem den preußischen. Die Gardeoffiziere hielten stehend bei den Schützenlinien aus, die in das gewaltige Feuer der fran-

zösischen Artillerie gerieten. Sie wurden, vom General von Schach (Theodor Fontane hatte die Familie in seiner Novelle »Schach von Wuthenow« vor wenigen Jahrzehnten in die Literaturgeschichte eingebracht) bis zum Leutnant aus dem Gefecht gerissen, verwundet, in letzter Minute geborgen oder sie fanden den schnellen, manchmal sehr langsamen Tod im Felde.
Es gab Szenen von altertümlicher Strenge, aber auch Würde. Hier ergab sich ein französischer Offizier mit seinen Leuten der Garde; er nestelte den Säbel von seiner Seite und übergab ihn dem deutschen Offizier, der ihn gefangennahm, mit den Worten: »Wir sind verraten.« Dort war ein Bataillon der Garde vorwärtsgestürmt, aber die Artillerie trieb es wieder zurück, der Fähnrich mit immer noch aufgerichteter Fahne lief als Letzter in den Wald, der nicht schützte, sondern in den ein Geschoßhagel niederging. »Herr Hauptmann, die Fahne«, wurde gerufen, und der Gardehauptmann lief zurück, entwand dem gefallenen Fähnrich die Fahne und brachte sie, nun auf der Flucht, zu seinem Bataillon, das sich jetzt gefunden hatte, da die Fahne wieder bei ihm war. Und unter der in die Erde, in den sumpfigen Morast des Saint Gond gesteckten Fahne, deren Tuch blutig aussah, grub sich zum ersten Male in diesem Kriege die Garde ein, nur bis zu 50 cm tief, sie war es nicht gewöhnt; sie hatte es nicht gelernt.
Als General von Plettenberg am Vormittag des 6. September sah, daß seine Garde kaum Boden gewann, obwohl sie zu dieser Stunde schon viele Kilometer südlich dieses Sumpfes sein sollte, fürchtete er, in seiner linken Flanke umfaßt zu werden. Plettenberg war es unangenehm, die Sachsen, die links von ihm marschierten, um Hilfe zu bitten. Mit ihnen hatte er wenige Tage zuvor die Reimser Angelegenheit ausgetragen, die doppelte Aufforderung zur Übergabe der Königsstadt, und nun brauchte er dringend die Unterstüzung des Generalobersten von Hausen.
9 Uhr vormittags sandte er, der Not gehorchend, an das links rückwärts im Anmarsch befindliche sächsische XII. Armeekorps einen Ordonnanzoffizier, der es auffordern sollte, schnell vorzumarschieren, um in den schweren Kampf des Gardekorps gegen

überlegenen Feind, der es zu umfassen suchte, einzugreifen, vor allem mit Artillerie. Denn die Garde litt unter der französischen Kanonade.
Das Generalkommando des XII. A. K. wurde von diesem Verbindungsoffizier erst nach mehr als zwei Stunden erreicht; es befand sich am Südausgang von Châlons-sur-Marne.
Das war ziemlich weit von General von Plettenbergs Gefechtsstand vor der Höhe des Mont Aimé an der Straße nach Morains-le Petit, um das die Garde kämpfte, aber glücklicherweise hatte die 32. Infanteriedivision bereits 10 Uhr vomittags der Hilferuf der Garde erreicht, sie bog sofort von der Vormarschstraße nach Süden ab und eilte in einem Gewaltmarsch der Garde nach. Generaloberst von Hausen konnte zwei Stunden später diesen Entschluß der 32. Infanteriedivision nur gutheißen, wodurch freilich seine Armee auseinandergerissen wurde. Denn auch von seinem linken Nachbarn kam ein Hilferuf, dem er nachkommen mußte.
So gelang es Foch durch den starken Widerstand, den er dem Gardekorps entgegensetzte, die Sachsenarmee von dem direkten Vormarsch nach Süden, auf Troyes, abzuhalten. Dort stand nur schwache Kavallerie; die Sachsen zog er auf seinen starken rechten Flügel, der sich verschanzt hatte.
Es war nicht leicht für die Männer der 32. Infanteriedivision, nach dem Rasttag dem Körper wieder eine ungewöhnliche Marschleistung abzuringen. Die Ruhe hatte die Muskeln entspannt, nun mußten sie wieder angestrengt arbeiten. Die Hitze nahm schnell zu, unbeweglich und verräterisch stand eine riesige Staubwand über der Kolonne. Zugenommen hatten die Darmstörungen, die durch den Genuß von frischem Obst, Wasser und jungem Sekt hervorgerufen worden waren. Die Folgen zeigten sich an diesem 6. September beiderseits der Marschstraße. Die Ärzte bemühten sich um die aus der Marschkolonne fallenden Leute, die sie stärkten und wieder nach vorn brachten. Als der Divisionskommandeur, Generalleutnant Edler von der Planitz, von der Lage bei der Garde erfuhr, entschloß er sich selbständig, ihr sofort zu helfen. Die Erinnerung spielte hierbei

eine Rolle: Am 18. August 1870 hatten die preußische Garde und die Sachsen bei St. Privat angegriffen, es war ihr Ruhmestag geworden mit einer Hekatombe an Opfern.
Es gehörte sich, daß die Sachsen nun, noch einmal, der Garde zu Hilfe kamen, um mit ihr zu siegen und zu fallen.

An der Spitze der 32. Infanteriedivision ritt das Husarenregiment Nr. 18; dem Wachtmeister Franz William Koch, der aus dem Regimentsstab wieder in die 5. Eskadron zurückkehrte, war vieles an diesem Tag gleichgültig geworden. Der Himmel mußte über den Staubwolken sein, die von den Reitern ausgingen. Den Himmel sah man nicht mehr vor Staub, aber die Sonne stach aus der Staubwolke, ihr ritt man entgegen.
Aus der Sonne kam der Kanonendonner, der von Süden nach Westen reichte. Koch hatte das Gefühl, in ein Gewitter hineinzureiten, das über den Staubwolken sich zusammenballte.
Die Husaren folgten, nachdem die Garde mittags den Ort Clamanges genommen hatte, dem linken Flügel des Gardekorps, in sich gestaffelt die 32. Infanteriedivision, zum Eingreifen bereit. Am Nachmittag erreichten die Husaren die Conflans Ferme nördlich Villeseneux. Dort wurde abgesessen. Die Pferde waren zu füttern und zu tränken. Die Husaren mußten nicht marschieren, dafür hatten sie Pausen einzulegen, um die Pferde zu versorgen. Der Infanterist konnte pausenlos marschieren; wenn er nicht mehr weiterkonnte, fiel er in den Straßengraben; ohne Pferde waren die Husaren wenig brauchbar im Bewegungskrieg.
Einsicht in die Kriegslage hatte Wachtmeister Koch nicht. Er wußte nicht, daß an diesem Nachmittag der Versuch des Gardekorps, Fochs Truppen links zu umfassen, immer wieder daran scheiterte, daß dort, wo die Garde nach links ausholte und angriff, der Gegner in ausgebauten Stellungen schon auf sie wartete.
General von Plettenberg war überzeugt, daß der starke Feind, mit dem seine Garde kämpfte, irgendwo einmal aufhören würde, wenn er immer wieder seine Kräfte am rechten französi-

schen Flügel einsetzte. Deshalb ersuchte er an diesem Nachmittag die 32. Infanteriedivision gegen die Somme zwischen Normée und Lenharrée vorzugehen.
Eine Luftaufklärung konnte immer noch nicht angesetzt werden. Die Deutschen wußten nicht, wo diese Feuerlinie der Franzosen endete, und so erhielt nachmittags 4 Uhr das Husarenregiment Nr. 18 diesen Befehl: »Das Regiment hat über Villeseneux auf Lenharrée vorzugehen und festzustellen, ob der Somme-Abschnitt zwischen Lenharrée und Vassimont vom Feinde besetzt ist. Es ist möglichst Hand auf Lenharrée zu legen.«
In der Sonne wurden 34 Grad gemessen, als die Husaren aufsaßen. Wachtmeister Koch hatte das Gefühl, er müsse in ein Feuer hineinreiten, das ihn nicht verbrannte, sondern austrocknete. Drei Eskadrons (oder auch Schwadronen genannt) hatte Oberst Platzmann bei sich. Das waren nicht viel mehr als 300 Reiter. Das Gelände war von dichtem Holz bedeckt, Wege in der Richtung auf die angegebenen Orte gab es nicht. Die Pferdebeine verfingen sich in dem Gestrüpp, es war nicht leicht, die Schwadronen zusammenzuhalten.
Ein Zug wurde vorgeschickt, dem sich der Regimentsstab anschloß. Kochs 5. Eskadron ritt am Ende. Das dichte Unterholz hörte nicht auf.
Zwischen fünf und sechs Uhr nachmittags wurde vom Regimentsstab ein Waldrand erreicht, vor dem das Gelände wellig zu einem Dorf abfiel, das Vassimont heißen mußte. Die Höhe davor hatte der Feind besetzt, die Husaren erkannten Schützenlinien.
Oberst Platzmann ließ die 2. Eskadron zum Fußgefecht absitzen, kurz darauf die 4. Eskadron rechts anschließen. Die Husaren, nun als Schützen verwandt, gingen vor. In dem Feuerkampf, der sich entwickelte, gewannen die Husaren keinen Boden. Hier konnte, nach damaliger Auffassung, nur eine Attacke helfen.
Da die Husaren nicht mehr aus der Schützenlinie zurück zu ihren Pferden zu bringen waren — der Feind nagelte sie dort

fest —, blieb nur die 5. Eskadron, die bisher Reserve zu Pferde gewesen war, zur Attacke greifbar.
Der Regimentskommandeur ritt zurück, führte selbst die 5. Eskadron zu einem Waldrand im Schritt, er mitten in der Schwadron.
Wachtmeister Koch sah dann ein kleines Dorf. Dort war es noch still. Rechts vom Waldrand lagen die beiden anderen Eskadrons im Fußgefecht, oder besser: sie lagen, Mann für Mann, auf dem Bauche vor dem Feind.
Oberst Platzmann wies den Führer der 5. Eskadron, Rittmeister von Haebler, ein. Die 5te sollte in einem kurzen Vorstoß den linken Flügel der feindlichen Schützen attackieren und werfen. Als er dies befahl, setzte plötzlich starkes Artilleriefeuer ein.
Für die Attacke war der Husar ausgebildet, zu ihr erzogen. Sie hatte seine beste Waffe zu sein, in ihr lag der Ruhm der Husarenregimenter. Die Attacke der 5. Eskadron, ihr Todesritt, wie er später genannt wurde, begann mit dem Kommando: »5. Schwadron zugweise attackieren!«, dem letzten Befehl, den Rittmeister von Haebler in seinem Leben gab. Er fiel als erster, nachdem seine Husaren, die Lanzen gefällt, angaloppiert waren. Zum Aufmarsch hatten sie noch etwas Deckung durch eine kleine Anhöhe, dann sahen sie den Feind. Der Rittmeister ritt an der Spitze, den Säbel hocherhoben. Er fiel, als die Anhöhe erreicht war, kurz nach ihm starben seine Offiziere.
Koch ritt im 3. Zug, etwas hinter dem Rittmeister. Er empfand eine grimmige Wut, als er sah, wie neben ihm die Husaren von den Pferden gerissen wurden, als habe der Feind Lassos, die er gegen sie werfe. Aber es waren Infanteriegeschosse, die ihn umzirpten. Die Hufe donnerten. »Alles«, so schrieb er später in sein Tagebuch, »hatte etwas Unbegreifliches, obwohl wir die Attacke so oft übten.«
Die Franzosen standen auf, flohen ins Dorf, aber vor ihnen ritt die 5. Schwadron nach Vassimont hinein. Sie hatte die fliehenden Franzosen hinter sich gelassen. Doch ihr fehlten die Offiziere. Sie war führerlos.
Dennoch konnte niemand, außer einer Kugel, die den Husar

vom Pferde riß oder das Pferd unter ihm zusammenschoß, diese Schwadron aufhalten, die auf der engen Dorfstraße weiterstürmte, als habe sie hinter sich eine Kavalleriedivision, die ihr folgen würde. Sie blieb ganz allein, für ihren Todesritt herausgehoben aus der Masse des Heeres, zugleich ein gutes Ziel für die Franzosen, die aus den Häusern von Vassimont die Husaren und deren Pferde abschossen. Aus dem schützenden Wald, in den jetzt die Granaten einschlugen, war die 5. Schwadron ins Freie geritten, hatte attackiert und sich, magisch angezogen von dem Dorf, in die Schleuse der Dorfstraße hineinziehen lassen, auf Pferden, die mit ihren Reitern nun von Häusern umschlossen wurden, aus denen Schüsse fielen.

Das Dorf lag an der Somme, die hier ein kleiner Bach ist, sumpfig, Laubbäume am Ufer, eine schmale Brücke. Vor dieser Brücke hielt Wachtmeister Koch endlich an. Sein Pferd stand, als habe es eine Paradeattacke hinter sich, und der Wachtmeister erinnerte sich später, daß er nach einem Stück Zucker in seiner Tasche suchte, um das Pferd zu belohnen. Ihm stand der Rückweg bevor, durch das Dorf, über das vorher von ihnen durchstürmte ansteigende Gelände, zum Regiment. Koch merkte jetzt, daß er allein war. Er hatte nichts anderes mehr im Sinn, als umzukehren, zurückzureiten, wieder mit gefällter Lanze, noch einmal durch den Feind, und zuerst über die Dorfstraße, auf der seine Kameraden mit ihren Pferden gestürzt waren.

Die Hitze war an der Brücke über die Somme erträglich, es wurde Abend. Ehe Koch, in Deckung hinter einer Hauswand, sich dazu aufraffte, denselben Ritt noch einmal zu machen, nun heimwärts zum Regiment, fiel ihm ein, daß er mit seiner Lanze noch keinen Franzosen umgeworfen hatte. Seinen Säbel hatte er noch nicht gebraucht, seinen Karabiner nicht benutzt. Alle seine Waffen waren unnütz gewesen. Er hatte nur zu reiten, neben ihm das Schreien und das Gegurgel der Pferde, wenn sie im Galopp umkippten oder neben ihm verschwanden.

Er war jetzt dem Regiment und der Division und der Sachsenarmee am weitesten voraus, schon hinter den Franzosen. Aber weiterzureiten nach Süden, auf die Höhe hinter dem Bach, wurde von ihm nicht verlangt. Einer mußte melden können, was geschehen war.

Die Schwadron hatte den Feind niedergeritten, ihr Auftrag war erfüllt. Aber die Verluste mußten hoch sein, denn Koch sah, noch zu Pferde, niemanden.

Sein Freund, der Vizewachtmeister Lucke, war am Dorfeingang vom Pferde geschossen worden, das hatte er noch wahrgenommen, wie man etwas wahrnimmt, wenn man attackiert — hinter einer Wand, die durchsichtig ist.

Aus dem Dorf, in seinem Rücken, hörte er Schüsse. Die Husaren, deren Pferde gestürzt waren, erschossen ihre Tiere. Tiere waren es nicht mehr, die Pferde waren Kameraden. Koch konnte nicht glauben, daß man einen Kameraden, dem Pferd, Schmerzen zumutete. Die Husarenpferde waren von den Husaren zu erschießen; das gehörte zur Ehre der Husaren. Es blieben nur wenige Minuten, die Koch an der Brücke zögerte, in denen dies alles durch seinen Kopf ging. Es schoß, und er nahm die Zügel wieder auf, gab seinem Pferd die Sporen und ritt durch das Dorf, über die Dorfstraße zurück, vorbei an den Franzosen, die auf ihn anlegten, an den Husaren, die schon gefangengenommen waren, an den toten Kameraden, die neben ihren Pferden lagen. Koch ritt nicht allein zurück, andere Husaren waren vor ihm. Er war der letzte, der noch einmal sah, was aus der Schwadron geworden war in Vassimont. Er ließ alles zurück, hinter sich. Denn er hatte Glück, keine Kugel traf ihn. Sein Pferd hielt durch. Es setzte über den Graben, es warf ihn nicht ab. Vielleicht war es sein Pferd, das ihn diesmal dem Feinde entzog.

Als er zum Wald hinauf ritt, aus dem die Attacke begonnen worden war, zirpten die Kugeln, er spürte sie im Rücken, doch im Krieg trifft nicht jede Kugel. Koch kam unverwundet in den Wald. Hier sah er, daß er nicht allein nach Vassimont und wieder heraus geritten war. Einige Husaren fanden sich, es wurde gesammelt, doch in den Wipfeln des Laubwaldes über der Somme bei Vassimont krachten nun die Einschläge der Artillerie.

Im Granathagel — hauptsächlich war es Schrapnellfeuer — erwartete sie der Kommandeur; Oberst Platzmann, der ihnen die Attacke befohlen hatte, wich nicht, bis der letzte Husar aus Vassimont zurückgekehrt war. Er saß auf seinem Pferd tief versunken. Er hatte Tränen in den Augen, und so ritt er mit dem Rest der 5. Schwadron zurück, durch das Unterholz, schweigend.

Kochs Meldung, daß er bis zur Brücke geritten sei, wollte er nicht hören. Platzmann war jetzt wie taub, nur die Tränen drückten aus, was er sagen wollte, aber nicht sagen konnte.

Eine feindliche Schützenlinie kann man attackieren, ein Dorf nicht. Die 5. Eskadron hatte Vassimont attackiert, es war vergebens. Für das deutsche Heer war dies die letzte Attacke; sie war unglücklich, sie ließ nur 57 Reiter ohne Führer übrig. Drei Offiziere, ein Wachtmeister waren gefallen, mit ihnen 12 König-Albert-Husaren. 12 Verwundete gerieten in Gefangenschaft. 15 Unverwundete, deren Pferde erschossen waren, ebenfalls. Am Abend wurden von den Sachsen — nicht den Husaren, die ritten nach Conflans Ferme zurück — in der vordersten Linie Schützengräben ausgehoben. Attackiert wurde seitdem nicht mehr; der Krieg hatte sich verändert. Vassimont war das Zeichen, das niemand mehr übersehen konnte.

Moltke wurde im Großen Hauptquartier der Tagesbefehl Joffres vom 6. September für die entscheidende Schlacht vor Paris auf den Schreibtisch gelegt.

Endlich wußte er, woran er war.

33. KAPITEL

Die Lücke wird aufgerissen

Zum ersten Male in diesem Kriege war es nicht recht vorwärtsgegangen. Die 32. Infanteriedivision hatte ihr Ziel, den Somme-Abschnitt, nicht erreicht. Sie war an diesem heißen Sonntag bis zur Erschöpfung marschiert, um drei Stunden bis zum Einbruch der Nacht zu kämpfen, der Garde vorwärts zu helfen. Nun wurde sie von der gegnerischen Artillerie zu Boden gezwungen. Gegen sie konnte die eigene Artillerie nicht aufkommen, deren Wirkung nicht merkbar eindämmen: »Halten und Eingraben in der gewonnenen Stellung«, lautete nun der Divisionsbefehl.

Je höher die Stäbe waren, desto kräftiger entwickelte sich ein Gefühl der Unsicherheit. Die 32. Infanteriedivision hing mit ihrem linken Flügel in der Luft. Denn das vorgesetzte XII. Armeekorps hatte seine zweite Division, die 23., nicht zur Mithilfe auf dem Gardeflügel des rechten Nachbarn angesetzt, sondern in ihrer alten Vormarschrichtung gelassen. Sie war weitab nach links, über Coupetz nach Coole, gegangen, wodurch sich das XII. A. K. zu einer Front von 25 Kilometer Ausdehnung entfaltete. Beide Divisionen waren auf Tagesmarschlänge auseinander geraten. In Châlons hatte Generaloberst von Hausen diese Entwicklung besorgt verfolgt. Sein angebliches Übel hatte sich verstärkt, er fühlte sich geschwächt, aber er nahm seine Stabsarbeit wie bisher wahr. Er stand nun mit seinen Divisionen, denen das XII. Reservekorps aus Reims nacheilte, auf dem Hunnenschlachtfeld, das ihm von Anfang an unbehaglich erschienen war. Er hatte es, wie andere einen Kreuzweg, als etwas Unheimliches betrachtet.

Er hatte noch keine Meldungen vom Kampf der 32. Infanterie-

division, als er abends 6 Uhr in Châlons mit seinen Stabsoffizieren die Lage erörterte. Es war die Stunde des Todesrittes der Großenhainer Husaren.
Hausen kannte noch nicht den Tagesbefehl Joffres, der die Entscheidungsschlacht ankündigte, aber er sagte: »Schon seit den Mittagsstunden bin ich durch den Hilferuf der Garde in der Anschauung wankend geworden, daß wir es südlich der Marne nur mit Nachhuten zu tun haben. Wir wissen noch nicht, wie die Abendlage aussehen wird, die 32. Infanteriedivision kämpft um den Somme-Abschnitt, das XIX. A. K. bei Vitry-le-François. Wir haben einige Funksprüche unserer Nachbarn abgehört. Ich bin heute abend überzeugt, daß der seit 14 Tagen von uns verfolgte Gegner sich nicht nur vor der 1., 2., unserer 3. und 4. Armee zum Kampfe stellt. Er sucht ihn sogar. Und das bestimmt vor unseren Nachbarn, der 2. und 4. Armee. Ihre Hilferufe den Tag über beweisen es.«
Er sah Generalmajor von Hoeppner an, der, wie er, an der Erkrankung litt, die den Stab des Oberkommandos wie eine Seuche ergriffen hatte. Hoeppner nickte nur. Ihn quälten die Darmstörungen.
»Wie es bei Kluck aussieht, wissen wir nicht. Ich halte die Informierung unserer Oberkommandos durch die Oberste Heeresleitung für äußerst mangelhaft. Ehe ich hierher kam, meine Herren, hörte ich in Dresden, von der Philharmonie gespielt, die Tragische Sinfonie Robert Schumanns. Mir ist heute, als müßten wir sie alle miteinander spielen.«
»General von der Planitz hat sein Armeekorps auseinandergerissen, Herr Generaloberst«, warf ein Major ein, um den Oberbefehlshaber von seinen phiharmonischen Erinnerungen abzubringen. Die Zeit drängte. Die Befehle für den nächsten Tag mußten zur Truppe.
»Sie haben recht, Planitz hat seinen Gardekomplex, er denkt vielleicht an St. Privat, aber wir stehen auf Attilas Schlachtfeld, Planitz verdirbt mir durch seine Meisterschaft im Auseinanderreißen von Verbänden die Konzeption, nämlich«, und hier zögerte von Hausen, er mußte seiner Gedärme Herr bleiben wie

seines Unmutes über den Kommandierenden General seines XII. Armeekorps, »die ohnehin durch Abgaben geschwächte Sachsenarmee zusammenzuhalten und schlachtentscheidend einmal einzusetzen, wenn es soweit ist. Es ist nun soweit. Nach Lage der Dinge kommt für uns nur eine Fortsetzung der südwärts gerichteten Offensive in Frage.«

Er ließ sich eine Meldung reichen, die auf dem Tisch lag. »Da uns immer noch die Kavaleriedivision fehlt, die wir angefordert haben, müssen wir uns auf die Fliegermeldungen verlassen. Ich gestehe, es fällt mir nicht leicht, zu glauben, was unsere Flieger melden. Wir hätten das früher im Manöver häufiger ausprobieren sollen. Flugzeuge gibt es schließlich schon seit ein paar Jahren. Ich staune immer wieder, wie umfassend diese Flieger in ihren zerbrechlichen Maschinen berichten. Ein Beobachtungsoffizier machte mir heute nachmittag den Vorschlag, die eigene Artillerie durch das Abwerfen von Rauchbomben auf feindliche Ziele zu unterstützen. Ich habe sofort befohlen, dieses Zeug aufzutreiben und den Fliegern auszuhändigen, wenn sie das machen wollen.«

»Die Flieger haben heute nacht noch die Rauchbomben«, meldete der Generalstabsmajor.

»Nachts können sie nicht fliegen. Aber sorgen Sie dafür, daß unsere Artilleristen davon erfahren. Wir müssen lernen, umlernen, meine Herren.«

»Ich schlage vor«, sagte Generalmajor von Hoeppner, um die Besprechung wieder auf die Ausfertigung des Tagesbefehls zu bringen (die Sache mit den Fliegern erschien ihm allzu geringfügig, er hielt nicht viel von dieser neuen Truppe, die niemals eine Waffe werden würde), »ich wäre dafür, die 23. Reservedivision zwischen der 32. und 23. Infanteriedivision einzuschieben, sowie das 24. Reservekorps auf Vatry heranzuziehen.«

»Das ist auch mein Entschluß, Hoeppner, wir wollen nur hoffen, daß kein Franzose uns bis dahin in der Lücke erwischt, die sich zwischen den beiden Divisionen des XII. A. K. aufgetan hat.«

»Die Flieger könnten uns da rechtzeitig warnen«, sagte der Major.

»Wieviel haben wir denn?« fragte Hausen.
»Die Armeefliegerabteilung könnte morgen 3 Flugzeuge einsetzen, die eine Strecke von 200 bis 250 Kilometer beobachten.«
»Unwahrscheinlich«, sagte Hausen, »aber ich finde, wir gewöhnen uns ganz schön rasch an diese neue Truppe.«
»Truppe?« fragte Hoeppner.
»Wir brauchen eine gute und starke Fliegertruppe«, sagte der Generaloberst.
Hoeppner lachte. Dann sagte er noch: »Vielleicht fliegen einmal Generale da oben mit, zur Erkundung?«
Der Generaloberst dachte nach. Mit Hoeppner war es eigentlich immer recht gut gegangen, aber Phantasie hatte sein Chef des Generalstabes nicht. Er wollte ihn zurechtweisen, doch er dachte an die gemeinsamen Darmstörungen und verzichtete darauf.
»Die Funkverbindung nach Luxemburg ist kläglich«, sagte er. »Kann man das nicht ändern?«
Ein Major: »Man müßte diesen ganzen Telegrammverkehr der regierenden Häuser abstellen, der über Luxemburg läuft, mit dem Relais in Metz, Herr Generaloberst. Durch diese familiäre Telegraphiererei bricht der Funkverkehr immer wieder zusammen. Ich hörte es aus Metz. Hier stimmt etwas nicht. Die Heimat kann warten, vor allem aber sollten unsere Fürstenhäuser ein Vorbild sein.«
Der Generaloberst nickte zustimmend. »Sorgen Sie dafür, daß bei uns diese Glückwunschtelegraphiererei abgestellt wird. Unser König in Dresden ist ein schlichter Mann, er will das auch nicht.«
»Wir sind es nicht, Herr Generaloberst, es ist vor allem die Garde rechts von uns, und dann der Kronprinz mit seiner Armee im Argonnenwald.«
»Es ist nicht mehr 70/71, meine Herren. Mir ist es auch nicht leicht gefallen, umzudenken, aber Hochmut kommt vor dem Fall.«
Hausen hatte keine Hemmungen, wenn über die regierenden Häuser gesprochen wurde. In Sachsen war man damals offen, es gab keine Duckmäuserei vor dem Hause Wettin. Die Wettiner

waren fast bürgerlich, verglich man sie mit den anderen Fürstenhäusern, die im Deutschen Reich regierten. »Wissen wir, wie Bülow sich morgen verhalten wird?« fragte Hausen. Er konnte nicht alle eingehenden Meldungen lesen. Hoeppner erwiderte: »Der Generaloberst von Bülow wird sich erst noch mit Generaloberst von Kluck absprechen müssen.«
»Bülow mit von Kuhl, Klucks Stabschef«, verbesserte von Hausen. »Kluck ist ein Troupier, bei ihm macht das alles der Kuhl, das ist ein operativer Kopf.«
Sie näherten sich jetzt einer Intimität im Militärischen, die Hoeppner lieber der abendlichen Tafel vorbehalten hätte. Aber an das Offiziersdiner im Hotel gegenüber dem Rathaus dachte er heute nicht. Seine Krankheit ließ eine Teilnahme nicht zu. Und auch der Generaloberst würde nicht erscheinen, man sah ihm die Qualen an, die er so mannhaft wie er, Hoeppner, unterdrückte.
»Bisher ist es ganz gut gegangen mit unserer Selbstherrlichkeit«, sagte Hausen, »Moltke weit weg, wir Oberkommandierenden unsere eigenen Feldherrn, aber nun scheint es Ernst zu werden, und da hätte ich lieber jemanden, der uns alle koordiniert.«
»Wir Sachsen werden ja schon koordiniert, Herr Generaloberst«, wagte der Major einzuwerfen. »Wir stellen überall die Hilfstruppen, eine eigene Schlacht können wir nicht schlagen, wir kommen gar nicht erst dazu.«
»Es gibt auch noch keine Auszeichnungen, Eiserne Kreuze, Herr Generaloberst.«
»Die, mein lieber Major, gibt es nach alter preußischer Sitte erst nach der Schlacht. Nur die Hausorden der Fürstenhäuser, die sammeln sich langsam an.«
Bis zu diesem Abend hatte es keine EK-Verleihung bei den Armeen des rechten Heeresflügels gegeben; die Oberste Heeresleitung rechnete, scheinbar, noch immer mit einem neuen Sedan, das den Krieg abschließen würde.
Erst nach Sedan kam der Ordensregen.
»Morgen, meine Herren«, sagte der Generaloberst, der die Besprechung beenden wollte, »werden wir die Sachsenarmee so gut

wie möglich scharf zusammenfassen, um unserem Ziel, der Stadt Troyes, näherzukommen. Wir werden viel Kraft brauchen, um dieses Ziel zu erreichen. Von der Linie Troyes—Vendeuvres werden wir entweder nach rechts einschwenken, um Paris einzuschließen, oder, wenn die 1. und 2. Armee dies allein schaffen, nach links abmarschieren, um die Schweizer Grenze zu erreichen. Diese Katalaunischen Felder sollten wir so schnell wie möglich hinter uns bringen.«
Er stand auf, verbeugte sich leicht vor seinem Stab, wie er das immer machte. Die Herren sprangen auf und schlugen die Hakken zusammen.
Auf dem Weg in sein Zimmer im ersten Stock der Villa des Eisenbahndirektors von Châlons wurde ihm von einem Ordonnanzoffizier gemeldet, es sei soeben von der 32. Infanteriedivision über Fernsprecher mitgeteilt worden, daß sie sich am Abend vor der Somme eingrabe. Das Husarenregiment 18 habe eine Attacke geritten, die erfolgreich gewesen wäre. Die Franzosen seien überritten worden, das Dorf Vassimont von den Husaren erreicht.
Der Generaloberst dankte. Er hielt sich am Treppengeländer fest, seine Knie zitterten. Er hatte den ganzen Tag nichts gegessen. Er wußte nicht, daß er seit gestern Typhus hatte. Er hielt dieses Unwohlsein für eine gewöhnliche Darmstörung.
Der Ordonnanzoffizier wartete auf eine Reaktion, einen Bescheid, ein Lob für diese Husaren. Damals war eine Kavallerieattacke noch ein Ereignis.
»Es ist nichts«, sagte der Generaloberst, und er sagte es sich selbst, er meinte seine Krankheit, der Ordonnanzoffizier meldete sich ab.
Dann muß wohl noch viel mehr kommen, dachte der Ordonnanzoffizier, als er das Haus verließ. Noch viel mehr als eine Husarenattacke, der alte Herr ist sehr anspruchsvoll.
Durch ein Mißverständnis erfuhr also der Generaloberst von Hausen aus Loschwitz bei Dresden nichts Näheres über die Attacke, auch nichts über Husarenwachtmeister Franz William Koch aus Loschwitz bei Dresden. Keine rasche, zupackende Er-

innerung an den 2. August 1914 auf dem Neustädter Bahnhof in Dresden, an jene erste Begegnung des Oberbefehlshabers mit dem jungen Wachtmeister, der in Paradeuniform zu seinen Husaren reiste.

Nach der Besprechung war der Kopf des kranken Oberbefehlshabers ausgeräumt, leer, unempfänglich für Erinnerungen. Er konnte keinen Gedanken mehr fassen.

Nachts kam aus Luxemburg das Telegramm mit dem Text des Joffrebefehls für die Entscheidungsschlacht. Dem Generalobersten mußte es nicht vorgelegt werden, man ließ ihn schlafen. Er hatte es schon kurz nach Mittag geahnt und bei der Besprechung mit seinem Stab am Abend gewußt.

In dieser Nacht holte Generaloberst von Kluck seine letzten beiden Armeekorps, das III. und IX., vom Grand Morin tief im Süden zum Norden, zur Front am Ourcq, um die Franzosen der 6. Armee Maunourys, die am 6. September vom IV. Reservekorps und dem II. Armeekorps General von Linsingens aufgehalten worden war, in den nächsten Tagen entscheidend zu schlagen und wieder nach Paris hineinzuwerfen, woher sie gekommen waren.

Hierzu hatte das Armeeoberkommando 10 Uhr abends die Befehle erteilt. Für beide Korps sollte es ein Rückmarsch werden. Sie hatten an so etwas bisher nicht glauben wollen. Nun wurde es befohlen. Die Generalkommandos kannten die Gründe hierfür nicht.

Kluck und sein Chef des Generalstabes hatten sich zu einem kühnen Manöver entschlossen, das in die Kriegsgeschichte eingehen sollte, aber auch die Lücke zwischen 1. und 2. Armee aufriß und schließlich unheilbar machte.

Mit seiner ganzen Armee, der stärksten des deutschen Westheeres, wollte Kluck nicht nur Maunourys 6. Armee schlagen, sondern überflügeln, weitausholend rechts umgehen und somit Paris für den Einmarsch der Deutschen von jedem Widerstand frei machen. Er ging dabei das Risiko der Loslösung von Bülows 2. Armee ein, das er aber gering achtete. Für die entstehende Lücke hatte er ein Kavalleriekorps bereit, auch etwas Infanterie,

die würden es schon schaffen. Die Engländer waren am 6. September nur 9 Kilometer vorwärts marschiert, sie waren für Kluck keine ernsthaften Gegner.
Beide Armeekorps sollten in Gewaltmärschen, an der Front der Engländer vorüber, die Marne nach Norden überschreiten. Der Stratege von Kuhl hatte am 6. September erkannt, worauf es jetzt ankam: Durch ein kühnes Manöver die Absicht des Feindes zunichte zu machen, den rechten deutschen Heeresflügel ins Wanken zu bringen und von den rückwärtigen Verbindungen abzuschneiden, gleichzeitig diesen Feind zu vernichten. Stärkemäßig war er dazu in der Lage.
Er befand sich damit auch in Übereinstimmung mit der Weisung Moltkes vom 4. September, mit der 1. Armee zwischen Marne und Oise gegen Paris offensiv zu werden.
Bülow sollte selbst stark genug sein, die Angriffe der Franzosen abzuwehren.
Während bei den beiden Armeekorps die Befehle für den Marsch nach Norden, an den Engländern vorbei, unter Verachtung ihrer immer noch zaghaften Anwesenheit in der Schlacht, abgefaßt wurden, raste von Montmort, dem Hauptquartier der 2. Armee, ein Ordonnanzoffizier im Kraftwagen nach Süden, zum II. und IX. A. K., mit Bülows Befehl: »In Übereinstimmung mit AOK 1 tritt III. und IX. A. K. zunächst unter meinen Befehl. Das IX. A. K. setzt mit Tagesanbruch den Angriff fort. Das III. A. K. übernimmt den Schutz der rechten Flanke der verstärkten 2. Armee.«
Bülow war entschlossen, die Lücke, die Kluck gerade riskierte, nicht eintreten zu lassen. Er war zu diesem Befehl auch berechtigt. Durch einen Generalstabsoffizier der 1. Armee hatte er im düsteren Schloß Montmort am Nachmittag des 6. September erfahren, daß Kluck das III. A. K. südlich der Marne stehen lassen wolle und das IX. A. K. für den Angriff der 2. Armee nach Westen dieser überlassen würde; über die Verwendung des III. A. K. hatte Kluck sich die endgültige Entscheidung am Nachmittag noch vorbehalten. Bülow fürchtete um seine rechte Flanke, und da Kluck für ihn unberechenbar war, gab er dem zur 1. Ar-

mee am Abend zurückfahrenden Generalstabsoffizier eine schriftliche Mitteilung der Absichten der 2. Armee für den 7. September mit: Fortsetzung des Angriffs der 2. Armee zusammen mit IX. A. K., Übernahme des Flankenschutzes der 2. Armee durch das III. A. K. Der Ordonnanzoffizier mit Bülows Befehlen für die beiden Armeekorps traf erst gegen Morgen dort ein. Inzwischen hatte Bülow durch einen vom AOK 1 zurückkehrenden Verbindungsoffizier nach Mitternacht erfahren, daß die 1. Armee in Widerspruch zu den Vereinbarungen den Rückmarsch des II. und IX. A. K. befohlen hatte.

Eine Möglichkeit, fernmündlich mit Kluck sofort zu sprechen, bestand nicht. Es gab keine Fernsprechverbindung zwischen den wichtigsten Armeeoberkommandos des deutschen Westheeres. Auch die Generalkommandos konnten nicht angerufen werden. Generaloberst von Bülow hatte sich mit dem Befehl Klucks abzufinden. Er richtete danach seine eigenen Entschlüsse. Er war ein vorsichtiger General, stets besorgt um die Flanken seiner Armee. Für den 7. September verzichtete er auf einen Generalangriff seiner Armee. Er wies seinen rechten Flügel an, hinter den Petit Morin zurückzugehen. Angreifen sollte nur sein linker Flügel, das X. A. K. und das Gardekorps, das neben den Sachsen stand.

Die berüchtigte Lücke zwischen der 1. und 2. Armee wurde nun aufgerissen. Die Deutschen bedurften guter Nerven, um diese Entscheidung Klucks (den Abmarsch nach Norden, zurück über die Marne) und das Zurückbiegen des rechten Flügels von Bülows durchzustehen.

Den zögernd sich vorwärts bewegenden Engländern verschafften diese nächtlichen Irrungen und Wirrungen, aber auch Entschlüsse freie Bahn nach Norden, über die Marne. Doch Marschall French wollte daran nicht recht glauben. Er verhielt sich vorsichtig. Die Lage bei den Franzosen links und rechts von ihm war unklar; sie konnten von den Deutschen geworfen werden. Dann steckte er mit seinem Expeditionskorps in einem Sack. In Luxemburg wußte man in dieser Nacht nur, daß Joffre für den 7. September die Entscheidungsschlacht vor Paris befohlen hatte.

Der Kaiser beschloß, an diesem Tage zu Hausens 3. Armee nach Châlons zu fahren. Er ahnte nicht, daß er dort gar nicht erwünscht war.

Generaloberst von Hausen ließ ihm, als er am 7. September mittags Suippes nördlich von Châlons im Kraftwagen erreicht hatte, sagen, daß die Verhältnisse es nicht erlaubten, in sein Hauptquartier zu kommen.

Hausen war nicht nur besorgt um das Leben des Kaisers. Er war so krank, daß er ihn nicht sehen wollte, er hätte ihn nicht ausstehen können.

Und in Châlons! Da war von Hausen in seinem eigenen Reich, dem Reich, das die Sachsen besetzt hielten.

34. KAPITEL

DIE ERSTEN MOTORISIERTEN REGIMENTER

Um die Schlacht zu nähren, wie es im pragmatischen Stil der Generalstäbe beider Seiten hieß, waren Truppen nach vorn zu bringen, Brigaden und Divisionen auf der Eisenbahn zu transportieren, Regimenter und Bataillone vor den Augen des Feindes, schon im gegnerischen Artilleriefeuer, auszuladen. Hinter der französischen Front rollten die Züge mit den Verstärkungen für den Nordflügel, die Joffre vom Südflügel heranbringen ließ. Den Transportzügen begegneten die Züge mit den Evakuierten und Verwundeten, Züge mit Munition und Gerät.
Auch hinter den deutschen Armeen des Westheeres fuhren Transportzüge. Aber weder in Frontnähe noch in der Etappe, wie das Hinterland des Operationsgebietes damals genannt wurde, sondern weit entfernt, noch im Deutschen Reich. Moltke hatte am 4. September befohlen, eine neue Armee bei Amiens zu bilden; für sie rollten Transportzüge aus dem Elsaß nach Belgien.
Aber das alles brauchte Zeit. Die Strecken waren verstopft, für wenige Kilometer wurden Stunden benötigt. Die Schwerfälligkeit des Eisenbahntransportes lastete auf den Generalstabsoffizieren der Hauptquartiere, die vor ihren Eisenbahnkarten saßen und Berechnungen machten, die dann nicht stimmen konnten. Die Mobilmachung war in Deutschland nach dem Fahrplan gelaufen, der Krieg aber kannte keine Fahrpläne mehr.
Auch die Kraftwagen, die den Stäben gehörten, beschleunigten die Nährung der Schlacht. Es war mit ihnen möglich, nicht nur Reims zur Übergabe aufzufordern, vom feudalen Daimler aus, Ordonnanzoffiziere zwischen den Stäben mit Befehlen, die zu

lange über Funk oder gar Feldtelephon brauchten, herumfahren zu lassen, für Truppenbesuche Generale mit ihrer Suite nach vorn zu bringen.
Die Kraftwagenkolonne des deutschen Kaisers, die am 7. September gegen Mittag in Suippes nördlich von Attilas Lager eintraf, um dort abzuwarten, ob dem Generalobersten von Hausen der kaiserliche Besuch genehm sei, gehörte auch dazu. Der Kaiser hatte am Abend vorher in Luxemburg zu Moltke gesagt, er müsse zu Hausen und Bülow, um sich ein Bild von der Lage zu machen und den Herren den Rücken zu stärken (Wilhelm II. hatte etwas gespürt, er fühlte, wie das Schicksal anklopfte, er hatte auch darauf gedrängt, die Oberste Heeresleitung nach Frankreich hinein zu verlegen, doch Moltke hatte sich auf die schwierigen Nachrichtenverbindungen berufen, man könne jetzt nicht aus Luxemburg weg).
Ehe der Kaiser wieder nach Luxemburg zurückfuhr, hatte er sich die Bedenken anhören müssen, die ein Offizier der Sachsenarmee ihm vortrug, Hausens Wunsch, Seine Majestät möge umkehren, Châlons sei nicht sicher, es herrsche in seinem Stab ein erhebliches Unwohlsein, typhusartige Erkrankungen. So war er, unwillig über Hausen, wieder zurückgefahren, einer seiner Begleiter hatte ihm gesagt: »Das müssen die jetzt alleine schaffen«, und er hatte erwidert, man müsse angreifen, unerbittlich angreifen, keinen Boden aufgeben, aber das waren Selbstverständlichkeiten in jenen Stunden. Jeder konnte das sagen, dazu brauchte man keinen Kaiser. Die Fahrt des Generals von Linsingen im Kraftwagen, seinem II. Armeekorps weit voraus, nur gefolgt von einer Reiterschwadron, in die Schlacht am Ourcq, auf die Höhe über dem Marnetal, am Morgen des 6. September, war schon eher ein Hauch eines motorisierten Heeres gewesen, das sich aus der Marneschlacht entwickeln sollte, ein Hauch jener Geschwindigkeit, mit der ein Kommandierender General Einsicht in die Entwicklungen nehmen und seine Anordnungen geben konnte.
Aber die Motorisierung der Heere wurde auf französischer Seite entdeckt. General Gallieni machte diesen ungeheueren Schritt in

die Zukunft von seinem Schreibtisch aus am Abend des 6. September in seinem Quartier in Paris.

Bis zu diesem Abend, dem zweiten der Marneschlacht, dem blutroten Sonnenuntergangsabend jenseits und diesseits des Flusses, dem Abend nach der Husarenattacke nach Vassimont hinein und der ersten vielen Toten auf beiden Seiten — bis zu diesem Abend war noch niemand auf den Gedanken gekommen, geschlossene Verbände im Auto zu befördern, sie zur Front zu transportieren, den Infanteristen das Marschieren zu ersparen, sie frisch zu halten auf Autos für den Angriff oder die Verteidigung.

Bei der Überlegung, wie er die 7. Division, die der 3. Armee bei Verdun entnommen worden war, rasch an den linken Flügel der 6. Armee Maunourys, nach Nanteuil-le-Haudouin bringen könne, stellte es sich heraus, daß die Bahnlinie, die von Paris dorthin führte (sie führte noch weiter, in friedlicheren Zeiten bis nach Belgien und Deutschland), zwar zur Verfügung stand, aber es fehlten Waggons. Deshalb sollte die 7. Division, die am 7. September in Paris einzutreffen hatte, zweimal aufgeteilt transportiert werden.

Für Gallieni, dessen Temperament sich noch steigerte, als er endlich den Kanonendonner vor seiner Stadt, die er nicht aufgeben wollte, gehört hatte — einen Kanonendonner, der sich wie eine schützende stählerne Wand vor die notdürftig mit Barrikaden und Gräben gesperrten Einfallstraßen nach Paris legte —, dauerte diese Zweiteilung einer frischen Division zu lange. Die fehlenden Waggons konnte aber auch seine große Improvisationsgabe nicht ersetzen, ihm mußte etwas ganz Neues einfallen.

Er verlangte, eine Brigade der 7. Division mit der Bahn, die andere mit Autos zu transportieren.

Er dachte an die Kraftwagen mit den Militärfahrern, die bei der Mobilmachung aufgestellt worden waren. Ihm wurde gemeldet, man habe nur 250 Wagen mit Militärfahrern, und die seien auf die Stäbe aufgeteilt.

Da fragte er, was mit den Pariser Taxis sei. »Requirieren Sie alle Taxis.«

In diesem Augenblick wurde eine Legende geboren. Die Franzosen nannten sie das Heldenlied der Taxis, die Paris retteten. Sie haben Paris nicht gerettet, aber auf sie gehen die motorisierten Truppen zurück. Die Erfindung gehört dem General Gallieni. Der Mann, der später im nächsten Kriege auf deutscher Seite den motorisierten Truppen, der Panzertruppe, Gestalt und Taktik gab, die von den Gegnern Deutschlands übernommen und ebenso erfolgreich angewandt wurden, befand sich an diesem Septemberabend nicht weit entfernt von Gallieni und Paris. Leutnant Heinz Guderian leitete die schwere Funkstation der 5. Kavalleriedivision südlich der Marne, dicht vor Provins, dort wohin bis 1940 kein deutscher Soldat mehr kommen sollte. (Er geriet mit seinem Divisionskommandeur von Ilsemann in große Schwierigkeiten, da der temperamentvolle Guderian seinem Divisionskommandeur schwere Vorwürfe machte, die dessen Führung während der Operation in der Marneschlacht betrafen. Die 5. Kavalleriedivision spielte in der Lücke zwischen 1. und 2. Armee eine unglückliche Rolle. Für den Leutnant Guderian setzte sich der damalige Inspekteur der Nachrichtentruppe, Generalmajor Balck ein und schützte ihn vor disziplinarischen Maßnahmen. Guderians Erlebnisse in der Marneschlacht wurden zur Grundlage für seine Kritik an der operativen Kavallerie, die er mit General von Bernhardi teilte, der die Kavallerie vor 1914 reformieren wollte. Er studierte im Jahre 1924 als Reichswehroffizier in Stettin die Geschichte der deutschen und französischen Heereskavallerie in der Marneschlacht, wodurch er sich auf die taktische und operative Entwicklung von schnellen Verbänden spezialisierte.)
Zwischen Gallienis motorisierter Infanteriebrigade, die am nächsten Tag an die Front vor Paris fahren sollte, und dem Leutnant Guderian lag im Augenblick die Schlacht, und es sollten später die Tanks noch hinzukommen, die 1916 von den Engländern an die Westfront gebracht wurden, die ersten Tankschlachten (Gallieni war schon gestorben, aber seine Idee blieb am Leben), der Friedensvertrag von Versailles, der den Deutschen die Tanks verbot, bis der General Guderian, die Idee

Gallienis im Kopfe, die er längst zu seiner eigenen Idee gemacht hatte, die Panzertruppe aufstellte und mit ihr noch einmal in Frankreich erschien, 1940 bei Sedan, um in der nach Churchill benannten Operation »Sichelschnitt« nach dem Durchbruch durch die verlängerte Maginotlinie zum Kanal durchzustoßen.
Zwischen Gallieni und Guderian hatten sich noch die Publikationen der Militärschriftsteller Fuller, Liddell Hart und Martel gestellt, die darauf aus waren, sich klar zu machen, wie in der entstehenden Motorisierung der Panzer über seine bisherige Aufgabe als Hilfswaffe der Infanterie herauswachsen könne.
Wohin das alles führen würde, was Gallieni an diesem Sommerabend befahl, wußte Guderian 1924 noch nicht, als er mit seinen Studien begann. Er führte seine Panzertruppe bis vor Moskau 1941, dann folgten sowjetische, amerikanische und britische Generale seinen Methoden, und zuletzt sind es israelische Generale gewesen, die in den sechziger und siebziger Jahren nach seiner Strategie und Taktik verfuhren.
»Requirieren Sie die Taxis.«
Davon ging alles aus.
In Paris gab es bei Kriegsbeginn 12 000 Taxichauffeure, 7000 wurden eingezogen. Für die Pariser Taxis blieben nur die älteren oder dienstunfähigen Chauffeure zurück, und diese wurden die Kraftfahrer für die 7. Division.
Gallienis geniale Improvisation, die Kriegsgeschichte machte, war hervorragend organisiert. Auf dem Platz vor dem Hôtel des Invalides sammelten sich die Taxis, versorgt mit Benzin und Öl, auch mit Ersatzreifen ausgerüstet.
Sie unternahmen zuerst eine Leerfahrt. Denn die 7. Division lag noch auf der Eisenbahn. Sie war noch nicht in Tremblay-les-Gonesse, einem kleinen Ort 18 Kilometer von Paris entfernt, eingetroffen.
Auf die erste Taxikolonne von 250 Fahrzeugen folgte bald die zweite Kolonne mit 150 Wagen, in Tremblay waren es 400. Es stellte sich heraus, daß die Zusammenstellung und die Fahrt der beiden Kolonnen viel zu schnell für den militärischen Apparat verlaufen waren.

Am Morgen erreichte die 400 Taxis ohne Soldaten ein neuer Befehl. Sie hatten nach Norden, nach Dammartin zu fahren. Als sie dort eintrafen, hörten die Taxifahrer die Front. Sie war sehr nahe. Das Artilleriefeuer dröhnte, aber es traf ein General mit einer Lastwagenkolonne ein, die sechshundert Rationen für die Taxifahrer brachte.
Gallienis Befehl hatte bisher nur 400 Taxis eine Nacht und einen ganzen Tag in und um Paris Kolonne fahren lassen, ohne Besatzung — und ohne Sinn, wie die Taxifahrer bald meinten, und für sie als Zivilisten, die steuerten, gefährlich nahe an der Front der 6. Armee. Wie würden die Deutschen sie behandeln, wenn man aufeinanderstieße, die Taxis von Paris und die Ulanen von Klucks Armee?
Man stellte den beiden Offizieren, einem Leutnant und einem Oberleutnant, Fragen, die damit beantwortet wurden: »Das Vaterland ist in Gefahr.«
Von Dammartin wurden die 400 Taxis wieder nach Paris zurückgeschickt, wobei sie immerhin das Kolonnenfahren üben konnten, zwanzig Meter Abstand von Renault zu Renault bei Tage und bei Nacht; es war schon wieder Nacht, als auf der Straße nach Meaux, zwischen Livry und Le Raincy, noch innerhalb des verschanzten Lagers von Paris, das 104. Infanterieregiment der 7. Division zum Verladen bereit stand und aufgenommen wurde.
Mit ihm fuhr die Kolonne wieder nach Norden, in der mondlosen Nacht ohne Scheinwerfer (nur über Paris sah man Scheinwerfer, die den Himmel nach deutschen Fliegern absuchten; die aber kamen in dieser Nacht nicht mehr, sie hatten tagsüber Wichtigeres zu tun als den Eiffelturm zu umkreisen und die Pariser zu ärgern). Hinter den Taxis fuhren requirierte Lieferwagen, Sportwagen, Autos der Banken. Es war eine gefährliche Nachtfahrt; manche Wagen blieben stehen, die hinter ihnen fahrenden Wagen blieben auch stehen, obwohl sie keine Panne hatten; Offiziere mußten sie an den liegengebliebenen Wagen vorbeiwinken. Es gab ein richtiges Chaos bei dem ersten nächtlichen Marsch einer motorisierten Truppe — nicht zuletzt auch durch

das Ausscheren von Fahrzeugen mit Fahrern, die müde geworden waren, oder weil sie sich drücken wollten in der Dunkelheit der Nacht vor der Weiterfahrt ins Ungewisse, zudem gab es schrecklichen Lärm. Die Deutschen sollen in der Nacht vom 7. zum 8. September die Lichter dieser Taxikolonne gesehen haben, aber auch das ist eine Legende. Denn die Taxis fuhren ohne Licht — die Deutschen am Ourcq hörten vielleicht den Motorenlärm der Renaults. Denn damals war die Nacht noch still, die Artillerie schwieg. Die Soldaten lagen auf beiden Seiten während der Marneschlacht nachts im tiefen Schlaf, wenn sie nicht in den Lazaretten, die in Kirchen und Schulen aufgeschlagen waren, stöhnten oder auf dem Schlachtfeld schrien und riefen und verröchelten.
Dieser Motorenlärm auf der Straße nach Nanteuil-le-Haudouin im Nordosten von Paris klang für die Pommern des II. A. K. wie etwas Höllisches, wie eine neue Erfindung, die von den Franzosen vorgeführt wurde, um die Deutschen zu beeindrukken und ihnen nachts das Fürchten zu lehren (etwas ganz anderes hatten sich die Deutschen am Grand Morin ausgedacht, als sie nachts angreifende Franzosen mit Scheinwerfern blendeten). Aber das blieben Ausnahmen. Die Nacht bewahrte damals die Soldaten vor dem Tod, sie war noch freundlich zu ihnen. Später hat man auch diese letzte Freundlichkeit, dieses kleine Erbarmen, aufgegeben.
In den Taxis also die schlafenden Soldaten, ihr Durchschnittsalter war zwanzig Jahre, sie hatten einen guten Schlaf in den Polstern.
Nach Mitternacht — es ging sehr schnell, in den Stäben mußte man sich daran gewöhnen, schneller zu denken und zu befehlen, eine neue Geschwindigkeit war geboren, die der motorisierten Truppe — war man südlich von Nanteuil, sieben Kilometer vor Le Plessis, einem Brennpunkt der Schlacht am Ourcq.
Die zweite Taxikolonne verabschiedete General Gallieni am 7. September selbst in Gagny, sie nahm das Infanterieregiment 103 der 7. Division auf. Man hatte die Taxis während des Tages requiriert, zu einer Kolonne zusammengestellt und sie ebenfalls

nach Nanteuil bestimmt. Es hatte bei dem Aufsitzen (man behielt die Kavalleriesprache auch bei der motorisierten Truppe bei) in Gagny einige Zwischenfälle gegeben: das Regiment war in Paris erwartet worden, auf seinem Marsch zu Fuß nach Gagny begleiteten es Angehörige, Frauen und Mütter, die von dem Marsch ihrer Männer und Söhne erfahren hatten; ergreifend der Abschied, bevor die Infanteristen die Taxis bestiegen; General Gallieni war gekommen, und als er einen Taxifahrer fragte, ob er nicht vor den Granaten Angst habe, sagte dieser: »Herr General, wir gehen überall hin, wo man uns braucht.« Sie fuhren, und sie mußten nicht gehen.
Als auch diese Kolonne südlich von Nanteuil eintraf — es war noch dunkel, die Brigade sammelte sich bei Kavallerieeinheiten, die auf den Morgen warteten, um nach Norden vorzugehen, gegen den Wald von Villers-Cotterêts —, waren viertausend Mann von den Pariser Taxis transportiert worden, fünf Infanteriebataillone (im nächsten Kriege wären das zweieinhalb Panzergrenadierregimenter gewesen). Sie wurden über fünfzig Kilometer befördert, dann kehrten die Taxis um, Nachzügler trafen noch ein, die alles daran gesetzt hatten, Pannen zu beseitigen — es war ein Eindruck, wie er später überall gewonnen werden sollte bei der Panzertruppe.
Die 7. Infanteriedivision, die mit diesen Taxis, aber auch mit der Eisenbahn auf der Strecke Paris—Köln bis südlich Nanteuil gebracht worden war, verstärkte des Generals Maunoury linken Flügel. Sie griff am Morgen des 8. September nach Osten an. Am 9. September wurde sie, in zwei Hälften aufgeteilt, von Klucks 1. Armee geschlagen, sie ging zurück, mit der linken Hälfte dorthin, wo sie aus den Taxis in der Nacht zum 8. September ausgeladen worden war. Links von dieser linken Hälfte der 7. Division war dann nichts mehr — außer den Preußen, die in der Brigade des Generals von Lepel Nanteuil-le-Haudoin, die Bahnlinie und einige Kilometer südlich, auf Paris zu, erreicht hatten. Der linke Flügel der Franzosen war an diesem 9. September umfaßt, und nur noch ein Wunder konnte ihn vor Klucks Übermacht retten.

Gallieni hatte den neuralgischen Punkt erkannt; die Schnelligkeit, mit der die Brigade der 7. Division dorthin gelangte, beeindruckte Joffre, dem Gallieni diesen ersten motorisierten Truppentransport meldete:
»Der leitende General des Transportwesens der Festung Paris hat persönlich am Montag, dem 7. September, an Ort und Stelle mit höchster Befriedigung den Eifer und die Verläßlichkeit festgestellt, den die Taxifahrer bewiesen haben. Trotz ihrer Ermüdung wurde kein Unfall, kein Fall von übermäßigem Trinken gemeldet. Der General spricht ihnen dafür seinen Dank aus.« In der deutschen Literatur über die Marneschlacht nimmt der Taxi-Einsatz vor Paris eine bedrückende Rolle ein. Die Franzosen stilisierten diesen ersten motorisierten Vormarsch in der Kriegsgeschichte zu einer Legende hoch. Ein Marne-Taxi steht heute im Ehrenhof des Hôtel des Invalides in Paris. Georges Blond, ein Franzose, hat die Details zusammengetragen und das für die Franzosen entzaubert, was zur Legende wurde. Er nennt auch den Führer der Kolonne, den Oberleutnant Lefas. Er ließ offen, was aus der 7. Division geworden ist. Sie war am 9. September das, was Oberstleutnant Hentsch von den Divisionen der 2. Armee an diesem Tage hielt: »Schlacke«. Aber ihre Soldaten hatten, zum ersten Male für Millionen Soldaten, ausgekostet, was es heißt, motorisiert zu sein. Sie waren bequem in die Schlacht gefahren worden. In der Schlacht hatte es ihnen an nichts gefehlt, was auch den Infanteristen zusteht, die zu Fuß anmarschierten.

In späteren Kriegen, vor allem im Zweiten Weltkrieg, war die Überlegenheit der motorisierten Truppe an Kampfkraft über die zu Fuß marschierende Truppe hoch.

Aber diese Überlegenheit hatte auch Nachteile. Motorisierte Regimenter waren nicht nur schneller, sondern auch öfter am Feind. Daraus entstand ein elitäres Bewußtsein, als Ausgleich für eine höhere Todeserwartung oder auch nur Bereitschaft. Von den ersten motorisierten Soldaten der Kriegsgeschichte, den Soldaten der französischen Infanterieregimenter 103 und 104, wurde nichts bekannt, was diese Annahme stützt. Sie gingen lediglich

durch ihren Transport in die Geschichte ein; der Transport wurde zur Legende.
Aber der Einschnitt war tief.
Eine neue Waffe war aus der Improvisation des Generals Gallieni entstanden. Sie würde noch ihren Guderian, Patton, Schukow finden.

35. KAPITEL

Der deutsche Vormarsch kommt zum Stehen

Für den Husarenwachtmeister Koch war das Erwachen am frühen Morgen nach der Attacke seiner Schwadron auf Vassimont nichts Schreckliches. Denn sein Schlaf war tief und traumlos gewesen, nachdem er zur Conflans Ferme nördlich von Villeseneux zurückgefunden hatte, dem Sammelplatz der Großenhainer Husaren.
Ehe er einschlief, neben seinem Pferd, das wie die anderen Pferde des Regiments die Nacht hindurch stand, fast unbeweglich, mit gesenktem Kopf, erfrischt nur von dem kühlen Nachtwind, der aufgekommen war, hatte Koch die Hände gefaltet und gebetet, dabei an die Lanzen gedacht, an die von den Pferden geworfenen Husaren, auch an Gretchen, das er in Großenhain im Korbstuhl sitzen sah in dem langen weißen Kleid mit der großen weißen Schleife im dunklen Haar; das mischte sich, beim Beten, miteinander; Himmlisches und Irdisches wurden eins, und da er Lutheraner war, machte ihm das nichts aus.
In sein Tagebuch würde er später über diesen Tag schreiben, was der Kaiser am 7. September den Deutschen in der Heimat und an den Fronten in der Mitteilung über den Fall der Festung Maubeuge sagen ließ: »Gott hat wieder sichtlich geholfen.« Damit war ganz persönlich Kochs Gott gemeint. Jeder hatte seinen eigenen Gott in jener Zeit, und dennoch war dieser ein Gott aller, auch des Kaisers Gott.
Das Geheimnis des Glaubens, Vertrauens, des Kämpfens und Sterbens im September 1914 ist bei diesem Gott leicht unterzubringen. Wer es später nicht verstand, würde es nie verstehen. Die Moral und das Gottvertrauen einer bestimmten Zeit lassen

sich nicht nachvollziehen; sie lassen sich auch nicht übertragen. (In seinem Buch »Krieg« hat Ludwig Renn, der in einem Dresdner Grenadierregiment an der Marneschlacht teilnahm — er hat sich den Namen Ludwig Renn als Schriftsteller nach dem Kriege zugelegt, damals hieß er Arnold Vieth von Golssenau —, einige Worte des Feldgeistlichen mitgeteilt, die am Rasttag der Sachsenarmee, am 5. September, in einem Ort an der Marne fielen. Der Pastor, im langen grauen Rock, mit Militärschlapphut, auf der Brust ein silbernes Kreuz an silberner Kette, war zu Pferde gekommen, dann abgestiegen und in die Mitte des Regiments getreten. Renn läßt ihn dann sagen: »Wenn der Herr die Gefangenen Zions erlösen wird, dann werden wir sein wie die Träumenden. Liebe Kameraden, sind nicht wir die Gefangenen? Sind wir nicht gefangen von Angst und Schrecken und Todesfurcht? Ringsum haben wir den Tod gesehen in tausend Gestalten täglich. Und sind wir nicht befangen von den Eindrücken? — Wenn aber der Herr uns Gefangene erlösen wird, dann werden wir sein wie die Träumenden. — Denkt nur um zehn Minuten zurück: da waret ihr noch Gefangene. Jetzt aber habt ihr euch von den Schrecknissen ab und hin zu Gott gewendet. Und ist euch nicht jetzt, als träumtet ihr nur, daß es so etwas gibt? Und ist euch nicht zugleich, als hättet ihr bisher geträumt, und hier erst, an der Schwelle Gottes, finge das Leben an?« Aber das war erst später, als er nach dem Krieg den »Krieg« schrieb; die Feldpredigt von den Träumenden hatte er nicht vergessen. Auch die französischen Regimenter gingen mit Feldgottesdiensten in die Marneschlacht. Sie nahmen sie, wie die Deutschen, mit, irgendwo im Hinterkopf, diese offenen und verborgenen Sätze, die merkwürdige Geistliche gesagt hatten, ehe das Schießen begann. Und da beide, Franzosen und Deutsche, die Feldgeistlichen brauchten, wenn sie verwundet wurden oder starben, daß sie sich über sie beugten, bei ihnen waren, wenn sie die tödlich Verwundeten auch nicht festhalten konnten, fürchteten diese Männer sie ebenso, wie sie vielleicht sie liebten.) Koch sah zuerst beim Erwachen am Morgen des 7. September den Kopf seines Pferdes, der sich über seinen Kopf gesenkt hatte, als müsse das Pferd den Schlaf des Reiters behüten, gegen etwas decken. Er kannte dieses Erwachen gut aus seinen Militärjahren, von den Manövern und den ersten Kämpfen dieses Krieges. Dafür war er jeden Morgen dankbar.

Dann hörte er im Süden ein Grollen. Die Artillerie schoß sich ein. Es war noch dunstig. Die Beobachter vor dem Somme-Abschnitt konnten kaum etwas sehen, aber sie ließen ihre Batterien die Stellungen abtasten, die der Feind besetzt hielt, kleine Hügel, vor Lenharrée und vor der Somme, die vor dem Waldgebiet sich erhoben, ehe die Somme, ein schmaler Fluß, fast ein Bach, zum Hindernis für einen Angreifer werden konnte.

Es sollte ein Tag der Artillerie werden, auf beiden Seiten, besonders aber bei der Sachsenarmee, ein Abringen der feldartilleristischen Schießkünste und der schnellen Munitionierung. Die Batterien suchten sich gegenseitig zu zerschlagen, und wenn sie sich nicht gegenseitig vernichteten, dann zerschlugen sie die Infanterie, die zwischen ihnen lag.

Wachtmeister Koch erinnerte sich jetzt der Attacke; es hatte etwas für ihn gegeben, das sich noch nicht recht beschreiben ließ. Mit dem Becher Kakao, den er sich am Feuer bei den anderen holte, die mit ihm aus Vassimont zurückgeritten waren, nahm er keine neuen Nachrichten zu seinem Pferd mit. Die Hälfte der Schwadron war gefallen oder vermißt, und schlimm blieb, daß die Gegend, in der alles geschah, noch in Feindeshand war. Das Schlimme war für jemanden, der attackiert, wenn nichts dabei gewonnen wird. Nicht einmal ein Landstrich; es ist, als sei man nur geritten; nichts ist geblieben als eine kriegerische Leistung, etwas für die Regimentsgeschichte, doch erfolglos für den Augenblick und für später.

Bisher war es immer weitergegangen. Nun trank Koch seinen Kakao bei der Conflans Ferme, dort, von wo das Regiment am Tage vorher ins Gefecht geritten war. Es hatte keine Suche nach den Gefallenen und Verwundeten geben können, das Schlachtfeld war nicht gesäubert worden, aufgeräumt zur Nacht; es blieb, wie es war.

Darüber sprach Koch mit den anderen Husaren der 5. Eskadron lange. Sie hatten dazu Zeit, denn vorläufig brauchte sie niemand. Sie blieben, nach ihrer Leistung am Tage vorher, von den Befehlsgebungen verschont. Aber aus diesen Gesprächen, auf die er kurz in seinem Tagebuch hinwies, wurden sie auch nicht klüger. Die Infanterie würde angreifen, und dann könnten sie ihre Toten bergen, meinten die Husaren, die keinen Zweifel daran ließen, daß sie eigentlich alles getan hätten, was der Krieg von ihnen verlangte. Das machte Koch stutzig. War es wirklich so, daß eine ungewöhnliche Leistung, eine blutige Attacke, diesem Krieg genügen sollte? Oder war es ein Irrtum, zu denken, die Husaren hätten jetzt einen Anspruch auf Ruhe und Erholung, denn sie wären den anderen schon sehr weit voraus, sie hätten etwas getan, das die anderen noch tun mußten?
Am Vormittag mußte Koch aufsitzen; er wurde zur Division befohlen, deren Stab an der Straße nach Normée lag. Er sollte dort Befehle fürs Regiment holen. Als er auf der Landstraße nach vorn ritt, allein, die Lanze im Lanzenschuh, daß sie steil in den Himmel zeigte, der wieder wolkenlos war — die Hitze begann ihr quälerisches Spiel mit den Soldaten an der Marne wie am Vortage —, hätte man Koch nicht ansehen können, daß er einer der Todesreiter von Vassimont gewesen ist. Er war besorgt um den Kakao in seiner Feldflasche, daß er nicht sauer würde durch die große Hitze.
Das Grollen der Artillerie wurde lauter. Wagen mit Verwundeten begegneten ihm. Er sah nach, ob ein Husar unter ihnen war, aber es waren Infanteristen. Ihre Leiber waren zerschlagen oder nur aufgerissen von den Geschossen der französischen Artillerie; sie stöhnten nicht. Sie waren wohl darüber schon hinaus.
Auch Koch war über etwas hinaus. Das gab ihm nicht mehr die starre Haltung im Sattel, die er sich angewöhnt hatte.
Er ritt etwas geduckt, also angepaßt an den Hagel der Geschosse, fast lässig, denn er wußte, wie es ist, wenn Geschosse durch die Luft heulen.
Als Koch sich beim Divisionsstab meldete, sagte man ihm, daß man von den Husaren vorläufig nichts wolle.

Der Angriff der 32. Infanteriedivision bei Normée und Lenharrée kam nicht voran. Der Feind war an Artillerie und Infanterie hier überlegen. Sämtliche Reserven waren eingesetzt worden. Die Husaren sollten abwarten. Links von der 32. I. D. war die 23. Reservedivision eingetroffen, die starke feindliche Angriffe westlich Sommesous abwies.

Die sächsische Artillerie bemühte sich, die Feuerüberlegenheit der französischen zu brechen. Doch die weite offene Ebene, in die man geraten war, nachdem man die schützenden Waldränder vor dem Somme-Abschnitt verlassen hatte, lag unter pausenlosem feindlichen Artilleriefeuer. Die Infanterie hatte sich eingegraben, die Artillerie, die ihr gefolgt war, wurde zerschlagen, sie konnte sich nur im Walde aufhalten, wenn sie zum Schuß kommen wollte.

Da sie aber nur bis zu 7500 Meter weit wirken konnte und die französische Artillerie bis zu 12 000 Meter, lag ihr Feuer zu kurz. Es traf nicht die feindlichen Batterien. Die Franzosen konnten ihre eigene Infanterie und Artillerie vor der sächsischen Artillerie schonen, ihre Artillerie verhinderte zusätzlich das Vordringen der deutschen Infanterie und suchte die Batterien in den Wäldern auszuschalten.

Dagegen gab es für die Sachsen an diesem Tag kein Mittel. Am 7. September standen den drei Divisionen der rechten Gruppe der Sachsenarmee fünf Infanteriedivisionen und eine Kavalleriedivision der 9. Armee General Fochs gegenüber. Drei Divisionen der linken Gruppe der 3. Armee Hausens griffen zwei Divisionen der französischen 4. Armee an. Die Gefechtsfront der Armee betrug 50 Kilometer. Eine sächsische Division war noch im Anmarsch. Vor der Mitte der Sachsenarmee zwischen Sommesous und Sommepuis, war eine Lücke, aber auch die Franzosen hatten dort ihre gefährliche Lücke, die sie nicht auffüllen konnten.

Beide Heere wiesen sich mitten auf den Katalaunischen Feldern gegenseitig eine Lücke vor, in die niemand hineinstoßen konnte, da es ihnen hier an Reserven fehlte.

Aus Fliegermeldungen, die Hausen in Châlons erreichten, ging

hervor, daß vor der Mitte seiner 3. Armee die Straße nach Troyes frei war, seinem Angriffsziel, das ihm Moltke und der Kaiser befohlen hatten. Schwache Kavallerie der Franzosen hielt sich dort auf, die leicht zu vertreiben gewesen wäre, wenn Hausen eine Truppe in Reserve gehabt hätte, bereit, dorthin vorzugehen.
Die Franzosen banden seine Armee. Sie trommelten seine Divisionen mit Granaten und Schrapnells in die Erdlöcher. Sie waren ihnen in der Verteidigung überlegen.
Der Husarenwachtmeister Franz William Koch hörte einiges davon im Divisionsstab. Er erfaßte jedoch nicht die ganze Wahrheit dieses Tages, an dem auch die preußische Garde, die rechts neben der 32. Infanteriedivision kämpfte, nicht vorankam, obwohl sie immer wieder angriff.
Der Vormarsch der Deutschen war auch hier zum Stehen gekommen. Die Franzosen kamen freilich auch nicht voran, die doch an diesem 7. September angreifen sollten. Das tödliche Gleichgewicht zwischen den beiden Heeren war an dieser Stelle hergestellt worden.
Die dreihundert Reiter des Husarenregiments 18 konnten jetzt nichts mehr ändern. Sie waren zu schwach, um in die Lücke geschickt zu werden, auf die Straße nach Troyes, in den Rücken des Feindes. Koch erhielt den Befehl für sein Regiment, in Reserve zu bleiben, als letzte Reserve der Division sich bereit zu halten.
Beim Zurückreiten zur Conflans Ferme war Koch nicht unglücklich, weil es heute nicht mehr voranging. Ein Gefühl, das er nicht kannte, machte sich bei ihm breit. Es hatte mit der Schadenfreude einiges gemeinsam, vor der er sich zu hüten wußte. Auch er war mit seiner attackierenden Schwadron gestern abend nicht recht weitergekommen. Die 5. Eskadron hatte nur einen Tag früher als die anderen erfahren, woran man jetzt war.
Über das, was am 7. September geschah, gibt ein Korrespondentenbericht für die »Daily Mail« Auskunft, der aus Paris über das neutrale Rotterdam abends in die Redaktion des »Berliner Tageblattes« gelangte. Am 8. September war er in dieser Zei-

tung zu lesen: auch die Verlobte Kochs, Gretchen in Siemensstadt, las ihn.
In der umfangreichen Literatur über die Marneschlacht ist er nicht aufgenommen worden, obwohl er journalistisch genau das beschreibt, was an diesem Tage geschah: »Sie kommen blind angestürmt und werfen sich den französischen Schützenlinien entgegen, ohne sich um Verluste an Menschenleben zu kümmern. Sie versuchen nicht, Taktik oder Strategie anzuwenden, sie manövrieren nicht, sie stürmen und stoßen sich die Köpfe an der beweglichen Mauer, welche zwar zurückweicht, aber nicht durchbrochen wird. Ihre Mannschaften fallen, aber dennoch rücken sie vorwärts. Ein Regiment nach dem anderen wirft sich auf die französischen Linien. Wenn ihre Verluste an einem Punkte zu schwer sind, versuchen sie es an einem anderen mit neuen Kolonnen und neuen Regimentern. Die deutschen Truppen verwenden ihre Maschinengewehre sehr geschickt, und diese haben den Franzosen schwere Verluste zugefügt. General Joffre befahl, daß sie nicht länger in geschlossenen Fronten vorrücken dürfen.«
Die Meldungen, die von diesem gegenseitigen Abringen zu Moltkes Hauptquartier nach Luxemburg drangen, waren spärlich für einen Mann, der vom Schreibtisch diese Operation lenken sollte und der seit dem 4. September keine einzige Weisung und keinen Befehl an seine Armeen gefunkt hatte. Moltke koordinierte nicht, er lauschte nur, mit angehaltenem Atem, wie das Bild es will, in die Bewegungen und Befehle seiner Armeeführer hinein, die ihm die Funkstelle überbrachte. Die abgehörten Meldungen waren widersprüchlich; es wurde immer nur von Angriffen gesprochen, auch von Umgruppierungen, und jeder, so war Moltke überzeugt, tat sein Bestes. Hinter diesen abgehörten Meldungen seiner Funkstelle versuchte Moltke in die Wirklichkeit einzudringen, auf die er keinen Einfluß nahm.
Die deutschen Armeen hatten an diesem 7. September soviel zu tun, daß sie ihren Chef des Generalstabes vergaßen. Jeder Armeeführer war sich selbst der Nächste, und damit seiner Armee, die er zu führen hatte.

Im Feuilleton des »Berliner Tageblatts« stand am 7. September 1914 eines jener vielen Kriegsgedichte, die unaufhörlich bei der Redaktion eingingen. Es trug nicht den Namen eines bedeutenden Dichters, den des Nobelpreisträgers für Literatur, Gerhart Hauptmann, oder Hermann Hesses in der Schweiz, es war nur mit »M. W.« überschrieben. Aber wer es las oder auch nur anlas, der konnte das seltsame Fehlen von Meldungen aus Frankreich, dieses merkwürdige Ausbleiben von Siegesnachrichten, an die man sich gewöhnt hatte, ausgleichen. Dennoch hatte dieses fatale Gedicht etwas Beschwörendes, es war ein Ruf aus der Finsternis, eine Mahnung: »Nicht ein Himmelszeichen / nur ein Zufall wär's: / Kaiser Wilhelm — Moltke / Leiter unseres Heeres. / War's nicht anno 70 / gerade so der Fall?«
Einer, der »M. W.« hieß, hatte herausgefunden, was nur eine Namensgleichheit ist und vor der Geschichte ohne Belang. Aber daran hatte er sich geklammert, als die Nachrichten in der Zeitung ausblieben. Er wollte die berühmten Namen von Siegern beschwören, Wilhelm I. und Graf Moltke, Sedan und die Belagerung von Paris, das dort gegründete Deutsche Reich in Waffen. Weder Wilhelm II. noch Moltke, der Neffe des Feldmarschalls Moltke, war an diesem 7. September 1914 »Leiter des Heeres«. Der Kaiser ließ sich durch Hausens Ordonnanzoffizier bei Suippes davon abhalten, nach vorn, weiter nach vorn, nur bis Châlons, das in tiefem Frieden lag, vorzufahren, und Moltke schrieb mittags an seine Frau, die schwedische Gräfin Eliza, die in Luxemburg in einem Lazarett arbeitete, aber ihn nie im Hotel de Cologne besuchte, diese Zeilen über den Krieg und über sich selbst:
»Heute fällt eine große Entscheidung, unser ganzes Heer von Paris bis zum oberen Elsaß steht seit gestern im Kampf. Müßte ich heute mein Leben hingeben, um damit den Sieg zu erkämpfen, ich täte es mit tausend Freuden, wie es wieder Tausende unserer Brüder heute tun und Tausende es getan haben.
Welche Ströme von Blut sind schon geflossen, welcher namenlose Jammer ist über die ungezählten Unschuldigen gekommen, denen Haus und Hof verbrannt und verwüstet sind. Mich über-

kommt oft ein Grauen, wenn ich daran denke, und mir ist zu Mute, als müßte ich dieses Entsetzliche verantworten, und doch konnte ich nicht anders handeln, als geschehen ist.«

So schreibt kein Feldherr. Diese Worte sind nicht für die Nachwelt, obwohl sie menschlich sind.
Gegen Abend ritt der Husarenwachtmeister Koch noch einmal zur Division, um neue Befehle zu holen. Die Schlacht hatte keine Entscheidung gebracht. Dörfer und Wälder brannten. Koch erhielt nur einen Vorbefehl. Von der Armee war keine Entscheidung getroffen worden. Generaloberst von Hausen rang noch mit dieser Entscheidung, die seinen Namen in die Marneschlacht einfügen würde, wie es mit dem Namen des Generals von Gronau am 5. September geschehen war.
Das Husarenregiment 18 erhielt den Vorbefehl, früh schlafen zu gehen, denn es müßte am 8. September zeitig aufstehen und aufsitzen. Vorsorglich wurde das Wecken für 2 Uhr nachts befohlen.

36. KAPITEL

Jede deutsche Armee kämpft allein

Während die französischen Armeen am Montag, dem 7. September, mit der Parole »Avec dieux pour patrie« unter Joffres Oberbefehl die deutschen Armeen trotz einiger Rückschläge zum Stehen gebracht hatten, kamen den deutschen Armeeführern die ersten Zweifel an einem für sie günstigen Verlauf der Schlacht. Aber Kluck, Bülow und Hausen verharrten in ihrer einsamen Strategie, bei der keiner auf den anderen Rücksicht nahm. Und wenn es geschah — wie bei der Unterstützung, die Hausen nach rechts und links widerstrebend gab —, dann war dies doch nur vorübergehend gedacht.
Joffre führte eine großangelegte Operation durch; die deutschen Heerführer beantworteten sie — außer Kluck — mit Taktik, die der Operation stets untergeordnet bleiben muß.
Der französische Angriff des 6. September hatte inzwischen seine überraschende Wirkung auf die Deutschen verloren. Sie wußten nun, daß die Entscheidungsschlacht geschlagen werden mußte. Sie war bitter und verlustreich.
Die Abendmeldungen der Armee-Oberkommandos nach Luxemburg erhielten zum ersten Male in diesem Kriege dramatisches Gewicht, obwohl sie zurückhaltend verfaßt waren.
Die Anstrengungen der Truppe waren groß gewesen. Trotz des Gefechtslärms schliefen die Infanteristen in ihren Stellungen, wenn nichts Besonderes bei ihnen passierte oder von ihnen verlangt wurde. Jeder Tote, ob Deutscher oder Franzose, wurde nach Schanzzeug durchsucht, damit sich die Truppe eingraben konnte. Um die Regimenter aus ihrer bleiernen Teilnahmslosigkeit zu reißen, wurden die Signale geblasen, Offiziere stimmten

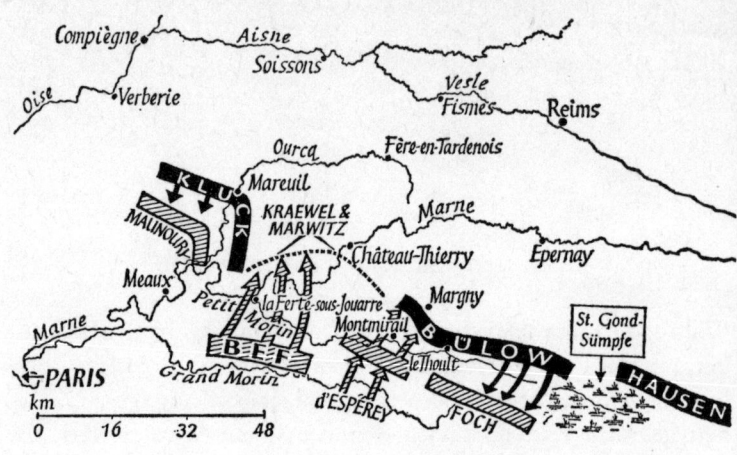

Die Schlacht an der Marne

vaterländische Lieder an, aber dies geschah auch bei Absetzbewegungen; man sang, während man dem Feind den Rücken kehrte. General von Gronau faßte am Abend des 7. September die Lage bei seinem zusammengeschmolzenen IV. Reservekorps zusammen: »Seit dem 5. 9. mittags stand die Infanterie und Feldartillerie fast ununterbrochen gegen bedeutende Überlegenheit im Kampfe, fast alles aufgelöst in vorderer Linie, ohne Reserven, den Tag über in glühendem Sonnenbrand ohne Wasser und Verpflegung, vergeblich auf Ablösung und Verstärkung wartend. Da machten sich doch bei vielen Anwandlungen von Schwäche geltend, und sie erschienen als Versprengte hinter der Front. Es war dann die Aufgabe der Offiziere meines Stabes, diese Versprengten zu sammeln und wieder nach vorne zu führen, dort durch gute Nachrichten über den Stand des Gefechts, den Anmarsch der übrigen Korps der Armee und dergleichen den Mut zu heben.«

Vom Kampfverlauf bei der 1. Armee gelangte jedoch am Abend des 7. September diese Orientierung nach Luxemburg: Auf dem rechten deutschen Heeresflügel hatte die 1. Armee die ihr durch den Gegner geschaffene ernste Lage gemeistert. Gegen eine Linie östlich Nanteuil—Meaux schritt der Kampf ihrer rechten Flügelkorps (II. A. K. und IV. Reservekorps) wegen des rechtzeitigen Eingreifens des IV. A. K. rechts außen gut fort. Auf dieses Schlachtfeld westlich des Ourcq waren die beiden Korps des linken Flügels der 1. Armee (III. und IX. A. K.) im Anmarsch. Der Angriff sollte am 8. September mit Aussicht auf Erfolg fortgesetzt werden.

Für General Joffres Hauptquartier sah es in diesem Gefechtsbereich so aus: Auf dem französischen linken Flügel war am 7. September die 61. Reservedivision eingetroffen, sie kam mit der Bahn bis fast auf das Gefechtsfeld. Aber ihr Versuch, Klucks rechten Flügel zu umgehen, scheiterte. Die Deutschen standen schon da, als die Franzosen vorgingen. Dem Ourcq entgegen drangen die Franzosen kaum weiter vor. Flieger hatten Joffre gemeldet, daß starke deutsche Massen auf dem Ostufer des Ourcq nach Nordwesten marschierten. Den Engländern war es demnach nicht gelungen, die Mitte und den linken Flügel Klucks südlich der Marne zu binden, damit Joffre die Deutschen in den Sack stecken konnte. Mit ihren drei Korps und einer Kavalleriedivision waren sie kaum über den Grand Morin vorwärtsgekommen. Gegen sie war das Heereskavalleriekorps von der Marwitz tätig.

Joffres Aufklärungsfliegern war der Abmarsch des III. und IX. Armeekorps nicht entgangen. Deshalb hatte General Franchet d'Esperey den linken Flügel seiner 5. Armee in Richtung auf Montmirail und westlich davon angesetzt; dieser Stoßflügel kam vor Montmirail zum Stehen; er wurde von dem deutschen X. Armeekorps der 2. Armee Bülows unter erheblichen Verlusten aufgehalten. Franchet d'Esperey mußte gleichzeitig sein eigenes X. Armeekorps nach rechts verschieben, um Fochs linkem Flügel Halt zu geben.

Der 7. September war für die deutsche 2. Armee schwer gewesen. Ihr rechter Flügel lag nach dem Abmarsch der beiden Nachbarkorps der 1. Armee in der Verteidigung. Nur ihr linker Flügel machte, unterstützt von der Sachsenarmee, Fortschritte.

Als Flankendeckung nach Abmarsch der beiden letzten Korps der 1. Armee hatte Bülow nur das Heereskavalleriekorps von Richthofen zur Verfügung, das mit Vorhuten des VII. A. K. den Stoß der Franzosen aufzufangen hatte.

Hier erkannte Joffre früh seine Chance, die nicht mehr darin lag, durch eine überraschende Flankierung den rechten deutschen Heeresflügel zurückzuwerfen und mit Hilfe der Verdun-Armee, die in den Argonnen durchzubrechen hatte, den deutschen Stoßflügel einzukreisen. Diese Konzeption war durch den unerwartet heftigen Widerstand am Ourcq zerstört worden. Die neue Chance, die sich vor ihm eröffnete (so rasch, wie die Lücke zwischen 1. und 2. Armee immer größer wurde, deren Entstehung Joffre den klugen deutschen Armeeführern nicht zugetraut hätte), lautete: Engländer und Franzosen in diese Lücke hineinzutreiben, Bülows und Hausens Armeen zu zermürben und die drohende Gefahr für Paris, Klucks 1. Armee, einzukesseln, aber nun nicht mehr nordöstlich der Seine, sondern nördlich der Marne. Dabei mußte sich Joffre auf die Standfestigkeit des Generals Foch verlassen können, und daran hatte er keinen Zweifel; Foch war der richtige Mann, um trotz ungünstiger Lage und schwerer Verluste in der Gegend auszuhalten, die er ihm für die Entscheidungsschlacht zugewiesen hatte.

Die Lage der 9. Armee Fochs war am 7. September nicht günstig. Ihre Verluste waren, besonders durch die schwere deutsche Artillerie, sehr hoch. Der rechte Flügel blieb jedoch fest. Und zur französischen 4. Armee hielt die 9. Kavalleriedivision die Verbindung.

Die deutsche 4. Armee meldete am Abend des 7. September nach Luxemburg, daß sie den Angriff fortgesetzt habe. Es sei zu harten Kämpfen an der ganzen Front gekommen. Der rechte Flügel kämpfte sich über die Eisenbahn südöstlich von Vitry-le-François vorwärts und wies Gegenangriffe des Kolonialkorps ab. Auch der linke Armeeflügel drang vor. Doch die Fortschritte waren gering. Die 5. deutsche Armee unter dem Kronprinzen arbeitete an diesem 7. September hauptsächlich mit ihrer schweren Artillerie, die gegen stark verschanzten Feind tätig wurde.

Jenseits der Maas begann ihr V. A. K. den Angriff auf die Sperrforts Troyon und Parches bei St. Mihiel.

Setzt man sich nun ab von den Erfolgen und Einsichten, die dieser zweite Großkampftag vor Paris, an der Marne und im Argonnerwald bis nach Verdun den Beteiligten bringen konnte, verläßt man die Zeit, in der das alles stattfand, für den einen übersichtlich, für den anderen verborgen, dann kommt man mit dem sächsischen Generalmajor Baumgarten-Crusius zu diesem Gesamtbild:
»Auf dem deutschen äußersten rechten Schlachtenflügel rang Kluck mit 6 Divisionen gegen 6 französische westlich des Ourcq auf 12 Kilometer breiter Schlachtenfront. Sein Kavalleriekorps hielt, verstärkt durch eine halbe Infanteriedivision, das ganze englische Feldheer (6 Infanteriedivisionen und 1 Kavalleriedivision) fern der Entscheidung. Dreieinhalb deutsche Divisionen waren im Anmarsch, den Sieg westlich des Ourcq zu sichern. Links von Kluck wehrte sich Bülow mit 7 Infanterie- und 2 Kavalleriedivisionen gegen 14 französische Infanterie- und dreieinhalb Kavalleriedivisionen (5. Armee und 3 Divisionen Fochs) auf 30 Kilometer breiter Front. Reserven hatte Bülow nicht mehr zu erwarten.
In der Mitte griff Hausens rechte Gruppe mit 3 Divisionen 5 Infanteriedivisionen und 1 Kavalleriedivision Fochs erfolgreich an. Seine linke Gruppe stand mit 3 Divisionen gegen 2 Divisionen der französischen 4. Armee im Angriffskampf. Gefechtsfront 50 Kilometer. Eine Division war noch im Anmarsch.
Auf dem linken deutschen Schlachtflügel kämpfte die deutsche 4. Armee mit 8 Divisionen gegen 6 Divisionen der französischen 4. Armee auf 40 Kilometer breiter Front und der deutsche Kronprinz mit 8 Divisionen gegen 7 Divisionen Sarrails auf 25 Kilometer breiter Ostfront. Reserven waren deutscherseits nicht mehr zu erwarten.«

Keine der beiden Seiten konnte freilich an diesem 7. September die Übersicht haben, die hier vorgelegt wird. Die französische

Führung sah die Gesamtlage am Abend des 7. September günstig an. Joffre hatte den Eindruck, die 1. Armee sei auf dem Rückzug. Ihn quälte das langsame Vorrücken des britischen Expeditionskorps. Es hatte nur zwei deutsche Angriffe an diesem Tage zu ertragen, ein kurzes Gefecht mit schwacher deutscher Kavallerie und einen Überfall abgesessener deutscher Reiter. Gegen Abend bezogen die Engländer Biwak. Sie hatten erst jetzt die Linie erreicht, die ihnen als Ausgangspunkt für die Offensive von Joffre zugedacht war. Für die Deutschen waren die Engländer an diesem Tage ein Phantom, für Joffre ein Schrekken. Er überlegte, wie er Marschall French bewegen könnte, zügig voranzukommen, um die 1. Armee, die sich vor French zurückzog, zu verfolgen. Oder nahm Kluck die Engländer nicht mehr ernst? Es war tröstlich für Joffre, zu erfahren, daß wenigstens seine Franzosen an diesem Tage gut gegen die zurückweichenden Deutschen der 1. Armee vormarschierten (wie Joffre glaubte, der meinte, sie gingen zurück, und er hatte zum ersten Male, seit er in die Schlacht eintrat, die nach seinem Willen vorbereitet wurde, die Hoffnung, daß alles gut ausgehen werde): das Kavalleriekorps Conneau hatte, zusammen mit dem französischen XVII. Korps, den Anschluß zwischen den Engländern und der französischen 5. Armee hergestellt. Wenn Marschall French davon erfahren würde, so glaubte Joffre, sollte er seine Engländer etwas forscher einsetzen, sie am 8. September auf die Marne weitermarschieren lassen.
Joffre hielt aber noch wenig von dieser Lücke zwischen der 1. und 2. deutschen Armee, die sich vor ihm öffnete.
Er befahl am Abend des 7. September, daß die 6. Armee Maunourys am nächsten Morgen zur Umfassung des deutschen rechten Flügels nach Norden Gelände gewinnen sollte.
Die Biwakfeuer der Engländer an diesem Abend konnten von den deutschen Reitern gut beobachtet werden. Hier, zwischen der 1. und 2. Armee, hatte für die Deutschen der Krieg noch die alten Züge, die er bei den im Kampfe stehenden deutschen Divisionen an diesem Tage verlor.
Das Abkochen am Lagerfeuer, das Beibringen von Stroh für

das Nachtlager, die Feldwachen, die aufgestellt wurden, das Unterziehen der Artillerie und Kavallerie mit ihren Pferden, die gefüttert und getränkt wurden, das Sitzen am Feuer mit der Flasche Wein aus der Verpflegungsration oder aus der Beute, die man gemacht hatte, die einschläfernden Lieder, die noch gesungen wurden, und das verebbende Gespräch — dies alles vernahmen, sahen und ahnten die deutschen Reiter und die Jäger auf ihren Fahrrädern, die in dieser Nacht die Engländer beobachteten. Beide, Engländer und Deutsche, waren sehr fremd in diesem Frankreich, und diese Nacht in der Lücke zwischen den beiden großen deutschen Armeen vereinte sie ungewollt in einem vagen Frieden.

Sie wollten sich nicht gegenseitig schonen, sie respektierten sich. Aber in diesem merkwürdigen Nebeneinander zu einer Zeit, da an ihren Flanken zwischen Deutschen und Franzosen eine Völkerschlacht angebrochen war, die auf beiden Seiten ohne Rücksicht auf Verluste ausgetragen wurde, hatten die Engländer und die sie beobachtenden wenigen Deutschen die Ausnahme zu sein in der Regel, die von nun an gelten sollte.

In dieser Nacht, die sie gemeinsam zu verbringen schienen, belästigen sie sich kaum durch Überfälle oder mutwillig abgegebene Salven. Der gegenseitige Respekt hielt sie voneinander ab, doch auch ein unausgesprochenes Gefühl, den anderen noch einmal in Ruhe schlafen zu lassen.

Schlaf war nun dem Tode sehr ähnlich. Aber er war schmerzlos. Der Tod auf den Schlachtfeldern war schmerzensreich. Jenseits dieser Biwakfeuer, östlich des Ourcq, wurde nachts noch gekämpft. Französische und deutsche Bataillone verloren mehr als die Hälfte ihrer Soldaten. Wer fiel, rief, wie der durch eine Schrapnellkugel getroffene Hauptmann der Reserve Becker, seinen Leuten noch etwas zu: »Lebt wohl, Kameraden«.

Französische Offiziere standen ihm nicht nach, auch sie fanden das Pathos des Abschieds, und es gehörte ihnen für immer.

Aus dem Hauptquartier in Luxemburg kam an diesem Abend keine Weisung. Moltke schien akzeptiert zu haben, daß jeder Armeeführer sein eigener Stratege sein wollte.

Kluck führte seinen Krieg am rechten Flügel. Er vergaß nicht seinen linken Nachbarn, die 2. Armee Bülows. Aber er versammelte seine gesamte Armee auf dem Schlachtfeld am Ourcq, damit gab er das Gelände südlich der Marne preis, das er erobert hatte.

Bülow, dessen 2. Armee den Hauptstoß der überlegenen französischen Kräfte abzuwehren hatte, fürchtete um seine rechte Flanke und sah Maßnahmen vor, die verhängnisvoll für die Deutschen werden sollten.

Hausen aber kam zu einem Entschluß, der aus einer Verzweiflung entstand, die seelisch, aber auch körperlich bedingt war. Seine körperlichen Kräfte verfielen, der Typhus nahm ihm die physische Kraft, die ein Oberfelshaber aufzubringen hat auch im frontfernen Hauptquartier in Châlons an der Marne. Er fühlte, daß ihm nicht mehr viel Zeit blieb, seine Sachsenarmee zu kommandieren, und er stand auf den Katalaunischen Feldern, denen er so mißtrauisch entgegenmarschiert war.

»Mein Gesundheitszustand hatte sich am 6. und im Laufe des 7. September«, schreibt er in seinen Memoiren, »ungeachtet aller ärztlichen Bemühungen und strengster Diät wesentlich verschlechtert. Ruhrartige Erscheinungen nahmen meine Körperkräfte außerordentlich in Anspruch und blieben nicht ohne Rückwirkung auf meine seelische Verfassung. Nur mit Aufbietung aller Energie vermochte ich meinen dienstlichen Pflichten gerecht zu werden und auf meinem Posten auszuharren, in treuester und rücksichtsvollster Weise unterstützt von den Mitgliedern des Armeeoberkommandos 3, insbesondere des Chefs des Generalstabes, Herrn Generalmajor v. Hoeppner.«

Hausen wollte die Ungewißheit, die über dem 7. September gelegen hatte, beenden. Die feindliche Artillerie hatte seine Sachsen festgenagelt. Diese Artillerie mußte ausgeschaltet werden. Es konnte nur mit der blanken Waffe, durch Bajonettangriff, erreicht werden.

»Ein erneuter, energisch durchgeführter Angriff«, sagte der Generaloberst am späten Nachmittag des 7. September seinem Stab in Châlons, »aus der deutschen Front heraus erscheint mir als

das gebotene Mittel, die Lage des Feindes zu klären, seine Stellung zu durchbrechen, da, wo sie etwa schwach befunden werden sollte, und auf diese Weise den mit Überlegenheit geführten Angriff der Franzosen gegen den rechten deutschen Heeresflügel, gegen die 1. und 2. Armee, zu parieren. Dies muß unverzüglich, noch in der kommenden Nacht, geschehen. Unsere 3. Armee steht in ihren Gefechtsstellungen dem Feind in unmittelbarer Nähe gegenüber. Die feindliche Artillerie muß ausgeschaltet werden, damit unsere Soldaten ihren Vormarsch wieder aufnehmen können. Einen Infanterieangriff, wie er heute stattfand und von der französischen Artillerie erstickt wurde, können wir uns nicht noch einmal leisten. Meine Herren, der nahe Feind muß im Morgengrauen mit dem Bajonett bis in die französischen Batterien angegriffen und geworfen werden.«
Es war die Flucht nach vorn, die Hausen antreten wollte, ein ungeheuerliches militärisches Unternehmen, das keine Parallele in der Kriegsgeschichte fand: Eine ganze Armee mit ihren rechten und linken Nachbarn, der 2. Gardeinfanterie-Division und dem VIII. Armeekorps der 4. Armee, schweigend, mit entleerten Patronenkammern, nur mit dem Bajonett im Morgengrauen vorzuschicken, den Feind zu überrumpeln, die Freiheit des Manövrierens wiederzugewinnen. Ein Mann ohne die körperlichen Peinigungen, die durch die typhusartige Erkrankung sich eingestellt hatten, wäre kaum auf diesen martialischen Gedanken gekommen.
Die Krankheit befähigte Hausen dazu, diesen Gedanken zu fassen, und er gewann seine linken und rechten Nachbarn für dieses Konzept.
Sein Stab, selbst erkrankt, in jener schmerzhaften Verzweiflung dem Generalobersten physisch ähnlich, stimmte ihm zu: abends 6 Uhr ergingen die Befehle.
In der Darstellung der Marneschlacht durch das deutsche Reichsarchiv, einer sachlichen, detaillierten Beschreibung jener Tage im September 1914, ist diese Wertung zu finden: »Der Angriffsbefehl des Generalobersten Freiherr von Hausen für den 8. September fand eine Lösung von unerhörtem Wagemut. Die

Truppe stand, als der Morgen des 8. September graute, vor einer Aufgabe, die an Schwierigkeiten in der Kriegsgeschichte aller Zeiten schwerlich ihresgleichen hat. Es war eine Aufgabe, die keinem anderen Heere der Welt mit einiger Aussicht auf Erfolg jemals hätte zugemutet werden können. Den deutschen Truppen ist sie zugemutet worden. Sie haben sie in überraschend durchschlagender Weise gelöst.« Seinem Stab hatte der schwerkranke Generaloberst von Hausen an diesem späten Nachmittag noch gesagt: »Aus den Funksprüchen der 1. Armee muß ich entnehmen, daß von dieser Armee am 8. September ein entscheidender Erfolg nicht zu erwarten ist. Das gleiche gilt, nach unseren Eindrücken, viel weniger nach Lage der Dinge auf dem rechten Flügel von der 2. Armee. Wenn es überhaupt noch möglich ist, eine günstige Wendung der Dinge zu erzwingen, und ich denke, das ist nur durch Angriff zu erreichen, dann muß das dort versucht werden, wo es heute nicht geglückt ist, bei der Garde und der westlichen Kampfgruppe unserer Armee.«

Kein Stabsoffizier fragte den Generaloberst, mit welchem Recht er darauf hoffte, daß der Truppe jetzt endlich das gelingen würde, was sie heute vergeblich angestrebt hatte – der Durchbruch durch die gegnerischen Linien. Niemand wagte die Frage, ob denn nicht die eigene Truppe in ihrer Angriffskraft schon so geschwächt sei, daß dieser Bajonettangriff nur ins Bereich der Verzweiflung gehöre, vor dem sich ein Armeeoberbefehlshaber hüten sollte.

Hausen erhielt Zustimmung, die Befehle wurden aufgesetzt, unterschrieben, auch die beiden Nachbarn stimmten zu.

Es waren noch einige Einzelheiten zu regeln, die Garde wollte, daß ein wenig später angetreten würde.

Hausen war das gleichgültig. Er zog sich in sein Bett zurück. Bisher hatte Kluck Operationen durchgeführt, Bülow hatte sie versucht, Hausen setzte, taktisch, alles auf eine Karte. Die Sachsen sollten das kühnste und verwegenste Unternehmen auf sich nehmen.

Hausen hielt das für selbstverständlich in dieser Lage.

37. KAPITEL

Befehl aus Verzweiflung

Die Nacht zum 8. September hatte für den Husarenwachtmeister Koch etwas Unwirkliches. Fast taub auf den Ohren, stark gebräunt von der Sonne, war er vom Divisionsstab zum Regiment geritten. Die Kanonade hatte sich von ihm nur langsam entfernt, sie blieb wie ein unaufhörliches Gewitter auch am Nachmittag und Abend über der Front, die hinter ihm stehengeblieben war. Er wußte nicht, weshalb die 32. Infanteriedivision nicht antrat. Als er gegen Mittag mit dem Befehl für sein Regiment dort abritt, hatte der Divisionskommandeur noch geschwankt. Er zögerte, den Befehl zum Angriff zu geben, da er sich in seiner linken offenen Flanke unsicher fühlte. Sie hing in der Luft. Die Attacke der 5. Eskadron des Husarenregiments 18 konnte er nicht aus seinen Dispositionen und Überlegungen wieder herausnehmen. Er kannte den Befehl Joffres, der Angriff anordnete, die Entscheidungsschlacht zu wagen. Der General rechnete mit weiteren Angriffen. Aber die Franzosen griffen nicht an, sie überschütteten den ganzen 7. September die Front der Sachsen mit Schrapnells und Granaten, sie drückten die Feldgrauen in die Erde, die sie mühsam aushoben. Die Kanonade dauerte 15 Stunden, und die Ohren ertaubten, die Kompanien zerbröckelten, die Verluste wurden hoch.

Wer in dem Schrapnellkugelhagel lag, wurde nicht immer tödlich getroffen oder verletzt. Die Schrapnellkugeln platzten gegen die Tornister, zerbeulten Kochgeschirre und Feldflaschen, verbleuten die Grenadiere, die auf ihre blauen Flecken am Körper wiesen, als die Nacht endlich der französischen Artillerie die Sicht nahm, der letzte Kanonendonner verhallte

und das Stöhnen der Verwundeten von allem übriggeblieben war.
Davon hörte Koch nichts. Der sternklare Himmel ruhte über schlafenden Husaren. Bald wurde es kühl.
Es war die zweite Nacht nach der Husarenattacke, sie brachte Koch nicht den Schlaf. Dies heißt nicht, daß die Situation, in der er sich befand, ihn um den Schlaf gebracht hätte. Von der Lage bei der Division wußte er etwas, von dem, was sein Armeekorps in dieser Gegend Frankreichs trieb, hatte er keine Ahnung. Wohin die Sachsenarmee sollte, war ihm gleichgültig. Er kannte nur sein Regiment, das war das Stück Heimat, das er noch übersehen konnte. Irgendwo unter diesem Sternenhimmel — es fielen die ersten Sternschnuppen, man hätte sich etwas wünschen können — gab es den Kaiser und die Könige und die Großherzöge und die Prinzen, auch die Prinzessinnen, und natürlich das ganze deutsche Volk, für das so viele Soldaten ihr Leben hergegeben hatten, auch für Kaiser und Reich; manche waren mit Bekenntnissen hinübergegangen, die später in den Kriegsgeschichten erscheinen würden. Jetzt schon wurden sie gesammelt, aber Koch hatte während der Attacke gegen Vassimont nichts derartiges gehört. Schlaflos wurde Koch eine ungeschriebene Verpflichtung bewußt, die jedem Soldaten angeboren sein sollte, und wenn sie ihm nicht angeboren wurde, so mußte er dazu erzogen oder auch nur ausgebildet werden: Die toten Husaren seiner Schwadron waren nicht beerdigt. Vassimont hatte Koch durchritten, aber es blieb in Feindeshand.
Das quälte ihn, raubte ihm den Schlaf. Die Arbeit war unvollendet geblieben. Ihr Nutzen mag zweifelhaft erscheinen, aber darauf kam es nicht an.
Die ausstehende Beerdigung der Kameraden könnte man später nicht auf die Kriegslage schieben. Man würde danach gefragt, und was sollte man antworten? Daß der Rest der 5. Eskadron nach dem Todesritt zwei Nächte bei der Conflans Ferme übernachtet habe, auf kleinen Feuern Kakao gekocht, zufrieden gewesen wäre?
Damit konnte man nicht nach Großenhain zurückkehren, nach

diesem Feldzug, der sicher in Kürze beendet sein würde. Er dauerte schon fünf Wochen. Wie lange sollte er noch aushalten können bei diesen Kanonaden und Märschen, auch bei solchen Attacken, die eine Husareneskadron zusammenschmelzen ließen auf die knappe Hälfte ihrer Mobilmachungsstärke? Auch ein Oberst Platzmann, der Regimentskommandeur, konnte nicht jedesmal Tränen in den Augen haben, die über seine Wangen liefen, wenn der Rest einer Schwadron zu ihm zurückkehrte, um zu melden, daß die Attacke geritten, der Feind geworfen, aber das Dorf wieder verloren sei, das man eroberte. Es konnte aus vielen Gründen nicht mehr lange dauern. (Es konnte dauern; das wußte man jetzt noch nicht; diese Jahre, die sich dem Jahr 1914 anschließen würden, mit ihren Gefahren für den Wachtmeister Koch und die vielen anderen, hatten gerade damals begonnen, in dieser sternklaren Nacht in der Champagne und überall vor Paris; sie formierten sich, sie verlangten ihr Unrecht oder Recht, sie sind nur denkbar in Zusammenhang mit dieser einzigen Nacht und dem, was ihr kurz darauf folgte. Daß es damals niemand wußte, kein Wachtmeister Koch, kein General und nicht einmal der Kaiser in Luxemburg oder der Botschafter Paléologue in St. Petersburg, der Ahnungen hatte, aber keine Beweise, hat nichts zu bedeuten; ahnungslos tritt man in die Geschichte ein, ahnungslos fällt man ihr zum Opfer; es ist keine Rettung für einen Kaiser und einen Husarenwachtmeister vor ihr, beide werden gleichgültig von ihr verschlungen.) Als nachts beim Regiment, also auch dem schlaflosen Wachtmeister Koch (er blieb ohne Schlaf, weil er sich vor dem Einreiten in Großenhain ohne Beerdigung seiner toten Kameraden fürchtete und zugleich schämte) bekannt wurde, daß noch vor Morgengrauen des 8. September mit dem Bajonett angegriffen werden müßte, um die Franzosen zu überraschen, den Stillstand aufzuheben, in den man durch das präzise französische Artilleriefeuer auf die Sachsenarmee geraten war, konnte es erst recht keinen Schlaf mehr geben.
Diesem Befehl des Generalobersten von Hausen haftete die Verzweiflung an. Sie klebte an ihm, sie war nicht mehr von

ihm fortzudenken. Aber auch die Verzweiflung kann der Baum sein, an den man sich klammert, der Früchte trägt. Helm und Kreuz, das würden die Früchte für Koch sein, das Kreuz auf das Grab für die gefallenen Kameraden in Vassimont, ihre Helme, die feldgrauen Pelzmützen der Husaren, dazu.
Für diese Beerdigung im Felde, die noch zu erledigen war, hatte die Sachsenarmee mit dem Bajonett anzugreifen, dazu das Gardekorps zur Rechten und die 4. Armee zur Linken mit ihrem Flügelkorps, und alles andere, was sonst noch dabei anfiel, das wäre die Zugabe, die Belohnung, vielleicht endlich der Durchbruch durch die Franzosen, die Fortsetzung des Vormarsches nach Süden oder Westen, gleichgültig, in welcher Richtung, wenn nur wieder marschiert statt gestorben würde. So ernst nahmen es Wachtmeister Koch und Generaloberst von Hausen mit ihrer Pflicht.
Bei dieser Überlegung, die Koch nachts anstellte, blieb er. Wenn das Regiment, die Division, das Korps nicht vorankamen, um die Toten von Vassimont zu finden und zu bestatten, dann mußte die ganze Armee es versuchen. Und Koch war überzeugt, daß er heil bis zu den Gefallenen der 5. Eskadron käme, denn niemandem als ihm und der zusammengeschmolzenen, offizierslosen Schwadron wäre es gestattet, Helm und Kreuz zu setzen auf die Hügel, unter denen die toten Husaren endlich zur Ruhe kämen.
Etwas Archaisches haftet im Denken der Menschen, auch das 20. Jahrhundert entgeht ihm nicht. Es ist die Pflicht zur Bestattung, das Antigonethema, das die Griechen herausstellten. Damals war es noch rein. Es hatte noch nicht die Materialschlachten erlebt, die Abschlachtung des Menschen durch die Menschen mit Hilfe einer Technik, die zur tödlichen Industrie wird.
(Später, als Koch in Russisch-Polen war, in den Pripjetsümpfen, am Stochod, wurde das Antigonethema des Soldaten von 1915 aufgezehrt von der Vermehrung der Möglichkeiten, die Gefallenen unbegraben zu lassen, sie — wie auch bei Verdun — der Verwesung zu überlassen, ihrer Verzehrung durch die Witterung und die Zeit, die verstrich, da man den Toten nicht mehr helfen

konnte, weil sie zwischen den Schützengräben und Sappen lagen. Und etwas würde den Rittmeister Koch — da der Zweite Weltkrieg dem Ersten folgte, war seine Beförderung selbstverständlich und unaufschiebbar die Konsequenz seiner Erfahrungen — nochmals in Rußland, aber nun am Kaukasus-Gebirge, noch immer quälen: Daß zwei sternenklare und kühle Nächte verstreichen mußten, ehe er, mit Hilfe des Bajonettangriffs der Sachsenarmee sowie der preußischen Garde zu seinen gefallenen Kameraden gelangte.

Es bleiben Bilder im Kopf eines Menschen, die sich nicht verdrängen lassen durch andere, deren Schrecklichkeit und Moral größer sein mag. Verpestet wurden die Landschaften Europas, andere Erdteile, nicht von den Toten der Kriege, denn immer würde man die Gefallenen und Hingerichteten, die Vergasten und die Erschossenen, die Verbrannten und Verewigten beseitigen. Dafür gab es Methoden und Riten, die noch zu erfinden waren. Und selbst in dem winzigen Augenblick, da der Rittmeister Franz William Koch am Dresdner Hauptbahnhof bei lebendigem Leibe verbrannte, als er versuchte, die Überlebenden des ersten nächtlichen Luftangriffs auf diese Stadt zu bergen und ihn dieser zweite Luftangriff überfiel, selbst in diesem letzten Augenblick seines Lebens mag er darauf vertraut haben, daß ihn jemand fände, der das, was von ihm zurückblieb nach so vielen Irrungen und Wirrungen seines Volkes, beerdigte. Aber nach jenem 13. Februar 1945 war auch das nicht mehr möglich.)

Helm und Kreuz. Wachtmeister Koch sah beides vor sich, ihn rührte nur dieser Anblick, der nach dem Bajonettangriff erst wirklich werden würde.

Da er nicht schlafen konnte, kochte er Kakao. Als das Regiment 2 Uhr nachts an diesem 8. September geweckt wurde, teilte er den heißen Kakao an die Kameraden seiner Schwadron aus, die das Wecken verwünschten.

Es war ein halber Trost, dieser heiße Kakao. Es gab keinen Schnaps, kein Bier, keinen Wein, keinen Champagner für die aufsitzenden Reiter, die der Infanterie folgen sollten, die, wenn sie Glück hatte, von ihren Feldküchen mit heißem Malzkaffee versorgt wurde vor der Schlacht. Nüchtern hatte der Soldat vorzugehen. Man versetzte ihn damals noch nicht in eine Euphorie mit Hilfe anregender Getränke. Den Angriff hatte er ohne Alkohol zu ertragen.

Er lernte nach der Marneschlacht, daß die Trunkenheit des Soldaten sich auch künstlich herstellen läßt, wenn man ihm seine Ration Wein zuteilt, oder er sich nimmt, was Hemmungen beseitigt, Furcht und klare Gedanken.

Sieg oder Tod hieß für die Regimenter die nächtliche Parole, die ausgegeben wurde. Unter dem unbeweglichen sternklaren Himmel ritt das Husarenregiment 18 von der Conflans Ferme 3 Uhr morgens an. Es hatte den nächtlichen Sturmangriff auf die französischen Stellungen zu begleiten, nach dem Angriff aber, falls er erfolgreich sein sollte, an der Infanterie vorbei zu reiten, den Feind zu verfolgen, soweit es diesen Feind dann noch geben sollte.

Für den Rest der 5. Eskadron hatte Oberst Platzmann den Befehl gegeben, das Schlachtfeld abzureiten, um die Toten des 6. September zu finden und zu beerdigen.

Vor dem Aufbruch hatte Oberst Platzmann noch den Armeebefehl verlesen. Die Husaren waren schon aufgesessen, ihre Pferde scharrten vor Ungeduld oder schienen noch zu schlafen. Der Befehl begann mit diesen Sätzen: »Der Feind hat auf der ganzen Front vor den deutschen Armeen angegriffen. Dem rechten deutschen Flügel gegenüber sind die französischen Kräfte überlegen. Der Feind kann daher nicht auf der ganzen Front stark und überlegen sein. Nur ein erneuter, energischer Angriff aus der Front heraus kann die Lage über den Feind klären, seine Front da, wo sie schwach sein sollte, durchbrechen und den überlegenen Angriff der Franzosen gegen den deutschen rechten Flügel parieren. Um den Infanterie-Angriff der Wirkung der französischen Artillerie möglichst zu entziehen, erscheint der Sturm im Morgengrauen angebracht, der mit dem Bajonett bis in die feindliche Artillerie durchgeführt werden muß.«

Offiziere des Oberkommandos der 3. Armee waren am späten Nachmittag in die Hauptquartiere der 2. und 4. Armee entsandt worden, um die Beteiligung ihrer an die 3. Armee angrenzenden Flügel am Angriff der Sachsen zu erwirken. Generaloberst von Bülow war einverstanden; auf Wunsch der Sachsen unterstellte er die 2. Garde-Infanteriedivision dem Befehl des Generals von Kirchbach, des Führers der rechten Gruppe der Sachsenarmee. Die 4. Armee erklärte sich ebenfalls bereit, ihr rechtes Flügelkorps angreifen zu lassen, wie es die Sachsen wünschten.

Um Mitternacht erhielt Hausen in Châlons Besuch. General Freiherr von Plettenberg, der Kommandierende General des Gardekorps, Flügeladjutant des Kaisers, wurde ihm gemeldet. Vor Hausen, der aus dem Bett kam, erhob Plettenberg ernste Bedenken. Bülow hatte der Garde befohlen, sich an dem Bajonettangriff der Sachsen zu beteiligen. Plettenberg zweifelte daran, ob der Befehl ausführbar sei, der Angriff könne die Vernichtung der Garde und der Sachsenarmee bedeuten.

Hausen, der sich mühsam auf den Beinen hielt, war erstaunt; von der Garde hätte er diese Einwände am wenigsten erwartet. Einen Augenblick dachte Hausen an die Übergabe von Reims, die jetzt weit hinter ihnen lag. Es waren nur wenige Tage seitdem verstrichen. Aber für Hausen war es eine Ewigkeit, da er mit Plettenberg, der seine Sachsen in Reims beschießen ließ, weil er meinte, die Stadt sei noch nicht übergeben und seine Parlamentäre dort gefangen, Schwierigkeiten gehabt hatte. Jetzt stand Plettenberg vor ihm. Er hätte ihn zusammenstauchen können wegen Reims und wegen des mangelnden Mutes. Wenn ihn seine Übelkeit nicht gequält hätte, wäre dieses nächtliche Gespräch anders verlaufen, temperamentvoller, offener, eine Revanche des Sachsen an diesem Preußen. Hausen sagte nicht, die Garde sei feige, wenn sie die Sachsen jetzt im Stich lasse. Er sagte nur: »Damit das Gardekorps dabei sein kann, werden wir nicht vier Uhr, sondern vier Uhr dreißig mit dem Bajonett gemeinsam angreifen!«

Sie waren beide, die Preußen und die Sachsen, aufeinander angewiesen. Außerdem stand Hausen auf den Feldern, von denen aus Attila zum Rückzug gezwungen wurde. Hausen wollte nicht, daß ihm zustieße, was er längst fürchtete.

Die Garde und die sächsische Infanterie nahm den Befehl ernst auf. Keine Patrone im Lauf, Seitengewehr aufgepflanzt, Spielleute vor die Kompanien — mach dich fertig zum Sterben!
Das war die Entscheidung. Wie eine Erlösung wirkte sie. Unerschütterte Infanterie zu überrennen, ist ein großes Wagnis. Jeder sollte für sich seinen Gegner im Morgengrauen totschlagen müssen. Kein Mensch wußte, wo die feindlichen Stellungen waren.
Morgennebeln ritt der Wachtmeister Franz William Koch entgegen, die aus dem Sommetal aufsteigen sollten, auch Beerdigungen. In diesem Morgengrauen erschien in Berlin die »Deutsche Kriegszeitung« mit der Schlagzeile: »Vor Paris wird gekämpft«. Der knappe Bericht unter der Schlagzeile kam aus Kopenhagen. Noch immer hielt das mitteleuropäische Hoch an.

38. KAPITEL

BAJONETTANGRIFF DER SACHSEN UND DER GARDE

Gegen vier Uhr morgens kam Nebel im Tal der Somme auf, er verschleierte den Bajonettangriff der beiden sächsischen Divisionen und der rechts anschließenden Gardedivisionen. Die Franzosen, die von ihm überrascht werden sollten, schliefen hinter ihrer Vorpostenkette in den Dörfern, am Bahndamm, in den kleinen Waldstücken, auf den Äckern. Für viele ging dieser Schlaf in den Zelten rasch und ohne Verzögerung durch ein erstauntes Aufwachen in den Tod über. Zwischen Lenharrée, das zuerst Feuer fing, und Vassimont, das der Wachtmeister Franz William Koch zwei Tage vorher kennengelernt hatte, griff die 32. Infanteriedivision an. Aber es war ein anderer Angriff als üblich, es war der Versuch einer Überrumpelung des Feindes, ein fürchterliches Wecken für die Franzosen der 18. Division, die zu Fochs 9. Armee gehörte.

Es war Angriff befohlen auf die Somme. Dann sollte weiter durchgestoßen werden in südlicher Richtung, der Feind rücksichtslos vor den Grenadieren hergetrieben werden, wie es hieß, wobei die Rücksichtslosigkeit vor allem für die Sachsen zu gelten hatte. Ferner seien die Reserven zu überrennen. Das alles mit einer Truppe, die am 6. September 45 Kilometer marschiert war, anschließend gefochten hatte, den ganzen 7. September gekämpft und bei drückender Hitze schwer unter feindlichem Granatfeuer gelitten hatte. Die Somme sollte 4 Uhr überschritten werden, deshalb brachen die Regimenter zwischen 3 Uhr 30 und 3 Uhr 45 auf. Nicht alle hatten Verpflegung in der Nacht fassen können, für die meisten aber war Kaffee ausgeschenkt worden, der auch den Hunger stillen sollte; aber er reizte ihn nur. So waren sie alle hungrig, als sie aufstanden, nach dem Gewehr griffen, das Bajonett aufpflanzten, die Patronen aus den Gewehrkammern nahmen und in die Patronentaschen schoben.

Eigentlich sollten sie erst 4 Uhr 30 antreten, diesen geringen Aufschub hatte in der Nacht der Kommandierende General des Gardekorps bei Hausen erreicht. Doch der Befehl hierzu war nicht mehr bis zu den Sachsen durchgedrungen.

17 sächsische Batterien, darunter zwei schwere, begannen 4 Uhr zu feuern. Sie gaben damit das Moment der Überraschung preis, aber die Truppe fühlte sich besser bei dem nächtlichen Unternehmen. Die moralische Wirkung kann viel im Gefecht bedeuten. Die Granaten und Schrapnells auf den Sommeabschnitt vor den Sachsen halfen rasch vorwärts. Das Feuer wurde als Schutz empfunden. Ein Gefühl des Geborgenseins, auf das jeder angewiesen ist, wenn er ins Ungewisse läuft, gab das gewaltige Krachen der Abschüsse und der Aufschläge, in das sich nach kurzer Zeit das Rasseln der Trommeln, die schmetternden Angriffssignale der Trompeter mischten, und die Hurra-Schreie aus vielen tausend Kehlen. Schatten wuchsen neben französischen Vorposten auf, die zu Schattenwänden und Mauern wurden, sie zerdrückten, überwalzten, in die Flucht trieben, wenn dies überhaupt noch möglich war.

Das Schreckliche für die Franzosen am Somme-Bach war die Plötzlichkeit, mit der nachts Granatfeuer auf sie einhämmerte. Nächtliches Artilleriefeuer war für sie ungewohnt. Es hatte etwas Teuflisches, im Biwak beschossen zu werden. Aber als sie nun erfuhren, daß dieser nächtliche Artilleriefeuerüberfall nur eine dröhnende Kulisse bildete, vor der lebende Menschen, in Regimentern und Brigaden zusammengefaßt, auf sie eindrangen, entweder wortlos oder fluchend oder mit diesem grausamen Hurra-Ruf, der die Knie zittern ließ — packte sie Entsetzen.

Sie sprangen in den Bach, durchwateten ihn (die Somme ist hier nicht zu überspringen, zwei Meter breit und bei abfallenden Ufern tief genug, um einem Mann das Durchwaten nicht zu ermöglichen; er müßte sie durchschwimmen, aber wie sollte er

das mit Waffe und Gepäck, mit dieser Last des Soldaten, die er bis hierher geschleppt hatte?). Oder sie ertranken, und wenn sie sich am südlichen Ufer hinsetzen wollten, um zu verschnaufen, war das Hurra-Geschrei der Deutschen schon über sie hinweg, gegen den Bahndamm vorgedrungen. Dort wehrten sich die französischen Kompanien mit Gewehrfeuer, das ziellos in die Nacht und in den Nebel abgegeben wurde.
Jetzt, in der Dunkelheit, war es schwer, sich zu ergeben oder Gefangene zu machen. Die meisten Franzosen, die an den Ufern des Baches von den Deutschen vorgefunden wurden, erhielten ihren Stich mit dem Bajonett. Sie wurden aufgespießt. Sie hingen an den Seitengewehren. Die Körper ließen sich so leicht nicht wieder abstreifen. Ein Dresdner Grenadier hatte, wütend, einen Franzosen auf dem Seitengewehr. Er wurde ihn nicht mehr los, da stach er mit dem ganzen Mann, der wie am Spieß hing und schrie, den nächsten Franzosen nieder. Er nagelte beide an seinem Bajonett fest und zog es dann, widerwillig, aus beiden Leibern.
Es kommt bei Bajonettkämpfen, im Nahkampf, zu absonderlichen Szenen. Die Lautlosigkeit des Niedermetzelns wird durchbrochen von Zurufen und Schreien, dem Aufstöhnen, wenn der Stahl im Fleische sitzt, der Erleichterung, wenn der Stich danebenging.
Die Sachsen stachen, die Franzosen schossen. Aber sicherer war doch das Zustechen in der nebligen Nacht, die nun in die Morgendämmerung überging; aus den Massen, die übereinander hergefallen waren, wurden wieder Abteilungen, die miteinander rangen, Offiziere zeichneten sich mit ihren Säbeln ab, die sie hochhielten wie zum Signal, oder mit denen sie in eine Richtung wiesen.
Ein Brigadekommandeur ließ sich auf der Schulter eines sächsischen Grenadiers durch die Somme tragen. Dabei hielt er seinen Säbel hoch, um seine Leute nach vorn zu zwingen.
Denn der Übergang über die Somme war nur der Anfang. Jetzt war gegen die flache Höhe anzugehen, der Bahndamm zu erreichen, hinter dem die Franzosen ihre Maschinengewehre aufgestellt hatten.

Es kam zu den ersten Verletzungen des Armeebefehls, nur mit der blanken Waffe anzugreifen. Die Sachsen schoben Patronen in die Gewehre und begannen zu schießen.
Andere hielten sich an den Befehl, sie keuchten jetzt, als sie nach Überwindung des Baches weiterliefen, sie fürchteten das Verschwinden der Nacht, den Übergang der Dämmerung in den Spätsommermorgen mit seinen Artilleriequalen wie am gestrigen Tag. Sie erreichten den Bahndamm. Dort begannen sie wieder ihr Hurra zu rufen, kehlig, nicht mehr so schrecklich wie vor dem Somme-Bach, als sie zu laufen begannen, ein gestöhntes Hurra, das immer wieder abbrach, wie ein Zuruf war, wie eine kleine schmale Wand, die man vor sich aufrichtete — ein Schutzschild aus dem Kehlkopf, auch ein moralischer Halt in dieser vorstürzenden allgemeinen Bewegung.
Es gab französische Abteilungen, die mit hochgerissenen Armen diese wütenden Sachsen erwarteten, andere mähten die Angreifer nieder. Sie schossen in die Dämmerung, und da es viele waren, die gegen den Feind anrannten, trafen sie viele. Aber diejenigen, die das Gewehrfeuer, das Mähen der Maschinengewehre überlebten, trafen auf den Gegner mit dem gefällten Bajonett, und sie stachen zu, ächzend oder schweigend, zornig oder verzweifelt.
Später wurden auf dem Leichenfeld, das beide Seiten in diesen Stunden zwischen Nacht und Morgen herstellten, viele französische Offiziere gefunden, die durch Bajonettstiche getötet worden waren. Wenn der Soldat die Arme hochwarf vor dem Wütenden mit dem Bajonett, dann blieben dem Offizier nur die Pistole, die er, wenn sie verschossen war, wegwarf, und sein Säbel. Aber mit diesem Säbel war er dem Bajonett nicht gewachsen, es war länger, das Seitengewehr steckte an dem Gewehr, und so fiel ihm der Säbel aus der Hand, wenn ihn der Bajonettstich erreichte.
Reichte der Stich nicht aus, so drehte der Grenadier das Gewehr um und schlug mit dem Kolben zu.
Das französische 32. Infanterieregiment verlor in kurzer Zeit mehr als sechshundert Mann und fünfzehn Offiziere.

In Lenharrée kam es zu einem Ortsgefecht, das eineinhalb Stunden dauerte, bis die Sachsen mit Bajonett und Gewehrkolben die Franzosen erschlagen hatten. Das brennende Dorf war die Fackel im Abschnitt der 32. Infanteriedivision, die als Wegweiser diente.

»Sie ließen sich in Stücke reißen«, hieß es später in den französischen Regimentsgeschichten. »Es war ein Stürmen ohne regelrechte Sturmlinien und erbitterter Feuerkampf nach allen Seiten, selbst auf kürzeste Entfernung«, in einer sächsischen. Als die französischen Batterien aufwachten (ihre Bedienungen hatten in einiger Entfernung geschlafen, da sie sich durch Vorposten und Schützenlinien nachts gedeckt glaubten) und sie die vordringenden Deutschen zu beschießen begannen, waren die Deutschen ihnen schon so nahe, daß es nur eines Befehles bedurfte oder eines Zurufs, »Erstürmung der feindlichen Artillerie«, und das Hauptziel im Armeebefehl, die Einnahme der feindlichen Artillerie, war endlich gegeben, man mußte nur zupacken. Die Grenadiere rannten in die schießenden Batterien hinein, sie stachen die Bedienung nieder, nahmen die Geschütze. Am Mittag wurden 16 Geschütze gezählt, die dem Feind entrissen worden waren, und als Generaloberst von Hausen davon erfuhr, rührte es ihn; sein Befehl war befolgt worden, die Sachsenarmee hatte bei Lenharrée das Unmögliche möglich gemacht. Die feindlichen Batterien schwiegen.

Wer von den Franzosen noch zurückgehen konnte, versuchte es. Morgens 6 Uhr, als es längst hell war, zogen sich Kompanien und Bataillone in die Waldstücke nach Süden zurück, eingeholt vom Maschinengewehrfeuer der Sachsen, aber nicht mehr von ihren Bajonetten.

Die deutsche Artillerie hatte neue Stellungen bezogen und schoß in die französischen Abteilungen hinein. Der rechte Flügel der Armee des Generals Foch war in zwei Stunden zerschlagen, denn auch die Garde hatte an der Straße Normée — Fère Champenoise ihre nächtliche Arbeit getan, die Franzosen niedergestochen, deren Truppenteile zerschlagen.

Sie hatte Fère Champenoise gestürmt, die große National-

straße 4 überschritten, die über Sézanne direkt nach Paris führte, eine Kunststraße, wie es in den Meldungen heißt, also nicht staubig, sondern asphaltiert (vor Fère Champenoise, in einer flachen, baumlosen Landschaft mit einigen Getreidesilos ist sechzig Jahre später ein Schild zu finden, das auf den »Letzten Campingplatz vor Paris« an der Landstraße aufmerksam macht; eine Anmerkung zur Geschichte, ein deutscher Soldatenfriedhof liegt abseits der Nationalstraße 4; Gräber unter Ahorn, umgeben von wildem Lavendel: »Hier ruhen deutsche Soldaten.« Das Grab des Leutnants von der Decken, sein Name für viele andere).
Die Tage vom 6. bis 8. September kosteten der sächsischen 32. Infanteriedivision 161 Offiziere und 2663 Unteroffiziere und Mannschaften, die getötet oder verwundet wurden. Die Gefechtsstärke der Division betrug noch 130 Offiziere, 6500 Unteroffiziere und Mannschaften.
Für die Franzosen, die vom Bajonettangriff überrascht worden waren, sah die Abrechnung schlimmer aus. Es waren nur noch Trümmer von Regimentern, die am Abend des 8. September hinter dem Maurienne-Abschnitt gesammelt werden konnten. Die Reaktion des Generals Foch, der an diesem Tage wegen der deutschen Erfolge sein Hauptquartier von Pleurs weiter rückwärts verlegte, blieb stoisch. Das Wetter war schlecht geworden, die Sonne leuchtete nicht mehr, die Flugzeuge Fochs konnten keine Aufklärung fliegen.
»Auch der Feind verliert Leute und wird müde«, sagte er beim Mittagessen. »Er wird das XI. Korps nicht endlos weiter verfolgen können, wenn er seinen rechten Flügel geschlagen weiß.«
Der rechte Flügel, das war Kluck.
Bis zu dieser Mittagsstunde war das, was vom XI. französischen Armeekorps noch übrig geblieben war, 12 Kilometer zurückgegangen. Doch die Sachsen folgten nicht.
Foch konnte in Pleurs noch zu Mittag essen, ehe er sich mit seinem Stab nach rückwärts begab.
Die 32. Infanteriedivision war, nach dem nächtlichen Erfolg, eingeschlafen. Offiziere hatten noch versucht, Ordnung in die

durcheinandergekommenen Verbände zu bringen, dann waren ihnen die Mannschaften entglitten. Die Leute hatten sich in Lenharrée, am Somme-Bach, am Bahndamm, auf freiem Feld zum Schlafen niedergelegt, und der Divisionskommandeur, der sieben Uhr morgens vorn eintraf, nahm dies hin.
Er dachte nicht an die Verfolgung des geschlagenen Gegners; er unterschätzte den Erfolg seiner Truppe.
Der General überschätzte die Widerstandskraft des Gegners, er sah aber auch seine schlafenden Leute. Er hatte nicht die Charakterstärke, die Verfolgung zu befehlen, die todmüden Soldaten aus dem Schlaf schrecken zu lassen durch Trompetensignale, das Entrollen der Fahnen, die Befehle der Offiziere. Er war ein guter Truppenführer, der an seine Leute dachte, aber ein schlechter General.
Seine Division hatte das Unmögliche möglich gemacht, ihr Erfolg war größer (und die Verluste waren höher), als der General geahnt hatte, wenn er sich bei seinem Handwerk auf Ahnungen stützen konnte; aber im Kriege kann man das kaum.
Die Franzosen waren verschwunden, nur eine eigene schwere Feldhaubitzbatterie, die bei der Kirche von Lenharrée in Stellung gegangen war, beschoß die Waldstücke im Süden, in denen die Franzosen stehen konnten, wenn sie nicht auch todmüde schliefen nach dieser Nacht und dem grausamen Morgen mit den Bajonetten der Deutschen.
»Die Division verhält zunächst, sammelt und stellt sich in Brigaden tief gegliedert dicht südlich der Bahn«, befahl der General und der Befehl erreichte die schlafende Division lautlos. Er stellte nur fest, was inzwischen eingetreten war.
Acht Stunden blieb die 32. Infanteriedivision in den eroberten Stellungen südlich des Somme-Baches.
Generaloberst von Hausens Plan war es gewesen, im Bajonettangriff die Franzosen zu überrumpeln, deren Geschütze zu nehmen und tief nach Süden und Südwesten vorzustoßen, um der schwer ringenden 2. Armee zu helfen. Aber dieser Plan kam nicht zur Ausführung, der Vorstoß nach Süden und Südwesten unterblieb bis zum Abend des 8. September. Es wurde Zeit verloren.

Das Schicksal von Attilas Heer auf den Katalaunischen Feldern war nicht mehr abzuwenden von der Sachsenarmee. Die menschliche Hinfälligkeit, die so dicht bei der menschlichen Tapferkeit liegt, setzte sich durch. Foch hatte recht: Auch die Sachsen mußten einmal müde werden; sie hatten keine andere Wahl.
Verdient hatten sich die Sachsen diesen Schlaf. Er war unabdingbar. Die Ruhe auf dem Schlachtfeld, das man behauptet hat, gehört zu den militärischen Bräuchen. Die Versorgung der Verwundeten, das Zusammensuchen der Toten, deren Bestattung, die Verpflegung aus den Feldküchen, das warme Essen, das man so lange entbehrt hat, der Topf Malzkaffee, Brot und Munition, die zu den Regimentern gebracht wurden — das alles beschäftigte die Sachsen, nachdem sie geruht hatten.
Der Gegner war verschwunden; man brauchte nur ein paar Posten aufstellen.
Acht Ruhestunden, in denen auch genug Zeit blieb, sich auf dem Schlachtfelde umzusehen, die geschickte Aufstellung der französischen Geschütze zu bewundern oder zu bedauern. In den Kirchturm von Lenharrée hatten die Franzosen eine Fernsprechzentrale eingebaut, die Leitungsdrähte hingen aus den Turmfenstern heraus. Kein Artillerietreffer war am Kirchturm festzustellen. Man hatte dort gute Arbeit bei der Feuerleitung am Tag vorher geleistet.
Jetzt blickten die Sachsen zu den Leitungsdrähten hinauf, als die Sieger.
Aber der Sieg war ihnen unter den Händen, in denen sie die Gewehre zum Bajonettangriff gehalten hatten, schon wieder entglitten.
Sie hatten gelitten, ihre Kameraden waren neben ihnen gefallen; nun gehörte ihnen das Schlachtfeld. Die Franzosen hatten höhere Verluste als die Sachsen, sie verloren Gefangene, ihre Moral hatte gelitten, sie hatten sich abgesetzt vom Schlachtfeld und blieben verschwunden. Der Kommandierende General von Kirchbach, dem Garde und Sachsen für diesen Nachtangriff unterstanden, hatte längst die Verfolgung befohlen, aber der

Kommandeur der 32. Infanteriedivision war beeindruckt von den eigenen Verlusten, er kam den Befehlen des Generals von Kirchbach nicht nach: Er wartete auf Unterstützung durch die benachbarte 23. Reservedivision. Das Merkwürdige an dieser Konstellation blieb, daß sie nicht zu verändern war. Erst sechs Uhr abends traten die Sachsen des Generals von der Planitz wieder an, und sie erreichten kampflos bei Dunkelwerden die Ortschaft Connantray, die Nationalstraße 4 nach Paris. Sie hatten acht Stunden verschlafen und verloren für den Marsch nach Süden, in den Rücken der 9. französischen Armee und in eine Lage, die am nächsten Tage eine Rolle hätte spielen können, als die Würfel zum letzten Male geworfen wurden, einem Septembertag.
Für den Husarenwachtmeister Franz William Koch war dieser Angriffs- und Ruhetag der 32. Infanteriedivision ein großer Tag.
Das Husarenregiment war 3 Uhr nachts abgeritten, es folgte den Bajonetten, Lenharrée ging vor ihm in Flammen auf, der Nebel hob sich, der Sommeabschnitt war von der Infanterie erreicht und genommen. Das Regiment ritt über das Schlachtfeld, es waren nicht mehr als dreihundert Reiter, Vassimont entgegen, um die Gefallenen der 5. Eskadron zu suchen. In den Verschanzungen der Franzosen vor Vassimont hält das Regiment. Der Ort ist von der eigenen Infanterie durchschritten, der Vormittag hängt mit trüben Wolken, ohne Sonne, die zum ersten Male fehlt in diesem Krieg, über der zur Somme abfallenden Ebene. Heroisch ist nichts mehr, die Landschaft ist öde.
Hier findet der Rest der 5. Eskadron die Toten des Todesrittes auf den Äckern. Koch zählt auf: »Rittmeister von Haebler, Leutnant Struve, Leutnant der Reserve Kopp, Vizewachtmeister Müller, Unteroffizier Sittig und noch mehr Mannschaften der 5. gefunden.«
Es ist Kochs eigene Sache, sie mit den anderen gesucht und gefunden zu haben, deshalb blieb er in der vorhergehenden Nacht ohne Schlaf.
Er findet nicht Wachtmeister Schöneberger, Wachtmeister Fuchs,

Wachtmeister Reuter. Sie bleiben vermißt, also gefangen, weggebracht, er wird ihnen nicht folgen.
»Abreiten der verlassenen Stellung, Tote und Verwundete, das Stöhnen der eigenen Verwundeten.«
Er sitzt ab, schreibt einen Brief an Frau Wehner nach Großmannsdorf bei Pulsnitz in Sachsen.
Jetzt ist für ihn Pulsnitz und Vassimont »unter einer Decke«, sie gehören zusammen. Pulsnitz wird, solange Frau Wehner lebt, an Vassimont zu denken haben, aber was ist Vassimont für Koch?
Ritt er, zwei Tage vor diesem Tag, in diesen Ort hinein, um wieder aus ihm herauszukommen, und wie kam er bei der Conflans Ferme und beim Regiment an?
Jetzt hebt er das Grab aus für die Gefallenen. Die Tonerde der Champagne ist schwer, sie macht Mühe. Das Husarenregiment sieht zu, wie der Rest der 5. Eskadron seine Gefallenen beerdigt, es steigt nicht vom Pferde, es verhält, für neue Einsätze bereit. Wer einmal Gräber gegraben, Soldaten bestattet hat, der drang tief in das Abschiednehmen von dieser Welt ein. Er durfte daraus zurückkehren, aber er hatte die Tiefe bemerkt, sein Leben wurde anders.
»Helm und Kreuz«, schreibt Koch in sein Tagebuch. »Beim Wegreiten erkennen wir viele verlassene Geschütze der Franzosen. Brennende Dörfer. Herrliches Abendrot, das aufgeht über dem Schlachtfeld. Ruht euch aus, ihr treuen und tapferen Sieger, auf dem Felde der Ehre. Wir reiten beim Eintritt der Dunkelheit über Bahnhof Lenharrée nach Haussimont, hier Ortsbiwak. 38. Mobilmachungstag.«
Nichts ist mehr zu erklären. Gräber bleiben zurück, Grabfelder der deutschen und französischen Geschichte.
Ein Bajonettangriff der Sachsen (wie entschwunden sind die Sachsen heute dieser Sache, die sie hinter sich brachten, um todmüde einzuschlafen vor den flüchtenden Franzosen ...). Des Husarenwachtmeisters Koch Tagebuch läßt das retardierende Moment der Schlacht deutlich werden. Entscheidungen wurden verlangt und erzielt. Der Ritt des Großenhainer Husarenregiments

über das Schlachtfeld der 32. Infanteriedivision und der französischen 18. Division geschah schon jenseits der Geschichte. Er war zeitlos, er hatte die Kraft eines Siegels, das auf ein Dokument gedrückt wird.
Besiegelung einer Tatsache.

39. KAPITEL

Moltke schickt Hentsch

Was ist eine Weisung, was ein Befehl? Weisungen werden erteilt, man nimmt sie entgegen. Befehle sind zwingender, ihnen muß man gehorchen.
Zwischen dem Wort »Weisung« und dem Wort »Befehl« hält sich auf deutscher Seite am Vormittag der Ausgang ihrer Schlacht auf, die sie in Frankreich seit dem Nachmittag des 5. September schlagen.
Zwischen beiden Möglichkeiten, auf die Armeen einzuwirken, ihren Marsch zu bestimmen, ihre Zusammenarbeit zu erreichen, die Bewegungen der Korps aufeinander abzustimmen, konnte der Chef des Generalstabes des deutschen Heeres wählen. Helmuth von Moltke blieb bei Weisungen, in die manchmal eingefügt wurde »Seine Majestät empfehlen«, aber diese Weisungen waren ganz selten.
Die letzte Weisung, die Moltke erlassen hatte, war am 5. September bei den Armeen eingetroffen. Zu ihr gehörte der kaiserliche Befehl, der die 1. Armee zwischen Oise und Marne, die 2. Armee zwischen Marne und Seine festlegte mit dem Auftrag, feindlichen Unternehmungen aus Paris offensiv entgegenzutreten. Die 3. Armee hatte auf Troyes vorzugehen.
Seitdem war vieles geschehen; der Nordflügel des deutschen Heeres war auf die Gegenoffensive der Franzosen gestoßen, die keiner mehr erwartet hatte.
Moltke hatte sie geahnt, er fühlte sich von ihr bedroht, als sie noch gar nicht eingeleitet war.
Diesem Manne ist vieles vorgeworfen worden, aber die Sensibilität des Generals, des Feldherrn, konnte man ihm nicht ab-

sprechen. Er hatte eine Nase für kommende Entwicklungen, er sah vieles voraus. Er weinte, als der Krieg erklärt wurde. Aber er sträubte sich nicht gegen ihn. Sein Arzt hatte ihn 1913 gewarnt, dieses Amt weiterzuführen; er reagierte nicht auf die Warnung, obwohl er schon damals dienstunfähig war.
Ihm fehlte nur die Kraft, die zur Phantasie gehören muß, um Folgerungen zu ziehen, sich dem Geahnten entgegenzuwerfen, wie es von Hausen mit dem furchtbaren Bajonettangriff im nebeligen Morgengrauen an der Somme gerade gezeigt hatte.
Einen Rückschlag vor Paris hatte Moltke geahnt. Die Briefe, die er täglich an seine Frau im Lazarett von Luxemburg schrieb, haben etwas Bedrohliches, ihre Tönung zeigen die Gefahr.
Bedrohlich und gefährlich ist alles, was ein Generalstabschef in diesen Tagen und Stunden erlebt oder nur voraussieht. Aber für Moltke stand mehr auf dem Spiel als ein Rückschlag in Frankreich, eine Krise, die man in Kauf zu nehmen habe, ein Geländeverlust, ein Stillstand.
Diesen Krieg hatte Moltke gefürchtet, denn er mußte ein Zweifrontenkrieg werden, und für diesen fühlte er sich zu schwach. Er setzte seine Person mit der Nation gleich, das kaiserliche »Wir« umfaßte auch den Generalstabschef. Für den Kaiser, der ihm vertraute, war er, in der Stunde der Gefahr, die Stütze, die Nation heißt.
So wollte es die gesellschaftliche Struktur, die im Deutschen Reich herrschte.
Es war nicht der Reichskanzler, auf den sich der Kaiser verließ. Bethmann-Hollweg befaßte sich in den Tagen der Marneschlacht mit den Forderungen, die das Reich bei einem baldigen Siegfrieden, wie man damals sagte, an die geschlagenen Gegner stellen sollte (später, einen Krieg später, wurde aus dem Siegfrieden der Endsieg, an den man zu glauben hatte). Er saß in der Berliner Reichskanzlei über den Akten. Die Parteiführer gab es für den Kaiser nicht mehr. Der Kaiser kannte, wie er in seiner Thronrede bei Kriegsbeginn im Berliner Schloß verkündet hatte, keine Parteien mehr, er kannte nur noch Deutsche. Aber diese Deutschen mußten eine Spitze haben, ein Kopf

mußte für sie geradestehen, und das war der Chef des Generalstabes.
Durch den langjährigen, vertrauten Umgang mit dem Kaiser, der ihn »Julius« nannte, war Moltke ein Höfling geworden, ein Bürogeneral (wie später Keitel für Hitler), und daraus ergab sich für ihn, daß er jetzt, in diesen Tagen der Entscheidung über den Krieg, gegenüber dem Kaiser und seinem Lande verantwortlich war (nur eine schnelle Entscheidung in Frankreich konnte den Deutschen den Sieg bringen, davon war Moltke seit Jahren überzeugt), aber auch verantwortlich nicht allein für eine Schlacht vor Paris, sondern für alles, was ihr folgen mußte, wenn sie nicht gewonnen wurde. Seit drei Jahrzehnten war er dem Kaiser nahe gewesen, zuerst als Flügeladjutant, dann als Generaladjutant, zuletzt als Generalstabschef. Moltke hatte im Januar 1905 gehofft, daß »dieser Kelch an ihm vorübergehen werde«, Nachfolger Schlieffens zu werden.
Dann war er zu Wilhelm II. befohlen worden, zum Abendessen ins Berliner Schloß, er war eine halbe Stunde früher bestellt worden: »Ich war fest entschlossen, Seiner Majestät alles gerade heraus zu sagen, und wußte nicht, wie die Sache ablaufen würde«, schrieb er am 29. Januar 1905 an seine Frau. »Ich sagte mir aber, daß es hier gar nicht auf die Person ankomme, daß ich verpflichtet sei, mich, wenn es sein müßte, der Sache zum Opfer zu bringen.« Der Kelch, der an Moltke damals nicht vorüberging, das Opfer, das er der Sache zu bringen habe — damals wurde noch parliert, jetzt mußte Fraktur gesprochen werden. »Nun ist mir noch der General von der Goltz vorgeschlagen«, hatte der Kaiser an jenem 29. Januar 1905 gesagt, »den ich nicht will, und dann der General von Beseler, den ich nicht kenne. Sie kenne ich und zu Ihnen habe ich Vertrauen. Ich weiß wohl, daß Sie zu bescheiden sind, um zu glauben, daß Sie der Stellung genügen könnten. Der Graf Schlieffen, den ich gefragt habe, sagt mir, er habe Sie nun ein Jahr beobachtet und könne mir keinen besseren Nachfolger vorschlagen als Sie in erster Linie. Ihr verstorbener Onkel hat einmal geäußert, es komme bei der Wahl zu dieser Stellung viel weniger darauf an, daß der

Betreffende genial sei, als darauf, daß man sich unter allen Umständen auf ihn verlassen könne; der Charakter sei das Hauptproblem, dieser ist es, der im Kriege auf die Probe gestellt wird.« Mit diesen Worten hatte ihn der Kaiser bezaubert, und er hatte zugesagt; jetzt war der 8. September 1914, und in Luxemburg hatte Moltke etwas Entscheidendes zu veranlassen.
Entscheidendes oder auf eine Entscheidung Zielendes hatte sein Gegenspieler, General Joffre, in der Zelle des ehemaligen Franziskanerklosters von Châtillons-sur-Seine, seit Beginn der Schlacht täglich, fast stündlich getan. Er hatte angeregt, beschwichtigt, getröstet, befohlen. Er hatte keinen seiner Armeeführer aus den Augen verloren, er behielt sie an der Strippe, am Feldtelefon, das er nicht benutzte, aber dafür hatte er seine Stabsoffiziere. Vielleicht tat er zuviel, aber Moltke hatte nichts getan. Er schien wie gelähmt unter der Last der Verantwortung, das klingt wie eine Floskel, aber er war nicht gelähmt, er war nur erstarrt.
Es gibt in der antiken Tragödie, nach deren Muster sich abspielt, was viele in ihren Lebensläufen bestimmt, die Erfindung des Donnerkeils, den Zeus wirft, wenn er ins Irdische eingreifen will. Der Donnerkeil lähmt den Betroffenen — meteorologisch ist es der Blitz, der trifft und Lähmungserscheinungen hervorruft.
Bis zum Morgen des 8. September hatte während der entscheidenden Schlacht vor Paris ein Blitz den deutschen Generalstabschef gelähmt.
Der Blitz der Erkenntnis, daß alles, was er noch tun würde, zu spät sei. Denn es war ihm nicht gelungen, im ersten Anlauf seine Armeen siegen zu lassen.
Zuerst waren die feindlichen Armeen den Deutschen entgangen, keine Kesselschlacht hatte sie an der Grenze vernichtet. Dann waren sie plötzlich aus dem entsetzlichen Rückzug wieder aufgetaucht, und nun schlugen sie sich seit drei Tagen mit den Deutschen, als habe es keinen Rückzug, keine Entmutigung, keine Demütigung gegeben.
Es ist Joffre gewesen, der mit seinem Angriffsbefehl vom 6. September der Blitz wurde, der Moltke lähmte.

»Angreifen, solange es geht, auf keinen Fall einen Schritt zurück«, hatte Kaiser Wilhelm II. am Abend des 7. September zu Moltke gesagt. Moltke ahnte etwas, der Kaiser fürchtete den Stillstand, wie konnte Moltke sich seinen Ahnungen entziehen? Wie kann ein Mann, der alles schon weiß, was kommt, über den Schatten dieses schrecklichen Wissens springen und genial werden, also dem drohenden Schicksal sich entgegenwerfen?

»Es wäre furchtbar, wenn all dies Blut vergossen sein sollte ohne einen durchschlagenden Erfolg.« In diesem Satz, der zu dem Brief gehört, den Moltke am Abend des 8. September an seine Frau schreibt, (woher nahm er nur die Zeit, diese Korrespondenz jetzt noch zu führen?) liegt die Antwort auf die Frage, weshalb Moltke während der Marneschlacht gezögert hat, warum er nicht selbst sich überzeugte, wie es bei den Armeen aussah, weshalb er Hentsch entsandte.

Die »Mission Hentsch«, die Dolchstoßlegende, das »Fin de siècle« für die Deutschen am Morgen des 9. September an der Marne — das nahm nun seinen Anfang.

Moltke ahnte, wie alles ausgehen würde, und er hatte nicht den Mut, er verfügte nicht über die seelische Kraft, das Unabwendbare abzuwenden.

Sein körperlicher Zusammenbruch wenige Tage später war nur das Hinüberwechseln in die Krankheit, die oft als Flucht ausgelegt wird. Joffre hatte mit seiner Gegenoffensive Moltke so heftig getroffen, daß es nur weniger Tage und Nächte bedurfte, um die Krankheit zu erkennen, die dieser Treffer ausgelöst hatte.

Daß ein Feldherr weint, wenn ihn jemand aufsucht, daß er die Hände vor dem Gesicht zusammenschlägt, weil er verzweifelt ist — darüber gibt es genügend Literatur aus der Kriegsgeschichte, dies ist menschlich. Feldherren können auch weinen, und sie dürfen es, denn in ihren Tränen sterben in jeder Minute Hunderte, Tausende. Sie haben keine andere Wahl. Diese Verantwortung können sie nicht abgeben. Sie sind keine Leutnants, die ihre Truppe vorreißen können in die Aussichtslosigkeit eines Angriffs, von dem sie nicht überzeugt sind.

Wenn es für Moltke eine Fehlentscheidung gab, so war es der

Krieg. Da er wissen mußte — und er ahnte es, anders ist seine Haltung nicht zu erklären, die ihm später vorgeworfen wurde —, daß eine Krise auf dem Schlachtfeld in Frankreich den Verlust dieses Krieges herbeiführen würde, war diese Lähmung seine einzige Möglichkeit, sich gegen das Unabwendbare zu wehren.
Er überantwortete alles den Armeeführern, die er eigene Schlachten schlagen ließ. Das ist eine psychische Reaktion, die verständlich bleibt. Für die einfache Härte, die ein Feldherr aufzubringen hat, für die Charakterstärke, an die Moltkes Onkel, der Feldmarschall, gedacht hatte, als er ein Bild des deutschen Generalstabschefs für seinen Kaiser entwarf, der dieses Bild auf den Neffen des Feldmarschalls übertrug, war bei diesem Manne kein Platz. Es war ihm zu gering, er hatte die Zukunft schon im Kopfe, er wußte mehr als die anderen. Er war zu klug für sein Amt. Deshalb war er fehl am Platze. Aber das mußte sein Kaiser verantworten.

Es ist vormittags 9 Uhr in Luxemburg. Die Oberste Heeresleitung berät. Moltke und sein Stab haben die Abendmeldungen der Armeen gelesen. Auf der großen Karte von Nordfrankreich im Maßstab 1:30 000 sind die Stellungen eingezeichnet. Die Lage sieht kritisch aus.
Kluck ist ziemlich weit von Bülow abgerückt, er schlägt seine eigene Bataille am Ourcq. Bülow hat eine günstige Abendmeldung geschickt, aber darin steht am Schluß: »Armee hat infolge starker Verluste nur noch eine Gefechtskraft von drei Korps.« Dies sollte ganz normal klingen. Bülow hat dreidreiviertel Korps im Kampf. Wenn sie nur noch die Gefechtskraft von drei Armeekorps haben, dann beträgt die Einbuße 25 Prozent. Damit mußte man rechnen. Es ist nichts Tragisches. Bülow will am Morgen des 8. September mit seinem linken Flügel, der Garde, angreifen, zusammen mit den Sachsen. Moltke läßt sich zeigen, wo die Garde steht. Hinter den Sümpfen von Saint Gond vor Fère Champenoise.
Man hätte die Garde nicht in die Sümpfe schicken sollen, denkt

Moltke, aber sie wird heute mit den Sachsen angreifen, das ist gut. Die Sachsen haben noch einiges nachzuholen. Sie sind sehr langsam.
Kluck hat gemeldet, er glaube, am 8. September einen Erfolg zu erzielen.
Zwischen Kluck und Bülow ist es jene Lücke, die seit gestern, als Bülow seinen rechten Flügel zurückbog, die Stabsoffiziere bedrückt. Lücken auf der Karte sind immer merkwürdig, sie können Schlachten entscheiden.
»In der Lücke ist von der Marwitz mit seinem Kavalleriekorps«, sagt ein Stabsoffizier. »Er hat die Engländer vor sich, aber sie sind noch südlich der Marne.«
Die Engländer. Sind sie der Schlüssel für den Ausgang der Schlacht? Moltke weiß nicht, wie schwach oder wie stark die Engländer sind. Er scheint sie für überlegen zu halten. Die Franzosen könnte man noch schlagen, aber warum läßt Kluck ausgerechnet die Engländer zwischen sich und der Armee Bülows vordringen?
Was denkt Kluck, was Bülow? Moltke kann mit ihnen nicht sprechen, er kann nur funken. Er konnte hinfahren; der Daimler, der ihm zu Verfügung steht, schafft 100 Kilometer in der Stunde. Er könnte sich jetzt absetzen von der Stille seines Hauptquartiers, von diesem Platz, der nur wegen Ostpreußen und Galizien gewählt wurde, damit man leicht durch die Nachrichtenmittel erfahren könne, wie es dort steht. Gegen Rußland hatte Moltke nur Hindenburg und Ludendorff, aber gegen Joffre stand er mit sieben Armeen. Moltke hat jetzt ausgemessen, wie groß die Lücke zwischen 1. und 2. Armee ist. Dreißig Kilometer zwischen der Kavallerie von der Marwitz und Bülow. Aber rechnet man die übermüdete Kavallerie, die auch einmal rasten muß, nicht, dann sind es fünfzig Kilometer, mehr als ein Tagesmarsch. Was hat Kluck an der Marne stehen lassen, um die Engländer nicht über den Fluß zu lassen?
Vermutungen müssen angestellt werden, man kennt die Tatsachen nicht.
Klucks Zuversicht, am 8. und, wenn es dann nicht geklappt hat,

am 9. September die Franzosen zu umfassen und zu schlagen, Bülows vage Hoffnung, daß die Sachsen, mit seiner Garde, ihn am 8. September nicht im Stich lassen werden, Hausens phantastischer Entschluß, die feindliche Front durch einen Bajonettangriff aufzureißen, die Artillerie zu nehmen, den Durchbruch zu erzielen: Moltke weiß davon nichts.
»Wir wissen nichts. Das ist furchtbar«, sagt er.
Bei Moltke ist jetzt — es ist kurz vor zehn Uhr am 8. September — der Generalquartiermeister von Stein, der ihn zu vertreten hat. Stein hatte den Nachschub zu organisieren, er war für die Heeresversorgung verantwortlich. Strategisch trat er nicht hervor. Der Chef der Operationsabteilung, Oberstleutnant Tappen, ein Mann von ungewöhnlicher Willenskraft, mit guten Nerven, entschlußfreudig, er hatte die große Lage im Kopf, er wurde von seinen Untergebenen gehaßt, er war einsilbig und fleißig. Ein Operationschef hantiert mit Armeen, er wirft sie dahin und dorthin. Seit Tagen hoffte Tappen auf die VII. Armee, die um St. Quentin sich versammeln sollte. Operationschefs müssen vorausdenken. Tappen sah schon diese neue Armee. Man mußte dem Kronprinzen von Bayern nur noch drei aktive Armeekorps entreißen, die nutzlos im Elsaß herumstanden. Nun endlich gab Moltke diese drei Armeekorps frei. Tappen konnte die entsprechenden Befehle verfassen.
Für Tappen, der einige Tage voraus zu sein schien in seinen Gedanken und Plänen, stand jetzt die VII. Armee schon, unter von Heeringen, und er wußte auch, wo er sie einsetzen würde — rechts von Kluck, zur Überflügelung der Franzosen, die Kluck gerade überflügeln wollte.
»Keine Weisung, Herr Generaloberst?« fragte Tappen noch. Er hatte ja den Befehl, die drei Korps dem bayerischen Kronprinzen wegzunehmen. Er dachte jetzt nur noch an eine Weisung, die den Armeen zu geben sei, auch wenn es 14 Stunden dauern würde, bis sie dort ankäme.
Aber eine Weisung mußte sein; die letzte lag drei Tage zurück.
»Ich muß erst wissen, wie es vorn aussieht«, sagte Moltke. Er sagt nicht: Ich fahre jetzt zu Kluck, Bülow und Hausen; ich

werde dann die neue Weisung erteilen. Die Lähmung durch den Blitz läßt das nicht zu, die Ahnung des Kommenden macht blind.
Wer soll fahren? Tappen muß bei Moltke bleiben. Oberst von Dommes, Chef der politischen Abteilung, wäre verfügbar. Aber Moltke bestimmt den Chef der Abteilung Fremde Heere, den Nachrichtenchef, dazu.
Dommes oder Hentsch — wen hätte Moltke schicken sollen, wenn er selbst nicht fahren wollte?
Ein Mann namens Hentsch fuhr, weil dieser Mann vor wenigen Tagen schon einmal gefahren war, er hatte Erfahrung, er kannte die Wege, er war mit dem Daimler unterwegs gewesen. Weshalb sollte der Chef der Nachrichtenabteilung, der Abteilung Fremde Heere, nicht selbst aufklären, was da vorn sich ereignete?
Hentsch war, wie die meisten Nachrichtenoffiziere, Skeptiker, aber er war auch ein Pessimist. Wer stündlich die Feindnachrichten auf seinen Schreibtisch bekommt, fürchtet vieles, wenn nicht alles. In beiden Weltkriegen waren die Ic-Offiziere, Hentschs Nachfolger, die Kassandras für die Generale, die Bearbeitung der Feindkarte mußte ihnen recht geben.
Dagegen gab es die Operationsoffiziere, die sich nicht über die Nachrichtenoffiziere hinwegsetzen konnten, aber sie machten Kriegsgeschichte. Der Ic reflektierte sie nur — oder sah sie voraus (wie General Gehlen von Stalingrad bis 1945 im Zweiten Weltkrieg unter Hitler).
Moltke und Hentsch sahen voraus, was kommen würde. Deshalb waren sie für diese Aktion der Obersten Heeresleitung, die Erkundung bei den Armeestäben, auf einzigartige Weise zusammengebunden, Zwillinge in einem einzigen Vorgang, den sie verschieden, aber negativ, reflektieren würden.
Auf merkwürdige Weise verbindet sich in dem Gespann Moltke-Hentsch das alte Preußen und das alte Sachsen, die hier eine Symbiose eingehen, deren Konsequenzen sich auf Generaloberst von Hausen und den Husarenwachtmeister Koch übertrugen, aber auch auf das Gardekorps und vieles mehr, das sich an

beide anschließt, das dazu gehört, das durch die Jahre sich fortsetzt.
War es eine Weisung, war es ein Befehl?
Die Mission Hentsch!
Oberstleutnant Hentsch wird von Moltke bestimmt, zu den Armeen zu fahren.
Erhält er einen Befehl, den er weiterzugeben hat, oder nur eine Weisung, wie er sich verhalten soll?
Die Besprechung der Obersten Heeresleitung ist nach einer Stunde beendet.
Es ist zehn Uhr. Eine halbe Stunde braucht Oberstleutnant Hentsch, um die Abfahrt in zwei Kraftwagen vorzubereiten. Er wird Hauptmann von König im ersten Daimler mitnehmen; ihm folgt ein zweiter Daimler mit Hauptmann Koeppen. Eine halbe Stunde ist er noch allein bei Moltke.
»Wenn ich hier erzählen könnte, was dabei gesprochen wurde, würde dieses Buch ein wahrhaft historisches Ereignis darstellen, das mehr als vierzig Jahre von Hypothesen und Streit über die entscheidende Wendung der Marneschlacht beenden würde«, schreibt Georges Blond in seinem Buch »La Marne« (1962).

Erzählen kann es niemand, aber die genaue Beobachtung der Worte, die damals und. später von den Verantwortlichen gewählt wurden, ergibt die Lösung. »Es ist mir vom Generalobersten von Moltke und Oberstleutnant Tappen ausdrücklich Vollmacht zum selbständigen Handeln erteilt worden«, erklärte Hentsch im Mai 1917 vor einem Untersuchungsausschuß (Hentsch starb ein Jahr später). »Der Grund liegt darin, daß mit der 1. und, soviel ich mich entsinne, auch mit der 2. Armee nur Funkverbindung bestand.« Das ist die Meinung der Verantwortlichen, die hier preisgegeben wird.
Was schreiben Moltke und Tappen?
Moltke: »Wie wenig ich daran gedacht habe, dem Oberstleutnant Hentsch einen B e f e h l für die 1. Armee zum einfachen Rückzug hinter die Aisne mitzugeben, geht aus meinem Funkspruch vom 10. September, 10 Uhr nachmittags, an AOK 1

und 2 hervor: ›1. Armee stellt sich als rückwärtige Staffel bereit. Umfassung des rechten Flügels der 2. Armee ist durch Angriff zu verhindern.‹ Die 1. Armee behauptet, Oberstleutnant Hentsch habe ihr den Befehl zum Zurückgehen überbracht, Oberstleutnant Hentsch bestreitet dies, er meldete mir bei seiner Rückkehr, daß die Anordnung für den Rückzug der Armee bei seiner Ankunft dort bereits ausgearbeitet gewesen wäre.«
Kein Befehl, was dann?
»Es wurde zunächst selbstverständlich der Hoffnung Ausdruck gegeben«, sagte Hentsch im Mai 1917 vor dem Untersuchungsausschuß, »daß die Krise überwunden würde und ein Rückzug überhaupt nicht erforderlich wäre. Sollte dieser aber nötig sein, so wurde als allgemeine Richtung für das gesamte Heer mir die Linie St. Ménehould—Reims—Fismes—Soissons angegeben. Ich weiß genau, daß diese vier Orte wiederholt vom Generalobersten von Moltke und Oberstleutnant Tappen genannt worden sind.« Hentsch wurde mit einer W e i s u n g auf den Weg geschickt, nicht mit einem Befehl; den Befehl konnten seine Vorgesetzten abstreiten.
Das Geheimnis der halben Stunde, die Hentsch allein bei Moltke verbrachte, ist übersehbar.
Moltke überließ es Hentsch, seine Weisung zu deuten.
Er gab eine Empfehlung, nicht mehr. Das andere mußten die Armeeführer besorgen, sie hatten die Übersicht und die Macht über die Geschichte.
11 Uhr vormittags begann Hentsch seine Fahrt zu den Armeestäben. Er fuhr zuerst dorthin, wo es am uninteressantesten für die Oberste Heeresleitung sein mußte, zur 5. Armee des deutschen Kronprinzen. Moltke wartete in Luxemburg auf Nachricht von Hentsch. »Ich kann es schwer sagen, mit welcher namenlosen Schwere die Last der Verantwortung die letzten Tage auf mir gelastet hat«, schreibt er an seine Frau, »und noch lastet. Denn noch immer ist das große Ringen vor der gesamten Front unseres Heeres nicht entschieden. Es handelt sich hierbei um Wahrung oder Verlust des bisher mit unendlichen Opfern Er-

rungenen, es wäre furchtbar, wenn all dies Blut vergossen sein sollte, ohne einen durchschlagenden Erfolg. Die schreckliche Spannung dieser Tage, das Ausbleiben von Nachrichten von den weit entfernten Armeen, das Bewußtsein dessen, was auf dem Spiel steht, geht fast über meine menschliche Kraft. — Die furchtbare Schwierigkeit unserer Lage steht oft wie eine schwarze Wand vor mir, die undurchdringlich scheint.
Heute abend sind etwas günstigere Nachrichten von der Front eingetroffen. Gott gebe, daß wir noch einmal mit unseren zusammengeschmolzenen Truppen einen Erfolg haben. Das Gardekorps ist wieder schwer im Kampf gewesen, es soll fast bis auf die Hälfte seines Bestandes heruntergekommen sein.
Es ist eine schwere Zeit, und namenlose Opfer hat dieser Krieg schon gefordert und wird sie weiter fordern. Die ganze Welt hat sich gegen uns verschworen, es sieht so aus, als ob es die Aufgabe aller übrigen Nationen wäre, Deutschland zu vernichten.«

Für Moltke gab es an diesem Abend des 8. September nicht mehr die Frage, wie Deutschland siegen könne; er sieht nur, daß Deutschland vernichtet werden könnte.
Galt es das jetzt zu verhindern?

40. KAPITEL

Kluck will die Schlacht gewinnen

Während die beiden Daimler-Autos mit Oberstleutnant Hentsch, seinem Fahrer, dem Landrat von Marx, und den Generalstabshauptleuten im zweiten Wagen, im Tempo 100 in den Mittagsstunden des 8. September zum Hauptquartier der 5. Armee des deutschen Kronprinzen fuhren (Hentsch suchte seltsamerweise nicht sofort die 1. und 2. Armee auf, er begann seine Besuche dort, wo die Schlachtenentscheidung nicht zu erwarten war), wurde nördlich der Marne die 9. Kavalleriedivision zur Attacke befohlen. Sie war dem General von Linsingen unterstellt worden, der seinen Gefechtsstand auf einer Höhe westlich des Ourcq seit gestern nicht verlassen hatte. Er hatte sich einen Stuhl bringen lassen, von dem er das Panorama seiner Schlacht nicht aus den Augen ließ.

Sein II. A. K., mit dem er aus Stettin hierhergekommen war, bildete den linken Flügel der ersten Armee mit Front nach Westen, gegen die immer wieder todmüde vorgehenden französischen Regimenter, die den Befehl hatten, nach Château-Thierry durchzubrechen, und deren Angriffe stets aufs neue zerschlagen wurden.

Vor sich hatte der General die Schlacht, zu seiner Linken, an der Marne, war die Lage offen. Hier begann die Lücke zur 2. Armee. Die Attacke der 9. Kavalleriedivision war als Entlastung seiner Infanterie gedacht, die kaum noch standzuhalten schien. Zu den Husaren, Ulanen, Kürassieren und Dragonern, die sich zur Attacke bereitstellten, schickte Linsingen einen Stabsoffizier, der den Kommandeur der Reiter, den General von Schmettow, im Namen des Generals von Linsingen bitten sollte, doch von den Pferden zu steigen, abgesessen zum Fußgefecht vorzugehen. General von Schmettow lehnte mit den Worten ab, dies sei nicht Sache der Reiterei, seine Regimenter wollten notfalls mit dem Opfer einer Attacke die Loslösung des linken Armeeflügels vom Feind decken, wenn dies gefordert würde, aber zu Fuß gingen seine Reiter nicht in den Kampf. Zu der Attacke kam es nicht. Infanterie wies den Feind ab. Der Todesritt einer Kavalleriedivision unterblieb.

»Die Entscheidung des Tages«, hatte Generaloberst von Kluck am 8. September morgens 9 Uhr 30 befohlen, »liegt in dem Eingreifen des IX. A. K. bei La Ferté-Milon und Mareuil. Das Armeekorps darf durch den auf Coulommiers vorgehenden Feind sich unter keinen Umständen von diesem Eingreifen abhalten lassen.«

In anderen Worten ausgedrückt hieß das: Mir ist jetzt gleichgültig, was südlich der Marne geschieht, das IX. Korps, das ich von dort abgezogen habe, muß meinen rechten Flügel am Ourcq verlängern, nach Südwesten angreifen und die französische 6. Armee umfassend schlagen. Die großangelegte Rechtsumfassung, die Kluck und sein Stabschef von Kuhl beschlossen hatten, durfte nicht in Frage gestellt werden. Ein schwerwiegender Entschluß war gefaßt, Klucks Korps und Divisionen waren von den großen Pranken eines Befehls vom Süden nach dem Norden geschaufelt worden, nun mußten sie stärker sein als die Franzosen, um die »Entscheidung des Tages« herbeizuzwingen. Gleichgültig gegenüber Krisen mußte ein General heute sein, zäh hatte er an seinem Entschluß festzuhalten.

Die Ourcq-Front Klucks geriet in der Mittagszeit in eine Krise, sie begann zu taumeln. Eine Division, die zur Umfassung nach Norden mit anderen Divisionen marschierte, wurde abgedreht, um die Taumelnden zu stützen. Erneut wurden die Verbände auseinandergerissen, mit anderen vermischt, denen man sie unterstellte, gekittet mußte die Front werden, man hatte ihre Standhaftigkeit ins Schlachtenpanorama eingeplant, aber für manche wurde alles unerträglich.

Längst hatten Unteroffiziere Kompanien übernommen, da die

Offiziere ausgefallen waren, aber das war auch auf der französischen Seite so. Das Unvermögen der französischen Offiziere, sich hinzulegen, wenn geschossen wurde, führte zu unerhörten Offiziersausfällen, die Deutschen waren etwas schneller bei der Anpassung an die neuen Verhältnisse.
Die Verwundeten, die auf den Verbandsplätzen eintrafen, hatten nicht ausgesorgt. Die Artillerie holte sie ein, beim Verbinden, beim ersten Essen seit Tagen, gekochte Kartoffeln, Wasser, das den brennenden Durst stillte.
Die Dorfkirchen waren Lazarette geworden, aber sie blieben im Bereich des französischen Artilleriefeuers. Infanterie grub sich neben den Kirchen ein, aus denen Sanitäter blutige Uniformröcke warfen, Stiefel, von amputierten Beinen abzogen, den Abfall menschlicher Körperteile, der zum Ausstoß einer Schlacht gehört. Die Infanteristen, die auf ihrem langen Marsch aus dem Süden nach dem Norden an diesen Verbandsplätzen vorbeikamen, ehe sie die Frontlinie verstärkten, wandten sich ab: sie sahen vor sich, was ihnen bevorstehen konnte, und sie wollten es nicht wahrhaben.
Den Auswurf des Feuers, die Kehrseite allen Heldentums, die Schlachtbank, die für jeden bereit stand, ertrugen sie nicht.
Auch die Offiziere wandten sich ab, wenn sie durch die Dörfer kamen. Da viele aktive Offiziere waren, kamen sie mit einer Möglichkeit ihres Berufes zusammen. Sterben fiel da vielleicht nicht leichter, aber das Vorsterben gehörte zu ihrem Beruf.
Wenn man die Namen der gefallenen und verwundeten Offiziere der Marneschlacht in den Regimentsberichten liest, dann erscheinen viele bekannte Namen, die sich dennoch fortpflanzen ließen über das halbe Jahrhundert. Diese Familien blieben schon, nur einige der Träger ihrer Namen wurden ausgelöscht. Von den vielen Namen, die dort namenlos blieben, weil sie nichts aus der Masse herausheben konnte — kein Geschick, das dem Sohn im Zweiten Weltkrieg dasselbe auftrug wie dem Vater an der Marne —, sind nur die einfachen Kreuze geblieben, die ordentlichen, gepflegten deutschen Kriegerfriedhöfe, die man scheu, verlegen betritt. Keine Monumente. Namen findet

man dort nicht oft. Die Toten sind klüger als die Lebenden, sie stellen nichts mehr heraus, sie haben sich geeinigt, sie brauchen keine Namen mehr. Auf der Anhöhe über der Stadt Meaux an der Marne, von der General Gallieni am 8. September in die Kanonade hineinhörte und auf das unentschiedene Gefecht hinabsah, errichteten Amerikaner im Jahre 1932 ein riesiges Monument im Geschmack der Zeit. Auf ihm ist zu lesen (wenn der Tourist sein Picknick beendet hat, den spielenden Kindern nicht mehr zusieht, keinen Blick mehr ins Marnetal hat, das tief unter diesem Aussichtspunkt vor Paris liegt, oder mit dem Fernglas nicht mehr nach Lizy hinüberblickt, zum Gefechtsstand des Generals von Linsingen 1914, zum Stuhl, auf dem der General unbeweglich saß und seine Schlacht betrachtete):
»Here speak again the silent voice of Heroic sons of France, who dared all und cave all in the day of deady peril turned back the flood of imminent disaster and thrilled the world by their supreme devotion.«
Die Worte, die für die Franzosen gedacht waren, (»erschauerten die Welt durch ihre höchste Hingabe«) pathetisch im Stil der Zeit, galten auch für die Deutschen: Höchste Hingabe, das Abwerfen von vielem, was doch den Menschen ausmacht, das Betreten der Opferstätte, der Opfergang, das Besteigen des Altars, auf dem die Menschenopfer stattfinden.
Beide Seiten waren daran gleichermaßen beteiligt, gleich tief und unerträglich war der Opfergang; ihre Tapferkeit war gemeinsame Tapferkeit, ihr Sterben *ein* Sterben. Gesiegt über sich selbst, über ihren Übermut und ihre Angst, ihre Hinfälligkeit und Schwäche haben sie alle.
Und wer es nicht freiwillig tun konnte, der wurde gezwungen durch die Kompanie, in der er sich unentrinnbar aufhielt, durch die Schwadron, in der er ritt, durch die Batterie, die nur schießen konnte, wenn er mittat.
Vom Monument zieht sich ein Maisfeld ins Tal. Es sieht jetzt aus, als sei es nachträglich als Nahrung angelegt für die Männer des 8. September 1914, eine Wegzehrung: sie hatten damals weder Brot noch Wein. Ihr Picknick bestand aus Rüben und Kar-

toffeln; und nichts zu trinken in dieser Hitze, man hätte aus
Pfützen getrunken, wenn es welche gegeben hätte. Im Auto sind
es sechs Jahrzehnte danach vierzig Minuten bis nach St.
Aulde im Marnetal, zur Forellenranch, den Fischteichen, aus denen
man Forellen angelt, die halbe Stunde für 16 Francs; die Forelle schlägt noch mit dem Schwanz aus, dann erstickt sie unter
dem Handschlag gegen ihren Kopf.
Die Beute, die Ausbeute des Tages wird davongetragen...
Das Husarenregiment 12 befand sich am 8. September in St.
Aulde. Es gehörte zur Brigade von Kraewel, mit der Generaloberst von Kluck die Engländer täuschen wollte. Kluck stellte
sich vor, der Kavallerieschleier werde die englischen Divisionen
davon abhalten, ihm über die Marne zu folgen, in seinen Rücken zu marschieren, um die große Rechtsumfassung der französischen 6. Armee, die er gerade vollendete, wieder zunichte zu
machen. Preußische Husaren tränkten ihre Pferde in der Marne,
denn die Engländer sahen sie an diesem Tag nicht, kein Brite
überschritt am 8. September diesen Fluß.
Die Verteidigung der Marne wurde seit dem Mittag des 8. September ein Problem für Generaloberst von Kluck.
Die Heereskavallerie und die Brigade von Kraewel erhielten
Befehl, die Marneübergänge zu halten, da eigene Flieger gemeldet hatten, daß die Engländer südlich des Flusses nach Norden
abgebogen seien, nicht mehr nach Nordosten marschierten. General Joffre hatte die immer breiter werdende Lücke zwischen der
deutschen 1. und 2. Armee erkannt, nun schickte er den Marschall French nicht mehr nach Osten, sondern nach Norden.
Seine Botschaften (er konnte Marschall French nichts befehlen)
an diesem Tag hießen:
»Die britische Armee hat den Auftrag, die der 6. Armee gegenüberstehenden Kräfte von der Flanke anzugreifen.«
»Es ist wichtig, daß die britische Armee so bald als möglich
nördlich vom Petit-Morin und der Marne Fuß faßt, um den
Feind daran zu hindern, hinter diesen Hindernissen stehen zu
bleiben.«
»Es ist unbedingt nötig, daß die britischen Streitkräfte schon

heute abend nördlich der Marne aufrücken. Die deutschen Kräfte, die ihnen gegenüberstehen, wenden sich gegen die 6. Armee.«
»Die britischen Kräfte gehen zwischen Nogent-l'Artaud und La Ferté-sous-Jouarre über die Marne und rücken dann gegen den linken Flügel und den Rücken des Feindes, der am Ourcq steht, vor.«
Joffre hatte die Schwäche in der deutschen Front erkannt; das Gefühl, das ihn während der Schlacht nie verließ, daß er siegen werde, bekam eine reale Basis, es war kein Luftgespinst mehr, keine moralische Stütze für einen Feldherrn, der aus der Niederlage sein Heer gegen den übermächtigen Feind wendet und auf Sieg setzen muß, wenn er nicht an sich selbst, an der Ehre des französischen Soldaten (die Briten seit der Unterredung mit French in Melun eingeschlossen) irre werden will.
Gegen diese Erwartung Joffres, die er in seinen Weisungen an Marschall French bestimmt, aber doch höflich ausdrückt, obwohl Höflichkeit ihm nie so recht liegt, setzte Kluck seine Befehle und den Rest seiner Reserven, eine geringe Zahl von Menschen, während er seine Hauptmacht, die aus Divisionen und Korps bestand, für seine Umfassungsschlacht verwenden wollte.
Blickt man auf die Karte — der General von Kraewel hatte nicht einmal eine Karte zur Verfügung, als ihm die Sperrung des Marneabschnitts aufgetragen wurde, er behalf sich mit einem Zeitungsausschnitt, der eine grobe Karte der Gegend zeigte —, so sind die Eintragungen, die im Armeeoberkommando gemacht wurden, einleuchtend und mit sicherer Hand gezeichnet. Die Marne läßt sich verteidigen, aber man muß sie auf Brücken überschreiten, also sprengt man die Brücken. Aber Kluck konnte nicht wissen, daß die Husaren und Jäger (auf ihren Fahrrädern) kein Dynamit mit sich führten, um eine Brückensprengung durchzuführen. Es befanden sich Pioniere bei Kraewel und im Heereskavalleriekorps von Richthofen, doch woher sollten sie Sprengstoff nehmen, da sie doch Brücken zu bauen hatten, beim Vormarsch auf Paris, aber keine Brücken sprengen sollten.

Einige Offiziere versperrten die Marnebrücken durch Barrikaden aus Leiterwagen und Strohballen, landwirtschaftliche Geräte, unter denen vielleicht auch Angelruten waren, die man in St. Aulde fürs Forellenfischen verwendet.
Die Marne nähert sich in dieser Landschaft in Schlingen der Seine. Sie schlängelt sich und bietet außerdem mit ihren Ufern einen schönen Anblick. Wenn etwas schön ist, so eignet es sich wenig zur Zerstörung oder zum Kampf. Man läßt es am liebsten links liegen, man respektiert es und setzt sich ab. Mögen andere die Lieblichkeit eines Spätsommertages an der unteren Marne vernichten.
Am Abend des 8. September hatten die Deutschen, von denen die Marne verteidigt werden sollte, gegen die anrückenden Engländer nicht viel mehr aufgebracht als hier eine Handvoll Husaren, dort einige Pioniere, ein paar radfahrende Jäger, dazwischen Funkstellen, eine von Leutnant Heinz Guderian geführt, der dies alles später kritisieren würde, ehe er die Beweglichkeit, die hier vorhanden war, umsetzte in größere und höhere, auch schrecklichere Beweglichkeiten der Panzertruppe, die auch mit gefährdeten Flanken operierte.
Auf der Karte sehen die taktischen Zeichen, die Kringel und Punkte seltsam aus — sie sind über eine ziemlich große Fläche unregelmäßig verteilt, und ihnen nähert sich langsam, aber nun in die richtige Richtung von Joffre gewiesen, die britische Armee. Die Engländer sollen beim Vormarsch gesungen haben. Sie mußten nichts entbehren, ihr Biwak bezogen sie am Abend ordnungsgemäß, noch südlich der Marne, nur in schwacher Berührung mit den Deutschen, die sich — für die Briten so überraschend — einfach zurückgezogen hatten.
Es war eine waldreiche Gegend mit schattigen Landstraßen. Man mußte nur aufpassen, daß man nicht aus diesen Wäldern überrascht wurde, deshalb marschierte man vorsichtig. In der Stadt Coulommiers, die nun weit hinter ihnen lag, hatten die Briten Schwierigkeiten mit den leeren Flaschen gehabt, die auf der Straße lagen. Das war von den Deutschen in Coulommiers übrig geblieben, eine Trunkenheit, die leere Flaschen den anrük-

kenden Briten in den Weg geworfen hatte. Sie mußten sie erst beiseite räumen, ehe sie weitermarschieren konnten. Eine schöne Betrunkenheit, mit der die Deutschen südlich der Marne verschwunden waren.

Den Petit-Morin hatten die Briten kampflos überschritten, sie trafen dort einige Deutsche, die sie gefangennahmen. Die Welt war beinahe über Nacht besser geworden für die Briten. Sie verstanden die Welt nicht mehr; aber sie waren dankbar für alles.

Vor der Marne, deren Tal heiter stimmen mußte und das bedeckt war von dichten Wäldern, rasteten die Briten zur Nacht. Jetzt fühlten sie sich schon als Sieger.

Nördlich von ihnen, beim IV. deutschen Reservekorps, das seit dem 5. September hier kämpfte, traf die 5. Infanteriedivision an diesem Abend ein, die zu den Truppen gehörte, von denen die Gegend südlich der Marne den Engländern preisgegeben wurde, so daß diese dort »It's a long way to Tipperary« anstimmen konnten während des Marsches, gedeckt von General Allenbys Kavallerie.

Der Kommandeur eines Leibgrenadieregiments erkundigte sich bei dem General von Wienkowski nach der Lage. Der General, den der Oberst aus seiner Nachtruhe in einem auf freiem Felde stehenden Schäferkarren geweckt hatte, erwiderte:

»Ich weiß es nicht, dort sehen Sie den Schützengraben. Sie finden zumeist nur Leichen darin. Wir sind zur Schlacke ausgebrannt. Von den Offizieren dieses Regiments hier sind alle tot oder kampfunfähig bis auf einen.«

Das Feldlazarett in Lizy, nicht weit von diesem Punkt auf dem Schlachtfeld, versorgte an diesem Abend 900 Verwundete. Dennoch war die Lage nicht ungünstig. Der Feind war zum Stehen gebracht worden, hier und dort flutete er zurück. Kluck hatte sein letztes Armeekorps herangeholt; es stand hinter der Front. Mit ihm konnte er am nächsten Tage die große Wende herbeiführen, auf die von ihm alles angelegt war.

Ehe er seinen Armeebefehl im neuen Hauptquartier La Ferté-Milon im Ourcq-Tal abfassen konnte (er war schon einmal in dem Ort gewesen, in dem Racine geboren wurde, vor seinem eigenwilligen Anmarsch nach Südosten, in den »Sack« hinein, den Joffre für ihn offenhalten wollte), kam es für seinen Stab zu einem Zwischenfall. Vor seinen Truppen wollte Kluck mit seinem Stabe abends nach La Ferté-Milon hineinfahren. Er war müde, es verlangte ihn nach einer Mahlzeit (den ganzen 8. September hatte er mit Fahrten zur Truppe verbracht), doch die Franzosen waren schon in diesem Ort, Kavallerie, die Klucks linken Flügel durch die Wälder um Villes-Cotterêts umgangen hatte, durch den »Wald des Königs«, und die nun auf die Kraftwagenkolonne trafen.

Sie hatten hier einen kleinen Flugplatz der Kluckschen Fliegerabteilung erreicht. Die Flieger und der Armeestab mußten nun mit Pistolen und Karabinern sich ihres Lebens erwehren. Einige Schwadronen attackierten den Armeestab. Ihm wurde durch Infanterie geholfen, bei der sich ein regierender deutscher Fürst befand, der Großherzog von Mecklenburg-Schwerin, Friedrich Franz, General der Kavallerie. Die Marschkolonne seiner mecklenburgischen Füsiliere hatte er lange Zeit zu Fuß begleitet.

Sie wiesen die attackierende französische Kavallerie ab. Zu dieser Zeit gab es Gerüchte: Der Kronprinz sei im Anmarsch. Schwere Kruppsche Mörser auch. Schon 560 Geschütze auf deutscher Seite.

Wenn es nicht mehr weitergehen will, dann helfen Gerüchte, die jede Wirklichkeit erhöhen, ihr den Reiz einer Gewißheit verschaffen, obwohl sie niemals eintreten wird.

Generaloberst von Kluck sah die Lage als entspannt an. Am nächsten Morgen, dem 9. September, wollte er mit jedem verfügbaren Mann die Entscheidung herbeiführen. Durch Funkspruch ließ er der Obersten Heeresleitung in Luxemburg melden:

»Armee hat sich auch heute in schwerem Kampfe gegen überlegene Kräfte westlich des Ourcq behauptet. II. und IX. Armeekorps nachmittags auf rechtem Flügel eingetroffen, greifen morgen früh umfassend an. Marne-Linie Lizy—Nogent wird durch Höheren Kavalleriekommandeur 2 und verstärkte Infanteriebrigade verteidigt gegen Angriff aus Richtung Coulommiers. Rechter Flügel 2. Armee von Montmirail auf Fontenelle zurückgebogen.«

Alles war für Kluck und seinen Stab noch in Ordnung. Klucks Schlacht, die morgen die Entscheidung bringen sollte, war entworfen, die Truppen waren zur Stelle, wenn auch durcheinandergeworfen und durch die vielen Märsche und Gefechte stark ermüdet. Statt sich umfassen zu lassen, wollte Kluck nun die Franzosen umfassen. Der kurze Kampf, das Feuergefecht gegen die anreitende französische Kavallerie hatte den Generaloberst erregt. Er war kein Generalstäbler. Als Truppenoffizier hatte er in den Kampf eingegriffen, er fühlte sich erfrischt. Ein Mann wie Kluck, der sich mit seinem Chef des Generalstabs, dem General von Kuhl, auf etwas konzentriert hatte, von dem ihn niemand mehr abbringen konnte (es sei denn der Kaiser, aber der war weit), dachte nicht an Niederlage, er plante auch nicht etwas ein, das ihm helfen sollte, wenn seine Schlacht sich nicht ausführen ließe.
Die absolute Sicherheit Klucks und seines Stabes am Abend des 8. September hatte einen einfachen Grund. Sie hatten alle Risiken übernommen, um endlich die Schlacht schlagen zu können, die sie sich vorstellten. Sie konnte die Marneschlacht für Deutschland entscheiden.
Vielleicht entschied sie den Krieg.
Doch Kluck war nicht allein.
Es gab andere.

41. KAPITEL

IM STABE BÜLOWS FÄLLT DIE VORENTSCHEIDUNG FÜR DEN RÜCKZUG

Die Weisung, die Moltke dem Oberstleutnant Hentsch für die Fahrt zu den Armeeoberbefehlshabern erteilt hatte, konnte nur mündlich gegeben worden sein. Für Hentsch war es nicht einfach, sich auf die Oberbefehlshaber einzustellen, die er aufsuchen sollte. Er war nicht adlig wie die Generale und deren Stabsoffiziere (entscheidend war es aber nicht, vor allem nicht bei Generalstabsoffizieren), er brachte keinen schriftlichen oder auch nur mündlichen Befehl Moltkes oder des Kaisers mit (Wilhelm II. hatte darauf bestanden, daß man jetzt nicht zurückgehen solle, man müsse vorankommen, aber ein Kaiser muß in dieser kritischen Lage das sagen, es war nichts Ungewöhnliches). Für die Kampfführung hatte ihm Moltke weder eine Weisung noch einen Befehl gegeben. Der Generalstabschef wollte von Hentsch wissen, wie es vorn aussah, über Fernsprecher und Funk hören, wie die Lage bei den Armeen war, wie sie dort beurteilt wurde. Dazu sollte er seine eigene Beurteilung geben.
Bevor Richard Hentsch 1914 in den Großen Generalstab geholt wurde, war er Chef des Generalstabs des XIX. Armeekorps gewesen. In der Obersten Heeresleitung vertrat Hentsch das sächsische Element. Das Deutsche Reich war ein Bundesstaat. Verantwortungen mußten auf die Bundesländer aufgeteilt, aus ihnen die fähigsten Köpfe ins Hauptquartier befohlen werden.
Hentsch war jetzt 45 Jahre alt, wortkarg, pessimistisch, ohne Fronterfahrung, ein guter Generalstabsoffizier nach der Beurteilung seiner Vorgesetzten und Kameraden, der Moltkes Vertrauen besaß.
Aus Luxemburg hatte Hentsch eine Orientierung als Weisung

mitgenommen, die dort bei der Besprechung nach der Lagekarte getroffen wurde. Diese Orientierung behielt er im Kopf; er sollte bald nach ihr handeln. Denn er hatte auch Vollmacht erhalten, dies selbständig zu tun, da von Luxemburg zur 1. und 2. Armee (auch zur 3. Armee, aber das war nicht so wichtig) nur Funkverbindung bestand, die zwölf und mehr Stunden für das Eintreffen der Funksprüche in Anspruch nahm, also wichtige Zeit vergeudete.
Es waren vier Städtenamen, die Hentsch durch den Kopf zu gehen hatten, wenn er mit den Armeebefehlshabern sprach: Ste. Ménehould, Reims, Fismes, Soissons.
Diese vier Städte, verbindet man sie mit einem Strich auf der Karte, müssen sofort zum Rückgrat für die 4. bis 1. Armee werden, die südlich dieser Linie kämpfen. Ste. Ménehould liegt hinter der 4. Armee, Reims hinter der 3., Fismes hinter der 2. und 1. Armee, und Soissons noch hinter der 1. Armee. Und im Kopf hatte Hentsch noch die neue 7. Armee, die um St. Quentin versammelt wurde — sie konnte sich rechts an die 1. Armee anschließen.
Westlich von Ste. Ménehould liegt Valmy (die Kanonade von Valmy, die Goethe beobachtete), dann folgt, an der alten Römerstraße, die Königsstadt Reims. Die große Straße führt nach Westen über Fismes nach Soissons.
Eine einfache Linie, wie mit dem Lineal gezogen, die eingenommen werden könnte, wenn man die Schlacht abbricht.
Eine besondere Rolle spielt Fismes. Es wäre der Ort, der Punkt auf der Karte, an dem sich die beiden getrennten Armeen des rechten Flügels wiederfinden könnten. Hentsch hat das alles auf der Lagekarte durchgerechnet, nun sitzt es in seinem Kopf, aber er sagt nichts seinen beiden Begleitoffizieren. Einer von ihnen, der Hauptmann Koeppen, hat vor der Abfahrt aus Luxemburg Hentsch vorgeschlagen, er wolle allein zu Kluck fahren, um dann zu melden, was er gesehen habe. Aber Hentsch will jetzt Koeppen nicht verlieren, zwei Ordonnanzoffiziere bei seiner Mission sind wenig genug, außerdem haben die Kraftwagen öfter Pannen. Kein Tag vergeht, an dem nicht diese Autos von

1914 repariert werden müssen. Wenn sein Daimler ausfallen sollte, hätte Hentsch immer noch den Ersatzwagen.
Von Luxemburg sind es bis Varennes, zur 5. Armee, nicht ganz zweihundert Kilometer. Die beiden Autos brauchen hierfür 5 Stunden.
Der Kronprinz verdankt Moltke das Kommando über diese Armee. Er empfängt Hentsch sofort, der erklärt, er hätte die Ehre, Kaiserliche Hoheit über die Lage zu informieren, wie sie in der Obersten Heeresleitung gesehen werde. Der Kronprinz hat den Eindruck, daß die Lage nicht schlecht sei, nur der Vormarsch habe sich verlangsamt, man sei an einem Punkte angelangt, von dem an stürmisches Vorgehen sich verlangsamen werde. Seinen 10 Divisionen standen siebeneinhalb feindliche Divisionen gegenüber. Zu dieser Nachmittagsstunde griff das preußische V. Armeekorps die Forts auf den Maashöhen vor Verdun an, die Franzosen sprengten die Maasbrücken. Die Stimmung sei ausgezeichnet, fügt der Kronprinz noch hinzu (er wird sich im Jahre 1916 einen Betonbunker in den Wald von Varennes bauen lassen, einen vorgeschobenen Gefechtsstand für die Schlacht von Verdun, dessen französische Bezeichnung »Abri du Kronprince« überdauern wird. Es war der Unterstand des Kronprinzen, ein Bunker, umgeben von Stacheldraht, halb versunken im Wald, der fast sechs Jahrzehnte wachsen sollte).
Für den Kronprinzen hat Hentsch keine Kartenorientierung im Kopf, hier muß sich nichts ändern, wenn sich etwas ändern sollte.
Zwischen fünf und sechs Uhr nachmittags traf Hentsch in Courtisols beim Herzog von Württemberg ein. Der Ort liegt zehn Kilometer nordöstlich von Châlons-sur-Marne. Hentsch hatte beide Oberkommandos nahe beieinander. Hier war die Schlacht zum Stehen gekommen. Die 4. Armee hatte um diese Zeit die Absicht, am nächsten Tage den Angriff fortzusetzen. Der 8. September war schwer gewesen, ein mühsames Vorwärtsdrängen von Waldstück zu Waldstück, von Gehöft zu Gehöft, von einer Bodenwelle zur anderen. Abends mußte man zur Abwehr übergehen. Das ursprüngliche Kräftegleichgewicht wendete sich, wie

Generaloberst von Hausen schreibt, zugunsten der Franzosen. Als Hentsch um sechs Uhr nachmittags in Châlons-sur-Marne beim Armeeoberkommando 3 eintrifft, findet gerade die Befehlsausgabe statt.

Hausen steht ganz unter dem Eindruck des Bajonettangriffs im Morgengrauen, der erfolgreich war. Er hält, in seiner Lagebeurteilung, den Gegner für stärker, als er in Wirklichkeit ist. Er spricht davon, daß der Feind sich kämpfend hinter den Maurienne-Abschnitt zurückzöge. Seine sächsischen Divisionen hatten an diesem Morgen die Chance, durchzubrechen, doch sie schliefen todmüde ein, als der Gegner fluchtartig zurückging.

Hausen weiß das nicht, er ist krank. Er mußte in Châlons bleiben. Auch sein Stab war durch die Erkrankungen bewegungsunfähig geworden. Nur die sächsischen Flieger erkundeten für ihn, sie hatten gemeldet, daß die französische Kavallerie vor der Armeemitte sich verstärkte. Von dieser Kavallerie befürchtete Hausen an diesem Tage den Durchbruch nach Châlons-sur-Marne, ihr hätte er an diesem Tag nichts entgegenstellen können. Daß diese Kavallerie notdürftig die Lücke zwischen der französischen 9. Armee Fochs und der 4. Armee Langles verschleierte, ahnte er. Aber er hatte keine Division, kein Korps, um in diese Lücke hineinzustoßen.

Am 9. September würde es besser aussehen. Die 23. Reservedivision stand dann zur Verfügung.

An diesem Abend hatte die Sachsenarmee mehr als die Hälfte ihres Mannschaftsbestandes verloren, mit dem sie ausgerückt war. Die Offiziersverluste waren noch höher. Die 2. Armee meldete am 8. September der Obersten Heeresleitung, daß sie nur noch die Gefechtskraft von drei Korps habe. Dieser 2. Armee wollte Hausen am nächsten Tage helfen. Die Armeegruppe von Kirchbach sollte auf Sézanne angreifen, um der schwer kämpfenden 2. Armee Erleichterung zu bringen.

»Der im Augenblicke der Befehlsausgabe im AOK 3 anwesende Oberstleutnant Hentsch des großen Generalstabes — er befand sich auf einer Rundfahrt zu den AOKs — erhielt von dem Angriffsbefehl sowie von der bei uns herrschenden Auffas-

sung der Lage Kenntnis und fügte der am 8. September an die Oberste Heeresleitung abgehenden Schlußmeldung des AOK 3 die Worte hinzu: ›Lage und Auffassung der 3. Armee durchaus günstig‹«, schreibt Hausen.
Jetzt hatte Hentsch drei Armeen besucht. Er sah keinen Grund, die Linie auch nur anzudeuten, die er aus Luxemburg mitgenommen hatte. Ste. Ménehould brauchte nicht für die württembergische Armee genannt zu werden, Reims nicht für die Sachsen.
Es ist möglich, daß Hentsch den Generaloberst Hausen zu dem Bajonettangriff über die Somme, morgens, beglückwünschte.
Er war das Furchtbarste und Stolzeste, das Hausen bisher veranlaßt hatte, als er ihn befahl. Vielleicht war deshalb seine Stimmung so gut, obwohl er doch unter der Krankheit litt. Er wußte immer noch nicht, daß er Typhus hatte.
Als Oberstleutnant Hentsch gegen Abend auf dem linken Marneufer nach Épernay fuhr, sah er den merkwürdigen, großen Sonnenuntergang dieses 8. September. Im Westen standen Regenwolken, schwarz und drohend. Zwischen ihnen hing blutigrot die Sonne. Über dem Schlachtfeld der 1. Armee am Ourcq hatte es geregnet. Hier schien noch die Sonne, aber sie trug den Trauerrand des schwarzen Gewölks, das von Westen sich näherte.
Dorthin fuhr Hentsch. Es war die Stunde, da der Husarenwachtmeister Franz William Koch zurückblickte auf die Gräber der 5. Eskadron vor Vassimont, auf Helm und Kreuz, und ihn ein Gefühl der Erhabenheit befiel, verständlich für einen Mann, der mit eigenen Händen seinen Kameraden die Gräber gegraben, sie bestattet hatte.
Erhaben deshalb, weil dies nun das grimmige Feld der Ehre war und bleiben sollte, auf dem zu fallen jedem Soldaten bestimmt sein kann, aber es müsse nicht alle treffen. »Nichts zu wissen ist nicht gut«, schrieb Koch in sein Tagebuch, »alles zu wissen, ist noch schlechter. Morgen geht es weiter; die Pferde sind zu tränken und zu füttern.«
Kurz vor acht Uhr abends erreichte Hentsch Montmort, südlich von Épernay, einen kleinen Ort an der Landstraße, die sich

steil in ein Tal fallen läßt. An der Kurve, mit der sie sich wieder aus dem Tal erhebt, steht das Schloß Montmort. Montmorts würde es noch viele geben, Todesberge, Totenberge. Die Zukunft war ein einziger Totenhügel.
In Montmort sollten die Befehle gemacht werden, die so folgenschwer wurden. Merkwürdig, in Montmort. Es war der Abend eines Schlachtentages, aber auch der Vorabend vieler Schlachten.
Kriege waren bis zu diesem Abend stets durch Schlachten entschieden worden, gleichgültig, wer sie gewann oder verlor, aber sie gingen durch Schlachten zu Ende. Dieser Krieg würde nicht durch Schlachten zu Ende gehen. An seinem Ende stand die Erschöpfung über Jahre hin, das Aufgeben, weil man nicht mehr konnte.
Am Abend des 8. September war die Lage, in die diese beiden furchtbaren Gegner gemeinsam geraten waren, unentschieden. Würde niemand von außen eingreifen, so müßten die Deutschen die Franzosen mit den Engländern in den nächsten Tagen entscheidend schlagen oder Franzosen und Engländer die Deutschen. Beide Seiten hatten die Chance, zu gewinnen, beide, zu verlieren.
Vorteile hatte jede Seite errungen, Nachteile mußte jede Seite in Kauf nehmen.
Es war doch die Schlacht auf den Katalaunischen Feldern geworden, nur riesiger, räumlich umfassender, die größte Schlacht, die es bisher gegeben hatte.
Wer in dem Augenblick, da die Schlacht unentschieden hin und her wogte, aufgab, der mußte verlieren, und er hatte sich zurückzuziehen, vielleicht aus der Geschichte für einige Zeit, vielleicht für immer.
Darauf war an diesem Abend alles angelegt, und Hentsch war ja nicht ausgesandt worden, um nur schweigend anzuhören, was die Armeestäbe meinten. Er hatte Stichworte mitgebracht, die er bei der 5., der 4. und der 3. Armee nicht gebrauchen mußte. Er hatte sie dort nicht einmal ausgesprochen.
Auch hier hatte er abzuwarten, zu hören, was gesagt wurde. Er

drängte sich nicht vor, es war keine »Mission Hentsch«, wie später geschrieben wurde. Der Mann war kein Botschafter der Obersten Heeresleitung.
Als Generalstabsoffizier war er nur der Lage auf der Karte verpflichtet, der Abendlage, die es nun zu erörtern galt, nachdem Generaloberst von Bülow endlich von einer Frontfahrt zurückgekehrt war. Was die Lage auf der Karte verlangte, das hatte der Armeestab zu begründen, er konnte auch Forderungen stellen. Hentsch hatte zuzuhören.
Das Stichwort für ihn müßte etwa so lauten: Wir können nicht mehr, wir sind in einer Gefahr, die im Kriege für ein Heer tödlich werden kann — wir müssen zurück.
Erst dann, wenn dieses Stichwort fiel, hatte Hentsch zu reden, aber er besaß keine Vollmacht (sie wurde ihm später stets abgestritten), etwas zu verordnen, anzuordnen, zu befehlen.
Er durfte nur dann, wenn jemand an Rückzug dachte und es aussprach, einen Wunsch aussprechen, eine Bitte, eine Forderung der Obersten Heeresleitung, nämlich dorthin sich zurückzuziehen, wohin man, vorbeugend, am Morgen in Luxemburg seine Blicke gerichtet hatte.
Von Ste. Ménehould bis Soissons war eine gedachte Linie entstanden in Luxemburg, die Hentsch in seinem Kopfe nach Montmort mitgebracht hatte.
Ste. Ménehould und Reims hatte er schon wieder vergessen, die vierte und die dritte Armee brauchten die Hilfe nach der Karte nicht.
Auch Bülow war ein Kartenmensch, obwohl er die Front kannte. Nach dem Abendessen, das still verlief, ging man zur Lagekarte. Es gibt Geistermahlzeiten in Kriegszeiten, die schon vorwegnehmen, was kommen wird, Essen, an denen nur noch Tote teilnehmen, auch Tote der Geschichte, Menschen, die von ihr verschlungen werden — in diesem Falle heißen sie Bülow und Hentsch.
Bülow, im Frieden der »Eiserne Preuße«, war für die pessimistische Beurteilung der Lage seiner Armee verantwortlich. Ihm fehlten Reserven, seine Korps waren ausgeblutet, sein rechter

Flügel hing in der Luft, dort brauchte er jetzt die Garde, die mit den Sachsen an seinem linken Flügel kämpfte.
Die Rivalität mit Kluck: Dieser hatte Bülow im Stich gelassen, ihm einfach den Rücken seiner nach Norden abmarschierenden Armee zugedreht. Eigentlich sollte Kluck Bülow unterstellt sein, aber das war nicht richtig ausgemacht oder befohlen worden. Jeder war sein eigener Feldherr, man konnte sich nicht aufeinander verlassen. Die Armeen führten den Krieg, nicht die Oberste Heeresleitung.
Hentsch am Tisch hört zu, schweigt.
Bülow hat Ahnungen. Er spricht davon, daß die Franzosen sicherlich eine Operationsidee hätten, und die würde dahin zielen, Kluck nördlich der Seine einzukesseln, während Kluck darauf hoffte — er tat so, als hätte er den Sieg schon in der Tasche —, die Franzosen zu schlagen, in Paris einzurücken, Bülow über Paris zur Hilfe zu kommen, Schlieffen doch noch den Krieg gewinnen zu lassen.
Schlieffen, das ist jetzt Moltke.
Man sollte es wünschen. Wer wünschte es nicht? Kluck dachte an seine Armee, Bülow dachte an seine Armee, auch Hausen dachte an seine Armee, ihn quälte es, daß er immer den Nachbarn helfen sollte.
Der Anstoß für Hentsch, seine Zurückhaltung endlich aufzugeben, endlich in die Geschichte einzutreten, kommt nicht aus den Überlegungen der Stabsoffiziere, auch nicht von Bülow.
Er kommt von der Front.
Der Kommandeur der 13. Infanteriedivision, die den rechten Flügel der Bülowschen Armee bildete, an der Lücke zu Kluck, hatte am frühen Abend den Rückzugsbefehl gegeben. In eine Lücke innerhalb der Front der Division waren die Franzosen eingerückt, kampflos, und die Deutschen hatten sich zurückgezogen. Kompanien hatten ihre Stellungen verlassen, Artillerie war rückwärts enteilt, der Divisionskommandeur wollte seine Division retten. Deshalb befahl er den Rückzug. Zahlenmäßig waren die Regimenter der 13. Infanteriedivision den Franzosen unterlegen, aber sie wären imstande gewesen, dem Gegner in der

Nacht, spätestens am Morgen den Vorteil wieder zu nehmen.
Für Bülows Stab war die Nachricht vom Rückzug der 13. Infanteriedivision das Menetekel. Er kannte nicht die Umstände, er meinte, daß man sich auf die eigenen Divisionen nicht mehr verlassen könnte. Die Deutschen waren am Ende ihrer Kräfte; sie liefen vor dem Feind davon.
Im Stab fiel das Wort: »Schlacke«, das bedeuten sollte, die Gefechtskraft sei verloren gegangen, nichts sei mehr zu machen.
In den Details stimmte es nicht. Das Regiment der 13. Infanteriedivision, das zurückgegangen war, hatte eine Kampfkraft, die es am nächsten Tage zu einem der stärksten Regimenter des ganzen deutschen Heeres machte: 60 Offiziere und 2700 Mann.
Aber es war zurückgegangen, und das wurde für den Stabschef der 2. Armee, den General Lauenstein, zum Signal, zum Anlaß, jetzt zu sprechen. Er meinte, es sei vernünftig, eine Zurücknahme der 2. Armee ins Auge zu fassen.
Damit war das Stichwort für Hentsch gefallen, der erwiderte, die Zurücknahme sei logisch, die Lücke würde wieder geschlossen, wenn die getrennten Flügel der beiden Armeen sich in Fismes vereinigen könnten.
Fismes, an der Straße von Reims nach Soissons.
Für Bülow und Lauenstein war das eingetreten, was sie den ganzen Tag befürchtet hatten. Der rechte Armeeflügel, von fünf französischen Divisionen, dazu Kavallerie eingedrückt oder schon umgangen, hatte nicht standhalten können. Die Franzosen waren in der Lücke, sie marschierten über den Petit-Morin nach Norden und bogen mit Teilen nach Osten gegen die schwache 13. Infanteriedivision ein. Bülow hatte keine Reserven mehr; die 14. Infanteriedivision, die 24 Stunden früher für diesen Fall zur Verfügung gestanden hätte, war im Zentrum der Armeefront eingesetzt worden, sie sollte über die Sümpfe von St. Gond angreifen.
Nicht nur die Engländer waren in der Lücke, auch die Franzosen. Und vor den Franzosen gingen die Deutschen zurück. Diese 13. Infanteriedivision war zudem nur eine halbe Division, sie hatte nur zwei Regimenter, die anderen beiden Regimenter

mußte sie vor Maubeuge zurücklassen. Es kam hinzu, daß das Regiment 158, das den Druck nicht ausgehalten hatte, ein Lothringisches Infanterieregiment war, das mit dem westfälischen Regiment 13 die Infanteriebrigade des Generals von Unruh bildete. Mußten Bülow und Lauenstein nicht annehmen, daß sie es tatsächlich mit »Schlacke« zu tun hatten? Für Bülow bedeutete Sicherung der Flanken alles, er war jetzt 68 Jahre alt, ein Veteran von 1870/71; er fühlte sich von Kluck verlassen. Die Wegegabel nördlich der Ortschaft Marchais, an der Straße nach Paris, war der Schauplatz des Zurückweichens der Deutschen gewesen. Dort waren am 11. Februar 1814 die Russen unter schwersten blutigen Verlusten geschlagen worden, jetzt hatten die Franzosen hier wieder Erfolg, diesmal gegen die Deutschen. Generale haben die Kriegsgeschichte im Kopf, wenn sie Krieg führen.
So befahl Bülow die Zurücknahme der 13. Infanteriedivision, die selbständig zurückgegangen war, sowie das Absetzen des X. Reservekorps für den nächsten Tag. Es war sein rechter Armeeflügel, der allein zurückgehen sollte, den er zurückbog, noch weiter von der Marne entfernte, hinter der Kluck eine Verteidigung aufbaute. Doch der linke Armeeflügel hatte am Morgen anzugreifen.
Legt man auf die Frankreichkarte ein Lineal, zieht man einen Strich von dem Punkt, auf den Bülow seinen rechten Flügel für den 9. September zurücknehmen ließ, so trifft man, genau senkrecht nach Norden hinauf, Fismes an der Straße von Reims nach Soissons. Dort sollte die 2. Armee sich mit der 1. Armee wiederfinden.
Die Vorentscheidung für den Rückzug war gefallen.
Eine schwache Infanteriedivision, die Dreizehnte, ein Stichwort, das »Schlacke« hieß und das vom Chef des Generalstabes der 2. Armee gegeben worden war, worauf Oberstleutnant Hentsch aus seinem Kartenwissen das Wort »Fismes« preisgab, ein Rücknahmebefehl, den Bülow und Lauenstein ausarbeiteten, – dies genügte, um der Marneschlacht eine für die Deutschen ungünstige Wendung zu geben.

Man könnte sich vorstellen, daß Hentsch, nachdem die Entscheidung bei der 2. Armee gefallen war, mit Moltke in Luxemburg telefonierte (er hätte auch vor der letzten Befehlsausgabe mit ihm sprechen können, aber das war nicht möglich, es gab keine Telefonverbindung von Montmort nach Luxemburg). Es gab keine Verständigung. Hentsch konnte nur einen Funkspruch zur Obersten Heeresleitung absenden. Dies geschah, nachdem alles vorüber war im Schloß Montmort, die Befehle an die Truppe ergangen, die Lawine ausgelöst, 23 Uhr 30.
Hentsch ließ an Moltke funken: »Lage am rechten Flügel II. Armee ernst, aber nicht aussichtslos. Hentsch.«
Der Funkspruch wurde am 9. September morgens 1 Uhr Moltke gebracht.
Hentsch war in Montmort inzwischen schlafen gegangen.
Was sollte Moltke vom Inhalt denken? Es war ein sehr kurzer Funkspruch.
Die Lage am rechten Armeeflügel, an der Lücke zur 1. Armee, war ernst. Befürchtet hatte das Moltke schon am Morgen des 8. September. Aber sie war nicht aussichtslos.
In welcher Richtung war sie nicht aussichtslos? Feindwärts oder rückwärts, wenn man sich in Fismes mit der 1. Armee wiedervereinigte?
Moltke hätte jetzt der 2. Armee funken müssen, sie solle aushalten auch in schwieriger Lage, bei Hausen stünde es nicht schlecht, Kluck sei zuversichtlich, am 9. September die Franzosen nach Paris hineinwerfen zu können.
Ein Feldherr (und das hatte Moltke zu sein), der jetzt schweigt, gibt die Verantwortung ab. Er verläßt sich auf andere. Oder gibt er die Schlacht auf?
Er hat sie nicht geführt, er hat sich aber ihrem Ergebnis zu beugen.
Denkt er an neue Operationen, nach dem Rückzug von der Marne? Hat er ein neues Konzept?
»Ich sah aber eine Katastrophe voraus, wenn ich das Heer nicht zurückgenommen hätte.« Moltke schreibt das, aber es ist nicht für diese Nacht vom 8. zum 9. September gedacht, es ist der

»schwerste Entschluß meines Lebens, der mich mein Herzblut gekostet hat« — am 12. September.
Zwischen diesem 12. September und der Nacht zum 9. September liegt der Rückzug von der Marne.
Hentsch, das Auge und Ohr Moltkes, geht vor Mitternacht schlafen. Moltke bleibt wortlos in Luxemburg, auch er geht schlafen. Zur Ruhe legt sich der Husarenwachtmeister Franz William Koch am Ufer der Somme.
Er hat seine Kameraden begraben, die er zwei Tage vorher bei der Husarenattacke verloren hatte.
Die Müdigkeit war überall groß.

42. KAPITEL

Der sterbensmüden Heere letzter Schlachttag

Die Ereignisse des 9. September, des letzten Tages der Marneschlacht, fassen zusammen, was übrigbleibt für den Weitergang der Geschichte, die unbarmherzig aussieht, nur das Allgemeine bestehen läßt – aber auch das bleibt ein Fragment.
Geschichte setzt sich aus übriggebliebenen Fragmenten zusammen. Wer sie beurteilt, sieht die Menschen kaum, die sie doch entstehen ließen.
Die Menschen erscheinen an diesem Tage am schwächsten. Mit ihnen geschah zuviel. Sie hatten kaum noch Kraft. Sie wirken wie betäubt, wenn man die Irrwege der Befehle verfolgt, die auf taube Ohren stießen. Erschöpfung des historischen Personals, nicht des Potentials auf beiden Seiten. Es hätte noch lange weitergekämpft werden können, wie es auch tatsächlich über Jahre hinweg geschehen ist. Die zusammengeschossenen Regimenter ließen sich – auf beiden Seiten – auffüllen, die Geschütze ersetzen, die zermalmt wurden von dem Feuer anderer Geschütze; Schlachtfelder lassen sich aufräumen (während der Marneschlacht tat man es, vor allem auf deutscher Seite, was aber nicht heißen soll, die Deutschen fühlten sich wie Sieger, während sie das Feld aufräumten).
Zwei sterbensmüde Heere stehen am Morgen dieses Septembertages auf und beginnen mit Bewegungen, die nicht mehr die Dramatik der vergangenen Tage aufweisen. Alles wirkt sonderbar geschwächt, das Vorrücken hier, das Zurückweichen dort. Es gibt Einzelaktionen, die sich davon abheben: die Erstürmung des Schlosses Mondement und seine Behauptung durch Kompanien der 2. Armee, das Vordringen der Brigade von Lepel aus dem Wald von Compiègne in den Rücken der Franzosen der

Armee Maunourys dort, wo am Mittag des 5. September alles begonnen hatte, der Versuch der Zuaven, Schloß Mondement zurückzuerobern, mit einem furchtbaren Gemetzel, und überall die Regimentsfahnen, die hier einem ausweichenden Truppenteil vorangetragen werden, dort einem langsam vorgehenden.
Manchmal bemerkt man nicht mehr, was der Gegner macht. Aber man ist auch nicht unzufrieden über diese Situation, es ist keine Resignation, nur Ermattung.
Ein deutscher Generalstabsoffizier wird vom Gardekorps abgeschickt. Er trifft an seinem Bestimmungsort nicht ein. Unterwegs erlitt er, im Kraftwagen, einen Nervenschock. Der französische General, der nachts den Befehl erhält, mit seiner Division sofort einen Flankenmarsch vor dem Gegner anzutreten, um am rechten Flügel der Armee Foch angreifen zu können, gibt den Befehl wie im Schlaf, und wie im Schlaf marschiert seine Division. Sie kommt zu spät, sie wird nicht mehr an diesem Tag eingesetzt, obwohl sie die einzige Reserve der Armee war und auf den Lagekarten als Retter in der Not hin und her geschoben wurde. In deutschen Divisionsstäben verzeichnet man Nervosität in den oberen Rängen der militärischen Hierarchie. Von dort kommen Befehle, die ein Augenmaß vermissen lassen, obwohl man doch bisher anders miteinander umging.
Bülow beleidigt das Gardekorps, als er nach 10 Uhr vormittags an den kommandierenden General von Plettenberg telefonieren läßt: »Ich vermag den ›sperrfortartigen‹ Charakter des Mont Août nicht als ausreichenden Grund anzusehen, um die Angriffsbewegung des Gardekorps zu hemmen. Es ist vielmehr unter Niederhaltung des Feuers vom Mont Août durch schwere Feldhaubitzen mit aller Energie auf Sézanne vorzustoßen.« Ungewöhnlich war dieser Ton gegenüber der Garde; in Plettenbergs Stab hatte man den Eindruck, daß irgendetwas nicht mehr stimme. Bülows schroffer Ton verriet es. Nach unten gab von Plettenberg diesen Mißton weiter. Nun verletzte auch er die Würde des Gardekorps im Ton, den er für notwendig hielt: »Ich mache die beiden Herren Divisionskommandeure persönlich dafür verantwortlich, daß ihre Divisionen unbekümmert um

irgendwelche Verluste in rücksichtslosem Draufgehen vorgeführt werden.«

Als der Befehl bei der Truppe eintraf, glaubte sie längst, gesiegt zu haben, der Feind wich zurück, er marschierte in Kolonne vom Schlachtfeld weg.

Der rechte Flügel Bülows, der in der Nacht zurückgenommen, nach innen gebogen wurde und somit die Lücke zu Kluck erweiterte, hat sich eingegraben und erwartet den Gegner. Aber die Franzosen kamen nicht.

Die Soldaten haben warmes Essen, Brot, Speck und Kaffee bekommen, nun schlafen sie in den Tag hinein, einige lesen Feldpost, die ersten Zeitungen sind gekommen. Der linke Flügel Bülows, das Gardekorps, greift an, zusammen mit den Sachsen, und sie müssen sich nicht sehr mühen. Sie haben fast nur zu gehen, voranzukommen. Denn der Franzose rückt ab. Er geht nach Hause, sagen die Soldaten. Eine feindliche Front ist nicht mehr da, die Truppenverbände zerflattern. Die französische Artillerie schoß noch, doch helfen konnte sie nicht mehr.

In der Mitte der 2. Armee blieben die Divisionen stehen, nur der Angriff auf Mondement war, durch ein Versehen, ausgelöst worden, er überragte diesen Tag durch sinnlose Tapferkeit beider Seiten. Aber was überragt schon, wenn die Schlacht sich der Endsumme zuneigt, die gezogen werden muß. Gegen die Garde riß ein verzweifelter französischer Offizier seine Leute zu einem letzten Vorstoß nach vorn, wodurch er die ihm gegenüberstehende Gardeeinheit kurz in eine kritische Lage brachte. Aber geändert wurde dadurch nichts. Die Franzosen waren hier allein, rechts und links hatten sie niemanden mehr, der sie deckte. Eigentlich konnten sie sich geschlagen geben.

»Unzweifelhaft voller Sieg wie bei der 1. Garde-Infanteriedivision, so auch hier«, heißt es im Bericht der 2. Garde-Infanteriedivision, »das viertägige, blutige Ringen war entschieden, die schweren Opfer waren nicht umsonst gebracht. Jetzt gab es nur die eine Lösung: Verfolgung bis zum letzten Atemzuge von Mann und Pferd. Jeder wartete auf diesen Befehl. Schnell wurden die Feldküchen herangezogen, um die Truppe zu dieser

Aufgabe zu befähigen. Am Abend konnte man Sézanne und die Gegend südlich davon erreicht haben. Das konnte die Entscheidung des Krieges sein. Stolzes Siegesbewußtsein, Dank gegen Gott erfüllte die Herzen der unvergleichlich tapferen Feldgrauen der preußischen Garde.«
Wahr, zu wahr alles, im Stil der Zeit von Männern geschrieben, die für uns keine Schatten mehr werfen.
»Wenige Granaten auf weite Entfernung genügten, um jeden Halt in der französischen Infanterie zusammenbrechen zu lassen.« Kein Wunder, diese Franzosen waren am Tage vorher, beim Bajonettangriff der Sachsen und der Garde, moralisch gebrochen worden. Die Deutschen hatten es nur nicht bemerkt, sie trauten es dem Gegner nicht zu.
General Foch hätte am Abend vorher Joffre melden können, daß es bei ihm schlecht stünde, aber er unterließ es. Er hatte bessere Nerven als Bülow, er war auch jünger. Vielleicht war er unverfrorener, kaltblütiger, auch kaltherziger. Er hatte nichts mehr vor sich als die Schande, geschlagen zu werden, zusehen zu müssen, wie sich die Schleusentore öffneten, die er mit seiner rasch zusammengestellten 9. Armee vor der deutschen Flut aufgerichtet hatte.
Er hatte gewußt, als er in Pleurs, dicht hinter seinen Soldaten, zu Beginn der Schlacht eintraf, daß er die Deutschen zu täuschen hatte, und bis zu dieser Mittagsstunde des 9. September war ihm diese Täuschung geglückt. Der starke Gegner, der ihn angriff, wurde von seiner Artillerie getroffen, irritiert, verlangsamt, auch nach dem Bajonettangriff todmüde gemacht, aufgehalten.
Die Entscheidung suchte Joffre woanders, Foch deckte ihm dabei die rechte Flanke.
Aber Foch, das waren auch seine Soldaten. Sie siegten nie, sie verloren immer, gleichwohl hielten sie zusammen, machten immer wieder kehrt, warfen sich an Waldrändern nieder, ließen sich aufspießen von den deutschen Bajonetten, starben und hinterließen zwischen der Somme und dem Bach Maurienne, an dem sie zuletzt, als alles schon vorüber war, verzweifelt standen, ein Beispiel des Widerstandes, das selbstmörderisch aussah.

Aber es war nur die Ausführung von Befehlen und die Reaktion auf den Gegner, nichts Besonderes im Krieg, eine Episode.
Ohne Fochs niedergelassene Schleusentore, die sich erst am 8. September halb und am 9. September auf seinem rechten Flügel ganz öffneten, um die Garde und die Sachsen endlich einzulassen, hätte Marschall French nicht so geruhsam, so zögernd und kaum angefochten, nach Norden und über die Marne mit dem britischen Expeditionskorps marschieren können. Franchet d'Espereys 5. Armee wäre ferner nicht in die Lage gekommen, die Engländer dabei so gut zu unterstützen.
Foch konnte mit seiner Armee die Deutschen nicht aufhalten. Aber er sorgte dafür, daß der moralische Effekt ausgelöst werden konnte, der die Moral Bülows, und mit ihm die des Oberstleutnants Hentsch und damit der Obersten Heeresleitung in Frage stellte und endlich zermürbte.
Bülow verlor am Vormittag des 9. September seine Selbstbeherrschung, als er merkte, daß seine Garde nicht so rasch vorwärts gekommen war, wie es ihr zugestanden hätte (vielleicht auch, weil er spürte, daß er sie am falschen Armeeflügel stehen hatte, sie wäre rechts wichtiger gewesen), aber er zeigte diesen Verlust an autoritärer Höhe erst dann, als er schon die Rückzugsbefehle ausfertigen ließ.
Die Garde trieb er noch vor, vielleicht sollte sie wettmachen, was er zu versäumen sich gerade anschickte: Fochs mitleidloses Stehenbleiben dort, wo es wichtig war, und keine Verzweiflung zu zeigen, wenn man zurückweichen mußte.
Wenn Bülow dem Gardekorps befiehlt, durch energischen Angriff gegen die Flanke des vor seiner Armeemitte stehenden Gegners Entlastung zu bringen, und hinzusetzt, daß der »Ausgang des Tages« davon abhänge, dann denkt er nicht an den Sieg, sondern an den Rückmarsch, den das Gardekorps durch Angriff decken soll. Die Garde aber meint, der Sieg sei jetzt erreichbar, und sie stellt fest, daß die Franzosen abmarschieren, als sie, die Garde, sich wieder in Bewegung setzt, den Mont Août stürmt, der die Landschaft beherrscht, vor ihr der fliehende Feind. Hier gibt es die Geschichte von dem Ordonnanz-

offizier des Armeeoberkommandos, den Generaloberst von Bülow zum Antreiben des Gardekorps und der Sachsenarmee am 9. September geschickt hatte und der nach Erledigung seines Auftrages dem Kampf der Garde und der Sachsen zusah, auch der Flucht der Franzosen.
Es ist der Oberleutnant von Egan-Krieger, vom 1. Leibhusaren-Regiment in Danzig, kommandiert zum Großen Generalstab, ein großer Rennreiter des Heeres in Friedenszeiten, der mit Hilfe eines Flugzeuges, in das er sich setzte, zwei Rennen in zwei auseinanderliegenden Städten am gleichen Tage ritt und gewann. Er hatte die düstere Nacht mit Hentsch im Armeehauptquartier Montmort hinter sich, er kannte den Pessimismus, er war voller Zweifel zur Garde gefahren. Jetzt haben die Garde und die Sachsen die beherrschenden Höhen erreicht, vor ihnen liegt Sézanne, die Straße nach Paris südlich der Sümpfe von Saint Gond ist frei. Oberleutnant von Egan-Krieger ruft seinem Kraftfahrer zu, er möge »um sein Leben fahren«, er wirft sich neben den Fahrer in den Sitz: er möchte Bülow melden, daß alles noch gut werden würde.
Er kommt zu spät. Zwischen 10 Uhr und 11 Uhr vormittags, viele Stunden vor des Oberleutnants rasender Fahrt zur Armee, ließ Bülow den Rückzugsbefehl entwerfen, 11 Uhr 45 vormittags an diesem 9. September wurde er ausgegeben.
Der Oberleutnant wußte mehr als sein Armeeoberbefehlshaber, aber es nützte nichts. Es war sinnlos, mehr zu sehen, vieles zu wissen, zu fahren, zu marschieren, zu sterben — die Entscheidung war längst gefallen.
Jetzt siegte der linke Flügel Bülows, doch der Rückzug war schon befohlen.
Die Technik, die mit ihren Geräten Ansprüche erhob, war noch nicht so gut, daß ein Funkspruch aus der 1. Armee nach Luxemburg, der bei der 2. Armee abgehört wurde, an diesem Tage korrekt zu verstehen war. Die Funker empfingen verstümmelte Meldungen. Entscheidendes war unterwegs irgendwie verlorengegangen. Es gab aber auch keine taktischen oder operativen Gespräche über Funk zwischen Bülow und Kluck.

Man sprach nicht miteinander, man hörte den anderen nur ab.

Bülows tiefe Versunkenheit in seine eigenen Probleme, in das Nachdenken über die Rettung seiner Armee, war so groß, daß er versäumte, seinen linken Nachbarn von Hausen sofort über seinen Rückzug benachrichtigen zu lassen. Jeder Armeeführer machte am 9. September, was er für richtig hielt. Hentsch, der doch wie eine Spindel im Webstuhl dieses Tages arbeiten sollte — so hatte es sich Moltke gedacht —, hielt nichts zusammen, verband nicht, was ohne Verständigung hier Krieg führte. Er trug den Pessimismus wie eine ansteckende Krankheit von Bülows Hauptquartier zu Kluck.

Früh am Morgen des 9. September, zwischen 6 Uhr 30 und 7 Uhr, hatte Hentsch mit Bülow und Lauenstein die Lage besprochen; sie hatte sich in der Nacht nicht geändert, die Beurteilung von gestern abend behielten sie bei.

Fismes war von Hentsch als Wiedervereinigungspunkt für die beiden nördlichen Armeen genannt worden. Dorthin mußten die 2. und 1. Armee ihre Flügel ausrichten, wenn der Feind in beträchtlicher Stärke die Marne überschreiten und im Rücken der 1. Armee auftreten würde.

Das war die Übereinkunft. Von ihr wird das Nächste bestimmt werden, noch nicht das Allernächste, denn das ist die Fahrt von Hentsch zur 1. Armee.

Die Nachtstunden hatte man nicht benutzt, um Kluck zu informieren. Bülow ließ nichts an Kluck funken, und Kluck funkte nichts an Bülow. Erst 7 Uhr 35 morgens — Hentsch war seit einer halben Stunde von Montmort zur 1. Armee unterwegs — traf bei Kluck ein Funkspruch Bülows ein: »Rechter Flügel 2. Armee 9. September nach Margny-Le Thoult zurückgenommen. Gardekavalleriedivision geht gedrängt Gegend Condé-en-Brie zurück. 5. Kavalleriedivision nach nördlich der Marne abgedrängt.«

Zwischen Bülow und Kluck gab es in dieser Nacht keine Verständigung, keine Ordonnanzoffiziere brachten Botschaften.

Nicht mehr als 100 Kilometer Landstraße wären zu befahren gewesen, um aus Montmort nach la Ferté-Milon zu gelangen, oder von Racines Geburtsort im Ourcqtal zum Schloß Montmort.
Man übersah sich gegenseitig. Jeder war mit sich beschäftigt, auch der Schlaf war heilig. Für Hentsch war der sechsstündige Schlaf in Montmort ein Versäumnis, das unverständlich bleibt. Brauchte ein Offizier aus der Obersten Heeresleitung unbedingt Nachtruhe nach einer anstrengenden Autofahrt? So matt und müde wie die Soldaten der kämpfenden Heere konnte der Oberstleutnant aus Luxemburg gar nicht sein; er wurde gefahren; er mußte nicht reiten oder gehen. Hentsch blieb über Nacht in Montmort, weil er eine Änderung der Lage erwartete, die er mit dem Armeestab beraten konnte, aber sie traf nicht ein.
Erwartete er, daß die Engländer nachts über die Marne gingen? Sie blieben vor ihr stehen. Nachts schlägt man sich nicht. Die Nacht war nur für Husarenpatrouillen ein Tag wie jeder andere. Einige kleinere Kavallerieabteilungen der Engländer gingen über den Fluß.
Wollte er seine Verantwortung, die er aus Luxemburg mitgebracht hatte, durch den Schlaf in Montmort hinausschieben? Fürchtete er den Besuch bei von Kluck und dessen Generalstabschef von Kuhl?
Nichts würde sich an seiner Verantwortung ändern. Die Nacht schob sie nur auf und machte, durch dieses Nichtstun, das Debakel, das die Deutschen treffen sollte, vollkommen. Denn es sind nicht nur Hentsch, Bülow und Lauenstein, die an Rückzug denken, ihn nicht mehr ausschließen, sogar schon planen. »Am Abend des 8. September muß General Maunoury erkennen, daß nach drei Tagen ununterbrochener Kämpfe und Einsatz aller ihrer Kräfte in vorderster Linie die 6. Armee ohne einen schweren Fehler des Feindes nicht mehr hoffen kann, die deutsche rechte Flanke einzudrücken. Anordnungen werden für den Fall getroffen, daß ein zu lebhafter Druck des Feindes einen Rückzug erzwingen sollte.« Gallienis Stabschef, General Clergerie, berichtet das in seinem Buche über die Marneschlacht aus dem

Jahre 1920. »Es kann sein, daß die Armee von Paris in ihrem Widerstand selbst in eine gefährliche Lage kommt, wenn die seit dem 6. September erwartete Unterstützung noch länger ausbleibt.«

Hentsch braucht für die 100 Kilometer von Montmort nach Mareuil am Ourcq, dem neuen Hauptquartier Klucks, fünfeinhalb Stunden. Es ist schönes warmes Wetter. Am Himmel erscheinen Flugzeuge. Die Straßen sind mit Nachschubkolonnen bedeckt. In Épernay fährt Hentsch über die Marne, fast gleichzeitig mit englischen Truppen, die weiter westlich den Fluß überschreiten. Hentsch sieht nichts davon. Es liegen 60 Kilometer zwischen ihm und dem östlichen Übergang über die Marne, den die Engländer wählen. Joffre hat am Abend Marschall French darauf hingewiesen, daß den Engländern nur schwache Kavallerie gegenüberstände, sie sei zu zerstreuen, am 9. September müsse man in den Rücken der Armee Kluck marschieren.
Im Rücken Klucks, gegen den die Briten jetzt vormarschierten — es stehen ihnen dafür zur Auswahl zwei Eisenbahnbrücken und sechs Straßenbrücken zur Verfügung, die entgegen erteilten Befehlen von den Deutschen weder besetzt noch zur Sprengung vorbereitet wurden —, sieht Hentsch das Chaos des Rückmarsches der Nachschubkolonnen. Der Troß, der damals Bagage hieß (nicht die Gefechtsbagage, die weit vorn blieb, sondern die große Bagage, die Lazarettkolonnen mit den stöhnenden und stillen Verwundeten), war in den vergangenen Tagen immer wieder verschoben worden, vom Süden nach Norden, als Kluck seine Armeekorps zum Ourcq heranholte, kreuz und quer auf Feldwegen und Landstraßen, ineinander verknäult an den Straßenkreuzungen, von Gerüchten begleitet, die vorwegnahmen, was erst noch kommen sollte: daß die Engländer kämen, nun diejenigen, die man bisher gejagt hatte, als Jäger. Umgekehrt, blitzartig, die Lage von Anfang September. In einer Woche der Feind, den man geschlagen vor sich hertrieb, zurückgekehrt, nun selbst darauf aus, das zu tun, was man bisher getan hatte.

Für Nachschubtruppen sind solche Erfahrungen neu. Sie verbreiten nicht nur Unruhe, sie lähmen, dann treiben sie die Fahrer an, auf die Pferde einzuhauen, um herauszukommen aus dem vermeintlichen Unglück.
Während die Kompanien vorn nicht nur dezimiert, sondern halbiert wurden, schien sich die Etappe immer mehr aufzublähen. Mit jedem Mann, der fiel, wurde sie größer. Außerdem fehlte den Trossen und Bagagen die Übersicht. Ein Feldpostwagen transportiert Briefe und Zeitungen, aber er fährt damit nicht in den Feind.
Plötzlich schießt eigene Artillerie. Sie gehört zur Heereskavallerie, die nördlich der Marne sich den Engländern entgegenwerfen soll. Die Front ist nun in der Etappe. Das Hinterland wird zum Kriegsschauplatz.
Hentsch biegt in Fère-le-Tardenois nach Westen ab, ihm kommen in schneller Fahrt Nachschubkolonnen entgegen. Bei Neuilly St. Front muß er Gewalt anwenden, um den beiden Kraftwagen den Weg zu bahnen. Er muß kehrtfahren, dreimal an diesem Vormittag, der ihm alles zeigt, was er geahnt hat. Je höher der Stab, in dem einer Dienst tut, desto größer ist der Pessimismus. Man hat Überblicke, die andere nicht haben. Nun wird dieser professionelle Pessimismus des Oberstleutnants aus dem Stabe Moltkes genährt von den Bildern des Rückzuges, von den Einzelheiten der Landstraße, die sich ihm tief einprägen. Er sieht auf einmal alles von ganz unten, er ist abgeschnitten wie diese auf Gerüchte angewiesenen Nachschubsoldaten von den ununterbrochen eintreffenden Meldungen, an die er gewöhnt ist. In den letzten Tagen waren Hiobsbotschaften darunter. Dies hier auf der Straße ist auch eine Hiobsbotschaft. Er ist selbst in sie verwickelt. Sie wird ihn in seinen Ansichten über den Zustand des rechten Heeresflügels bestärken.
Um 10 Uhr wollte er bei Kluck sein. Auch Bülow rechnet damit, daß Hentsch zwischen 10 und 11 Uhr ihm einen Funkspruch aus Klucks Hauptquartier sendet, aber zu dieser Zeit liegt der Oberstleutnant mit seinen beiden Autos auf der Landstraße, festgekeilt in eine Kolonne, die ihn nicht vorbeilassen will.

Es fehlt ihm nicht an Energie. Er setzt sich durch, aber die Technik, auf die er vertraute, als er den Kraftwagen bestieg, kann sich gegen die bespannten Kolonnen nicht durchsetzen. Die Neuzeit des Kraftwagens trifft auf das Mittelalter der Pferdewagen. Das 19. Jahrhundert verschlingt die Anfänge des 20. Jahrhunderts. Die Berechnungen gehen nicht auf, sie werden von Berechnungen, die andere gemacht haben, durchkreuzt.
100 Stundenkilometer könnten seine beiden Daimler-Autos fahren. 100 Kilometer weit ist die Distanz von Montmort zum Ourcq. Sie wird für Hentsch zur Ewigkeit.
Es ist möglich, daß er müde wurde. Durch Kolonnen, die auf dem Rückzuge sind, fährt man zuerst gleichgültig, dann wird man ungeduldig, man steigt aus, brüllt einen Fahrer an, der sich in den Weg stellt, später kehrt die Gleichgültigkeit zurück.
Als Hentsch endlich gegen 12 Uhr 30 in Mareuil am Ourcq eintrifft (ein kleiner Ort, die Häuser hoch über dem Ourcq, eine einzige enge Straße), hat Bülow die Schlacht aufgegeben, doch Kluck weiß davon nichts.
Zwischen 10 und 11 Uhr waren Meldungen bei Bülow eingetroffen, die dessen Befürchtungen bestätigten. Die Engländer gingen über die Marne.
Der Fliegerleutnant Berthold hatte beobachtet, daß fünf feindliche Marschkolonnen zwischen La Ferté-sous-Jouarre und Montmirail nach Norden vorrückten. Ein Funkspruch des Kavalleriekorps Marwitz an Kluck war abgehört worden, der starke Infanteriekolonnen im Vormarsch über die Marne meldete.
Jetzt spielt bei der Beurteilung des Debakels, das sich abzuzeichnen beginnt, die Beachtung der Uhrzeit eine Rolle. Von Hentsch kommt kein Funkspruch an die 2. Armee.
Wenn der Oberstleutnant nicht unterwegs aufgehalten worden wäre, so mußte er zwischen 10 und 11 Uhr bei Kluck sein. Bülow konnte sich darauf nicht verlassen. Für ihn war der Übergang der Engländer über die Marne das Signal, das er mit Hentsch vereinbart hatte. Jetzt gingen die Engländer über den Fluß; die Marnelinie war nicht mehr zu halten.

Aus Montmort geht 11 Uhr 02 ein Funkspruch zu Kluck ab. Bülow teilt ihm mit, daß er den Rückmarsch einleitet: »Flieger melden Vorgehen von vier langen Kolonnen über die Marne. Anfänge 9 Uhr Nanteuil s. M., Citry, Pavant, Nogent-l'Artaud. 2. Armee einleitet Rückmarsch, rechter Flügel Daméry.«
Im Entwurf steht noch: »Wie Lage bei der 1. Armee?« Aber diese Anfrage, die der kühlen militärischen Sprache etwas Warmes gibt, entweder eine Teilnahme am schweren Schicksal der 1. Armee oder eine echte Frage, die eine Antwort verlangt, bleibt in Montmort. Der Funkspruch geht ohne diesen Satz zur 1. Armee. Bülow konnte nicht wissen, wie lange dieser Funkspruch unterwegs sein würde. Aber es gab Anhaltspunkte. Man brauchte auch hier vorn, an der Front, Stunden, bis die drahtlose Telegraphie einen Spruch transportiert und entschlüsselt hatte. Jetzt, ohne den Satz, der auch nur aus Verlegenheit entstanden sein könnte, weshalb man ihn dann wegließ, klingt alles unumstößlich: »2. Armee einleitet Rückmarsch.« Während dieser Funkspruch unterwegs ist (die Technik ist kläglich; wer sich auf die Funktelegraphie verließ, konnte Schlachten verlieren; hier geschah es; auch die deutschen Funkstationen hatten ihren Anteil am Verlust der Marneschlacht), liest man beim AOK 2 einen Funkspruch Klucks an General von der Marwitz mit, der keine Unterschrift trägt: »Linker Armeeflügel geht über Crouy—Coulombs bis Montigny—Gandelu zurück, H.K.K. 2 deckt diese Bewegung gegen Gegner, der bei Charly übergeht, womöglich durch Angriff.«
Die Uhrzeit, zu der dieser Spruch gefunkt wurde, ist 11 Uhr 30. Beim AOK 2 faßt man diesen mitgelesenen Funkspruch als Nachricht über den Rückzug der ganzen 1. Armee auf.
Man nimmt sogar an, daß er eine Nachricht der 1. Armee an die 2. Armee sei. Später wurde geschrieben, Bülow habe geglaubt, Hentsch schicke ihm diese Botschaft, der Oberstleutnant habe nur vergessen, sie mit seinem Namen zu zeichnen.
Daß man in Montmort einen Befehl an das Heereskavalleriekorps 2 Marwitz in eine Nachricht an die 2. Armee umdeutet, läßt eine Übermüdung erkennen, die an diesem Tag charakteri-

stisch für die Stäbe ist. Es zeigt aber auch, daß man im Lesen von Funksprüchen noch nicht ganz auf der Höhe war.
Ohne bei Kluck zurückzufragen, setzt Bülow mit seinem Chef Lauenstein sofort die Rückzugsbewegung in Gang, die als Armeebefehl schon vorbereitet war und nun sogleich telefonisch an die Korps der 2. Armee durchgegeben wird. Dies geschah ab 11 Uhr 45. Der Armeebefehl setzt den Beginn des Rückzuges auf 1 Uhr mittags fest; er beginnt mit dem Satz: »Im Interesse der Gesamtoperation wendet sich die Armee nach dem erzielten Erfolge ihrer neuen Aufgabe auf dem nördlichen Marne-Ufer zu und gewinnt hierzu zunächst die Linie Daméry–Tours nördlich der Marne.«
Die Bewegung soll auf dem linken Flügel begonnen werden, Nachhuten hätten mit starker Artillerie »zur besseren Loslösung vom Feind« bis zum Einbruch der Dunkelheit bei allen Divisionen am Feind zu bleiben. »Bis zum Beginn des Abmarsches darf der Schwung des Angriffes an keiner Stelle erlahmen.«
Nun ist die Oberste Heeresleitung zu benachrichtigen. Der Chef des Stabes der 2. Armee, Lauenstein, entwirft die Meldung, die die erste genaue Nachricht vom rechten Heeresflügel nach Luxemburg gibt. Generalstabsoffiziere entwerfen keine Romane, wenn sie eine Meldung formulieren. Lauensteins Meldung klingt wie ein Roman, denn sie stützt sich auf die Annahme, daß die 2. Armee eine Mitteilung von Hentsch erhalten habe. Sie macht die 1. Armee für den Rückzug verantwortlich, den man vor 12 Uhr mittags selbst befohlen hat. Sie enthält jedoch auch den Satz von der »Übereinstimmung mit Hentsch«, der Bülow und Lauenstein absichern muß:
»Nach Mitteilung Hentsch geht 1. Armee zurück, linker Flügel Coulombs–Gandelu (diese beiden Orte hat man aus dem Funkspruch Klucks an Marwitz) ... 2. Armee stellt in Übereinstimmung mit Hentsch ihren langsam vorschreitenden Angriff ein und gewinnt nördliches Marneufer, rechter Flügel Dormans ...«
Eine neue Verwirrung tritt auf. Der rechte Flügel sollte in der Mitteilung an Kluck auf Daméry zurückgehen, Moltke wird als Ziel für den Rückzug dieses Flügels Dormans gemeldet, der

Ort liegt weiter östlich, nahe Épernay an der Marne. Bülows Armee setzt sich, angeblich in Übereinstimmung mit Hentsch — aber das gilt nur für die Richtung auf Fismes, die zu wählen ist, wenn die Engländer über die Marne gegangen sind —, vom Feinde ab, gibt zwei verschiedene Orte als Richtpunkte für ihren rechten Flügel an, zuerst Daméry, dann Dormans, sie unterläßt es, den linken Nachbarn, Hausens Sachsenarmee, rechtzeitig zu informieren und behauptet in der Meldung an das Große Hauptquartier in Luxemburg, Hentsch habe ihr eine Meldung zukommen lassen.

Auch für Generalstabsoffiziere kann es Irrtümer geben, Falschmeldungen dürfen sie nicht absetzen.

Joffre, Maunoury, Franchet d'Esperey, Foch auf der Gegenseite hofften auf einen Fehler, den die Deutschen am 9. September machen könnten. Daran ließen diese es nicht fehlen...

Jetzt, 12 Uhr 30 mittags am 9. September, es ist ein Mittwoch — am Sonnabend begann hier im Nordosten von Paris die Schlacht, die nun beendet wird —, weiß weder Hentsch, der auf der engen Dorfstraße seinen Wagen verläßt, noch General von Kuhl, der Generalstabschef Klucks, daß die 2. Armee schon den Rückzugsbefehl ausgegeben hat. Hentsch meldet sich bei Kuhl auf der Straße. Beide kennen sich, Hentsch arbeitete im Großen Generalstab vor dem Kriege in Berlin unter von Kuhl. Der deutsche Generalstab ist wie ein Orden; man hat sich in unaufhörlicher Kleinarbeit während der Friedenszeit aufeinander abgestimmt, man macht nicht viel Worte, und jedes Wort, das einer zum anderen spricht, ist gedeckt durch die Autorität, die der Generalstab hat. Schlieffens »Mehr sein als scheinen« gilt noch. Die Generalstabsoffiziere haben die Verantwortung und Macht, die Befehlshaber und Oberbefehlshaber decken diese Verantwortung und Macht mit ihren Namen, sie nehmen daran teil, aber sie verfügen nicht über eine unbeschränkte Macht. Generaloberst von Kluck, beispielsweise, den Hentsch an diesem Mittag nicht zu Gesicht bekommt, ist kein Generalstäbler. Er ist ein Truppenführer. Er gehört nicht zum Orden. Er wird an diesem Mittag nicht eingreifen in das, was zwischen Kuhl,

Hentsch und dem Quartiermeister von Bergmann, den Kuhl zu der Beratung hinzuzieht, beschlossen wird. Kluck kann nur bestätigen, was aus der Beratung hervorgegangen ist. Er gibt seine Zustimmung. An diesem Mittwoch hat er eben erst eine Zustimmung zum Zurückbiegen des linken Flügels seiner Armee dem General von Kuhl gegeben. Die Entscheidung hatte Kuhl getroffen: »2. Armee hat ihren rechten Flügel über Montmirail beträchtlich nach Osten zurückgenommen. Infolgedessen sind Engländer heute 11 Uhr mit starken Kräften über die Marne bei Charly und Nanteuil gemeldet.«
Dann folgen die Details, aus denen hervorgeht, daß der linke Armeeflügel mit der 5. Division die Engländer angreift, der Rest bis in die Gegend von Coulombs zurückzugehen habe. Die anderen Korps der Armee sollen weiter die 6. Armee Maunoury angreifen, die stärkste Gruppe, General von Quast kommandiert sie im Norden, soll vorstoßen.
Meldungen, die in Klucks Stab kurz nach 12 Uhr mittags eintreffen, scheinen den kühnen Entschluß zu bestätigen. Die Gruppe Quast teilt mit, daß sie von Nordosten gegen schwachen Gegner vorgehe, sie steht jetzt fast im Rücken der französischen 6. Armee, die in Richtung Paris zurückgeht. Marwitz meldet, er werde die Engländer angreifen und zurückwerfen.
Kurz nach 12 Uhr sagt Generaloberst von Kluck: »Heute abend wird der rechte Flügel bis nach Dammartin gekommen sein. Dann ist alles gewonnen.«
Dammartin, das ist der Ort, vor dem am 5. September das IV. Reservekorps stehenblieb, nachdem es von einem Gegner angegriffen worden war, den es dort nicht mehr vermutet hatte. Dammartin, das war das Alarmzeichen, das Kluck signalisierte, er habe es mit starken französischen Kräften vor Paris, fast schon in seinem Rücken, zu tun, und wegen Dammartin hatte er seine Armeekorps aus dem Süden, aus dem »Sack«, den Joffre hinter ihm zubinden wollte, geholt, in endlosen Märschen dorthin geworfen, wo er, auf dem äußersten rechten Flügel, die Entscheidung vor Paris suchen wollte. Er war nun kurz vor diesem Ziel. Seine Armee war stärker als die Armee Maunourys.

Dammartin würde am Abend gewonnen sein, dann konnte man zusehen, ob man die Franzosen ins verschanzte Lager von Paris hineinverfolgte, in dem kaum noch Reserven standen, oder ob man erst die Engländer an der Marne schlagen wollte.
Generaloberst von Kluck zieht sich jetzt zurück. Es ist kurz vor 12 Uhr 30, man hört von ihm erst 2 Uhr wieder.
Was er in diesen zwei Stunden getan und gedacht hat, bleibt ungewiß, es gibt darüber keine Berichte.
Von den Franzosen wird Kluck als fürchterlicher (deutscher) Kriegsgott geschildert, martialischen Aussehens, der Name schon klingt hart und drohend wie der des Kriegsgottes Mars. Mars zieht sich für zwei Stunden zurück, in dieser Zeit fallen auch für ihn die Entscheidungen.
Nun zu Hentsch, der nach seiner Meldung bei General von Kuhl noch auf der Dorfstraße von Mareuil zur Sache kommt. Beide Offiziere gehen auf und ab, bis Kuhl merkt, daß hier etwas auf ihn zukommt, dem er ohne Zeugen nicht begegnen will. Er nimmt Hentsch in sein Arbeitszimmer mit und läßt Oberst von Bergmann als Zeugen rufen.
Im Arbeitszimmer haben sie die Lagekarte vor sich, sie ist jetzt Argument und, trotz ihrer Lückenhaftigkeit, die jeden Augenblick noch größer werden kann, die einzige Grundlage der Beratung.
Kuhl sieht die Lage ernst, aber nicht hoffnungslos an. Seine Operation steht freilich auf dem Spiel. Er hat diese Operation riskiert, die eine Lücke aufriß, nun braucht er Zeit, um sie wieder zu stopfen.
Von den Engländern hält er nicht viel. Sie sind zaghaft in die Lücke eingedrungen. Bei Mons wurden sie von der 1. Armee schon einmal geschlagen, man wird sie wieder schlagen. Er nimmt die Engländer nicht »tragisch«. Später wird Kuhl bestreiten, daß er dies äußerte, es mag ein anderes Wort gewesen sein, mit dem er sich Freiheit von diesem Oberstleutnant aus der Obersten Heeresleitung verschaffen wollte.
Der rechte Flügel mache gute Fortschritte, läßt er Hentsch wissen, die Gefahr auf dem linken Flügel sei durch das Zurückbiegen

gebannt — immer mit dem Blick auf die Karte, die vor diesen Männern liegt, stets fasziniert von den Einzeichnungen, die bedrohlich und gleichzeitig erfolgverheißend aussehen. Lagekarten haben ihre Rollen in einer Schlacht, sie können zu Hauptrollen werden, obgleich die Männer, die für die Einzeichnungen in die Lagekarten kämpften und starben, erst die Voraussetzung für die roten und blauen und grünen und braunen Striche sind.
Den schwarzen Kohlestrich zieht die Oberste Heeresleitung. Auf dem Tisch steht kein Telefon, das mit Luxemburg oder mit der 2. Armee verbindet. Man kann nicht nach einem Hörer greifen oder rufen. Die Lage muß immer noch wie aus dem Sattel beurteilt werden.
Auf Hentsch macht der Optimismus Kuhls keinen Eindruck. Hier ist daran zu glauben, daß Kluck und Kuhl der Obersten Heeresleitung Schwierigkeiten bereiteten, Bülow außerdem, anschließend Hausen, der Herzog von Württemberg und der deutsche Kronprinz im Argonnerwald. Zu eigenwillig führten diese Armeen Krieg, und vielleicht war es die Aufgabe Hentschs, endlich damit ein Ende zu machen. Etwas Kategorisches kommt jetzt ins Bild, der Widerspruch des Abgesandten Moltkes gegenüber seinem früheren Vorgesetzten Kuhl wird härter.
Er sieht die Lage der Gesamtfront des Heeres als »nicht günstig« an, er hält den Rückzug der 2. Armee hinter die Marne (von dem er noch nichts wissen kann, aber mit diesem Rückzug, den er im Kopfe hatte, fuhr er nach Mareuil), für »unabänderlich«, er sagt, der rechte Flügel der 2. Armee sei zurückgeworfen worden am Abend vor diesem Mittag in Mareuil, nicht zurückgegangen; (die 13. Infanteriedivision hat er im Gedächtnis, vor allem deren Rückzug, den er bei Bülow miterlebte.)
Später, im nächsten Krieg, hätte es Stenographen gegeben, die Rede und Widerrede aufnahmen; die Betrachter der geschichtlichen Abläufe bekamen Zeugen. Hier sind es Aufzeichnungen, die danach gemacht wurden, Gedächtnisprotokolle, die so oder so verschoben worden sein können, um der Nachwelt mitzuteilen, daß man unschuldig sei an dem, was darauf folgte. Es gab zu dieser Zeit die Tradition des Generalstabes, nur das zu

melden, was man wirklich wußte, jede Spekulation auszuschalten; es ist möglich, daß keiner davon abging.
Da die 1. Armee nach dem Durchbruch der Engländer über die Marne, so meinte Hentsch, nicht mehr in der Lage sei, sich an die 2. Armee unmittelbar heranzuziehen (und das sah auf der Karte nicht gerade einladend aus), müsse auch sie zurückgehen, um nach rückwärts den Anschluß an die 2. Armee wiederherzustellen. Dagegen wandte Kuhl ein, daß die Fortsetzung des bisherigen Angriffs gegen die Armee Maunoury zu einem vollen Siege führen müsse, und dieser Sieg werde die Engländer dazu zwingen, sofort wieder über die Marne, nach Süden, sich zurückzuziehen, wenn sie nicht selbst umfaßt werden wollten.
Man befinde sich in einer Krise, die zu meistern wäre. Man könne nicht den Kampf abbrechen. Schlieffens Gedankengänge seien auch für Hentsch verbindlich (und für Moltke in Luxemburg, der jetzt keine Rolle spielte).
Jetzt nennt Hentsch die Orte, die er aus Luxemburg mitgebracht hat, Fismes und Soissons. Gegen diese Städte müsse sich die 1. Armee zurückziehen, und wenn dies nicht weit genug sei für die Lösung der fatalen Lage, dann bis Laon—La Fére.
Kuhl und von Bergmann widersprechen, sie halten diesen Rückzug (aber sie sprechen nun auch von Rückzug) für mißlich. Die Kraft der Armee werde auf ihm versagen.
Doch Hentsch gibt Fismes und Soissons nicht vor diesen beiden Herren auf; er ist es jetzt, der zu befehlen hat.
Dieser Augenblick bleibt denkwürdig. Hentsch erklärt, daß er Vollmacht habe, den Rückzug zu befehlen, und zwar in die Linie Soissons—Fismes für die 1. Armee, wodurch die Lücke zwischen den beiden nördlichen Armeen geschlossen werde. Kuhl fragt nicht nach einer schriftlichen Vollmacht, es bleibt eine Sache auf Treu und Glauben. Er verläßt auch nicht sein Arbeitszimmer, um zu Kluck zu gehen und ihm zu melden, was soeben vorgefallen ist. Er gibt nicht nach, aber er forscht auch nicht nach Befehlen, die Hentsch habe, nach seiner Vollmacht. Er hört nur zu, sagt etwas dagegen; man berät.
Taktisch hielt General von Kuhl einen Rückzug in die Linie

Soissons—Fismes für unmöglich. Man könne, wenn überhaupt, nur in gerader Richtung mit dem linken Flügel auf Soissons über den Fluß Aisne gehen. Er setzt hinzu, daß die Lücke zwischen beiden Armeen viel eher durch Fortsetzung des Angriffs, wie es soeben, eineinhalb Stunden vorher, von der 1. Armee befohlen worden war, geschlossen werden könne als durch diesen Rückzug. Hentsch entgegnet, er habe Vollmacht, den Rückzug zu befehlen, aber ihm kämen Bedenken wegen der Rückzugsrichtung.
Dann sagt er etwas, das er aus Montmort mitgebracht hat, er sagt, die 2. Armee sei nur noch »Schlacke«. Das bedeutet in der Sprache der Generalstäbe, daß mit der 2. Armee nichts mehr anzufangen sei. Es hieß, die Niederlage einzugestehen.
Mit dem Wort »Schlacke« (und das nur auf die 2. Armee bezogen) wurde aber auch den Stabsoffizieren ein Alibi zugespielt.
Sie konnten sich darauf berufen, daß ihr Nachbar, von dem sie durch die Lücke getrennt waren, nicht mehr kampffähig war. Das zog Konsequenzen nach sich.
Vielleicht war es auch nur ein Stichwort, das Hentsch im letzten Moment seiner Mission gab, um die heillose Angst, die ihn gestern und heute geplagt hatte, die Furcht, der rechte deutsche Heeresflügel werde zerbrechen, zu beseitigen und wieder klare Verhältnisse zu schaffen.
Kuhl, der über 100 Jahre alt wurde, schrieb 1925 an das Reichsarchiv: »Ich habe mich gefügt, weil ich mich einem eisernen Muß gegenüber glaubte, aber nicht, weil es sich um einen Befehl handelte — ich würde mich nicht gescheut haben, ihn abzulehnen —, sondern weil nach den bestimmten Angaben über die Lage der ›geschlagenen‹ und im Rückzug befindlichen 2. Armee ein Verbleib der 1. Armee am Ourcq nicht mehr möglich war. Selbst ein Sieg über Maunoury konnte uns nicht davor bewahren, auf dem linken Flügel von überlegenen Kräften umfaßt und vom Heere abgedrängt zu werden. Die 1. Armee stand nunmehr vereinzelt da.«
Hentsch fügte in Mareuil noch hinzu, daß der Rückzug, der nun

auch von der 1. Armee anzutreten wäre, ohne Rücksicht auf andere Mitteilungen durchzuführen sei, die eingehen könnten.
Jetzt ging Kuhl zu Kluck, der Hentsch nicht gesehen hatte. Es war gegen 2 Uhr nachmittags. Der Generaloberst fügte sich »schweren Herzens«. Er war mit dem Befehl zum Rückzug einverstanden.
So einfach ließ sich ein Mann, dessen Name so fürchterlich für die Franzosen und Engländer geworden war, zum Abbruch der Schlacht, die er zu gewinnen glaubte, bewegen. Es blieb ihm nichts anderes übrig.
Nicht der Kaiser war es, nicht Moltke — der sächsische Oberstleutnant Hentsch vermochte die Geschichte, in der er nun seinen Platz beanspruchen durfte, so zu bewegen. »Niedergeschlagen und ergriffen« habe Kuhl seinem Stabe das Ergebnis der Besprechung mitgeteilt, voller Zuversicht war er noch zwei Stunden vorher gewesen.
Oberstleutnant Hentsch entfernt sich jetzt wieder aus den Ereignissen, die er so heftig beeinflußte. Kurz vor 2 Uhr nachmittags fährt er nach Châlons, zur dritten Armee. Einen Begleitoffizier schickt er zu Bülow, der Schloß Montmort inzwischen verlassen hat. Er gibt ihm eine Orientierung mit: »1. Armee greift heute noch an, um sich der Engländer zu erwehren, die über die Marne gegen die linke Flanke vorgehen. Dagegen 5. Infanteriedivision, Höhere Kavalleriekommandeur 2 und eine Infanteriebrigade eingesetzt. Rechter Flügel 1. Armee, über Crépy auf Nanteuil angreifend, hat Erfolg.«
Damit war Hentsch aus seiner schicksalhaften Rolle wieder herausgetreten, er war nur noch ein Generalstabsoffizier, der Orientierungen weitergab.
An die 4. Kavalleriedivision, die in der Lücke stand oder kämpfte oder sich absetzte, man wußte es nicht genau, erging 2 Uhr dieser Funkspruch der 1. Armee, durch den das Wunder an der Marne, die Wende, schließlich entstanden ist: »Die 2. Armee geht in Richtung Épernay zurück. 1. Armee wird gleichfalls zurückgenommen, linker Flügel Richtung Soissons. 4. Kavalleriedivision geht sofort an die Aisne, besetzt Brücken.«

»Das gewaltige, weltgeschichtliche Ringen an Ourcq und Marne wurde abgebrochen. Der deutsche rechte Heeresflügel trat aus dem bereits errungenen Siege den Rückzug an«, heißt es im Band IV »Der Weltkrieg«, vom Reichsarchiv 1926 herausgegeben.

Von Sieg konnte keine Rede sein, überstehen hieß an diesem Tag alles.
Die Deutschen überstanden es nicht. So verloren sie die Marneschlacht und den Ersten Weltkrieg.
Die Franzosen waren, in ihrer todmüden Verzweiflung, stärker. Die Engländer marschierten (die Soldaten sangen »It's a long way to Tipperary«) kraftvoll vorwärts, ohne Kampf.

43. KAPITEL

Verharren auf den Katalaunischen Feldern

Der Regen setzte zuerst im Nordwesten ein, der Sommer war vorbei, die Schlachtfelder am Ourcq und an der Marne wurden gründlich gewaschen. Von der ersten Armee, die sich unversehens auf dem Rückzug befand, zur zweiten Armee, die damit begonnen hatte, bis zur dritten Armee, die davon noch wenig wußte und am 9. September stehenblieb, wehte der schwarze Himmel Regenschauer nach Osten. Es war Zeit, aufzubrechen. Zwischendurch fiel Hagel. Ein wilder Westwind trieb den Sommer vor sich her, den Deutschen blies er ins Gesicht, die Franzosen trug er vorwärts.

Der Wetterumschlag am Abend des 9. September zog einen Vorhang über das Drama, an dem die Heere mehr als vier Tage beteiligt gewesen waren. Diese Hitze würde nie wiederkommen, keine blutroten Sonnenuntergänge für die erschöpften Soldaten. Das hohe Pathos vom Felde der Ehre, auf dem einer gefallen war, wurde nie wieder so rein und überzeugt gesprochen. Es verlor sich im Staub der Straßen südlich der Marne. Einige hoben es aus dem Staub, andere konnten es im Regen nicht mehr finden, es wurde ihnen fremd oder gleichgültig.

Die Sachsenarmee, die am tiefsten in Frankreich stand, am Nachmittag mit ihren Spitzen nicht mehr als 15 Kilometer von dem Flusse Aube entfernt, der auf französischer Seite vor Beginn der Schlacht als Rückgrat der Abwehr gedacht war, hatte keine Empfehlung von Oberstleutnant Hentsch erhalten. Der sächsische Oberstleutnant erschien nicht bei dem sächsischen Generaloberst, um als Bevollmächtigter des Generalobersten Moltke ihm etwas zu befehlen.

Hentsch traf erst nach 9 Uhr abends in Châlons ein. Die beiden Daimler mit dem Wappen des Reichs, dem Adler an jeder Wagentür, waren naß vom Regen. Von Mareuil, der Dorfstraße, der Mittagsstunde der Entscheidung, war Hentsch 2 Uhr abgefahren, um zur dritten Armee zu eilen. Er hatte viel Zeit gebraucht. Er sah manches unterwegs. Aber schon jetzt war er wieder ohne Rolle. Sie fiel von ihm auf der Fahrt ab, er war nur noch ein gewöhnlicher Stabsoffizier.
Kluck hatte ihn in Mareuil nicht empfangen, Hausen ließ ihn auch nicht kommen, doch Hausen war schwer krank. Er hatte einen unruhigen Tag hinter sich. Für den Oberstleutnant blieb sein Stab zuständig.
Mittags bestand noch, auf Grund der zuversichtlichen Truppenmeldungen, die Hoffnung, den rechten Flügel der 2. Armee durch den eigenen Angriff, der im guten Fortschreiten war, zu entlasten. Die rechte Gruppe der Sachsenarmee hatte unter General von Kirchbach die Franzosen weit zurückgeworfen, die Spitze hatte Mailly erreicht. Die linke Gruppe unter General d'Elsa wehrte erfolgreich französische Angriffe ab. Völlig unerwartet traf 1 Uhr 20 mittags der 11 Uhr aufgegebene Funkspruch des AOK 2 ein: »2. Armee einleitet Rückmarsch, rechter Flügel Daméry.«
Um 2 Uhr funkte die Sachsenarmee an die 2. Armee: »Kampf steht vor der Front dritter Armee. Wie eure Absicht? Euvy von uns genommen.«
Es dauerte dreieinhalb Stunden, bis die Antwort eintraf. Sie war 2 Uhr 45 von der 2. Armee gefunkt worden: »1. Armee geht zurück. 2. Armee einleitet Rückmarsch Dormans—Tours. Rückzugsbefehl an Kirchbach ergangen.«
In der Zwischenzeit hatte das AOK 3 um 2 Uhr 15 einen Befehl herausgegeben, der das Abschieben der Bagagen und aller nicht für das Gefecht nötigen Kolonnen und Trains anordnete. Eine Brücke sollte über die Marne zwischen Châlons und Matougues geschlagen werden. Sie war abends 9 Uhr fertig.
General von Kirchbach, der die rechte Armeegruppe führte, meldete nachmittags 3 Uhr, er habe vom AOK 2 den Befehl

zum Rückzug erhalten, werde aber diesen nicht, wie angeordnet um 1 Uhr, sondern erst 4 Uhr 30 nachmittags antreten.
Generaloberst von Hausen war entsetzt. Kirchbach unterstand ihm. Wie konnte Bülow seinem General den Rückzug befehlen? Und wenn Bülow an Kirchbach, der links neben dem Gardekorps befehligte, auch diesen Befehl gegeben hatte — warum hatte er nicht Hausen informiert?
Erst 5 Uhr 30 traf bei Hausen auf dem unsicheren funktelegraphischen Wege diese Information ein.
Die Desintegration des deutschen Westheeres nahm Ausmaße an, die gefährlich wurden. Hausen blieb nichts anderes übrig, als sich der ausweichenden Bewegung nach Norden anzuschließen. Die rechte Armeegruppe sollte 4 Uhr 30 zurückgehen, wie es ihr Führer von Kirchbach schon befohlen hatte, die linke Armeegruppe ebenfalls. Starke Nachhuten sollten den Sommeabschnitt und eine Linie östlich davon halten.
Hausen meldete seinen Entschluß sofort funktelegraphisch der Obersten Heeresleitung in Luxemburg (er war der einzige Armeeführer während der Marneschlacht, der pünktlich und umfassend nach Luxemburg meldete). Der Funkspruch verließ Châlons um 6 Uhr 30 nachmittags.
Während dies in Châlons bedacht und befohlen sowie weitergemeldet wurde, setzte General Foch seine letzte Reserve, die 42. Infanteriedivision, gegen die Sachsen und die Garde ein. Sie trat 4 Uhr an und sollte über Connantre und Fère-Champenoise, den wichtigen, von der Garde gehaltenen Bahnknotenpunkt an der Asphaltstraße nach Paris gehen. Aber die 42. Division war so erschöpft, daß sie über Connantre nicht hinauskam. Ihr Eingreifen wurde von der deutschen Kampflinie gar nicht gemerkt. Auch der französische Gegenangriff auf die Sachsen in Sommepuis blieb liegen. Das feindliche Artilleriefeuer wurde hier schwächer; die feindliche Infanterie wagte sich nicht mehr ungedeckt zu zeigen.
Kurz nach 9 Uhr abends, Hentsch war noch nicht in Châlons eingetroffen, erreichte ein Funkspruch der Obersten Heeresleitung die Sachsenarmee: »3. Armee bleibt südlich Châlons, bereit

zu erneuter Offensive. 5. Armee greift in der Nacht vom 9. zum
10. an, 4. Armee hat — wenn Aussicht auf Erfolg vorhanden —
ebenfalls anzugreifen und dazu in Verbindung zu treten mit
3. Armee.«

Hausen ist erschöpft; er zieht sich zurück. Der kranke Mann
hat sein Bestes an diesem Tag getan, er kann nicht seine Befehle
wieder umstoßen, er überläßt seinem Stab die weitere Verfolgung der Angelegenheit.
9 Uhr 30 erscheint Hentsch. Er wird gefragt, was hier gespielt
werde.
Hentsch äußerte sich dahin, »daß der Befehl der Obersten Heeresleitung, südlich der Marne zu bleiben, nicht mehr dem Worte
nach auszuführen sein dürfte, da sich die Verhältnisse bei der
zweiten Armee wohl anders gestaltet hätten, als es die Oberste
Heeresleitung bei Absendung des Telegramms annahm. Das
Oberkommando der dritten Armee möge daher auf seine Verantwortung so handeln, wie es das Oberkommando mit Rücksicht auf die zweite Armee für richtig halte.«
Auch jetzt fragt niemand nach einer Vollmacht, die Hentsch
vom Kaiser oder von Moltke habe, um einen Befehl der Obersten Heeresleitung umstoßen zu können. Hentsch übernimmt die
Verantwortung für die Nichtbefolgung des Befehls aus Luxemburg, und der Stab nähert sich der Überzeugung, daß dies richtig sei, man müsse am 10. September, wie die zweite Armee,
mit der eigenen Truppe über die Marne zurückgehen.
Da trifft, 10 Uhr 30 abends, der um 9 Uhr 30 in Luxemburg
aufgegebene Funkspruch der Obersten Heeresleitung ein, gerichtet an die dritte und vierte Armee: »Dritte Armee bleibt südlich
Châlons. Offensive ist am 10. September sobald als möglich
wieder aufzunehmen. Moltke.«
Hentsch ist schon nach Courtisols, zur vierten Armee, abgefahren. Hausen erläßt jetzt den Armeebefehl für den 10. September. Die Sachsenarmee soll sich umgruppieren, die befohlenen
Bewegungen haben 12 Uhr mittags beendet zu sein. Besorgt ist
Hausen um seine rechte Flanke, denn das Gardekorps will mor-

gen über die Marne zurückgehen. Die Sachsen haben dann nichts mehr rechts neben sich. Nach Courtisols, nicht weit von Châlons, zum Hauptquartier des Herzogs von Württemberg, besteht telefonische Verbindung. Hentsch wird an den Apparat gerufen, er soll von Courtisols aus dafür sorgen, daß vom Gardekorps eine Nachhut morgen südlich der Marne stehen bleibt. Hentsch sagt zu, sich darum zu kümmern.
Hausen wirkt, trotz seiner Krankheit, erfrischt. Seine Sachsenarmee muß nicht hinter die Marne zurück; sie bleibt auf dem Schlachtfeld, das sie behauptet hat. Sie wird am nächsten Tag wieder angreifen.
Was auch auf dem rechten Heeresflügel geschehen sein mag — an den Sachsen hat es nicht gelegen, daß ein Rückschlag eintrat, dessen Ausmaß in Châlons keiner übersehen kann. Hausen zieht sich wieder zurück. Im Hotel »Zur hohen Mutter Gottes« (»de la Haute-Mére-Dieu«), gegenüber der Präfektur, wird zum vorletzten Male für die sächsischen Offiziere, unter ihnen ist der Kronprinz von Sachsen, den der König dem Generaloberst von Hausen beim Ausmarsch in Dresden anvertraut hat, das Diner serviert. Am 12. September deckt das gleiche Personal dem General Foch und seinem Stab den Tisch.

In Luxemburg war am 9. September mittags die Nachricht eingetroffen, daß der rechte Flügel der 2. Armee zurückgenommen sei und der Feind nachdränge. Der Chef der Operationsabteilung, Tappen, schrieb später, volle Klarheit über die Lage habe jedoch nicht geherrscht, doch für alle Fälle habe man Befehle entworfen, die einen Rückzug des rechten Heeresflügels einleiten könnten, wenn es dazu an der Zeit wäre. Aber die Herausgabe dieser Befehle wurde nicht erforderlich. Eine allgemeine Rückzugsbewegung, um bessere Verteidigungsbedingungen herbeizuführen, kam nicht in Frage. »Vielmehr sollten die 4. und 5. Armee, und, wenn möglich, auch die 3. Armee offensiv werden. In dieser auf beiden Seiten überaus gespannten Lage würde der, welcher ausharrte, Sieger sein.«
Es ist möglich, daß Tappen daran glaubte, aber Moltke schrieb

am Abend des 9. September an seine Frau im nahegelegenen Lazarett:
»Es geht schlecht. Die Kämpfe im Osten von Paris werden zu unseren Ungunsten ausfallen. Die eine unserer Armeen muß zurückgehen, die anderen werden folgen müssen. Der so hoffnungsvoll begonnene Anfang des Krieges wird in das Gegenteil umschlagen. Ich muß das, was geschieht, tragen, und ich werde mit meinem Lande stehen oder fallen. Wir müssen ersticken in dem Kampf gegen Ost und West. Wie anders war es, als wir vor wenigen Wochen den Feldzug so glanzvoll eröffneten — die bittere Enttäuschung kommt jetzt nach. Und wie werden wir zu zahlen haben für alles, was zerstört ist. Der Feldzug ist ja nicht verloren, ebensowenig wie er es bisher für die Franzosen war, aber der französische Elan, der auf dem Punkt stand, zu erlöschen, wird mächtig aufflammen, und ich fürchte, unser Volk in seinem Siegestaumel wird das Unglück kaum ertragen können. Wie schwer dies mir wird, kann niemand besser ermessen als Du, die Du ganz in meiner Seele lebst.«
Es ist Mittwochabend. Die Schlacht begann am vergangenen Sonnabend. Molke gibt den Krieg verloren, sechs Wochen, nachdem er begonnen wurde. In sechs Wochen wollte er mit dem von ihm abgeänderten Schlieffenplan das französische Heer und das britische Expeditionskorps ausschalten. Das Risiko war hoch, die Schlacht war schwer, sie wurde aufgegeben, als einigen deutschen Offizieren die Nerven durchgingen. Hentsch hat Moltke einen einzigen Funkspruch geschickt. Über den Rückzug erfuhr Moltke aus den Funksprüchen Bülows und Klucks.
Wie weit ist das alles von ihm in Luxemburg entfernt! Seine Ahnungen haben ihn nicht betrogen, aber er wurde von seiner Unentschlossenheit besiegt. Der Feldherr merkt, daß er kein Feldherr gewesen ist. Dem Kaiser hat er vor Jahren gesagt, daß er dafür nicht tauge. Morgen muß er dem Kaiser melden, was geschehen ist. Es wird schrecklich sein, das Vertrauen Seiner Majestät verloren zu haben. Er nimmt sich vor, selbst zu den Armeen zu fahren, der Kaiser muß es ihm erlauben. Zwei Jahre wird Helmuth Moltke noch leben. Jeder Tag wird qualvoll für

ihn sein. Sein Schicksal hieß La Marne. Die Marne wurde seinem Volk zum Schicksal.

In Petrograd schreibt der französische Botschafter Maurice Paléologue an diesem Abend in sein Tagebuch, es ist kühl an den Ufern der Newa, früher Herbst in Rußland: »Im Osten von Paris, vom Ourcq bis zu dem Gebiete Montmirails, rücken die französischen und englischen Truppen langsam voran. Die allgemeine Entscheidung kann nicht mehr länger auf sich warten lassen. Mit sehr richtigem Empfinden scheint sich die russische öffentliche Meinung viel mehr über die Marneschlacht als für die galizischen Siege zu interessieren. Das ganze Schicksal des Krieges wird tatsächlich an der Westfront entschieden. Wenn Frankreich unterliegt, dann ist Rußland gezwungen, den Kampf aufzugeben. Die Schlachten in Ostpreußen erbringen mir hierfür täglich neue Beweise. Man sieht dort, daß die Russen nicht imstande sind, sich mit den Deutschen zu messen, die sie durch ihre Überlegenheit an taktischem Wissen erdrücken, durch die Wissenschaft der Führung, durch den Überfluß an Munition, durch den Reichtum der Beförderungsmittel.«

Das Großenhainer Husarenregiment Nr. 18 ist an diesem Mittwoch morgens 6 Uhr 30 ausgerückt; es hat das Ortsbiwak in Haussimont an der Somme verlassen. Nach halbstündigem Ritt — die Gefechtsstärke betrug noch 18 Offiziere und 398 Reiter — wurde es in ein Gefecht verwickelt, das günstig ausging. »Schrecklich ist das Dröhnen der Kanonen und Gewehre, von allen Seiten schießt es«, schrieb Wachtmeister Franz William Koch in sein Tagebuch.

Aber es geht vorwärts. Am Abend bezieht das Regiment in Connantray, dicht hinter den vordersten Linien, sein Biwak.

Nichts deutet darauf hin, daß sich etwas geändert habe, die Schlacht wird fortgesetzt, es geht vorwärts, jede Nacht ist man tiefer in Frankreich.

Aber geritten wird über Leichenfelder. Die deutschen Verluste sind hoch. In vier Tagen (die Zusammenstellung erfolgt erst etwas später, Koch erfährt sie nach der Schlacht) hatte die dritte Armee 443 Offiziere und 10 402 Mann verloren. Jeder fünfte

Offizier, jeder achte Unteroffizier oder Mann war gefallen, verwundet oder vermißt. Das XII. Armeekorps hatte zweidrittel seiner Offiziere und zweifünftel seiner Unteroffiziere und Mannschaften eingebüßt. 39 Prozent der Berufsoffiziere des deutschen Heeres waren am Abend des 9. September gefallen, nahezu 54 Prozent verwundet. Die Gefechtsstärken waren stets niedriger als die Gesamtstärke, es gab Abkommandierungen, Sicherungseinheiten in rückwärtigen Gebieten, die zurückblieben. An Gefangenen verlor die Sachsenarmee nur 2000, das war weniger als 2,5 Prozent der Gesamtstärke. Mit 500 Gewehrträgern gingen die sächsischen Bataillone in die Schlacht, die französischen Bataillone verfügten über doppelt soviel, nämlich 1000; sie waren vor der Schlacht aufgefüllt worden. Die deutschen Bataillone hatten seit Kriegsbeginn keinen Ersatz erhalten. Die Sachsenarmee hatte 468 Geschütze auf die Katalaunischen Felder gebracht; die Franzosen, die ihr gegenüber standen, besaßen 844 Geschütze. Insgesamt kämpften in der Marneschlacht zwei deutsche gegen drei französische Divisionen, wenn man die englischen Divisionen zu den französischen zählt.

Der Husarenwachtmeister Koch sah an diesem Abend, als er das Biwak in Connantray bezog, die schwarze Wand, die sich über das Land legte, und er atmete auf, als der erste Regen fiel. Er war noch am Leben. Deshalb schrieb er in sein Tagebuch: »39. Mobilmachungstag. 9. September. Es ist alles wieder gut gegangen, man muß für jeden Tag dankbar sein, den man abends im Biwak beschließen kann. Schrecklich ist das Dröhnen der Kanonen und Gewehre, von allen Seiten her donnert es. Ich denke an Großenhain, dort wird man nichts davon hören. Das Regiment hat einen heißen Tag hinter sich. Nun regnet es. Wir sind zum Abkochen zu müde. Gott gebe ein gutes, tapferes Gelingen.«

44. KAPITEL

Schloss Mondement und der Wald von Compiègne

Am letzten Tage der Schlacht sollte das Schloß Mondement auf einer beherrschenden Höhe südlich des Sumpfes von Saint Gond, dem Marais, vor dem der Angriff der Garde zu Beginn der Schlacht liegengeblieben war, jenen Besuch aus Hannover erhalten (vom Infanterieregiment 164, zwei Kompanien und vier Maschinengewehre, nicht mehr als 300 Mann unter dem Hauptmann Purgold), von dem der auf Rückmarsch schon eingestellte Armeeoberbefehlshaber von Bülow nichts erfuhr. Den Besuch hielt aber der General Foch für so unangenehm, daß er befahl, mit allen Mitteln die Deutschen aus dem Schloß zu vertreiben. Alle Elemente der viertägigen Schlacht treten hier wie in einem Brennspiegel hervor, während nördlich von Mondement die Rückzugsbefehle ausgefertigt werden.

Es gelingt den Deutschen, unter Verlusten am Morgen, das Schloß mit dem anschließenden Dorf zu nehmen. Mit dem Gefühl, daß ein Letztes und Höchstes an diesem Tage verlangt würde, war die Truppe in einer Stimmung aus schicksalsergebener Entschlossenheit und fatalistischer Bereitschaft vorgegangen. Das Schloß fiel in ihre Hand, es wurde sofort zu Verteidigung hergerichtet.

Die französische Artillerie nimmt Dorf und Schloß unter Feuer, so daß es unmöglich wird, den Hannoveranern Verstärkung zu schicken. Der Sturm auf das Schloß war nicht befohlen. Das Regiment sollte zwei Kilometer vor Mondement die Stellung halten, um die Ankunft der Garde an diesem Tage abzuwarten, die über das nur neun Kilometer entfernte Sézanne vorzustoßen hatte.

Das Schloß war den Zuaven der Marokko-Division General

Humberts entrissen worden, der alles daran setzte, den Platz zurückzuerobern. Es war, wie man damals meinte, von entscheidender Bedeutung für die Lage der ganzen Armee Foch. Reserven gab es nicht mehr. Foch und Humbert befahlen die »Wiedereinnahme des Schlosses von Mondement um jeden Preis«.

Den ersten Versuch zur Rückeroberung unternehmen gegen 11 Uhr vormittags zwei Kompanien Marokkaner und abgesessene Chasseurs d'Afrique, die abgewiesen werden. Hauptmann Purgold braucht Munition für die Maschinengewehre. Er schickt einen Melder, der auch deutsche Artillerieunterstützung verlangen soll.

Die deutsche Besatzung ist in zwei Teile aufgespalten.

Gegen 2 Uhr nachmittags steigert sich das französische Artilleriefeuer, dann sind die scharf schmetternden und hastigen Angriffssignale des Gegners zu hören. Franzosen und Marrokaner greifen an. Sie werden abgewiesen. Nun ist die Munition den Deutschen beinahe ausgegangen. Die Franzosen verstärken ihr Artilleriefeuer. Die starken Mauern des Schlosses werden zermürbt. Die oberen Räume müssen geräumt werden. Zwei Stunden später sind es neun Kompanien des französischen Infanterieregiments 77, die, fünfhundert Meter vom Schloß entfernt, im Walde niederknien und den priesterlichen Segen erhalten. Der Bataillonskommandeur Lestoquoi hat seine weißen Handschuhe angezogen, seine Leute streicheln ihre Bajonette, er hebt den Stock und ruft, sein Bataillon zum letzten Mal ansehend: »En avant, pour la France, chargez!«

In dichten Massen wird vorgegangen, man sang, die Clairons ertönten und beschleunigten den Marschschritt; die Clairons werden hastiger, die Deutschen schießen, auf einen Hannoveraner kommen zehn angreifende Franzosen, aber die Deutschen zielen gut, ihre Maschinengewehre peitschen in die dichten Haufen der Angreifer; über die Gefallenen hinweg stürmen neue Gruppen, die Offiziere voran. Aber noch vor der Parkmauer und dem Eisengitter, das den Innenhof des Schlosses zur Straße abgrenzt, bricht der Ansturm zusammen. Aus dem Vorwärts wurde ein Halten, ein Stutzen, ein Stocken — der Soldat steht

einen Augenblick, dann dreht er sich um, läuft zurück, alle, die noch gehen können, laufen zurück. Die Hinterlassenschaft sind viele Offiziere und Hunderte von Soldaten, die zwischen dem Schloß und den Waldrändern liegengeblieben sind.
Die zusammengeschmolzene, schwache Schloßbesatzung sah sich am Ende. Aber nun ist auch der Feind am Ende; er kommt nicht wieder. Dafür hagelt es Granaten auf Mondement, aber das sind deutsche. Die eigene Artillerie glaubt, das Schloß sei wieder in französischer Hand. Notdürftig wird eine schwarzweißrote Fahne genäht, die aus dem Turmfenster gehißt werden kann, damit man, zwei Kilometer entfernt, in den deutschen Linien, weiß, daß Mondement noch in deutscher Hand ist. Das Artilleriefeuer verstummt, auch der Franzose scheint sich mit dem Verlust von Mondement abgefunden zu haben.
Es ist gegen Abend. Die Verteidiger von Mondement fühlen sich als Sieger. Es ist um sie die Stille des Todes und des Sieges. Beides fällt zusammen in eine Stimmung der Erleichterung. Aber die Verstärkung, nach der man geschickt hat, trifft nicht ein.
Der Hauptmann Purgold überlegt, was zu tun sei. Der Kampf ist zu Ende, die Nacht wird er hier nicht ohne Verstärkung aushalten können. Er hat den Offizierstellvertreter Harten zum Regiment zurückgeschickt; dieser kommt gegen Abend allein zurück. Den Regimentsstab hatte er im zwei Kilometer entfernten Dorf nicht mehr gefunden, aber er hörte, daß der Rückzug angeordnet sei. Und mit dieser Meldung kehrte er nach Mondement zurück.
Es war noch hell. Der Regen sollte erst später einsetzen, der an diesem Abend fiel. Vom Schloß übersah man die Sümpfe von Saint Gond. Der Krieg schien zu ruhen. Nichts regte sich mehr.
Als endlich die Dämmerung eintrat, verließen die Leichtverwundeten das Schloß, stiegen zu den Sümpfen hinab, aus denen sie am Morgen gekommen waren, dann folgten die Träger der Schwerverwundeten, die auf Zeltbahnen gebettet waren, dann die Unverwundeten. 7 Uhr 30 am Abend begann völlig ungestört und unbemerkt vom Gegner der Abmarsch.

Im Schloß blieb ein Schwerverwundeter zurück, vom Tod gezeichnet.
In der Dunkelheit griffen drei französische Kompanien das von den Deutschen verlassene Schloß an; sie fanden nur einen Toten, auf dessen Helm stand: »Waterloo.«
Der Bataillonskommandeur Lestoquoi, der Hauptmann Purgold ablöste, meldete seinem General Humbert: »Ich halte das Dorf und das Schloß von Mondement, ich richte mich dort für die Nacht ein.«
Sie sammelten ihre Verwundeten und Toten. General Foch erhielt seine Genugtuung, Mondement war wieder in seiner Hand. Das hochaufragende Denkmal für diese Ereignisse steht heute vor dem Schloß Mondement auf einer Anhöhe. Rötlich braun sieht es aus, wie geronnenes Blut, ein Ziel für Touristen. Und der Leser möge gestatten, nachfolgend kurz den Eindruck eines Besuches heute auf Schloß Mondement wiederzugeben.
Das Eisengitter, vor dem der französische Gegenangriff zerschellte, hat zwei Einfahrten, durch die man vor dem Portal vorfahren kann, über knirschenden Kies. Betritt man das Schloß, in der Annahme, es sei eine Erinnerungsstätte, ein Museum, dringt man in die Privaträume der Besitzer ein. Die Familie sitzt, mit Freunden, auf der Parkseite des Schlosses an Tischen, auf denen der Champagner kalt gestellt ist. Erschrocken will sich der deutsche Besucher, sechs Jahrzehnte nach den Ereignissen, die hier beschrieben wurden, zurückziehen, aber man bittet ihn, Platz zu nehmen, den Champagner zu probieren, auf die Sümpfe von Saint Gond zu blicken, in die weite, tiefgelegene Ebene, in die einst die Hannoveraner mit ihren Verwundeten abrückten. Die Schloßherrin holt einige alte Postkarten, die das durch Feuer verwüstete Schloß festhielten. Bräunlich ihre Farbe, vergilbt alles, sonderbar vergessen durch die Zeit, die sich dazwischen stellte seit dem 9. September 1914. Dann nimmt sie den deutschen Besucher, der so unversehens mit diesen alten Geschichten hier eindrang, in den Speisesalon mit und sie zeigt auf den großen Wandspiegel über dem Kamin. Ihn hat eine Gewehrkugel getroffen, der Einschuß mit den

Sprüngen ringsum ist zu sehen. Aber er ist so hergerichtet, daß das Loch im Spiegel von Mondement, in Blei gefaßt, aufbewahrt bleibt für jemanden, der hier noch einmal eindrang, arglos, wie die Hannoveraner einst eindrangen, und vor ihm die Schloßherrin, die sagt, es sei eine sehr alte Geschichte, sie würde beiden, den Franzosen und Deutschen, heute nicht mehr wehtun; nichts hätten wir damit zu verantworten als die Einladung, den Champagner zu kosten, das Glas jenen Toten vielleicht doch entgegenzuheben, aber nach beiden Seiten, denen hier, denen dort, und dann auf uns selbst, für unser salut, für unsere Gesundheit, auf diesen seltsamen Besuch aus Deutschland. Und die Schloßherrin fügt hinzu, nachdem man getrunken hat, daß Schloß Mondement einmal diese Besucher damals gesehen habe, einmal jene. La France sei gastfreundlich, die Champagne vor allem. Das in Blei gefaßte Loch im Spiegel aber wird bleiben.

Von General Foch, der an diesem Abend nicht weiß, daß die Deutschen den Rückzug angetreten haben, wenden wir uns noch einmal in den Nordosten von Paris, zu General Maunoury, dem General Joffre am Mittag des 9. September befiehlt, bis zum letzten Manne auszuhalten. Seine Divisionen ziehen sich, umfaßt von Klucks Divisionen, auf Paris zurück; die Deutschen haben wiederholt, was sie am 5. September unternahmen. Sie stehen auf der Straße Brüssel—Paris in Nanteuil-le-Haudouin, sie marschieren auf Dammartin, dem Ort entgegen, der am 5. September die Barriere aus todmüden französischen Infanteristen wurde, die von der belgischen Grenze bis zu diesem Punkt auf dem Rückmarsch gewesen waren. Hier dringt jetzt die Brigade von Lepel vor, die aus Compiègne gekommen ist, fünf Bataillone, denen eine Landwehrbrigade folgt als letztes Aufgebot Klucks für seine große Umfassung des französischen Nordflügels. Die Brigade Lepel erhält an diesem 9. September ihre Feuertaufe, dazu die Landwehr, die auch als Kavallerie auftritt. Hinter ihnen hatten Eisenbahntruppen die Strecke Brüssel—Paris bis Compiègne betriebsfertig gemacht, und der auf einer Lokomotive vorgefahrene Leutnant einer Eisenbahn-Baukompanie arbeitete schon auf einem Bahnhof vor Creil. Dort stand eine Aufklärungsschwadron der Deutschen. Es war möglich, in wenigen Stunden auf der Bahn Truppen gegen Paris heranzuführen. Vor dem Bahnhof von Plessis-Belleville war der Angriff der deutschen Reservisten, der Landsturmmänner zum Stehen gekommen. Der Kanonendonner verebbte am späten Nachmittag. Es fehlte auch hier an Munition. Feindliche Kavallerie war im Rücken der Brigade, in dem Walde von Retz, gemeldet, im Osten wurde es still.

Wenn die Marneschlacht ein Drama gewesen ist, so gehörte die Brigade von Lepel ins Satyrspiel, das jedem antiken Drama folgen muß.

Kein Rückzugsbefehl von der ersten Armee hatte die Brigade erreicht. Mit der Landwehr stand sie Paris am nächsten, aber in hoffnungsloser Isolation. General von Lepel, zwischen den Lippen auch jetzt die Zigarette, gelassen und ruhig, besprach sich mit den Führern und Adjutanten seiner schwachen Truppe sechs Uhr abends; er mußte den Rückmarsch befehlen, es tat ihm leid. Er war mit seinen Leuten in die Schlacht gehetzt worden. Er hatte an den bevorstehenden Einmarsch in Paris geglaubt, seine Leute hielt diese Erwartung aufrecht.

Sie hatten, als sie auf der Straße nach Compiègne zurückmarschierten, einige Male kehrt zu machen, die Gewehre hochzureißen, gegen den Feind, der ihnen folgte, um sich zu wehren. Auch trafen sie auf französische Kavallerie, die im Wald von Compiègne sich aufhielt. Wenn sie sich umdrehten, sahen sie die Pariser Scheinwerfer, die den Himmel nach Flugzeugen absuchten. Sie entfernten sich immer schneller von diesem Ziel, auf das sie marschiert waren. Mit ihnen gingen 200 französische Gefangene. In Rully – das ist noch weit entfernt von den schützenden Wäldern um Retz, dem königlichen Forst und Compiègne – machte die Brigade Halt. Todmüde schlief sie ein. Offiziere übernahmen die Posten vor Gewehr.

Einige Einheiten der Brigade hatten den Befehl zum Rückzug nicht erhalten. Sie blieben stehen, wo sie waren. Am Morgen des 10. September sahen sie, wie die Franzosen sich auf Paris zurückzogen. Sie entschlossen sich daher nur zögernd zum Abmarsch, da sie keine weiteren deutschen Truppenteile mehr sahen. Am 10. September traf die Brigade Lepel in Compiègne ein, das sie rasch durchschritt, um Verteidigungsstellungen auf dem Nordufer der Aisne zu beziehen.

Sie kam am Reiterdenkmal der Jeanne d'Arc vorbei, und sie passierte auch die Waldgegend der hohen Buchen, in der am 11. 11. 1918 der Waffenstillstandsvertrag zwischen der Entente und Deutschland, am 22. 6. 1940 der zwischen Deutschland und Frankreich geschlossen werden sollte.

Eine Waldlichtung, zwei Eisenbahnzüge, verregnet alles wie jetzt am 10. September 1914, aber nun grimmiger, auswegloser für die Deutschen von 1918. Der Sieger hieß Marschall Foch, der noch eben, vier Jahre zurück, um Schloß Mondement sich gesorgt hatte. Anders später, 1940, als der Spieß umgedreht wurde von den Deutschen, ihrem Führer, worauf bald Reims folgte, die Kapitulation der Deutschen vor dem amerikanischen General Eisenhower 1945. Wie gut, daß die Brigade Lepel davon nichts wußte, aber sie marschierte durch Compiègne, der General von Lepel mit der Zigarette zwischen den Lippen, arglos und verletzt von der Anmaßung, einen Rückzug antreten zu müssen, der nicht nötig war.

Die Inschrift auf der Waldlichtung im Walde von Compiègne war noch zu entwerfen, dann einzufügen ins Memorial: »3. August 1914—11. November 1918 — am 1561sten Tag des Krieges.« Davon hatten Franzosen und Deutsche, auch die Engländer, die am Abend des 9. September 1914 nördlich der Marne biwakierten, erst sechs Wochen hinter sich gebracht, aber sie waren entscheidend. Das andere, das dem Marsch der Brigade Lepel durch Compiègne ins Tal der Aisne folgte, war noch zu erfahren, auch die zweite Marneschlacht, die von 1918, die sich diesen Wäldern näherte.

Heute die Zypressen, das Denkmal des Marschalls Foch, das weiße Haus über dem Salonwagen, der eine Rekonstruktion des Wagens ist, der bei einer Bombardierung Berlins im Zweiten Weltkrieg verbrannte, mit den Hinweis auf den Stifter, den

Amerikaner Arthur Henry Fleming, der Jahreszahl 1927 und dem Text: »Destruit 1940, Reconstruit 1950.«
Jahreszahlen. Das Fundament, auf dem der Wagen des Marschalls Foch für la Armistice, den Waffenstillstand von 1918, stand, von den Deutschen 1940 entstellt, wieder hergestellt am 11. 11. 49, mit dem Hinweis auf den verbrecherischen Kaiser, der dies alles ausgelöst haben soll. Deutsch-französische Geschichte, die Erstickung herbeiführen konnte.
Der Rückzug der Brigade Lepel gehörte schon der Vergangenheit an. Weiter östlich, dort, wo Klucks Armee sich absetzte und in den Wäldern von Retz und Villers-Cotterêts am Abend des 9. September verschwand, stieg ein Generalstabsoffizier des IV. A. K. im Flugzeug zur Erkundung des Feindes auf, und Panzerautomobile von Daimler wurden zum Gegenstoß angesetzt.
War das schon der neue Krieg von 1940, der Endkampf im zweiten Dreißigjährigen Krieg, der 1914 begann?

45. KAPITEL

Das Wunder bekommt einen Namen

Ein Kriegsmaler bei der ersten deutschen Armee hat den Abmarsch von der Marne bei Meaux am Nachmittag des trüben 9. September festgehalten. Das Panoramabild zeigt die Höhen vor Paris in Rauchwolken gehüllt, Dörfer brennen, Artillerie ist aufgefahren und deckt den Rückzug des Korps von Linsingen. Die Regimenter und Brigaden marschieren querfeldein, dem Flusse Aisne entgegen, wie der Kriegsmaler dazu schreibt, geordnet, in Sechserkolonnen, mit den Fahnen inmitten der Truppe, flankiert von Reiterei, während Bagagekolonnen in der Marne noch die Pferde tränken. Über dem Schlachtfeld schwebt ein Fesselballon, in dem ein Offizier das Feuer leitet. Es ist das letzte Schlachtengemälde, das in diesem Kriege in alter Manier angefertigt wurde, mit weiter Perspektive, heroisch angelegt, die Truppenmassen auf engem Raum in unaufhörlicher Bewegung.

Der Marne kehren sie den Rücken, Paris liegt verhüllt von den Rauchschwaden des Geschützfeuers, in dem das Amtliche Bulletin des Militärgouverneurs an diesem Nachmittag mitteilt: »Obgleich die Deutschen ihre Truppen verstärkt haben, bleibt die Lage befriedigend.«

General Joffre schickt am Nachmittag einen Brief an General Maunoury, der gerade einen Rückzugsbefehl für seine 6. Armee ausarbeitet, in dem er für die »übermenschlichen Leistungen der Truppe« dankt. Am Abend gibt General Gallieni ein zweites Bulletin heraus: »Alle Versuche, unsere auf dem rechten Ufer des Ourcq befindlichen Truppen zu durchbrechen, sind gescheitert.« Er befiehlt um Mitternacht, die Festungstruppen von Pa-

ris für den 10. September morgens 7 Uhr alarmbereit zu halten. Später werden, Deutsche und Franzosen, drei Soldaten zitieren, die zur Armee Maunoury gehörten und am Abend des 9. September schrieben:
»Wo man nicht mehr vorgehen kann, muß man sich auf der Stelle töten lassen.«
»Wir hielten die Schlacht für verloren.«
»Wir sind geschlagen — geschlagen. Der Feind geht auf Paris.«
Das dritte Zitat stammt von einem Soldaten, der auf einem Taxi von Gallieni an die Front geschickt worden war.
Joffre sitzt in seiner Klosterzelle von Châtillon-sur-Seine und wartet. Am nächsten Morgen soll wieder angegriffen werden; er ist mitleidlos.
General Foch hat am Abend endlich seine 42. Division angriffsbereit, die er als letzte Reserve heranzog, um den Vormarsch der Garde und der Sachsen aufzuhalten. Die Division geht langsam vor, bald bleibt sie stehen. Das Land vor ihr ist leer. Nur in Fère Champenoise hört man marschierende Truppen, die Garde.
Ein einziger französischer General, Franchet d'Esperey, der mit seiner 5. Armee nach Norden und Osten vorrückt, erfaßt, was hier geschehen ist. Er erläßt einen Tagesbefehl, dessen Wortlaut in der Erregung übertreibt, aber in der Übertreibung liegt die tiefere Wahrheit: »Soldaten, auf den denkwürdigen Schlachtfeldern von Montmirail, von Vauchamps und Champaubert, die vor hundert Jahren den Sieg unserer Vorväter über die Preußen Blüchers gesehen haben, hat eure machtvolle Offensive über den deutschen Widerstand gesiegt. An seinen Flügeln aufgehalten, in seiner Mitte gebrochen, flieht der Feind in Gewaltmärschen nach Osten und Norden.«
Geflohen wird nicht von den Deutschen, aber wer das Schlachtfeld verläßt, hat die Schlacht verloren.
Preußens Gloria, ein Phantom, ein Marsch, der gespielt wurde über viele Jahrzehnte, verschwindet an diesem Tage.
Es wird zur Legende, die man vergißt. Dreieinhalb Jahrzehnte später wird es dieses Preußen nicht mehr geben, sein Gloria ver-

schwand damals mit den Armeen Klucks und Bülows aus der Kriegsgeschichte.
Es wird dann Versuche gegeben haben, dieses Preußen und auch sein Gloria, einen militärischen Ruhm, der von Hohenzollern begründet wurde, aufzufrischen, aber es wird nichts nützen; was nach der Marneschlacht kam, das ist, im Guten und Schlimmen, etwas sehr Deutsches, nichts Preußisches mehr.
Am Abend des 9. September wird in der Redaktion des »Berliner Tageblatt« für den Setzer die Schlagzeile entworfen: »Die Schlacht vor Paris«.
Sie ist, während die Schlagzeile gesetzt wird, verloren.
Die »Frankfurter Zeitung« beginnt an diesem Tage mit einem neuen Roman, er heißt »Irrgang«, sein Verfasser ist Georg Munk.

An den Soldaten hat es nicht gelegen. Sie marschierten gegen Paris. Sie marschierten vor Paris nach Süden, dann nach Norden, nach Westen und zuletzt nach Osten. Sie wurden dabei immer weniger. Sie nahmen ab, sie schwanden dahin, aber sie gehorchten. Besiegt fühlten sie sich nicht, als sie abmarschieren mußten. Sie murrten und grollten, sie hielten alles für Desorganisation ihres Stabes, des Generalstabes, und damit hatten sie recht. Ein Versagen der Führung, auch nach Ansicht von General Foch, der an diesem Abend in seinem Quartier in Plancy, zehn Kilometer vom Schlachtfeld seiner 9. Armee entfernt, — seine Quartiergeber haben alles zur Flucht aus der Stadt, in der man den Tag über die Kanonade hörte, vorbereitet — ruhig am Tisch sitzt, die Karte vor sich, und die Quartiergeber, die fragend in der Tür erscheinen, durch seine unerschütterliche Ruhe überzeugt, daß sie noch nicht in dieser Nacht ihr Haus verlassen müssen. — Ein unverständliches Versagen der deutschen Führung, über das der Marschall Foch, nun schon durch ein Denkmal in der Waldlichtung von Compiègne geehrt, am 2. August 1928, ein Jahr vor seinem Tod, in der »Deutschen Allgemeinen Zeitung« schreibt:
»Heute noch ist mir unbegreiflich, wie Deutschland so bedauer-

lich versagen konnte. Es ist mir beispielsweise unverständlich, wie es möglich war, daß der deutsche Generalstab seinen rechten Flügel gänzlich vernachlässigte. Dieser rechte Flügel, der sich fächerförmig von Belgien nach Nordfrankreich ausbreitete, mußte jedoch ständig Verstärkungen erhalten. Der rechte Flügel war daher zu geschwächt, um sich bis zum Meere ausbreiten zu können. Da er keine genügende Unterstützung erhielt, mußte er zurückgedrängt werden. Dieses Schicksal erreichte die Armee Kluck, als sie knapp vor Paris stand. Vom strategischen Standpunkt aus befand sich die deutsche Armee vor Paris wegen des früher erwähnten Fehlers in einer ziemlich prekären Lage, da wir ihren rechten Flügel zurückgedrängt und sich zwischen der 1. Armee Kluck und der 2. Armee Bülow eine Lücke gebildet hatte. Andererseits wäre es den Deutschen noch immer möglich gewesen, ihre Stellungen zu behaupten, anstatt sich überstürzt zurückzuziehen. Heute erkennt man klar und deutlich, daß der deutsche Nachrichtendienst äußerst mangelhaft war. Nur so läßt sich die Rolle des Oberstleutnant Hentsch erklären, dessen pessimistische Berichte den allgemeinen Rückzug auf der gesamten deutschen Front entschieden. Eine psychologische Erfahrung liefert uns der Briefwechsel des deutschen Generalstabschefs, Generals von Moltke, mit seiner Gattin, aus dem die pessimistische Natur und die vorgeschrittene Krankheit des Generals deutlich ersichtlich sind. Man kann ruhig behaupten, daß die deutsche Oberste Heeresleitung an der Marne vollkommen versagte. Sie war ihrer Aufgabe nicht gewachsen.«

Gegen drei Uhr nachmittags am 10. September war Oberstleutnant Hentsch von seiner Fahrt über 640 Kilometer im Kraftwagen mit dem Emblem des Reiches an der Wagentür, dem Adler, nach Luxemburg zurückgekehrt. Wenn man das Gefühl bestimmen möchte, das diesen Mann erfüllte (er war nicht adlig, er hatte stets Schwierigkeiten bei seinen adligen Vorgesetzten gehabt; man nahm ihn nicht ganz ernst; aber nun hatte man ihn sehr ernst genommen, er hatte es erlebt), so wird es Ähnlichkeit

haben mit dem eines Mannes, der eine große Gefahr abgewandt hat und dafür Dank nie ernten wird. Es ist etwas Zwiespältiges, eine Angst und eine Genugtuung. Denn die Angst stammt aus der Erfahrung, daß die Botschafter der Niederlage von Anfang an verhaßt sind. Die Genugtuung sollte diesen Mann, der in der Obersten Heeresleitung bis 1916 blieb und 1918 in einer wichtigen Dienststellung in Rumänien starb, nicht verlassen. Hentsch glaubte bis zu seinem Tode, daß er das Heer vor Paris vor einer Niederlage bewahrt habe, die den Krieg entschieden hätte. Doch der Krieg, der noch so lange dauern sollte, wurde dort, an der Marne, entschieden, sechs Wochen nach seinem Beginn, in jener Zeit, die Moltke sich gesetzt hatte, um den Gegner im Westen zu schlagen, damit er sich mit seinem Heer auf Rußland werfen konnte. Nun aber war das Gegenteil eingetreten: in Ostpreußen hatten Hindenburg und Ludendorff die Russen geschlagen. Im Westen war die Chance vertan.
Sollte jetzt der strategische Schwerpunkt nach Osten verlegt werden, wie es Hindenburg und Ludendorff wollten? Der Westen blieb das Schicksal, dafür würde man sich entscheiden.
Zwischen drei und fünf Uhr nachmittags wurde am Donnerstag, dem 10. September, in Luxemburg die Lage beraten; Moltke entschloß sich endlich zur Fahrt zu den Armeebefehlshabern, die er am 11. September antreten wollte.
Er unterließ es, sofort die 1. und 2. Armee aufzusuchen, er wollte zuerst zur 3. Armee, dann zu den links anschließenden Armeen fahren. Die 1. und 2. Armee erhielten von ihm abends 10 Uhr diesen Funkspruch: »1. Armee stellt sich als rückwärtige Staffel bereit. Umfassung des rechten Flügels der 2. Armee ist durch Angriff zu verhindern.« Das war ein sehr karger Funkspruch, mit dem weder Kluck noch Bülow etwas anfangen konnten. Moltke hat später geschrieben: »Wie wenig ich daran gedacht habe, dem Oberstleutnant Hentsch den *Befehl* für die 1. Armee zum einfachen Rückzug hinter die Aisne mitzugeben, geht aus diesem Funkspruch hervor.«
Es bleibt rätselhaft (und es ist wohl nur durch die Krankheit,

die Moltke befallen hatte, und seine Charakterschwäche zu erklären), was damit bewiesen werden sollte.
Am Nachmittag des 10. September 1914, 5 Uhr 45, ging dieser Befehl der Obersten Heeresleitung heraus, mit dem Zusatz, daß der Kaiser befohlen habe (es war das erstemal seit dem 4. September, daß der Kaiser befahl): »2. Armee geht hinter die Vesle zurück, linker Flügel Thuizy. 1. Armee erhält Weisung von 2. Armee, 3. Armee hält im Anschluß an 2. Armee Linie: Mourmelon-le-Petit—Francheville am Moivre, 4. Armee im Anschluß an die 3. nördlich des Rhein-Marnekanals. Die von den Armeen erreichten Stellungen sind zu befestigen und zu behaupten.«

Klucks und Bülows Armeen waren zu diesem Zeitpunkt verschwunden. Die 1. Armee war in die riesigen Waldgebiete bei Villers-Cotterêts eingetaucht, als wollte sie sich dort verbergen; die 2. Armee marschierte durch die Wälder südlich von Épernay und stieg dann, jenseits der Marne, in die Berge von Reims, um die Königsstadt zu erreichen und zu durchschreiten.
Ihnen folgten die Franzosen zögernd, staunend, todmüde, zum Teil nicht mehr fähig, zu kämpfen. Sie wollten nicht glauben, daß die Deutschen weggelaufen waren, aber sie fanden deren Nachlaß: zuerst die Gefallenen, die unbegraben zurückgelassen wurden; dann die Gräber mit Helm und Kreuz. Auch die Lazarette mit den Verwundeten; sie waren zurückgeblieben. Ärzte, die salutierten, als die Franzosen eintrafen und sich vor Erschöpfung neben den Verwundeten niederfallen ließen. Kartuschen, Munitionskörbe, Pickelhelme, weggeworfene Ausrüstungsgegenstände, zerbrochene Champagnerflaschen; Gefangene, die in den Sektkellern der Champagne gemacht wurden; Schlafende im Rausch, die dem Tode entronnen waren; zerschmetterte Batterien, französische, die nun zurückerobert wurden, nachdem die Deutschen sie erobert und stehen gelassen hatten; sie konnten sie nicht mehr mitnehmen. Viele tausend tote Pferde. Flüchtig aufgeworfene Schützengräben mit Deutschen, andere mit Franzosen, die zu bestatten waren.
In diesen Plunder, den ein Schlachtfeld übrigläßt, schossen die

deutschen Nachhuten. Die schweren Feldhaubitzen feuerten, die den Rückzug deckten. Dörfer, die der Krieg verschonte, gingen jetzt erst, wie bei allen Rückzügen, in Flammen auf. Die Schlacht war vorüber. Es gab wieder Hoffnung, weiterleben zu dürfen. Von Verfolgung der Deutschen konnte keine Rede sein. General Foch beklagte die Lässigkeit seiner Divisionen. Er trieb sie an, zur Marne zu gelangen, aber vor der Marne waren die Sachsen stehengeblieben.

Die Sachsenarmee griff sogar an. General Fochs Truppen mußten feststellen, daß sie nicht nur die Stadt Fère Champenoise von der Garde geräumt fanden — General Foch zog am 10. September dort ein, sein Reitpferd scheute vor dem zersplitterten Glas, vor den unzähligen Weinflaschen, die auf der Straße lagen —, sondern daß sie ernsthaft aufgehalten wurden. Ihre Müdigkeit war so groß, daß sie sich damit abfanden.

Hausens 3. Armee war der Grund, weshalb General Joffre in seiner Mönchszelle in Châtillon an der Seine noch nicht Fanfare blasen ließ.

Joffre wartete noch ab. Die Sachsen, die nur noch wenige Tage eine Armee bilden sollten — die letzte Sachsenarmee, die es militärgeschichtlich gegeben hat —, waren südlich der Marne stehengeblieben. Generaloberst von Hausen hatte für den 11. September einen Angriff befohlen. Er fürchtete den Rückzug, aber er dachte nicht mehr an den Sieg. Von den Katalaunischen Feldern zieht man sich nicht freiwillig zurück. Hausen sah auch keinen Grund hierfür. Bis der Befehl des deutschen Kaisers am 10. September 8 Uhr abends eintraf, dem sich auch die Sachsen zu beugen hatten.

»Unverzüglich — 8 Uhr 30 abends — erhielten die Generalkommandos durch Fernsprecher Kenntnis von der veränderten Lage — das XIX. A. K. mit dem Bemerken, den geplanten Nachtangriff nicht zur Ausführung zu bringen — und wurden auf demnächst folgenden Armeebefehl verwiesen«, schrieb später Freiherr von Hausen. »Dieser erging 10 Uhr 45 abends, nachdem ich mich schweren Herzens vor die Pflicht gestellt sah, Vorkehrungen für die Rückkehr auf das rechte Marneufer zu treffen.«

Wenn man die psychologischen Hemmnisse einkalkuliert, die sich auf die hohen Generalstabsoffiziere beziehen, Moltkes seelische und körperliche Erkrankung, Klucks merkwürdiger Verzicht, Hentsch zu empfangen, Bülows Drang, wegzukommen aus einer Lage, die er nicht selbst verschuldet hatte, so wirkt der Zustand, in dem sich Generaloberst von Hausen befand, katastrophal. Hausen ist sehr ehrlich, wenn er schreibt: »Hier darf ich nicht verschweigen, daß mein körperliches Befinden sich in den kritischen Operationstagen des 8., 9. und 10. September mehr und mehr verschlimmert hatte. Kein Mittel wollte anschlagen. Ich beschwor den Obergeneralarzt Dr. Müller, meine Lebenskraft wenigstens noch einige Tage zu erhalten, doch nahm meine Entkräftung täglich zu, da ich weder Nahrung genießen noch im Bette verbleiben konnte. Es bedurfte, um mich aufrecht zu erhalten, des Einsatzes aller seelischen Kräfte, um dem Vaterland und meiner 3. Armee in Treue weiter zu dienen.«

Ehe die Sachsenarmee am 11. September über die Marne zurückging, kam es am Abend des 10. September zu einem letzten Gefecht südlich des Flusses. Der rechte Flügel der Sachsen, von dem sich die benachbarte Garde weit nach Norden abgesetzt hatte, wurde überraschend angegriffen. Die 24. Reservedivision erlitt starke Verluste. General von Kirchbach befahl die Zurücknahme zur Marne, die schwierig wurde, da der Gegner überlegen war. Die Sachsen pflanzten, wie wenige Tage zuvor, die Bajonette auf und griffen in der dunklen Nacht die überraschten Franzosen an, lautlos, ohne Hurra, mit großer Härte. Sie warfen Fochs Soldaten aus den Stellungen und setzten sich dann bis zur Marne ab.

Generaloberst von Hausen verließ Châlons am 11. September morgens vier Uhr. Der Tag begann zu dämmern, er sollte trübe bleiben. Am Nachmittag setzte wieder Regen ein.

Er fuhr die Straße nach Suippes zurück, die er vor wenigen Tagen im Gefühl des Erfolges, beinahe des Sieges, betrachtet hatte: die weggeworfenen Ausrüstungsgegenstände der sich zurückziehenden Franzosen, die liegengebliebenen Munitionskörbe ihrer Artillerie, die Gräber neben der Straße, Helm und Kreuz.

Mit dem Armeeoberbefehlshaber fuhren die Sanitätskolonnen mit den Verwundeten der letzten Tage. Die Schwerverwundeten ließ man in Châlons zurück. Sie waren nicht transportfähig und damit für die französische Gefangenschaft bestimmt.
Im ersten Dorf hinter Châlons ließ Hausen anhalten. Er begrüßte seinen General der Pioniere, der ihm die neue Stellung meldete, die von der Armee längs der alten Römerstraße eingenommen werden sollte.
Hausen blickte in die Karte, fand das »Lager Attilas«. Er sah sich um und erkannte den Platz wieder, den er bei der Herfahrt am 5. September kurz aufgesucht hatte. Am Lager des Hunnenkönigs sollte seine Armee wieder Front machen zum Gegner. Von ihm war Attila in die Schlacht auf den Katalaunischen Feldern aufgebrochen. Nun kehrte der sächsische Generaloberst von diesen Feldern südlich Châlons-sur-Marne zurück. Geschlagen war die Sachsenarmee nicht, aber auch Attilas Heer wurde einst auf den Katalaunischen Feldern nicht geschlagen. Es konnte nur nicht siegen. Die Schlacht kam zum Stehen.
Hier, auf der Rückzugsstraße, beim Lager Attilas, wurde ihm ein Telegramm des Kaisers überreicht, das am Tage vorher 2 Uhr 50 in Luxemburg aufgegeben worden war: »An Generaloberst Freiherrn von Hausen, Châlons an der Marne. Ich beglückwünsche die dritte Armee zu ihren neuen, nach heißem Kampf errungenen Erfolgen. Die Armee hat sich unter besonders schwierigen Verhältnissen stets mustergültig geschlagen. Ich spreche ihr meine warme Anerkennung aus. Übermitteln Sie allen Angehörigen der Armee meinen Kaiserlichen Dank. Ich hatte neulich die Absicht, die Armee zu besuchen, um Ihnen Vorstehendes persönlich auszusprechen. Wilhelm I. R.« Und I. R. hieß Imperator Rex, Kaiser und König.
Hausen wußte nicht, daß er der einzige Armeeoberbefehlshaber des rechten deutschen Heeresflügels war, der ein Anerkennungstelegramm des Kaisers während der Marneschlacht bekommen würde. Ihm war es jetzt gleichgültig, an der Straße nach Suippes, als er die Kolonnen und Truppenteile beobachtete, die an ihm vorbeifuhren und vorbeimarschierten. Er konnte ihnen den

Dank des Kaisers nicht zurufen, ein Armeebefehl würde das übernehmen, den er diktierte, als er am Straßenrand hielt, grimmig und mitleidend, selbst leidend, bedrückt von der Veränderung der Verhältnisse, der Umkehrung des erwarteten Sieges in den Rückzug, vielleicht die Niederlage.

Während er seine Soldaten beobachtete, die Offiziere grüßte, die grüßend an ihm vorbeimarschierten (aber es war kein Parademarsch, niemand hob die Beine, es war ein Vorbeigehen in totaler Übermüdung und Ratlosigkeit), diktierte er diesen Armeebefehl: »Seine Majestät der Kaiser hat der Armee in Anerkennung des siegreichen Vorschreitens, der außerordentlichen Leistungen an Tapferkeit und Ausdauer eine Anzahl Eiserne Kreuze überwiesen, die den Armeekorps heute zugegangen sind. Wenn die allgemeine Lage des Heeres es notwendig machte, die siegreiche 3. Armee zurückzunehmen, um sie zunächst zu hartnäckiger Verteidigung einzusetzen, so spreche ich die Erwartung aus und habe das Vertrauen zur Armee, daß sie sich dieser Aufgabe ebenso gewachsen zeigt wie bisher allen anderen an sie herangetretenen Anforderungen. Freiherr von Hausen.«

Es wurde ein einfacher Armeebefehl. Kein Wort war zuviel. Der kaiserliche Dank erscheint wie am Rande erwähnt. Zweifel bedrücken den Generaloberst. Die Sachsen mußten nicht über die Marne zurück, weil die Franzosen sie geschlagen hatten. Sie gingen auf Befehl des Kaisers weg von den Bachabschnitten, aus den Wäldern, von den Landstraßen südlich des Flusses.

Krankheit und die Traurigkeit, die ihn nicht mehr losließen, Anordnungen, die er gab, um an der alten Römerstraße seine Armee wieder aufzustellen, aber diesmal zur Abwehr des Feindes, den er geschlagen geglaubt hatte — all das bestimmte das Bild Hausens an diesem Vormittag bei Attilas Lager und machte aus diesem Mann, dem letzten Oberbefehlshaber einer· sächsischen Armee im Felde, in einem Kriege dieses Jahrhunderts, ein Stück Elend.

Von hier sind es elf Kilometer bis Suippes. Dort erwartet ihn Moltke.

Es ist 12 Uhr 30 mittags, als sie sich treffen. Seit Kriegsbeginn

haben sie sich nicht gesehen. Beide kommen aus verschiedenen Welten, Hausen aus der nun verlorenen Welt des Sieges, vor dem er stand, Moltke aus dem Luxemburger Hauptquartier, in dem er über die Vernichtung Deutschland durch die übermächtigen Heere in Ost und West nachgesonnen hatte.
Beide sind krank, Hausen hat Typhus, Moltke ist schwer herz- und blasenleidend. Beide hielten sich nur mühselig im Daimler, ehe sie ihn in Suippes verlassen konnten. Die Wagen mit dem Reichsadler an der Wagentür waren bequem, aber sie konnten auch, für Kranke, schmerzhaft sein.
Am Nordausgang des Dorfes Suippes, auf dem Hofe eines Großbauern, der vom Besitzer verlassen war, sahen sich die beiden Generalobersten wieder.
»Dort erwartete der Generalstabschef des Feldheeres, Generaloberst von Moltke, mein Eintreffen«, schreibt Hausen später, »um die Ereignisse der letzten Tage und die neueingetretene Gesamtlage mit mir zu besprechen. Bei dieser Unterredung gewann ich die Überzeugung, daß die Oberste Heeresleitung in der Ansicht lebte, der 3. Armee die Möglichkeit einer mehrtägigen (vielleicht achttägigen) Ruhe in Aussicht stellen zu können, um Nachersatz an Mannschaften und Pferden, Verpflegung und Munition heranzuziehen.
Jedenfalls aber müsse sich die 3. Armee bis zur Wiederaufnahme der geplanten Offensive in der ihr zugewiesenen Linie unbedingt behaupten. Ich sprach hierbei die Zuversicht aus, daß die 3. Armee nach dieser Richtung hin den Erwartungen unter Einsatz aller ihr noch erhalten gebliebenen Kräfte zu entsprechen suchen würde. Nicht unerwähnt ließ ich, wie schmerzlich es empfunden worden wäre, daß das XI. A. K. uns dauernd entzogen und die zugesagte Kavalleriedivision nicht zugeführt wurde.«
Es muß ein sehr kurzes Gespräch gewesen sein, denn zwei Stunden später, drei Uhr nachmittags, ist Moltke aus Reims, wo er beim Besuch der 2. Armee verzweifelt ausruft: »Um Gottes willen! Wie hat das nur geschehen können?«, schon wieder in Suippes zurück, um die Befehle, die Hausen diktiert, aber noch nicht herausgegeben hat, wieder umzustoßen.

Eine fast gespenstische Schnelligkeit, mit der Moltke, der von Tappen begleitet wird, von Armeestab zu Armeestab eilt, durch die zurückflutenden Kolonnen, körperlich und seelisch schwerkrank, wie Tappen schreibt. Wie langsam bewegte sich Hentsch zwischen den Armeehauptquartieren Tage zuvor; das schlechte Gewissen treibt Moltke, der nicht mehr nachholen kann, was er versäumte.

Hausen erfährt von der überstürzten Rückkehr Moltkes erst später. Gegen 1 Uhr mittags, nach dem Gespräch mit Moltke, den er nie wieder sehen wird, hatte er sich in den ersten Stock des Bauernhauses zurückgezogen. Über dem Büro des Stabes fand er eine Stube, daneben eine Kammer, eine leere Bettstelle, einen Schrank. Hausen macht sich auf der Bettstelle ein Lager zurecht, auf dem er »in einem immer mehr zunehmenden kranken Zustande qualvolle Stunden« verbrachte.

Aus Reims bringen Moltke und Tappen die böse Nachricht mit, daß die 2. Armee sich weiter zurückgezogen habe, als man angenommen hatte. Die Befehle, die Moltke vor wenigen Stunden gegeben hatte, sind sinnlos, es muß eine neue Linie für die Sachsenarmee gefunden werden. Der Chef des Generalstabs der Sachsenarmee, General von Hoeppner, befindet sich bei der Truppe, nur der Ia der Armee, Oberstleutnant Hasse, steht den beiden Herren aus Luxemburg zur Verfügung, der Hausen in der Kammer über dem Büro, in dem sie sitzen, nicht stören will. Er ist betroffen vom Verfall der obersten Führung, von Moltkes Schwanken »wie ein Rohr im Wind«.

Die Sachsenarmee hatte gerade begonnen, sich zur Abwehr einzugraben. Jetzt wurde befohlen, weiter zurück zu marschieren, eine neue Stellung anzulegen.

Die Truppe mußte ihre Biwaks abbrechen, die sie gerade bezogen hatte, um sich erneut einzugraben.

Für Oberstleutnant Hasse, der Zeuge wurde, wie Moltke einen Befehl, den er zwei Stunden zuvor gegeben hatte, vollständig änderte, brach eine Welt zusammen, an die er als Generalstäbler bisher fest geglaubt hatte.

Diese Wankelmütigkeit Moltkes sollte zu dessen Ablösung als

Chef des Generalstabes des deutschen Feldheeres durch den Kaiser am nächsten Tage führen, als Moltke wieder in Luxemburg war.

Jetzt, an diesem trüben Nachmittag — Sturm fegte über die Felder, Regenströme gingen nieder, zornig und schwerfällig stellten die Sachsen ihre Schanzarbeiten ein und sammelten sich zum weiteren Rückzug nach Norden —, wurde in Joffres Hauptquartier in Châtillon an der Seine zum ersten Male daran gedacht, wie man die Schlacht nennen solle, die man eben gewonnen hatte.

General Gallieni hatte für die Pariser mittags ein Amtliches Bulletin herausgegeben, das lautete: »Am linken Flügel sind die anglo-französischen Truppen zwischen La Ferté-sous-Jouarre, Charly und Château-Thierry über die Marne gegangen und verfolgen den sich zurückziehenden Feind.« Das war die Nachricht für Paris, daß die Gefahr beseitigt war. Nun waren auch die Sachsen über die Marne zurückgewichen, General Foch konnte von Sieg sprechen.

Joffre, der an diesem Nachmittag dabei war, seine Meldung an die französische Regierung in Bordeaux zu formulieren, fragte seinen Stab, wie man diese Schlacht nennen solle.

Von seinem stellvertretenden Stabschef, General Berthélot, wurde vorgeschlagen, die Schlacht nach den Katalaunischen Feldern zu nennen, auf ihnen sei ein neuer Attila geschlagen worden. Ein anderer Stabsoffizier, Gamelin, nannte den Namen des Flusses, über den sich die Deutschen zurückzogen.

Die Meldung, die Joffre nach Bordeaux schickte, begann mit dem Satz: »Die Marneschlacht endete mit einem unbestreitbaren Sieg.«

Das Husarenregiment Nr. 18 war an diesem 11. September die Nachhut seiner 32. Infanteriedivision. Die Nacht vom 10. zum 11. September hatte es — die Husaren die Zügel am Arme — bei den Pferden verbracht. Es stand noch tief im Süden der Marne, bei Villeseneuve. Dort hatte es der Befehl zum Vorreiten an die Somme am Nachmittag des 6. September erreicht, worauf die Attacke der 5. Eskadron gefolgt war. Das war am

Sonntag, jetzt dämmerte der Freitagmorgen, trübe und voller Regenwolken.

Oberst Platzmann führte sein Regiment geschickt; es machte gelegentlich kehrt und warf französische Kavallerie zurück, die sich ihm genähert hatte. Es waren Kürassiere Fochs, die den Rückzug behindern sollten, aber auch sie waren wie gelähmt. Der Tag brachte kein größeres Gefecht. Die Husaren machten noch Gefangene.

Wachtmeister Franz William Koch schrieb am anderen Morgen, als sie längst über die Marne waren, in sein Tagebuch:

»Niemand versteht das alles mehr, als wir morgens 4 Uhr abrücken, die Nacht war traurig, das Regiment stand, wie ein Denkmal, im Wald, es wartete, aber wir wußten nicht, worauf. Über Cheniers ritten wir zur Marne zurück, nach Châlons. Mit uns gingen Verwundete, jeder wollte noch rechtzeitig über die Brücke, ehe der Feind nachrückte.

Wir ritten wie im Traum, schläfrig, hungrig und durstig, es fehlte an allem. Oberst Platzmann kam einmal vorbei, er rief mir zu, ›Koch, halten Sie die Ohren steif‹, das mißfiel mir. Aber er hatte recht, es war zum Einschlafen, zum Verdämmern, zum Müdewerden über das Müdewerden hinaus. Es gibt dafür kein Wort. Alles war nun anders.

Da wir die Letzten gewesen sind, die am späten Nachmittag über die steinerne Marnebrücke in Châlons ritten, hatte ich das Gefühl, daß doch nicht alles umsonst gewesen sein könnte. Die ersten waren wir, als es über die Marne ging, die Letzten sind wir gewesen, als es über diesen Fluß, den ich nicht vergessen werde, zurückging.

Wir dachten, wir dürften in Châlons bleiben, ein Bett, Schlaf, man muß, wenn man aus der Schlacht kommt, einmal ausschlafen dürfen.

Die Brücke über die Marne ließen wir den Franzosen. Als wir über sie ritten, sah ich die Sprengladungen unserer Pioniere. Aber es lag kein Befehl vor, sie zu zünden. Die 5. Eskadron ritt am Ende des Regiments, ich war unter den Letzten, die über die Brücke ritten.

La Marne. Ein Fluß in Frankreich. Was hatte ich hier zu suchen? Bei Sturm, in einem Unwetter ritten wir bis 1 Uhr nachts zum Truppenübungsplatz Champs de Châlons, Mourmelon-le-Grand. Was wird man einmal von uns halten? Wie wird man über uns denken? Was kommt jetzt?«

Am Morgen des 11. September frühstückte General Foch südlich der Marne, als seine Stabswache ein amerikanisches Auto anhält, dessen Insassen einen Passierschein des Gouverneurs von Paris vorzeigen, der es ihnen gestattet, die Truppe in der vorderen Linie aufzusuchen.

Den Fahrer lassen die Wachen im Wagen, die beiden amerikanischen Offiziere, die im Wagen saßen, werden zu General Foch geführt. Sie stellen sich vor, nennen ihre Namen, Allen und Parker, sie sagen, sie möchten zur Marne fahren.

Foch lehnt diesen Wunsch ab. Er schickt sie zurück nach Paris. Dies ist sein Operationsgebiet. Gallieni hat hier nichts zu erlauben.

Später lernt Foch beide Herren genauer kennen. General Frank Parker untersteht dem Marschall Foch 1918 als Kommandeur der 1. amerikanischen Division. General Allen ist nach dem Waffenstillstand mit Sitz in Koblenz, wo der deutsche Kaiser und Moltke ihr erstes Großes Hauptquartier 1914 hatten, Befehlshaber der amerikanischen Besatzungsarmee auf dem linken deutschen Rheinufer.

Mit den Sachsen, die sich an diesem 11. September über die Marne zurückziehen, entschwindet ihr Land aus der Geschichte Europas.

Die Amerikaner treten in sie ein.

46. KAPITEL

An der Napoleonspyramide

Zur Napoleonspyramide an der alten Römerstraße südlich Mourmelon-le-Grand hat am Vormittag des 12. September Generaloberst von Hausen seine Kommandierenden Generale bestellt, um mit ihnen die Abwehrstellung zu besprechen, die von den Sachsen eingenommen werden soll. Der nächtliche Regen hält auch den ganzen Tag über an. Die Offiziere müssen ihre Kartentische mit den schweren Mänteln bedecken, die sie sich von der Bagage geben ließen. Es ist jetzt Herbst. Der heiße Sommer, der die Gesichter verbrannt hat, blieb südlich der Marne zurück.

Der Fluß, so melden Hausens Aufklärungsflieger, die neben der Straße landen, wird seit dem Morgen von starken französischen Truppenteilen überschritten. Vier Armeekorps sind im Anmarsch, denen Hausen nur seine drei Korps entgegenstellen kann, die nach einem Marsch über 60 Kilometer seit gestern langsam in der neuen Abwehrlinie eintreffen.

Sie brauchen Schlaf.

Hausen sieht sich seine Regimenter an. Das XII. Armeekorps zieht an der Napoleonspyramide vorüber. Er läßt einige Truppenteile anhalten, begrüßt sie. Seine Stimme ist schwach, er kann sich nur schwer im Wagen aufstellen. Seine Schwäche ist größer geworden, er verbirgt sie. Sein Stab ist beunruhigt. Diesem Offizierspulk an dem hochaufragenden Denkmal, das an einen früheren Kriegsherrn der Sachsen erinnert, unter dem sie — auch das Husarenregiment Nr. 18 — viel zu kämpfen hatten, nähert sich am Vormittag ein einzelner Reiter, der von Mourmelon-le-Grand kommt. Wachtmeister Franz William Koch hat

von Oberst Platzmann den Auftrag erhalten, die 23. Reservedivision zu suchen; er hofft, bei den Offizieren Auskunft erhalten zu können.
Der einsame Reiter, der über den Truppenübungsplatz nach Süden trabt, die Lanze bei Fuß, den Kopf gebeugt, das Gesicht verwaschen vom unaufhörlichen Regen, während ihm entgegen die Infanterie über den Platz marschiert, die Köpfe gebeugt, die Augen wie in Tränen — aber es ist der Regentag, geweint wird nirgends —, fällt dem Generalobersten auf. Er sieht ihm entgegen, versonnen, von der Übelkeit geplagt, die ihn wie zusammengesunken aussehen läßt, das Gesicht mit dem dichten Schnauzbart vom Mützenschirm notdürftig gegen den Regen geschützt, aber doch auch wie unter Wasser die Augen. In dem einsamen Reiter erkennt Hausen einen Husarenwachtmeister. Der wird ihm eine Meldung bringen. Unter Schmerzen hebt er den Kopf leicht an, winkt ihm zu.
Diese Geste, ein scheues Winken, wird von seiner Umgebung nicht bemerkt. Die Stabsoffiziere sind in die Lagekarten vertieft. Aber die Geste des Armeeoberbefehlshabers läßt den Husarenwachtmeister Franz William Koch zuerst antraben, dann in Galopp fallen, schneidig pariert er sein Pferd vor dem Auto, aus dem ihm zugewinkt wurde.
Er erkennt den Schnauzbart sofort, das blasse Gesicht unter der Schirmmütze, die dicke Nase, die warmen, jetzt von einer geheimen Angst angegriffenen Augen, die ihn fragend ansehen. Kochs Pferd drängt hart an den Kraftwagen heran, es sucht Schutz vor Wind und Regen. Koch hat einige Schwierigkeiten, seinem Generaloberst Meldung zu erstatten.
Er tut dies fast beiläufig, während er sein Pferd zügeln muß. Das Gesicht nach links, in den Wagen hinein gewendet, im Steigbügel wird sein linker Stiefel gegen die Wagenwand gepreßt, doch Freiherr von Hausen lächelt, denn Koch brachte ihm keine Hiobsbotschaft, die der Generaloberst von jedem Melder an diesem Tage erwartete nördlich der Marne. Der Wachtmeister ist nur von seinem Oberst Platzmann ausgeschickt worden, die 23. Reservedivision zu suchen, zu ihr Verbindung aufzunehmen.

Fast ist Koch am Wagenschlag vorbeigeritten, trotz des harten Zügelns seines Pferdes, als Hausen etwas macht, was kein Offizier mit einem Unteroffizier oder Mann machen darf: Er legt seine rechte Hand auf die durchnäßte Attila des Husarenwachtmeisters, als wollte er ihn festhalten, wie Koch dachte, aber er hielt sich selbst fest an diesem einsamen Reiter auf der Suche nach einer Division.
»Es ist gut«, sagte jetzt Hausen zu Koch, »es ist gut.«
Was denn hier gut sei, denkt Koch, nichts ist gut, auch sein schwieriges, fatales Zügeln des Pferdes ist nicht gut, das Reiben des linken Stiefels an der Wagentür mit dem Reichsadler, diese Meldung über die linke Schulter.
»Der Adjutant steht dort drüben auf dem Feld«, sagt Hausen. »Er wird es Ihnen sagen. Sie sind Königshusar. Es war alles nicht einfach, wir sind alle enttäuscht.«
»Herr Generaloberst«, erwidert Koch, »es macht nichts. Es geht schon weiter.«
Hausen hält den Wachmeister noch immer an der Attila fest, seine Finger krampfen sich, wie im Schmerz, in das nasse feldgraue Tuch. Koch wird es peinlich. Er möchte abreiten, zum Adjutanten neben der alten Römerstraße auf dem Feld, doch sein Oberbefehlshaber hat ihm noch etwas zu sagen. »Königshusaren«, sagt Hausen, und jetzt ist es nicht der Regen, der seine Augen schwimmen läßt, »haben prächtig, aber unglücklich attackiert. Jetzt brauchen wir sie nicht mehr.«
»Herr Generaloberst wissen...«, entfährt es Koch, diese Intimität mit seinem sächsischen Heerführer wird ihm lästig, aber gleichzeitig fühlt er sich in eine Vertrautheit mit dem Generalobersten gezogen, in dessen Vertrauen. Fast sind beide jetzt im gleichen Rang, Hausen und Koch, gedemütigt von der Niederlage, in der sie endlich aufeinandertreffen seit dem Ausmarsch aus der sächsischen Hauptstadt.
»Herr Generaloberst wissen von der Attacke der Großenhainer 5. Eskadron?« fragt Koch.
»Ach nein«, erwidert Hausen, »das ist es nicht. Ihr seid alle brav gewesen, aber das allein wird nicht mehr viel nützen.«

Der Generaloberst überlegt, dann sagt er noch: »Königshusaren werden absitzen müssen. Ich brauche euch für die Nachrichten.« Er sagt Nachrichten, doch Koch weiß sofort, was er meint.
»Wenn Herr Generaloberst daran denken, uns Husaren für Telegraphenpatrouillen besser zu verwenden, dann melde ich gehorsamst« — hier stockt Koch, er ist ja kein Offizier, er hat nur zu melden als Unteroffizier, die höfliche Formel »gehorsamst« steht nur dem Offizier zu, Rittmeister wird Franz William Koch erst im nächsten Weltkrieg werden —, deshalb verbessert er sich: »Melde, daß ich hierfür ausgebildet bin.«
Er will dem alten Mann jetzt helfen.
Ein Gespräch wurde aus der Meldung, das ihm rangmäßig nicht zusteht.
»Aber?« fragt Hausen.
»Ich fand dafür keine Verwendung, Herr Generaloberst, es gab anderes, Patrouillen reiten, Befehle bei der Division zu holen.«
»Attackieren«, ergänzt Hausen. Seine Hand läßt die Attila des Wachtmeisters nicht los.
»Ihr werdet nicht mehr reiten müssen«, sagt er noch, »um eine Division zu suchen. Das müßte man auch mit dem Feldtelefon feststellen können, wo eine Division steht, dazu gibt es Apparate.«
»Jawohl, Herr Generaloberst, es gibt sie, aber es sind zu wenige. Man weiß oben nichts mit ihnen anzufangen.«
Hausens Hand gibt Kochs Attila frei.
»Es muß vieles anders werden, Wachtmeister, wenn das gut weitergehen soll«, sagt der Generaloberst. Und er fügt hinzu, flüsternd, fast unhörbar für Koch, wie zu sich selbst: »Das ist nun ein anderer Krieg, Wachtmeister.«
Koch sieht, daß er und der Generaloberst von den Stabsoffizieren beobachtet werden, aber keiner tritt näher, es ist, als ließen sie Hausen diesen Abschied von seiner Armee, von dem er noch nichts weiß. Und Hausen, der nun meint, der Wachtmeister sei abgeritten, denn er hält ihn an der Attila nicht mehr fest, sagt noch, unverständlich für jemanden, der abgeritten ist, (doch

Koch sitzt immer noch neben dem Kraftwagen zu Pferde, er hört es): »Der September hat alles entschieden.«
Koch möchte fragen, warum gerade der September etwas entschieden habe, es könnte doch auch der August gewesen sein, und für wen wurde im September oder August entschieden? Aber danach zu fragen, ist keine Zeit mehr.
Hausen hat gemerkt, daß er den Wachtmeister noch nicht entließ, er fragt das Übliche: »Wo sind Sie denn zu Hause?«
Koch läßt sein Pferd rückwärts gehen, dann zwingt er es, daß er es noch einmal aufstellt für seine Meldung an den Generalobersten im Auto. Er reißt sich im Sattel zusammen, ruft: »In Loschwitz bei Dresden, Herr Generaloberst.«
Hausen lächelt, seine Augen schwimmen nicht mehr, regenfeucht, tränennaß, in ihnen steckt eine Erinnerung, die er auf den Wachtmeister überträgt.
»Eigentlich müßten wir uns kennen, Wachtmeister«, ruft er Koch zu. »Das ist alles sehr schön dort.«
Plötzlich wird ihm bewußt, daß soviel Intimität mit einem Husarenwachtmeister aus seiner Krankheit zu erklären ist, er wird barsch: »Verlieren Sie keine Zeit mehr.«
Koch würgt es im Halse, er kann diesen Würgegriff nicht loswerden, wenn er jetzt abreitet, wortlos, in der festen Haltung, die sich gehört, wenn man bei seinem Oberbefehlshaber war, um ihm Meldung zu erstatten. Er reitet in nördlicher Richtung, auf den grauen Truppenübungsplatz zu, erstaunt über alles, was er eben gehört hat, in seiner militärischen Haltung nicht beeinträchtigt durch diese plötzliche Intimität mit seinem Oberbefehlshaber, doch ergriffen, also auch etwas ratlos, bis er merkt, daß er seinen Auftrag vergaß, den ihm Oberst Platzmann gab, die 23. Reservedivision zu suchen, nicht den Generaloberst Freiherrn von Hausen. Er wendet sein Pferd, trabt zurück zur Napoleonspyramide, findet den Adjutanten des Generalobersten, der ihn schon erwartet – Hausen hat ihm von diesem Wachtmeister nicht erzählt, aber er hat das Gespräch der beiden beobachtet. Er gibt Koch freundlich Auskunft, der zum Regiment nach Mourmelon-le-Grand zurückreitet. Dort wird gerade ab-

gekocht, der Kakao dampft, Oberst Platzmann meldet er den Standort der 23. Reservedivision. Er liegt ganz in der Nähe. Die wenigen Minuten mit seinem Oberbefehlshaber behält er bei sich. Sie bleiben sein Eigentum, das er nach Loschwitz bei Dresden heimbringen wird.

Am Abend dieses 12. September, nach einigen Wirrnissen, die einen erneuten Eingriff der Obersten Heeresleitung in die Aufstellung der Sachsenarmee brachten, ein Verschieben der eben erst sich verschanzenden Armeekorps weiter nach Norden, den dritten Stellungswechsel in zwei Tagen, wird Generaloberst Freiherr von Hausen in Bétheniville, in dem gleichen Quartier, das er am 4. September bezogen hatte, vom sächsischen Militärbevollmächtigten, Generalleutnant Freiherr Leuckart von Weysdorf aufgesucht, in seinem Zimmer, auf dem Schmerzenslager, der Generaloberst von großer Übelkeit geplagt wie seit Tagen, jetzt aber sterbensmüde.

Ihm wurde eine Kabinettsorder überreicht, als er »in jammervollem Zustande, körperlich gebrochen« im Bett lag: »Nachdem ich zu meinem lebhaften Bedauern vernommen habe, daß Ihr nicht günstiger Gesundheitszustand sich infolge der großen Anforderungen der letzten Wochen wesentlich verschlechtert hat, halte ich es zur Schonung Ihrer Kräfte und im Interesse Ihrer völligen Wiederherstellung für angebracht, Sie vorübergehend von Ihrer Stellung als Oberbefehlshaber der 3. Armee zu entheben, was ich Ihnen hiermit, unter voller Anerkennung Ihrer bisher in dieser wichtigen Stellung geleisteten Dienste, bekanntgebe. Zum Oberbefehlshaber der 3. Armee habe ich den General der Kavallerie von Einem, gen. v. Rothmaler, Kommandierender General des VII. A. K., ernannt. Großes Hauptquartier, den 12. September 1914, Wilhelm R.«

Da der Husarenwachtmeister Franz William Koch zu seinem Regiment mit dem letzten Gespräch im Kopfe geritten ist, das der Generaloberst mit seiner Armee führte, muß sich hier die Aufnahme anfügen, die der Befehl bei Hausen fand, doch in dem Wortlaut, den er wählte:

»Durch meine seit dem 4. September zunehmende Erkrankung und die in den Tagen der Operation südlich der Marne unausgesetzt sich steigernde Anspannung seelischer und geistiger Kräfte stark zermürbt, sah ich mich nach Empfang der Kabinettsorder in verzweifelter Stimmung. Da ich selbstredend bereit war, mich unter gänzlicher Aufopferung aller eigenen Rücksichten dem Dienste des Vaterlandes völlig hinzugeben, so befiel mich im ersten Augenblick der Verzweiflung der Gedanke, den allerhöchsten Befehl nicht anzunehmen, sondern durch den Überbringer in die Hände des Kaisers zurückzulegen und meinem Leben ein Ziel zu setzen.

Aber nach kurzem, schwerem inneren Kampfe erlangte ich verlorengegangenes Gottvertrauen zurück, und so erkannte ich nun in der Wendung meines Geschickes eine schwere Prüfung des Himmels. Diese über mich ergehen zu lassen, die mich aus verantwortungsvoller Tätigkeit vor dem Feinde beruflich in ein Nichts zurückwarf, fühlte ich als Pflicht und wußte auch in meiner treuen, selbstlosen Lebensgefährtin auf eine Mitträgerin meines Leids und eine Helferin in der Not rechnen zu können. So beschied ich mich, rief die Generale v. Hoeppner und Leuthold sowie den Obergeneralarzt Dr. Müller an mein Krankenlager, teilte ihnen den Willen des Kaisers mit, legte ihnen das Wohl der 3. Armee ans Herz, dankte für ihre treue und bewährte Unterstützung und glaubte, falls ich noch genesen sollte, der Hoffnung auf Rückkehr Ausdruck geben zu dürfen, da die Kabinettsorder mich nur ›zur Schonung meiner Kräfte und im Interesse meiner völligen Wiederherstellung‹, und zwar ›vorübergehend‹ der Stellung als Oberbefehlshaber der 3. Armee enthob.«

An diesem Abend dinierte General Foch in dem Restaurant, das in Châlons-sur-Marne der Stab der Sachsenarmee besucht hatte; er aß, wie er in seinen Memoiren schreibt, von dem Geschirr, das Hausen und der sächsische Kronprinz vor ihm benutzt hatten.

»La bataille de la Marne se terminait; c'était bien une grande victoire«, schreibt Marschall Foch in seinen Memoiren. »Die

Marneschlacht war ein Werk, das am 24. August vorbereitet und bis zu seinem Ende von General Joffre verwirklicht wurde.«
Am frühen Morgen des 13. September verließ Hausen sein Hauptquartier an der Suippe in Bétheniville. Mit ihm fuhren der sächsische Militärbevollmächtigte und sein Bursche, der Grenadier Oswald vom Dresdner Leibgrenadierregiment 100. Über Vouziers und Stenay, hier hatte Hausen im Jahre 1870 in Quartier gelegen, erreichten sie Trier. Sie kamen auch durch Luxemburg, aber sie hielten nicht an.

Dort meldete an diesem Tag Generaloberst von Moltke seinem Kaiser, was er auf seiner Fahrt zu den Armeen angeordnet hatte. »Der Kaiser war zwar nicht ungnädig«, schreibt Moltke, »aber ich hatte den Eindruck, daß er von der Notwendigkeit des Rückzuges nicht ganz überzeugt war. Ich muß zugeben, daß meine Nerven durch alles, was ich erlebt hatte, sehr herunter waren und daß ich wohl den Eindruck eines kranken Mannes gemacht habe.«

Es ist ein Sonntag, dieser 13. September. Eine Woche ist seit Joffres Angriffsbefehl an seine Armeen vor Paris vergangen.

Am späten Abend trifft aus Luxemburg Generalquartiermeister von Stein beim Armeeoberkommando 3 in Bétheniville mit dem Befehl des Kaisers ein, daß die Sachsenarmee ein Armeekorps aus der Front herauszuziehen habe, das dem rechten Flügel der 2. Armee Bülows zuzuführen sei, für den die Oberste Heeresleitung eine Umfassung durch den Feind erwarte.

Die Lücke zwischen Bülow und Kluck war noch offen. Der Rückzug über die Marne hatte sie nicht schließen können. Er war nun sinnlos geworden.

Der kaiserliche Befehl löste die Sachsenarmee auf. Sie verlor zuerst ihr Dresdner XII. Armeekorps, bald darauf das XIX. Armeekorps.

Nie wieder sollte es eine Sachsenarmee geben.

Am 14. September 1914, sechs Wochen nach Beginn dieses Weltkrieges, ersetzte Kaiser Wilhelm II. den Chef des Generalstabes des Feldheeres, Generaloberst Helmuth von Moltke, durch den preußischen Kriegsminister General von Falkenhayn.

Das Husarenregiment Nr. 18 wurde an diesem Tag sechs Uhr morgens in Mourmelon-le-Grand alarmiert. Bei seiner 5. Eskadron trank Wachtmeister Franz William Koch frischen Kakao. Sieben Uhr stand das Regiment zum Abmarsch bereit. Es ritt, bei starkem Regen, bis in die Gegend nördlich von Reims.

Die Sachsen schließen, in einer zweitägigen Schlacht, bei Gewitter und im Regen, endlich die Lücke zwischen der zweiten und ersten Armee, die in den vergangenen Tagen so sehr gefürchtet worden war und vieles auslöste. Der Husarenwachtmeister Franz William Koch führt jetzt eine Telegraphenpatrouille, wie es von Anfang an für ihn vorgesehen war im Mobilmachungsplan seines Regiments. Er sorgt für Fernsprechverbindungen, er läßt Leitungen ziehen, er macht endlich das, was Generaloberst von Hausen von ihm erwartete, als er an der Napoleonspyramide mit ihm sprach.

Bei Reims wird der schwache Angriff der Armee des Generals Franchet d'Esperey abgeschlagen. Der General verlegt sein Hauptquartier aus dieser Stadt, die von den Deutschen beschossen wird, nach rückwärts, in das Gebirge von Reims.

General Joffres Annahme, die Deutschen seien besiegt, sie zögen sich aus Frankreich zurück, trifft nicht zu. Er hat einen Tag, eine Nacht davon geträumt, dann wußte er, daß der unbestreitbare Sieg, den er errungen zu haben glaubte, noch nicht der Sieg gewesen war, der zum Waffenstillstand führen mußte.

Vier Kriegsjahre erwarteten die Franzosen, Engländer und Deutschen in Frankreich.

Den Fluß, dessen Name in die Geschichte einging, nannte das »Berliner Tageblatt« den Deutschen zum ersten Male am 16. September in seiner Schlagzeile: »Vom Schlachtfeld an der Marne«.

Am 18. September erlaubte General Gallieni den Parisern den Ausflug auf das Schlachtfeld vor der Stadt. Ein deutscher Pickelhelm kostete bald, als Souvenir, 20 Sous.

»Sieg! Wir haben die Marneschlacht gewonnen«, schreibt der französische Botschafter in Petrograd, Maurice Paléologue, in sein Tagebuch. »Auf der ganzen Front ziehen sich die deutschen Armeen nach Norden zurück. Jetzt ist Paris außer Gefahr! Frankreich ist gerettet! In allen russischen Kreisen wird der Marnesieg wie eine Erlösung begrüßt. Wenn man dem Heldenmut der französischen Armee und der Kriegskunst des Generals Joffre eine großmütige Anerkennung schuldig ist, so versäumt man hier nicht hinzuzufügen, daß ohne diese furchtbare Hekatombe von Soldau und Tannenberg die Deutschen sicherlich in Paris wären. Von seiner Verwundung geheilt, ist Rasputin soeben wieder in Petrograd eingetroffen. Vom Kriege spricht er nur in verschleierten, zweideutigen, apokalyptischen Worten. Man schließt daraus, daß er ihn verurteilt, und daß er großes Unheil voraussieht.«

Den Franzosen fällt es schwer, zu begreifen, daß die Deutschen, nachdem sie die Marneschlacht verloren haben, Frankreich nicht räumen.
Es dauerte Tage, bis sie erfahren haben, daß die Entscheidung im September für den Augenblick, für die Tage, Wochen und Jahre, die folgen sollten, nichts anderes brachte als neue Kämpfe und neue Leiden, andere Siege und Niederlagen für beide Seiten. Entschieden wurde in diesen Septembertagen der Schlieffenplan, den Moltke abgeändert hatte, und mit ihm der Ausgang des Krieges.
Das Kriegshandwerk blieb; es mußte weitergeführt werden. Zu einer zweiten Schlacht an der Marne würde es 1918 kommen; Denkmäler und Gräber blieben davon übrig.

Auf den weißen Regimentsfahnen der preußischen Garderegimenter stand, unter der Krone des Königs von Preußen, »Pro Gloria et Patria«. Am 26. September 1914 wickelte sich ein Offizier des Gardekorps, das mit den Sachsen vor Reims kämpfte, in seine Regimentsfahne, als der Krieg die Fahnen und Standarten in die Schützengräben zwang.
Seine Leiche wurde am 20. Januar 1920 gefunden, eingehüllt in die Fahne des 3. Garderegiments.

Der Bürgermeister von Reims, der Stadt, die bei Kriegsende ein Trümmerhaufen wie später Dresden oder Leningrad war, traf mit französischen Offizieren an der Fundstätte ein, die dem toten Preußen das letzte Geleit zum Soldatenfriedhof gaben. Die Regimentsfahne wurde nach Paris in den Invalidendom gebracht.
Charles Péguy, Dichter, Sozialist, Oberleutnant und Kompaniechef im 276. (französischen) Reserve-Infanterie-Regiment, hatte das Epitaph im September 1914 schon geschrieben, kurz bevor er in der Marneschlacht fiel, das für alle, die an ihr beteiligt waren, galt:
»Mutter, sieh deiner Söhne riesiges Heer. Mögen sie nicht gerichtet werden nach ihrem Elend nur. Möge Gott zu ihnen ein wenig Erde legen, die sie verdarb und die sie doch so liebten.«

NACHWORT

Ein Menschenalter ist seit den Ereignissen vergangen, die hier erzählt werden. Wenige Wochen im August und September 1914 veränderten die Welt, zerstörten das Lebensgefühl einer Generation, die in Treu und Glauben aufgewachsen war. Die Zeitenwende war so gründlich, daß der geschichtliche Abstand, den wir gewonnen haben, nicht ausreicht, um die Hitze des Blutes in kalte Gleichgültigkeit zu verwandeln. Menschen wie wir, befangen in ihrem Vertrauen auf Ordnungen und Mächte, auf gute Regierung und Führung in schlechten und freundlichen Zeiten, selbstbewußt und lässig zugleich in ihren Geschäften, gerieten unversehens in einen Krieg, den sie sofort einen Weltkrieg nannten.
Im Sommer hatten sie noch gesungen: »Weiß noch nichts vom Leben, nichts vom Leid der Welt« und: »Die kleine Reise nach Paris«; am 2. August schrieb schon ein Kesselschmied aus Mönchen-Gladbach, der Dichter Heinrich Lersch: »Nun lebt wohl, ihr Menschen, lebet wohl! Und wenn wir für euch und unsre Zukunft fallen, soll als letzter Gruß zu euch hinüberschallen, nun lebt wohl, ihr Menschen, lebet wohl.«
Ihm folgte Richard Dehmel am 4. August: »Sei gesegnet, ernste Stunde, die uns endlich stählern eint; Frieden war in aller Munde, Argwohn lähmte Freund wie Feind. Jetzt kommt der Krieg, der ehrliche Krieg.« Am 9. August schrieb Fritz von Unruh, der als Ulanenoffizier in den Krieg zog: »Doch dieser Schwur sei ernst getan: wie Gott auch bläst die Flammen – wir Lützower steh'n auf dem Plan und hau'n die Welt zusammen.« Der Nobelpreisträger für Literatur von 1912, Gerhart

Hauptmann, dichtete: »Es kam wohl ein Franzos' daher — wer da, wer? — Deutschland, wir wollen an deine Ehr'! — Nimmermehr!!« Isolde Kurz schrieb am 19. August: »Ich les' in jedem Blicke Entschließung wandellos. Nun kenn' ich die Geschicke. Mein Volk, wie bist du groß.« Rudolf Alexander Schröder veröffentlichte am 21. August sein »Deutsches Lied«: »Heilig Vaterland in Gefahren, deine Söhne stehen, dich zu bewahren ... Sieh uns all entbrannt, Sohn bei Söhnen stehn: Du sollst bleiben, Land! Wir vergehn.«

René Schickele fragt: »Was ist gestern? Was ist heute? Was ist Wahrheit? Was ist Trug? Sind wir nicht die eigne Beute und uns selbst genug?« (27. August)

Aber am 23. September, zwei Wochen nach der Marneschlacht, schreibt die »Berliner Zeitung am Mittag«: »Fritz von Unruh, der Dichter und Ulanenoffizier, der sich in Frankreich das Eiserne Kreuz erkämpft hat und soeben zum Oberleutnant befördert worden ist, sendet uns aus den Kampftagen bei Reims, auf einer Karte in Eile geschrieben — ›ich muß zu Pferd, adio!‹ fügt er hinzu — folgendes Gedicht:

Das Lied der Schlacht

Zwei Völker liegen und ringen
in grausig großer Schlacht.
Kanonen jauchzen und singen
am Tag wie in der Nacht.
Die Himmel lohen vom Feuer
verbrannter Dörfer auf,
die Lüfte werden zur Leier,
Gott spielt sein Lied darauf.
Es klingt in unseren Seelen,
es rauscht uns laut voran.
Es wird die Herzen stählen,
uns heiligen Mann für Mann.«

Im »Simplicissimus« vom 22. September 1914 stand Hermann Hesses »Denken an den Freund bei Nacht«, aus der Schweiz

nach München eingesandt: »Früh kommt in diesem bösen Jahr der Herbst. Ich geh' bei Nacht im Feld, den kalten Wind am Hut, der Regen klirrt. Und du? Und du, mein Freund?... Und vielleicht, vielleicht kommst du einmal vom Krieg zurück und eines Abends trittst du bei mir ein. Man spricht von Lüttich, Longwy, Dammerkirch, und lächelst ernst, und alles ist wie einst. Und mit einem Witz wirfst du die Angst, den Krieg, die bangen Nächte, das Wetterleuchten scheuer Männerfreundschaft, ins kühle Nichtgewesensein zurück.«
Diese Gedichte aus deutschen Zeitungen des August und September 1914 geben Ansichten wieder, die sich rasch wandelten. Die Autoren merkten bald, daß dies ein anderer Krieg war. Er hatte nichts mit 1870/71 gemein.
Eine Umwälzung fand statt, die nicht nur Revolutionen und Abdankungen nach sich zog, sondern auch das menschliche Zusammenleben radikal veränderte. Das Leben wurde anders.
Das Christentum, das 1914 noch felsenfest verankert in den europäischen Staaten war, riß sich vom Anker los. Seitdem treibt es auf dem Meer der Zeit. Zwei große Reiche, Rußland und das Deutsche Reich, erlitten an wenigen Tagen des späten August und frühen September 14 die Untergänge, die ihnen noch bevorstanden. Die beiden Schlachten in Ostpreußen, Tannenberg und an den Masurischen Seen, die Rußland verlor, wurden die Ursprünge der Ereignisse von 1917. Die Führungsschwächen, die das Deutsche Reich in seinen hierarchischen Spitzen während der Marneschlacht aufwies, lassen schon an 1918 denken. Beide Reiche erhielten eine neue Identität, die zu geschichtlichen Veränderungen führte. Vor der Marneschlacht waren noch Friedensschlüsse denkbar, die aushielten. Seitdem wurden Kriege anders, sie fanden nicht mehr ihr Ende in einem allgemeinen Frieden.
Sie wurden abgebrochen, wieder aufgenommen. Auf 1918 folgte 1939, zertrümmert waren die alten Konventionen eines optimistischen Europas. Sie liegen, mit der Reise ohne Pässe durch alle Länder dieses Kontinents, in den Gräbern, die nach der Schlacht an der Marne gegraben wurden.

Die Gewohnheiten der Menschen, ihr Verhältnis zur Umwelt, zu den Erfindungen der Technik, zur Moral veränderten sich erheblich.
Die Deutschen verloren ihr Reich, das nicht viel mehr als vierzig Jahre gedauert hatte. Von 1918 bis 1933 verspielten sie ihre Republik. Zwischen 1933 und 1945 erschütterten sie die Welt, ihr Staat fiel in Trümmer, sie müssen seitdem in zwei Staaten leben.
Von den Armeekorps, die auf deutscher Seite an der Marneschlacht beteiligt waren, kamen vier aus Altona, Hannover und Münster in Westfalen, zehn aus Preußen und Sachsen, aus Gegenden, die heute in der Deutschen Demokratischen Republik liegen.
Aus Berlin kamen zwei. Welchem Teil der Stadt wären sie zuzuordnen?
Vier Armeekorps, die aus dem heutigen Gebiet der Bundesrepublik Deutschland damals in Frankreich erschienen wären, hätten auf die Franzosen keinen Eindruck gemacht. Sie wären so stark wie das britische Expeditionskorps gewesen. So unwirklich ist die Marneschlacht geworden. Deshalb sollte sie noch einmal erzählt werden. Der Verfasser hat sich dabei mehr als andere, die sich mit ihr beschäftigten, an die Sachsenarmee des Generalobersten von Hausen gehalten, in der sein Vater als Husarenwachtmeister bis zur Marne und tiefer nach Süden ritt. Die Sachsen sind seitdem aus der deutschen Geschichte gefallen. Ihr Königreich, das 1918 ein Freistaat wurde, ging auf in drei Bezirken der Deutschen Demokratischen Republik.
Die Erinnerungen des Generalobersten von Hausen wurden 1918 in Loschwitz bei Dresden geschrieben, dem Ort, aus dem der Vater des Verfassers stammt. Das Kriegstagebuch seines Vaters brachte der Verfasser im Jahre 1973 aus Dresden nach Berlin. Als er mit der Niederschrift dieses Buches begann, sah er sich einer umfangreichen Literatur über die Marneschlacht gegenüber. Soweit er sie benutzt hat, dankt er denen, die sie geschrieben haben. In Frankreich hat es den Streit zwischen den Joffriens und Gallienisten gegeben; in Deutschland suchte man

die Schuldigen für »Le Miracle de la Marne«, ein Wort, das die Franzosen prägten.
Gottfried Jäschke, der bedeutendste Kenner des Materials, das über die Marneschlacht heute vorliegt, zog 1969 diese Bilanz: »Für den Ausgang der ›Marneschlacht‹, die — historisch unhaltbar! — immer wieder mit der Denkschrift in Verbindung gebracht wird, sollte man nicht länger Schlieffen verantwortlich machen. Sie ist ausschließlich das Ergebnis einer nach dem Urteil des Grafen von Haeseler ›erbärmlich schlechten Führung‹, die in allen wesentlichen Punkten nicht nur von Schlieffens Ideen abwich, sondern auch gegen ›unwandelbare Gesetze der Kriegskunst‹ verstieß. Diese Führung oder, richtiger gesagt, Nichtführung mußte in jedem Falle scheitern. Das Vorprellen der 1. Armee über die Marne (3.—5. 9.) ohne genügende Flankendeckung hat die Katastrophe bloß beschleunigt.« Der Militärschriftsteller und General der Panzertruppe a. D. Walther K. Nehring fügte für den Verfasser dieses Buches dem Urteil des Grafen von Haeseler, der bei Schlieffens Rücktritt 1905 in die engere Wahl für die Nachfolge des Chefs des deutschen Generalstabs gezogen wurde, aber nicht ernannt werden konnte, weil der Kaiser ihn nicht in sein Vertrauen ziehen wollte, hinzu: »Und scheitern daran, daß die Zeit 1914 für den Schlieffenplan militärisch-operativ noch nicht reif war. Mit Fußtruppen und der bescheidenen Fernmeldeausrüstung war 1914 nicht zu leisten, was 1940 möglich war — sofern man führte.«
Nehring war Chef des Stabes in der Operation »Sichelschnitt« im Mai 1940 bei General Guderian.
Der Abbruch der Marneschlacht durch die Deutschen mußte zu ihrem Verlust führen. In seinem Exil in Doorn sagte der abgedankte Kaiser Wilhelm II. 1924 zu Alfred Niemann: »Von einem Meister der Kriegskunst war uns ein Operationsplan von gewaltiger Genialität übermacht worden. Er zerbrach in den Händen eines Mannes, dessen Tatkraft im Mißverhältnis stand zur Größe des Gedankens.« Kronprinz Wilhelm schrieb in seinen Erinnerungen: »Als der Kaiser (1905) auf seinem Entschluß beharrte, hat Moltke am Ende als preußischer Offizier gehorcht.

Er hat dann mit unendlichem Fleiß gesucht, die riesige Materie des Generalstabes zu meistern... Er war ein kranker Mann, als er in den Krieg zog... Es kam schließlich dazu, daß die einzelnen Armeen... mehr oder weniger selbständig Krieg führten... Am 11. September erschien plötzlich Moltke mit Tappen in Varennes, ... ein gebrochener Mann, der buchstäblich mit Tränen kämpfte. Nach seinem Eindruck war das ganze deutsche Heer geschlagen und flutete fast unaufhaltsam zurück. In Berlin ist er an gebrochenem Herzen gestorben. Daß ihm eine Aufgabe gestellt worden war, die über seine Kräfte ging, daß er sie in einem mißverstandenen Pflichtgefühl, wider Willen und in Erkenntnis seiner Unzulänglichkeit, doch auf sich genommen hat, war sein Verhängnis, seines und das unsrige.«

Der abgedankte Kaiser in Doorn soll die Zitate abschließen: »Es ist das Schicksal Deutschlands, daß es Sterne erster Ordnung bedarf, um der durch seine völkische und geographische Lage gegebenen Schwierigkeiten Herr zu werden.«

Frankreich hatte sie: Joffre, Gallieni, Foch.

Joffre war besser über Klucks 1. Armee als Moltke informiert. Er besaß die Standfestigkeit, die den deutschen Führern fehlte.

Die 2. Auflage dieses Buches geht in Druck, nachdem »Erfrorener Sieg — Die Schlacht um Moskau 1941/42« und »Der Endkampf um Deutschland 1945« erschienen sind. Die drei Bücher sind zu einer 1380 Seiten umfassenden Trilogie geworden, die Autor und Verlag planten, als sie feststellen konnten, welches starke, zustimmende Echo das Buch über die Marneschlacht bei den Lesern und der Kritik fand, die von einem »neuen, ganz eigenen Ton« sprach, in dem diese Kriegsbücher Geschichte erzählen. Geschichte besteht aus Spannung und Entspannung. Sie hat zwischen 1914 und 1945 in das Leben aller eingegriffen, auch wenn sie damals noch nicht geboren waren.

LITERATURVERZEICHNIS

Archiv für Post und Telegraphie. Beihefte zum Amtsblatt des Reichs-Postamts. Berlin 1915

Archiv für Post und Telegraphie. 49. Jahrgang. Berlin 1921

Barnett, Corelli: *Anatomie eines Krieges*. München und Esslingen 1963

Baumgarten-Crusius: *Die Marneschlacht 1914 insbesondere auf der Front der deutschen dritten Armee*. Nach den Kriegsakten bearbeitet. 2., unveränderte Auflage. Leipzig 1919

Bircher, Eugen: *Die Schlacht an der Marne*. Bern 1918

Blond, Georges: *Die Preußen kommen!* Wien, Hamburg 1964

Chatelle, Albert: *Reims — Ville Des Sacres*. Paris 1951

Codevelle: *Armistice 1918*. Published by The Friends of the Armistice of Compiègne. Ohne Datierung

Deppe, Wolfgang G./Middleton, Christopher; Schönherr, Herbert: *Ohne Haß und Fahne. Kriegsgedichte des 20. Jahrhunderts*. Hamburg 1959

1914. Der Deutsche Krieg im Deutschen Gedicht. Ausgewählt von Julius Bab. Heft 1: »Aufbruch und Anfang«, Heft 2: »Zwischen den Schlachten«. Berlin 1914

Der Krieg 1914/18 in Wort und Bild. Erster Band. Berlin, Leipzig, Wien, Stuttgart. Ohne Datierung

Desmazes: *Joffre*. Paris 1955

Die König-Albert-Husaren im Weltkrieg. Abschluß der Geschichte des 1. Kgl. Sächs. Husaren-Regiments »König Albert« Nr. 18. Herausgegeben vom Verein der ehemaligen Offiziere des Regiments. Dresden 1926

Erinnerungen des Kronprinzen Wilhelm. Herausgegeben von Karl Rosner. Stuttgart 1922

Foch: *Mémoires*. Paris 1931

Funcken, Liliane et Fred: *L'Uniforme et les Armes des Soldats de la Guerre 1914—1918*. Band 1 und 2. Edition Casterman 1970, 1971. Ohne Ortsangabe. (Belgien)

Guderian, Heinz: *Erinnerungen eines Soldaten*. Heidelberg 1951

Hausen, Freiherr von: *Erinnerungen an den Marnefeldzug 1914*. Loschwitz (Dresden) 1918/19

Jäschke, Gottfried: »Schlieffenplan« und »Marneschlacht«. Ein Rundbrief an Freunde und Bekannte. Als Manuskript gedruckt Münster/Westfalen 1969

Jäschke, Gottfried: Die Ernennung des jüngeren Moltke zum Generalstabschef. Als Manuskript gedruckt Münster/Westfalen 1971

Kabisch, Ernst: Die Marneschlacht 1914. Berlin 1934

Kuhl, Hermann von: Der Weltkrieg 1914—1918. Band 1. Berlin 1929

Malraux, André: Die Eroberer. Der Königsweg. Stuttgart 1963

Möller-Witten, Hanns: Ein Leben von 100 Jahren. Festschrift zum 100. Geburtstag des Generals der Infanterie a. D. Dr. phil. Hermann von Kuhl. Berlin/Frankfurt am Main 1956

Moltke, Eliza von: Generaloberst Helmuth von Moltke. Erinnerungen, Briefe, Dokumente. Stuttgart 1922

Nehring, Walther K.: Die Geschichte der deutschen Panzerwaffe 1916—1945. Frankfurt/Main-Berlin 1969. Neuauflage Stuttgart 1974

Nehring, Walther K.: General der Kavallerie Friedrich v. Bernhardi. Zu seinem 125. Geburtstag. In: Deutsches Soldatenjahrbuch 1974. München 1974

Niemann, Alfred: Wanderungen mit Kaiser Wilhelm II. Leipzig 1924

Norden, Adalbert: Flügel am Horizont. Berlin 1939

Norden, Adalbert: Weltrekord Weltrekord. Berlin 1940

Oswald, Werner: Kraftfahrzeuge und Panzer der Reichswehr, Wehrmacht und Bundeswehr. Stuttgart 1971

Paléologue, Maurice: Am Zarenhof während des Weltkrieges. München 1929

Paul, Franz William: Kriegstagebuch. 2. August 1914—15. Juni 1916. Manuskript. Unveröffentlicht

Renn, Ludwig: Krieg Nachkrieg. Berlin 1948

Schlachten des Weltkrieges. Im Auftrage des Reichsarchivs. Band 22, 23, 24, 25, 26. Oldenburg i. O., Berlin 1928

Schracke, Karl: Geschichte der deutschen Feldpost im Kriege 1914/18. Berlin 1921

Tappen, Adolf von: Bis zur Marne 1914. Oldenburg i. O., Berlin 1920

Volkmann, Erich Otto: Am Tor der neuen Zeit. Oldenburg i. O. 1933

Varillon, Pierre: Joffre. Paris 1956

DIE MILITÄRISCHEN HIERARCHIEN
Deutsches Reich

Oberste Heeresleitung (OHL)
Kaiser Wilhelm II., König von Preußen
Chef des Generalstabes des Feldheeres: Generaloberst Helmuth von Moltke
Chef der Operationsabteilung: Generalmajor von Tappen
Chef der Abteilung Fremde Heere: Oberstleutnant im Generalstab Richard Hentsch
(Koblenz, Luxemburg)

1. Armee

Oberbefehlshaber: Generaloberst von Kluck
Chef des Generalstabes: Generalmajor von Kuhl
Oberquartiermeister: Oberst von Bergmann
IV. Reservekorps (Magdeburg): General der Artillerie von Gronau
IX. Armeekorps (Altona): General der Infanterie von Quast
IV. Armeekorps (Magdeburg): General der Infanterie Sixt von Armin
III. Armeekorps (Berlin): General der Infanterie von Lochow
II. Armeekorps (Stettin): General der Infanterie von Linsingen
2. Kavalleriekorps: General der Kavallerie von der Marwitz
Brigade Lepel: Generalmajor von Lepel

2. Armee

Oberbefehlshaber: Generaloberst von Bülow
Chef des Generalstabes: Generalleutnant von Lauenstein
X. Reservekorps (Hannover): General der Infanterie von Eben
X. Armeekorps (Hannover): General der Infanterie von Emmich
VII. Armeekorps (Münster): General der Kavallerie von Einem
Gardekorps (Berlin): General der Infanterie Freiherr von Plettenberg
1. Kavalleriekorps: Generalleutnant Freiherr von Richthofen

3. Armee (Sachsenarmee)

Oberbefehlshaber: Generaloberst Freiherr von Hausen
Chef des Generalstabes: Generalmajor von Hoeppner
Oberquartiermeister: Generalleutnant Leuthold
XII. Reservekorps (Dresden): General der Artillerie von Kirchbach
XII. Armeekorps (Dresden): General der Infanterie d'Elsa
32. Infanteriedivision (Bautzen): Generalleutnant Edler von der Planitz
1. Königlich Sächsisches Husarenregiment »König Albert« Nr. 18
   (Großenhain): Oberst Platzmann
XIX. Armeekorps (Leipzig):

4. Armee
Oberbefehlshaber: Generaloberst Herzog Albrecht von Württemberg

5. Armee
Oberbefehlshaber: Generalleutnant Kronprinz Wilhelm

Frankreich

Grand Quartier Général — Großes Hauptquartier
Generalissimus: General Joffre
Chef des Stabes: General Belin
Stellvertretender Stabschef: General Berthélot
Stabsoffizier: Oberst Gamelin

Gouvernement militaire de Paris
Gouverneur: General Gallieni
Chef des Generalstabes: General Clergerie
6. Armee: General Maunoury
5. Armee: General Franchet d'Esperey
9. Armee: General Foch
Chef des Generalstabes: Oberst Weygand
Marokkanische Division: General Humbert

Großbritannien

Oberbefehlshaber des britischen Expeditionskorps: Feldmarschall
  Sir I. D. P. French
Chef des Generalstabes: Generalleutnant Sir A. Murray
Kavallerie-Division: Generalmajor Allenby
III. Korps: Generalmajor Pultenay
II. Korps: General Sir H. L. Smith-Dorrien
I. Korps: Generalleutnant Sir D. Haig

Rußland

Oberster Befehlshaber: Zar Nikolaj II. von Rußland
Höchstkommandierender aller russischen Land- und Seestreitkräfte:
  General der Kavallerie Großfürst Nikolaj Nikolajewitsch

Französischer Botschafter in St. Petersburg (Petrograd): Maurice Paléologue

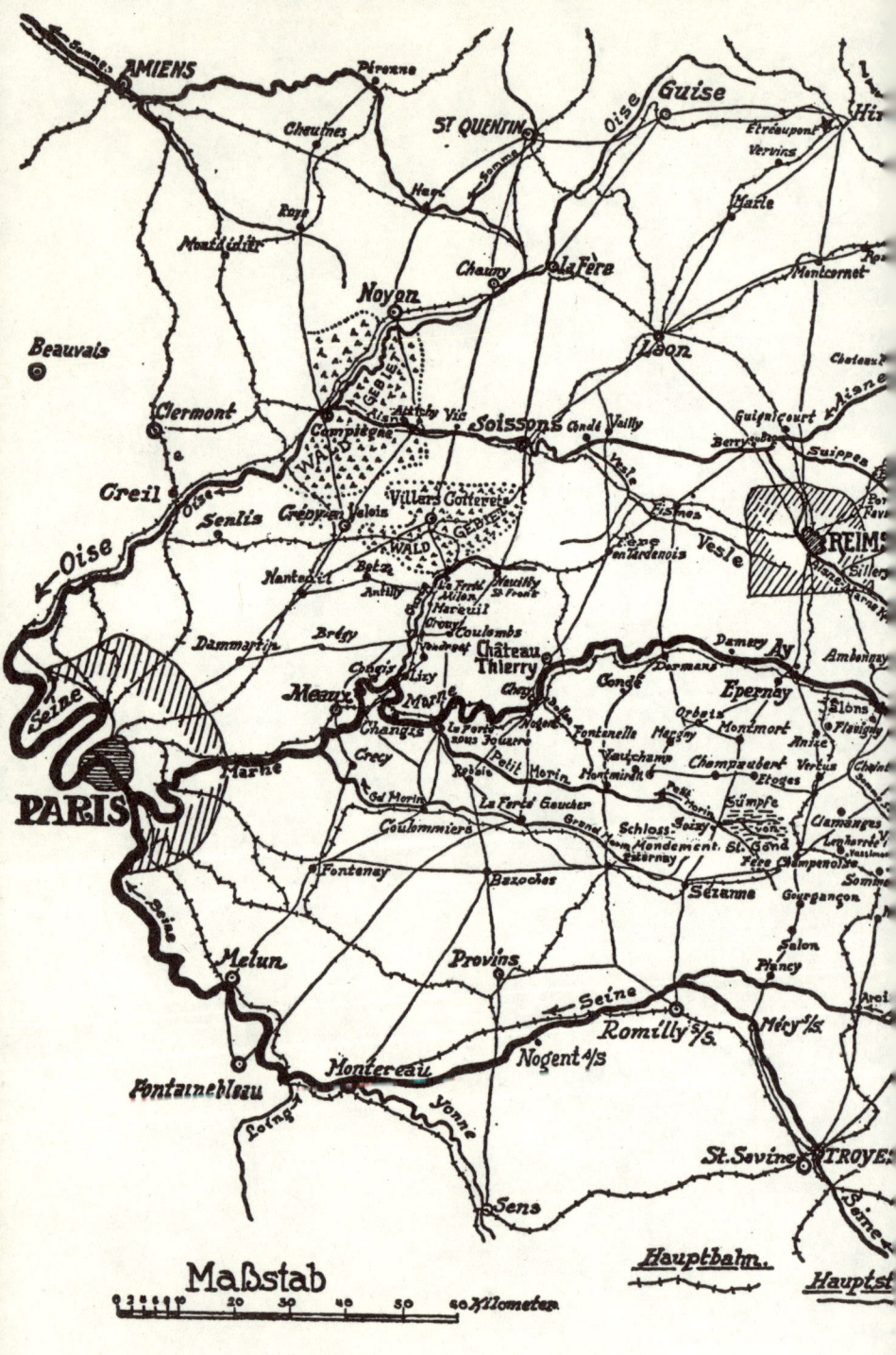